The European Miracle

ヨーロッパの奇跡

——環境・経済・地政の比較史

Environments, economies and geopolitics in the history of Europe and Asia

E・L・ジョーンズ……著
安元 稔・脇村孝平……訳

名古屋大学出版会

オックスフォード、パーデュ、ノースウェスタン大学時代の同僚、
ジョン・ヒューズに捧げる

ヨーロッパの奇跡　目　次

前書きと謝辞

オスカー・ワイルドは、おそらく自分が死ぬときには、贅沢に製本した書物を両腕一杯に抱えた聖ペテロに天国の門で出会い、「ワイルドさん、あなたはまだこれだけの本を書かなければならなかったのですよ」といわれるに違いないと思っていた。わたくしは、これまで折りにふれて、『ヨーロッパの奇跡』(*European Miracle*) も聖ペテロの両腕一杯の書物のなかの一冊になってしまうのではないかと心配していた。読者を飽きさせない読物とするためには、この書物で取扱う主題は際限のない文献渉猟を必要とする。純粋に学問的な挑戦の書にしようとすれば、主題は著者に恐怖心を起こさせるほど巨大なものとなる。しかし、研究課題の一つとしてこの主題を選び、資料を求めて、世界各地を旅行していると、こうした困難を償ってあまりある有益な代償を手に入れることができる。バスで村々をめぐる巡回図書館でも、探していたぴったりの資料が見つかることもある。実際、三つの大陸にまたがるあらゆる種類の図書館で、わたくしの手助けをして下さった方々に一方ならぬお世話になった。一カ所にいて資料をすべて手に入れることは到底不可能なので、図書館相互貸出機構を利用せざるをえなかったが、わたくしのために、ひどく時間のかかるこの機構とやり合って下さった方々に特にお礼を申し上げたい。

ともかくも、壮大な問題設定と無限とも思える大量の文献渉猟という困難な課題を達成し、この著書のようなコンパクトな形でこれを実現することに成功したと思っているが、現在、わたくしは、さらに経済史学の健全な発展のためには、次のようなことが重要なのではないかと考えている。細かい研究は多少犠牲にして、それぞれの専門家に任せ、もっと多くの経済史家が、個々の研究領域でこれまで明らかにされて来た膨大な事実を積み上げて、全体像を描く努力をすべきであるということである。最近、多数の著者が、普遍的な、しかも超長期の歴史に再び興味を示し始めている［超長期という言葉を最初に使ったのは、ハートウェル (Hartwell 1969) である］。彼らの多くは、経済史の専門家ではない。しかし、総合的に考えて、われわれの学問的営みにも語るべき何かがあると信じるならば、専門の経済史家もまた広い読者層に訴える努力をすべきであるとわたくしは考えている。この書物のなかで、わたくしはおよそ西暦一四〇〇年から一八〇〇年に至る時期に焦点を絞り、特にアジアとの比較を行うことによって、ヨーロッパにおける超長期の発展に関する見解を披露しようと思う。この時代にヨーロッパにあらわれたシステムが、ヨーロッパ大陸の歴史にとって重要なことは明白である。それだけではない。このシステムは、アメリカ合衆国、カナダ、オーストラリア、ニュージーランド、ラテンアメリカ、南アフリカを生み出し、世界の他の地域で起こった多くの出来事の原因となったという点でも極めて重要である。

わたくしは、すっきりとした決定論や歴史主義的なモデルを探し求めていた訳ではない。この種のモデルに対する批判は、現在では強過ぎるといってよいほど激しくなっている（例えば、Bauer 1971）。かといって、わたくしは経済的な諸結果が、もっぱら経済的な行為の選択から生まれるという立場をとって来なかった。ヨーロッパに固有の経済システムが生じるに際して働いた主要な影響は、好適な自然環境のもとでなされた政治的な意思決定であったように思われる。この場合、環境は歴史に一定の方向を与えただけであり、明確な進路を指し示した訳ではない。少なくとも分析の対象とされる時期に関するかぎり、特定の経済行為の選択は、徐々に生成されて来るこのシステムのもとでなされたのであり、それとの関連において分析されなければならない。簡単にいえば、ヨーロッパは環境という点では有利な状況に恵まれていたと思われる。環境という点で有利であったという事実が、複数の、あるいは何か特定の反応を呼び起こすという保証はなかったが、そうした条件がアジアになかったことが、おそらくアジアにおける発展を困難にしたということだけはいえるであろう。しかし、一部のアジア地域が自発的に、ましてヨーロッパより先に工業化するなどということは考えられない、とする見解には賛成できない。ヨーロッパに比べて困難であったというだけのことであり、内陸部アジアでは植民地化以前にも工業化は次第に困難になりつつあったといういい方もできる。アジアは、ヨーロッパよりもずっと悪質な、経済発展をねじ曲げるような抑圧に苦しんだのである。専制的な政治権力の力を削ぐという注目すべき政治的な偉業をともかくもやり遂げたのは、ヨーロッパだけであった。これによって、ヨーロッパでは危険と不確実性が減少した。そして、以前よりも生産的な投資が刺激され、経済成長が促進されたのである。

歴史の一般理論を構築するなどということは、実現不可能な、学者の見果てぬ夢であるという説に逆らって、これを追い求めようとすれば、時代をさらに遡り、人類の歴史をそれこそ旧石器時代から、超超長期的に研究しなければならない。生存し続けることに成功した種としての人類の経済史の流れは、知的興味をそそるものである。この人類の経済史の流れは、マケヴディとジョーンズ（1978）によって明らかにされた人口変動の大きなうねり、大規模・広範囲にわたる人口移動と民族の混交、農業の根本的な前進といった要因が組み合わさって、なり立っている。こうした水準で考えれば、ある種の現象から一般理論を導き出すことは可能であろう。また、他から独立して発展した創造的な文明の歴史の意味を探る際の基準となる現象もあるであろう。しかし、ヨーロッパが持続的な経済成長を自らのものとし、人類最初の工業化——したがって、他に例を見ない——に成功したという事実に関していえば、そのような現象を見出すことはできないし、それゆえ、そこから適切な一般理論を構築することはできない。こう考えると、ヒックス（1969）やノース、トマス（1973; Jones 1974b を参照）によって歴史学に持ち込まれ、現在攻撃にさらされている理論的な武器を用いることはとりあえず差し控えるべきであろう。概念上のさまざまな困難があるにもかかわらず、この本で取上げるような問題について書物を著した者なら誰でも、自分の仕事を一歩後退二歩前進と受け取ってくれる人を待ち望むものである。一般理論がない現在、これに代わるものとして、比較史という方法が、行き過ぎた推量をある程度是正し、木を見て森を見ないという弊害を幾分かでも除去するものとわたくしは考えている。それゆえにわたくしは、ヨーロッパとアジアの経験の比較と対照ということに特に注意を払ったのである。

現在わたくしが取組んでいる仕事は、狭い領域に沈潜して学問的な課題を追い求めるというハリネズミ型の研究態度から広大な野原を駆けめぐって対象を探し求めるという狐型のそれへの転換を刻印するものである。家族や友人は、わたくしのこのような研究方法上の通過儀礼に戸惑っていた。この種のスケールの大きな総合を行う場合には、どうしても細かい学問的な注意力は犠牲にしなければならなかったが、勿論、その責任はわたくしにある。とはいえ、やはり、ノースウェスタン大学経済学部のかつての同僚達、とりわけジョン・ヒューズとジョエル・モキアの励ましには特に感謝したい。わたくしは、その後オーストラリアで仕事を続けたが、欠かさず手紙をくれて、助言を惜しまず、さらに書籍・写真・新聞雑誌の切抜きまで送ってくれて、手元に置いて参照できるようにしてくれたイギリスやアメリカの友人には、ことのほかお世話になった。また、度々行ったり来たりするわたくしを暖かく迎えてくれた友人、そしてまた両親の好意に甘えることもできた。感謝の念を込めて、次にそうした友人達の名前を挙げさせていただきたい。先ずイギリスの友人達、ボブ・ドッジスン、パトリック・ディロン、マルコム・フォークス、マックス・ハートウェル、マイケル・ハヴィンデン、ジェフリー・ホーソーン、クリフォード・ヘンティ、クリフォード・アイアリッシュ、ビル・ケネディ、ノエル・キング、ピーター・ラージ、ルウ・ルイス、ボブ・マシン、デリック・マーフィン、ジョン・ネイラー、ビル・ラッセル、コーリン・タッブズ、ニック・ホワイト、そしてスチュワート・ウルフに感謝したい。ルウー・ケイン、スタン・エンガマン、マット・イーノス、そしてビル・パーカーがアメリカの友人達である。さらに、フランスのベティ・ヴィナヴェルと故ユジェーヌ・ヴィナヴェルにも感謝している。忘れられないのは、ノースウェスタン大学のベッツイ・ホフマン、ニュージーランド、ウェリントン大学のジョン・グールドとゲアリー・ホウク、元プリマス海洋生物学研究所長のフレデリック・ラッセル卿、バース大学のジェイムス・ルイス、エクセター大学のバリー・ターナーたちと交わした議論である。また、ジョン・アンダスンは、幸いにも、わたくしと同じ関心をもっていて、一緒に超長期の経済変化に関する講義を行った。

オーストラリアの大学で研究生活を送ったわたくしに今回与えられた研究休暇は、初めて講義をせずに、研究に没頭できる休暇であった。この本で取扱う課題に取組むことができたのも、こうした自由な研究休暇のおかげである。研究休暇中は、エクセター大学の客員教授として受け入れていただいた。同大学のW・E・ミンチントン教授や経済史学科の教員の方々のご好意に感謝する。わたくしが小さな家を借りているここサマセット州の歴史的遺物を見ていると、この本の中で議論される出来事や事態の進展の過程が彷彿として来る。これは、おそらく、アーノルド・トインビーのいう歴史的記念物の「黙劇」が、わたくしに働きかけ、そうした想念をかき立てたのではないだろうか。物理学者は、最良の発見をするのは、ベッドに横たわっているときや風呂《バス》に入っているとき、あるいは「バス」に揺られているときであるという。普通なら、わたくしもオーストラリア式に「わたくしの場合もそうなればよいのに！」といい返したいところだが、今年はサマセットの果樹園を散歩しながら、自分の考えをまとめることができた。イギリスで読書をしたり、著作をしたりして過ごしたことは、今となってみれば、刺激に満ちた楽しい思い出である。ただ、本を読んだり、書いたりすることに関していえば、この本で採用されている参考文献の表記の仕方、つまり、著者と出版年次を本文中に入れるというやり方については、お詫びをしておかなければならない。このやり方は、体裁も見栄えもよいとはいえない。また、これだけではどの参考文献なのかすぐには解らないし、使い勝手がよくない。よいところがあるとすれば、出版費用を多少なりとも切り詰められるということだけである。

費用切り詰めのもう一つの手段は、妻と子供達、デボラとクリストファーに図書館の本を取りに行ってもらい、文献目録を作ってもらうことであった。この本の文献目録に載せた書物は、ほとんどすべて本文で言及したものだけである。休暇中に妻とわたくしはアメリカのかつての同僚を訪問したが、この費用は妻が働いて捻出してくれた。このほか妻と子供達には負うところが多いが、とりあえずこのことだけを記しておきたい。

一九八〇年一月

サマセット州　ヘイゼルベリ・プラクネットにて

E・L・J

第二版への序文

なぜ経済成長や経済発展はヨーロッパで始まったのか。この本の主題は、壮大である。経済成長や経済発展は、結局のところ、世界の他の場所でも起こることは起こった。そうすると、この本が取扱うのは、技術変革、経済の構造的変化、そして所得の上昇、これらすべてがどのように始まったのかという経済史の中心的な難問題である。同時に、ここでは地理的な空間(自然環境と政治的単位の地域的な分割という意味で)が経済変化のあり方に影響を与えるかぎりにおいて、歴史地理にも関心を払う。したがって、ヨーロッパ以外の地域と比較するのは、ヨーロッパの経済変化に特有なものを探し出すためである。

このように大きな課題を掲げ、数世紀間にわたって世界人口の四分の三が経験したことを検討し、しかも、研究の性格上、二次資料に頼らざるをえない訳であるから、より好みをせず、進んであらゆる種類の説明を検討の対象としなければならない。スケールの大きなこのような課題に答えられる完全無欠な、議論の余地のない理論などというものはない。二三、特定の学説の主唱者達が、勢い込んで自説の正しさを主張している。しかし、それは一つには社会科学の歴史が未だ浅いということの表れである。また、実際にそうした学説を用いて説明しようとしている者のなかには、次のような者もいるということを示している。すなわち、最終的にその正しさを検証することが困難な仮説もあり、そうした仮説につきものの限界を認めるほど未だ知的に成熟していない者である。

このような状況のもとでは、地域をかぎれば説明力を発揮するが、一般的な応用ができないような説明を外して行くためには、比較史的な方法の方が総括的な理論よりも柔軟であると考えられる。ある特定の経済だけに分析を絞ってしまうと、普遍的な規則性に照らしてその経済がもっている固有性が容易に見失われてしまう。一つの国に焦点を絞れば、歴史家は深い分析に到達できるが、実はこうした分析の深さがこの種の危険性をさらに高めるのである。確かに、『ヨーロッパの奇跡』の書評者の一人が不満を述べているように、比較史的方法では、「散弾銃で鳥を撃った場合、どの弾が当ったのか」を正確に特定できるという保証はない。もしそうしたければ、どれが最も重要な変数であるかをあらかじめ決めている理論を受け入れるしかない。これに対して、比較史的方法がしなければならないことは、(同じ比喩を用いれば)広がった散弾の範囲をできるかぎり絞ることである。いずれにしても、唯一つの要因や関係が経済発展に対して、比類なく強力な影響をおよぼしたと想定する根拠は何処にもない。ともかく、よくいわれるように、柔軟な思考を失わずに行くことにしよう。この本は一つの知的冒険であって、最終的な無謬の真理をまとめたものではない。そして、この本の出発点は、大きな歴史の進展はすべてさまざまな原因の組み合わせによってもたらされるものであると前提することである。しかし、こうした原因の組み合わせについて当初描いた構図から、わずかだが力点を変えて論じたい点がその後出てきたので、序文では、この点について述べておきたい。

何が、何処で、何時変化したのか

経済成長を歴史的に研究する場合、典型的なやり方は、一人当りの平均実質所得の上昇がどのように始まるかを見極める——つまり、人口で割った国民総生産の曲線を上向きにさせた原因を探し出すという方法である。このような分析方法は、所得変化をもたらすと考えられる要因だけを分析しがちであって、それに先行し、所得の上昇を容易にした変化といった文脈の検討を切り捨ててしまう。現実には、停滞的で変化に乏しい経済では、一人当り実質所得の持続的な上昇が起こる可能性は少ない。特に近代以前については、国民所得の変化に関する統計はほとんどないから、経済発展や構造変化という経済成長の基盤の検討を抜きにして、経済成長そのものだけを分析しても意味がないであろう。

現代の経済学者達が当然のこととして使っている水準の推計量が、近代以前に関しては、あったとしても極めてわずかしかないという理由の一つは、そもそも集計の単位となる国民国家というものが、現在までの歴史を通じて、ほとんど存在しなかったからである。むしろ、国民国家というものは、ちょうどわれわれが今分析しようとしている時期に、ヨーロッパで初めて形成された政治上の産物なのである。したがって、それ以前の時代の経済的な変化は、国民国家ではなく、その時々によって異なる地理的単位と関わらせて論じなければならない。歴史統計は決してない訳ではない。特に、租税や物価統計は豊富である。しかし、経済全般の動向を示す統計はない。今世紀以前には、人口調査すら欠く社会も稀ではなかった。こう考えると、経済変化のさまざまな間接的指標を見つけ出し、それらを合成するということが必要となる。

社会全体（あるいは、その「平均的」メンバー）の所得の上昇が、非常に早い時期に始まったということは十分ありうる。この問題に関する有力な研究者のなかには、ヨーロッパでは平均所得の上昇は、初めは極めて緩慢であったであろうが、西暦一〇〇〇年という古い時代に始まると主張する人々さえいる。欠乏が人類に課した差し迫った課題は、経済成長を達成することによって解決される。しかも、これは緊急の課題である。「経済成長を持続することができなければ、絶えざる貧困・疾病・不潔・堕落に見舞われ、精神を荒廃させる苦痛に世界の多くの人々が縛り付けられる」（Beckerman 1974: 3）。今われわれがやっているように、この問題を次のような方法で取扱うと、個々の生身の人間の生活とは全く関係のない歴史、誰かがいったように非人間的な歴史を書くというふうに思われるかもしれない。つまり、この問題を、莫然とした、長期の、しかも正確な近代統計によって裏付けられない、全体としての変化という側面から分析するという方法である。しかし、よく考えてみよう。もし、これとは正反対の方法で、例えば伝記を書くとしよう。その場合、われわれは少数の人々の生活しか解らないし、さらに悪いことに、伝記の対象として選ばれた人々が当時の人々をどれだけ代表するかを知る手がかりを全くもたないのである。伝記に盛られているような、少数の個人の戦いや苦痛を明らかにすることも重要であるが、より多数の人々が経験した、生きるための戦いや苦悩を全体として明らかにすることも、それに劣らず、大事なのである。統計学は「人間不在」の学問であると非難されたある統計学者は、社会統計は凍った涙のようなものであり、生身の人間の生活を固有の方法ですくい上げたものであると反論したという。広い視野で歴史を見ることは、十分意味のあるところであり、一見すると非人間的に見えるけれども、そうではない。

　経済成長に対して関心をもつということは、必ずしも所得分布の問題に無関心であることを意味しない（しかし、どちらがより重要であるかを考えるべきであろう）。実際、わたくしがこの本のなかで特に強調したかった点の一つは、ヨーロッパの統治機構が一八世紀には他所よりも多くの、しかも良質の公共財を提供するようになっていたということであり、これがヨーロッパの統治機構の際だった特徴であったということである。とりわけ重要なのは、われわれがここで災害管理の部類に入れようとしている政府の行動である。この種の政府の行動には、特に次のような決定が含まれる。人々の間に疫病がこれ以上蔓延しないように隔離措置を講じ、疫病にかかった家畜の移動を阻止する防疫線を設け、農民が所有する疫病に冒された家畜の処分に対して補償金を支払うこと、そして、穀物価格の高騰が飢饉を発生させる恐れのある地域に余剰穀物を振り向ける措置を講ずることである。貧しくて、病気に対する抵抗力が弱い社会では、このような行政措置がもたらす便益は大きかった。疫病にかかった動物と接触したという理由で処分された家畜に対して政府が補償金を支払ったという事実は、一八世紀の実際の行政のあり方と農民の生活が、通常われわれが想像しているものとは全く違ったものであったことを示唆している。

　災害を予防し、適切な措置を講じる政策の領域で、ヨーロッパはアジアや世界の他の地域を引き離し始めた。これと真っ向から対立する主張（Wong and Perdue 1983）があるが、次のような理由で支持することはできない。彼らは、ウィル（1980）によって明らかにされた初期の満州王朝の素晴らしい飢饉予防策を根拠にしているが、飢饉は災害の一つにしかすぎず、中国だけがアジアであった訳でもないし、中国の飢饉予防策は、この分野におけるヨーロッパの力量が際だってはっきりとして来たちょうどその時期に、無力なものになってしまっていたという事情を無視している（Post 1977）。

　公共財とは、他人の利用を排除できない財であると定義することができる。ヨーロッパのさまざまな国の政府が、かつて例を見なかったほどの範囲で大量の公共財を提供し、この地域に住む人々全体の福祉が増大したのは、この排除不可能性という原理の結果であった。歴史の書物では、ヨーロッパの貧困の程度にとって、この事実がもっている意味がほとんど意識的に無視されている。こうした状況のもとで生活していた貧民の生活水準がどの程度のものであったのかを判断する場合には、ヨーロッパ中世に生きていた大半の人々や世界の他の地域に極く最近に至るまで生きていた大部分の人々の生活水準を基準として考えるべきなのである。災害対策の費用を賄うために貧民は不当に課税されていたという反論が出るかもしれない。しかし、このような公共財のなかには、生命と健康の維持にどうしても欠かせないものがあり、そうした公共財を手に入れるために税金を支払うという形の「強制貯蓄」すら建設的な方法であったといえるであろう。

経済発展とは、経済成長の結果である富の増加よりもむしろそれを生み出す前の変化の過程であると考えられる。経済発展は農業部門における雇用の減少をともなうから、経済構造の変化を意味する。この過程は、最初は農場、あるいは農民の屋敷で副業として行われる工業として現れる。経済構造の変化は、このように目に見えない形で始まったのである。すなわち、いわゆる「プロト工業」部門が、市場に向けて商品を生産する。今度は、これに照応して、農村工業労働者に供給するために食糧の生産に特化する農業経営者が現れる。そして、プロト工業生産物を購入する市場が彼らの間に形成されて来るのである。

最近の研究によれば、経済構造の変化と所得の増加との間に正の相関が見出されるという意味で、経済発展は経済成長をともなうとする見解が有力である。しかし、両者の相関はそれほど強いものではない。そして、単なる経済構造の変化よりも、どちらかといえば経済発展の方が所得の増加に対する効果は大きいといえるであろう。その他、初期のヨーロッパにおける特徴として次のような事実を挙げることができる。すなわち、道路、橋梁、港湾、さらに河川航行、運河建設のための投資が行われ、かさ高な荷物をヨーロッパ全域の広い範囲に供給することが可能になった。それ以前には、かさ高な商品の取引は、規模に関わりなく、地中海を取囲む盆地、中国周辺の幾つかの海域、日本海、そして（実際にはそれほどではなかったが、可能性として）「インドネシア地中海とも呼ぶべき海域」にかぎられがちであった。これらすべての地域において、ヨーロッパ人は、他に類を見ない活発な貿易商人という訳ではなかったし、ましてや最初の行動的な商人でもなかったという事実に注意する必要がある。遠隔地貿易活動におけるヨーロッパ人と他の地域の人々との違いは、程度の違いであって、質の違いではなかった。ヨーロッパにおける世界貿易活動の発展の特徴の多くは、遠隔地貿易の先進地域に追いつこうとしている後発地域に見られる特徴である。この点において、ヨーロッパを他から区別するようになったのは、かさ高な商品の極めて長距離にわたる取引を一気に拡大したことである。そして、この場合の取引商品は、遠隔地貿易には付き物の奢侈品だけではなく、日常生活必需品も含んでおり、しかも多角的に取引されたのである。

初期の貿易の歴史が何時転換点を迎えたのかを確定することは、史料がないので、容易ではない。したがって、経済変化の歴史をはっきりと説明する訳にはいかない。経済とはさまざまな要因が組み合わさってできた複雑な構成物である――最近では、経済現象の特徴はかつて用いられていた機械的な用語よりも、むしろ生物学の用語を用いて説明する方がよく解るという説が出て来ている。経済現象は、多様な仕方で、しかも絶えず変化をはらみながら、その他の社会生活の諸相と関わり合っている。したがって、われわれがこの本で挑戦しようとするのは、最近になって、ようやく急速になり、大幅になった経済成長だけに焦点を絞るのではなく、それまでの経済発展のうち、結局のところ、どの側面が平均所得の上昇をもたらしたのかを検討することである。

経済発展を構成する諸要因のうち、間違いなく平均所得の上昇をもたらした現象の一つは、物価の地域格差を最終的に解消する市場の統合であった。ヨーロッパの商品市場は非常に早い時期から統合されつつあった。しかし、これは必要条件ではあっても、決して大幅な所得の上昇が始まるための十分条件ではなかった。中国には古くから統合された市場があったが、それは一人当り所得の持続的な上昇とは結び付かなかった。イスラム世界は、統一通貨制度を採用することになる。ムガル帝国時代のインドの銀行制度のもとでは、わずかな期間ではあったが、帝国に反乱を起こして一地域を支配したマラータ族が振り出した為替手形を銀行が引き受け、現金を支払い、彼らが課したさまざまな義務を免れることができた。これはちょうど（ヨーロッパの事例でいえば）、イングランドがデーン人侵入者を買収・退去させるために支払ったデーンゲルト（Dane-geld）と同じである。しかし、このような手の込んだ制度だけでは大幅な所得の上昇をもたらすには不十分であった。

最も基本的な変化は、勿論、市場の浸透のなかに見出される。しかしながら、その市場は商品市場ではなく、土地および労働市場である。かさ高な商品市場においてなし遂げた偉業のほかに、ヨーロッパがなし遂げたものは、土地と労働の取引を可能にする極めて能率的な要素市場の形成であった。要素市場が形成されるためには、硬直的な文化・政治体制が根底から解体されなければならなかったし、したがって、深刻かつ危険な社会変動が必要であった。その程度は、貿易の拡大を単に経験する場合よりも、はるかに強かったのである。典型的には、市場を通さずに労働力を交換するという形態が、商品のそれよりも後まで残る。これは、借地農民や労働者の限界生産力を計ったり、労働の現場を監視することが困難であり、その結果、費用が高くなるせいであるといわれている（Posner 1981: 181n. 12）。しかし、これは生産物の所有をめぐる問題――つまり、権力関係――と大いに関係しているように思われる。

経済現象を歴史的に研究する場合、分析対象の地理的な場と正確な時期をどのように設定するかが極めて重要であって、分析結果はこれと不可分に結び付いている。何が、何時、何処で始まったのかという三つ一組の設問は、通常、次のようなやり方で――ゴルディウス王が結んだ結び目のような解き難い難問題を無理矢理解くように――解答が与えられている。すなわち、深く考えもせずに、経済史において本当に重要なのは、一八世紀後半のイギリスで起こり、その後帝国主義とともに世界各地に伝播した西欧に固有な現象であり、その上、杓子定規に否定的に捉えられる「産業革命」であると前提してしまうことである。「初めにイギリスありき。そして、乏しきに心足るという考え方が世界からなくなってしまった」(Berliner 1966: 159)。従来このような見方をして来たので、変化の流れを一部分しか見ることができなかった。そして、工業化以前、あるいは植民地化以前の世界史の流れを理解したり、冷静に評価することが困難になってしまったのである。

地理的な問題は二つの局面に分けられる。一つは、研究単位の範囲が適当かどうかという問題である。この点が決まった後に残るもう一つの問題は、適切な歴史的事例を選択し、これを分析の対象とすることである。ときには、文化領域、あるいは文明とほぼ重なり合う地域・国民国家・帝国のどれを分析の単位とするのかという点が、主たる争点となる。このうち、国民国家は最も一般的な単位であるが、これらの範疇のうちでは最も不適当なものである。国民国家は、ヨーロッパの歴史のなかで人工的に構築されたものであって、さまざまな封建的要素を合成し、丹念に作り出された加工品である。経済発展の初期の歴史を研究するのにふさわしい時期には、国民国家は全面的には展開していなかった。つまり、国民国家を分析の単位にすると、時代錯誤に陥ってしまう。同時にまた、国民国家は分析の単位としては、場違いなのである。一九四五年以降にヨーロッパ以外の地域に半ば押し付けられた国民国家という枠組みを分析の単位にしても、当面われわれが関心をもっている非ヨーロッパ地域の歴史的経験のすべてを理解することはできないし、そこからこぼれ落ちる局面も少なくない。

経済活動は、地域を単位とした方が適切に捉えられるように見える。面白いことに、ここ数年来、経済史家は地域の重要性を再認識し、さも自分達が初めて発見したように喧伝している。しかし、地域をどう定義するかという問題はほとんど解決不可能である(かつて、地域は地理学者が用いる形而上学的な単位であるとして、この問題を放棄した者さえいる)。地域の内部で起こる経済活動の浮沈にしたがって、地域は繰り返し定義し直されるべきなのである。多くの場合、地域とは特定の経済活動の軌跡を単に不器用にいい換えたにすぎないものだが、それでもその経済活動の浮沈にしたがって、常に定義し直さなければならない。このため、地域という入れ物は、歴史を分析する場合には不安定なものになる。歴史分析は、地域的な集合が不安定な時期の変化をどうしても取扱うことになるからである。もっと厄介なのは、地域が、地域を内包するより大きな政治組織、あるいは互いに重なり合っている政治組織と無関係に存在している訳ではないということである。特に農業は生態的な地域と関連させて議論すれば、非常に実りある成果を期待できるが、生態的な地域は、これとは無関係な単位によって行われる課税といった政治的影響を受け続けるということを忘れてはならない。

結局のところ、われわれに必要なのは、多数の要素から構成される地理学上の単位であるということになりそうである。実際にはこの単位は、はっきりとした証拠を挙げて明確に定義することは難しいかもしれない。考えようによっては、極めて入り組んだこの問題は、わたくしには歴史における総括的な問題――分析の出発点をどの時代におくか――に匹敵するように思われる。確かに、どちらの場合でも、常識的な解決方法は自分が考えている問題にとって最も便利な時期と地理的単位を選ぶことである。もっとも、最初に設定した時期や地理的な位置が、予想される解答を限定してしまうこともありうるので、最初の選択に固執しないようにすることが大事である。しばしば、歴史研究が抱えているこのような問題は、歴史家が自らを特定の問題の研究者というよりも、時代と場所の研究者であると位置づけることから生まれる。勿論、歴史家は、特定の歴史的事実に関して、多くのことを知らなければならないから、そのように考えるのも十分理解できる。しかし、歴史家が問題解決よりも時代と場所にとらわれすぎると、彼らの問題に関する考え方は、ほとんど例外なく狭いものになってしまうのである。

われわれの目的にとって、すでに述べた三番目の大きな範疇である帝国は、最も適切な単位である。ただし、帝国を構成するさまざまな下位単位で、帝国のそれとは違った経済的波動が起こる可能性があるということをわれわれは絶えず注意しておかなければならない。それだけではない。ヨーロッパの場合には、帝国の代わりに現れたものについても考慮しなければならない。帝国の代わりのものとは、諸国家併存体制（states-system）ともいうべきものであって、その共通の歩みは、ヨーロッパを構成している国民国家だけではなく、地域にも同じような影響を与えたのである。

通常、経済成長の歴史を研究する場合に選ばれる単位は、国民国家であり、世界のなかで先ず最初に選ばれる場所は、典型的にはイギリスであった。最近になって、これとは違った考え方が登場し、それにともなって中心的な分析単位が従来のものとは異なったものになって来たが、大部分の考え方は依然として、わたくしが「イギリス中心主義学派」と呼んでいるものである。この学派によれば、イングランド、あるいはイギリスはそれ以外のどの地域とも違っていたし、違って来たのであって、それゆえにイギリスが、そして、イギリスだけが産業革命を引き起こすことができたということになる。このような偏狭な立場は、フランスに関する最近の研究によって、手痛い攻撃にさらされているし、それもまた当然であろう。一八世紀のイギリスが達成した多くの成果に匹敵するものをフランスも生み出していたことが明らかになったのである。イギリスの経済史をヨーロッパという広い枠組みのなかで考えようとする態度は、イギリスがヨーロッパ共同市場に参加し、学者たちがヨーロッパ諸国に対する態度を変えて以来、生まれて来たものであるといってもほぼ誤りないであろう。それ以前は、プロテスタント（英国国教会）信徒である古い世代の人々が、自分達と相容れないカトリックの教義そのものだけではなく、ローマ・カトリックと無関係ではないと彼らが考えていた、木靴に象徴されるような貧しさも、イギリスに最も近いフランスの港、カレーで始まったなどと頑なに信じていたのである。それにしても、驚くほど強固なナショナリズムからする抵抗が今なお存在している。イギリス中心主義学派の人々は、近代以降の全面的な工業化だけが重要な変化であると、頑なに信じることによって、経済変化の時期の問題を歪めている。この見解が不幸なのは、もし本当にイギリスが特殊であるならば、イギリスの歴史は他国の経験に対して何の指針も示すことができず、その後びっくりするほど急速に工業化した極く近隣の諸国の経験にとってさえ、模範とはならないという点である。イギリスは、ヨーロッパ大陸全体に作用しつつあった諸力の影響のもとにあり、そこからようやく抜け出すことができたのは、綿および製鉄業の技術革新によって最初の工業強国となったからであると考える方がずっと有益である。

これとは正反対の立場を取る人々のなかに、「世界主義論者」がいる。彼らは、イマニュエル・ウォーラーステインとその追随者からなる世界システム論学派の延長線上にいるが、さらにそれを極端にした考え方をもっている人々のように見受けられる。本来の世界システム論は、ヨーロッパ中心主義的であった。このシステムは、経済的中核である北西ヨーロッパ諸国が他の地域を搾取することによって、なり立っていると考えられている。このように地理的に極めて広大な範囲の経済を対象にするような考え方は、イギリス一国、あるいはヨーロッパだけを対象にする考え方からの解放を意味していた。しかし、この理論において中心的な位置を占める中核・半周辺・周辺地域間の搾取関係という仮説は、こうした立場をとらない学者による厳密な検証に対して、正面から立ち向かうことを避けている（例えば、O'Brien 1982)。世界主義論者たちは次のように主張するが、彼らの考え方は、本筋から大幅に外れているといわなければならない。つまり、前近代後期の経済はすべてヨーロッパとの貿易がもたらす波動に影響されており、非ヨーロッパ世界の命運が陰鬱に見えるのは、内生的な要因よりも、むしろこうした外生的な要因のせいなのであると。

毛沢東は、石と卵を暖めたとき、卵から雛が生まれ、石からは何も生まれないのは、実は卵と石の内部構造が違うからであると指摘している。これと同じことが、ヨーロッパとの貿易と武力に接した際の非ヨーロッパ経済についても当てはまるであろう。非ヨーロッパ経済は、それ自身の固有の組織と状況にしたがって反応したのであって、単にヨーロッパが示した苛酷さに反応したのではない。

この本は一八〇〇年以前の時期を対象としているが、この時期には、中東、アジア、そして、特に中国の大部分は、ともかくもヨーロッパの圧倒的な影響下にあった訳でない。あるインドネシア史家は、一八世紀はアジアの世紀であったと述べている（Van Leur 1955: 271)。また、トルコの歴史家は、オスマン帝国は自律的な社会組織であって、国際的な軍事競争の影響を受けることはあっても、貿易や市場関係に翻弄されていたのではないとしている（Sunar 1980: 574-75n.2）。第三世界の経済の命運が、常に西欧の帝国主義によって、これよりももう一段陰鬱なものにされたという共通認識はとにかく支持し難い。ロイド・レイノルズ（1983; 1985）は、第三世界の経済の多くが、一九世紀後半の帝国主義世界のなかで、すでに経済成長を経験しつつあったという証拠を数多く集めている。

前近代世界のすべてが、ヨーロッパを終着点とする貿易関係を軸に回転していたと考える根拠はほとんどないように思われる。この貿易は、地理的には広範囲におよんでいたが、多くの場合、取るに足らないものであったからである。確かに、反響が遠く離れた場所におよんだという幾つかの事例も古くから指摘されている。例えば、北米東海岸で取引する毛皮商人の行動が、遠く西洋に連鎖反応的な混乱を引き起こしたというような事例である。しかし、細々とした取引関係があったということと世界市場があったということとは別問題である。論争を決着させる一つの方法は、こうした貿易がどの程度のものであったのかを量的に確定することであろうが、世界主義論者たちには、数量的に分析する試みを避ける傾向がある。彼らの論法それ自体には、とりたてて目新しいものはない。地政学者ハーフォード・マッキンダーは、コロンブスによる発見（彼はカリブ海諸島に到達したのであって、アメリカ本土を発見した訳ではないが）以前の土地に住んでいた「歴史をもたない人々」の歴史を無視していると非難された。しかし、マッキンダーと同じように、われわれもまた、ヨーロッパの経済発展の開始時期を知る一方で、ヨーロッパの歴史とは極めて対照的な事例を提供するためには、世界全体を研究対象としなければならないとは思わない。マッキンダーの伝記作者が彼を擁護して、いささか嗜みを欠くとはいえ、核心を衝いた形で反論しているように、ユーラシア大陸以外の土地にも人々が住み、彼ら独自の歴史を作り上げて来たのだといい張ることは、空気が一杯詰まっているから、戸棚は空ではないというのに等しい（Parker 1982: 1234-5）。わたくしは、このように考えた結果、単一の政治体が非常に大規模な人口を組織している有力な非ヨーロッパ経済が、（ヨーロッパの時代区分でいえば）近代初期、あるいは前工業化時代の後期という時期に存在していたという歴史的背景のなかで、ヨーロッパの経済的勃興を分析しなければならないと思うようになった。マッキンダーが分析しているのは、強大な勢力が地球上にどのように分布していたかであって、文化のそれではない。われわれもまた、主要な経済的変化を取扱っているのであって、周辺文化やか細い交易関係を分析しようとしているのではない。確かに、人類学的には、小集団は興味深い対象であり、ほとんど限界的な条件のもとで、人間がどのような経済行動を示すかを検討する特別の機会を提供してくれる。しかし、小集団は、明らかに世界史の主流をなすものではない。強大な勢力に上り詰めたのは、ヨーロッパであり、とりわけ大量の貿易取引――ほとんどの場合、それもヨーロッパ人相互の取引であったということを付け加えておかなければならない

――を行ったのはヨーロッパであった。

したがって、われわれの目的にとってふさわしい分析単位は、ヨーロッパにおける諸国家併存体制およびそれと同時代に存在した巨大な諸帝国である。諸国家併存体制は、相互に作用し合う部分からなっている一つの構成物であった。地域の構造はもとより、個々の国民国家の構造も勿論経済の動向に影響を与える。しかし、これは、共通の文化・相互に反応し合う政策・国家の枠を越えた市場がもたらす体制全体の影響に比べれば、二次的なものである。ヨーロッパは、経済的にも政治的にも一体であった。諸国家併存体制のもとにある経済全体をもっとよく理解するためには、当時、アジア、あるいは少なくともアジアと中東に存在し、政治的には帝国として組織されていた他の大規模な経済と比較・対照してみればよい。このような経済が示した、ヨーロッパのそれとは違った軌跡、そして、ヨーロッパの時代区分でいえば近代初期に、このような経済が最終的にたどった下降線は主として何によってもたらされたのかを、西欧の帝国主義で説明することはできない。別の種類の帝国主義が、その原因として挙げられなければならない。それは、中央アジアのステップから興った歴代諸王朝の指令経済であった。すなわち、オスマン帝国、ムガル帝国、満州族の清王朝であり、これら諸王朝はすべて蒙古の襲来の近代版であった。東方の運命を決定づけたのは、これであって、悠久のアジア的生産様式に固有の水田農業でもなければ、西欧の貿易や征服でもなかった。ステップの帝国主義こそ、「近代初期」におけるイスラム教圏の中東、インド、中国の伝統的な農業と発生しつつあった商業部門を締め付け、利己的に支配下におこうとして、ヨーロッパとの違いをもたらした原因である。

およそ一四〇〇年から一八〇〇年に至る時期、ヨーロッパ流の時代区分でいえば「長期の近代初期」に関して、われわれはなぜこうした局面を分析しなければならないのであろうか。ヨーロッパにおける経済成長のより深い根元は、確かに、もっと早い時期にあったし、東方の社会ですでにはっきりとしていた潜在的な要因を探るためには、前の時代もまた分析の対象としなければならない。事実、この本は以前の時期についても言及するが、しかし、ヨーロッパの加速度的な成長が明らかとなり、その他のすべてを圧倒するに至った時期を中心に扱う。この時期を中心に据える方が、ヨーロッパとその他との分岐点が詳しく解るからである。

この分岐点に関する論争は、暗黙の、明白な言葉で表現されない、首尾一貫しない立場の戦いという形を取っている。ヨーロッパが他を引き離して、前進し始めた時期について、さまざまな専門家が、それぞれ厳かに、あるいは情熱的に見解を述べている。アジアの経験と照らし合わせて、そうする者もいれば、比較をせずに見解を披露する者もいる。しかし、多くの場合、彼らは互いに相手を無視している。彼らの議論は、相手のいないところで行われる欠席裁判のようなものである。

ヨーロッパがその他の地域に追いつき、引き離し始める点、つまり、科学の領域でヨーロッパが徐々に中国を引き離して前進し始めたのは何時かという問題について、その昔、ニーダム(1967)が一つの解答を与えている。これよりも経済に直接関わりのある領域では、追い越し地点に関する見解は専門家によって数世紀の幅がある。こうした見解の相違は、一つには、「比較の基準」(つまり、ヨーロッパと比較される明確な地域)の選び方から来る。全体としてこの問題を正面から取扱った研究は少ないが、イッサウィ(1980)は、論文のなかで、「どの時点で、どのような領域で西欧は中東に追いつき、追い越したのか」という問題に取組んでいる。ヨーロッパは遅くとも一五世紀には、軍事以外のほとんどすべての領域で優っていたというのが彼の答えである。

四人の専門家——チポラ、クズネッツ、ランデス、マディソン——は、厳密に経済成長という点からいえば、ヨーロッパは古く西暦一〇〇〇年から徐々に上向き始めていたという見解をそれぞれ独自に述べるか、あるいは実際に推計している(Maddison 1982: 255n. 3 にそれぞれの推計結果が示されている)。このことは、経済成長以外の領域でも、ヨーロッパに特有の傾向があったということを必ずしも意味していない。しかし、イギリス中心主義学派の人々が考えるような、産業革命期に「大きな断絶」があったとする見解とは非常に違った含意を見出すことができる。広く使われている産業革命に関する教科書でさえ、一八世紀の中葉に至るまで、イギリス経済は「どちらかといえば、停滞的であった」と述べている(Deane 1979: 18)。ベロックと彼の共同研究者も、所得格差は一七五〇年以後になって初めて広がり始めたと示唆している(Bairoch and Levy-Levoyer 1981)。

このように、問題に対する立場の相違は、ヨーロッパとその他の地域の発展の分岐点を早い時期におく考え方と遅い時期におく考え方、地理的な基準の設定に関する不統一、経済分析の中心を何処におくかという点に関する見解の相違を始めとして、多岐にわたっている。学生の講義要項に見られるような標準的な大学教育の領域では、この分岐点を「遅い時期に設定する」学派の方が、しばしば歩がよさそうに見える。遅い時期に分岐点をおく立場にも二通りある。これらは、他の点では互いに違ってはいるが、ともに広く行きわたっている解釈である。このうち、比較的早い時期に分岐点を設定する立場は、イギリスは所得停滞の世界から独力で工業化——常套句を使えば、「離陸」——したとするイギリス中心主義論者の見解である。もう少し後の時期に設定する立場は、イギリス、あるいはヨーロッパの工業化は非西欧社会を犠牲にして、その経済成長、特にインドの経済成長の芽を摘み取りながら達成されたとする帝国主義説である。この場合、アジア土着の帝国主義の歴史は無視され、西欧の帝国主義がなければ、東方は独力で工業化を達成していたかもしれないという考え方に傾きがちである。

「初期」説の方は、ヨーロッパの興隆はすべての面において、もっぱらヨーロッパ内部にあった潜在的な可能性が開花した結果であると考える立場であるといってもよい。あるいは、この説は、ヨーロッパの勃興を、その他の社会と比較して考えている。少なくとも、こうした立場に立つ研究者は、ヨーロッパの胎動は初期に始まったと考えるのである。本書『ヨーロッパの奇跡』の評者の一人は、「両者の経済発展を比較してみると、ある時期以降に格差が広がって来る。これを理解するためには、格差が生まれた時期を分析しなければならない。その時期は、一五〇〇年以前である」と明言している（Crotty 1983: 194）。唐・宋時代の中国やアッバース朝のバグダードと比べた場合、ヨーロッパは後れていたと考え、決定的な時期——この時期は、実に、ローマ帝国の崩壊から中世までを含んでいる——の幅をもう少し狭くする研究者もいる。したがって、彼らは、ヨーロッパが他を引き離して成功を収めた時期を他の文明との交易関係が盛んになるはるか以前の中世盛期に求める。これとほぼ同じような考え方に立って、ノースとトマス（1973: 157）は、「産業革命は、近代経済成長の源泉ではない。それ（すなわち、近代経済成長）は、新しい技術の発展と生産過程への技術の応用から生じた私的収益率の上昇の結果である」と断言している。

経済学者による最も説得的な要約は、クズネッツのそれであろう（1964: 21）。彼の見解は、こうである。彼の定義にしたがえば、農業に従事する労働力の割合が六〇パーセント以下にはならない時期を前工業化期というが、この前工業化期におけるヨーロッパ諸国の一人当り所得は、一九六〇年代の大半の発展途上国の数倍であった。ヨーロッパ諸国は、前工業化世界を構成する他の大半の地域より発展し、長期にわたる経済成長と経済的拡大をすでに経験していたのである。

初期に経済成長が始まったとするクズネッツのこの見解は、二〇年以上も前に発表されたものであり、その後の研究動向に大きな影響を与える筈だと思われていた。しかし、クズネッツ説に対する表面的な敬意は少なくなかったが、一八世紀の「産業革命」で始まる時期は別として、この方向で研究に刺激を与えることはなかった。ましてや、教育に対しては、その影響力はずっと少なかった。通常、われわれは、新しい時代に起きたことの方がより重要な意味をもっていると誤解しやすいものである。しかし、事柄はもっと古い時代に属することであって、それも先になったり、後になったりする馬跳びのようなものであった。ヨーロッパは、中国がかつて達成した経済革命に追いつき、追い越さなければならなかった。インドの科学を吸収し、それを乗り越えなければならなかった。そしてまた、イスラム教の優れた中東の科学についてもそうしなければならなかった。クズネッツ自身は、この種の経済以外の局面における興亡の歴史を詳しく研究した訳ではなく、問題提起をするに止まっている。本書は彼の提起したこの問題に答えようとする試みなのである。本書のねらいは、ヨーロッパの興隆をもたらした諸条件を探り、専門家達が同じ時期のアジアや中東を、「化石化」し「眠ったように静止」していたと見做した理由を明らかにすることである。

何と比較されるべきか

このように考えて来ると、興隆しつつあるヨーロッパと比較・対照されるべき地域は、長期の近代初期に存在したヨーロッパ以外の大規模な社会、すなわちアジアのなかに求められるべきであるということになるであろう。このような目的のために使われる「アジア」という言葉は、特に中近東を含むものとして使われるので、全く便宜的な呼び名である。明確な領域を特定せず、極く曖昧に、あるいは、時代を越えて不変の「アジア的な」行動様式といった意味合いでは使われていない。本書で使われる場合、「アジア」は、ヨーロッパ史における長期の近代初期に、ヨーロッパ以外の場所で、組織された巨大な人口がたまたま存在していた（現在も存在している）場所を意味する純粋に地理的な表現である。

このようなヨーロッパ以外の地域の経済を一般モデルで分析するか、それともその場その場で適宜分析して行くかは、趣味の問題でもあり、与えられた紙幅の問題でもあるが、さまざまな意味で、両方を合わせた方法で問題解決に当る方が望ましい。特定の地域の歴史を構成する一連の特殊な事例を整序する、ある種の体系は確かに必要である。他方で、著者も読者も、経済の動向に影響を与えたと思われる、おそらくは重要であったに違いない詳細な歴史的事実に対して、それなりの好奇心を保ち続けなければならない。ここでは、三つの主要なアジアの帝国がそれぞれ別々に分析される。ただし、広範囲におよぶ伝統的農業に、征服帝国がどのような影響をおよぼしたかという共通の主題は、特に力を入れて分析することにする。オスマンとムガルの両イスラム帝国を一つの範疇に入れ、これらの帝国よりも小規模なペルシャのサファビー帝国を加えても構わないであろうが、中華帝国は、多くの場合、独立に取扱う必要がある。いずれにしても、個々の帝国はさまざまな土着の社会を内包していた。全体として見ると、ヨーロッパよりも「アジア」の環境の方が災害の強さや頻度が高いとはいえるであろうが、帝国を構成する土着の社会はそれぞれ固有の生態的背景をもっていた。

一般的にいえば、アジアの環境は生物学的な意味で決して不毛ではなかった。特に、インドの大半は——モンスーンが来れば——作物の生育に必要とされる十分な気温と湿度に恵まれていた。雨がやって来れば、ヨーロッパの寒冷な地方の耕地でできるどんな作物よりも豊富な収穫が期待できた。しかし、モンスーンが来ないと悲劇であった。平均的な生産性はヨーロッパよりも南アジアや東南アジアの方が高かったから、違いはそこにあったのではなく、平均からの偏差の大きさにあった。史料の性格からして、統計的に示すことは難しいが、資本設備を破壊するだけでなく、多数の人命を奪う大規模な災害は、ヨーロッパよりもアジアの方が多かった（Pryor 1985; Jones 1985）。アジアの方が災害の頻度はずっと高かったので、損害の可能性だけでなく、不確実性も増加し、その結果、長期投資は阻害されるようになった。

政治的な不安定性はさらに強かった。経済は政治と不可分に結びついている。この事実は、経済の動きにとって、決定的な意味をもっている。アジアの伝統的な政治形態である帝国は、社会的に影響力のある集団が生産的な投資を敢えて行う誘因を提供することは少なかった。かといって、積極的に投資意欲を削ぐということもなかった。最も規模の大きな社会集団は農民であったが、彼らの所得は低く、投資に向ける余剰も少なかった。農民は気まぐれな課税から身を守る手だてをもち合わせていなかった。彼らにとっては、収穫がもたらすわずかばかりの余剰を敢えて危険を冒して新しい企てに向けるよりも、消費してしまう方が大事と感じられるほどであった。軍事的な征服者であることが地位を決定する社会では、商人の地位は、当然、戦士のそれよりも劣っていた。商人のなかには、富裕になった者もいたが、自身で土地を所有する役人にならなければ（商人にこうした道が開かれていたのは、中国の場合だけである）、彼らの富が官吏に没収される危険が常にあった。商人のなかには、賄賂を使って、影響力のある地位にまで上り詰めた者もいたであろう。しかし、皇帝は、ヨーロッパの貧乏な国王のように、商人を当てにする必要は決してなかったから、商人が一つの階層として影響力をもちうるということはなかった。商人たちは、アジアの帝国を掘り崩し、ブルジョワ国家に変えることに成功しなかったのである。

こうした帝国における土地所有は、多くの場合、世襲の対象とはならなかった。ムガル帝国時代のインドにおける給与地保有者、ジャーギールダール（*jagirdars*）は、その時々の政権によって替地させられている。また、中国の郷紳の子息は、古典の試験を受けなければならなかった。彼らは、土地に対して永続的な関心をもつことができなかったし、子孫のために所領の土地の生産力を上昇させる投資を敢えて行うというヨーロッパの土地所有者がもっているような動機をもち合わせていなかった。彼らのやり方は、一揆を起こさせない程度に農民を絞り取ることであった（もっとも、その程度に関して、常に彼らの判断が正しかったとはいえないけれども）。

帝国は、臣民にサーヴィスを提供する国家とはならなかった。スルタンや皇帝は巨万の富を蓄積したが、統治する領域の広大さと人口規模の巨大さの割には、手に入れる所得は少なかった。実際にはなかったが、たとえその意志があったとしても、彼らには自分の土地を経済的に開発するために必要な中央政府予算がなかった。したがって、いずれの征服者によっても、当初は秩序と平和がもたらされ、その後には爆発的な生産性の上昇が続いたが、慣習経済の段階にあった農業部門や市場経済部門の立ち後れ、こうしたシステム全体がもっている指令経済的側面、これらはいずれも持続的な成長を実現するものではなかった。

こうしたシステムは、巨大ではあったが、脆いものであった。軍事的な敗北に直面したり、彼らの存在そのものを可能にした軍事的な勝利が終わると、このシステムは内にこもるようになった。巨大な歳入の必要が迫って来ると、必要な規模の生産的投資が犠牲にされる傾向が出て来た。重要なのは、このような傾向が出て来たということである。自説に固執する狭量な歴史家のなかには、あれこれの帝国の成功例を反証として挙げ、これに反論したい者もいるであろう。歴史は実に多様なものである。われわれの目的は、一般的な傾向を見つけ出すことなのである。こうした一般的な傾向は、単にヨーロッパ流の積み重なって行く発展と成長ではなかった。

さらに、歴代のイスラム帝国は、皇帝の継承問題を完全に解決することはなかった。確かに、ヨーロッパの過去は王位継承戦争――例えば、オーストリア・ポーランド・スペイン王位継承戦争――に彩られているが、オリエントの帝位継承闘争は風土病のように絶えず起こり、ヨーロッパの場合よりも執拗に内部の秩序を破壊するものであった。必要とする時期まで継承者を「篭に閉じ込めておく」というような幾つかの解決法が試みられたが、結局、定着しない規則のままで終わったし、帝国の経済運営も芳しいものとはならなかった。子供の時からハレムに幽閉されて、宦官や側室に傅かれて育った者は、帝国を統轄するのに必要な専門知識や自己訓練を身に付けにくかったであろう。そして、帝位に就くべき者がそのような専門知識や自己規律を欠く場合、専横な権力の行使には歯止めがなくなってしまうであろう。

主要なアジアの経済の行方をこのように展望する見方は、特にオスマン、ムガル、満州王朝について当てはまる。この見方は、アジア的生産様式の停滞性というウィットフォーゲルの見解でもなければ、マルクス、エンゲルスの考え方でもない。アジアの経済は、灌漑権に対する中央の統制が進歩を絶えず押し止めてしまうというような、環境によって規定されている状況に永久に閉じ込められ、固定化されて来た訳ではない。アジアは、ヨーロッパよりもずっと以前に変化を経験して**いた**のである。所得の増加は、帝国が存在した時期には、数世紀にわたって「凍結」されていたかもしれないが、凍結状態は、ステップからの侵入という特定の歴史的な原因によってもたらされたものであるということがはっきりしている。やがて、経済は慣習経済的な農業の上に、指令経済的な機構が強制的に押し付けられたものに変わって行った。このような経済は、人的・物的資本への投資意欲を弱め、最後まで、市場の一層の発展を押し止め、その方向をねじ曲げてしまったのである。

どのような政治的要因によって投資が決定されるかという研究課題には、未解決の問題が多く含まれている。帝国の経済発展の特徴を説明する際に重要なのは、あるいは投資が阻害されたという事実ではないのかもしれない（しかし、投資に関わる問題に焦点を当てることが間違っていると解ったとしても、帝国の発展に影響を与える何か他の組織的な要因を探り出さなければならない。さもないと、歴史は寓話と特殊事例からなる際限のない混沌になってしまうであろう）。おそらく、結論的にいえば、帝国の経済の特徴的なあり方は、宗教・文化・思想、あるいは法律といったあまり即物的でない分野の発展を促すという方向で進展したのであろう。実際、マルクスでさえ、アジアの歴史は宗教の歴史以外の何物でもないように見えると慨嘆している。彼は、宗教も下部にある物質的基盤に規定されていると信じていたから、唯物論的に解釈したかったであろう（Worsley 1984: 104-5, 169, 243-4）。確かに、彼の言い分にも一理ある。宗教は不変なものではなく、太古からアジアの歴史は、異なった信仰が次から次へと繰り返し布教される歴史であった。少なくとも、歴史を通じて思想は一般的に柔軟であった。よく解らないのは、宗教が、自然環境や政治的な動機という、宗教よりももっと深いところにある状況にどの程度順応したのかという点である。あるいは逆に、アジアの宗教は、どの程度他の状況に影響を与えたのであろうか。アジアの宗教が経済成長と相容れないように見えるのは、とりあえずは表面的にそうであったにすぎない。そして、ヨーロッパのキリスト教が、経済成長と文字通り親和的な関係にあるように見えたとしても、経済成長を生み出すずっと以前にキリスト教は行きわたっていたといっておけば、ここでは充分であろう。宗教・文化・理念・法律がおよぼす影響に関していえば、問題は、それらがどの位の時間的ずれで、そして、どのような歯止め効果をともなって、物質的な変化に影響を与えるかである。これに対する答えは、明らかに、単純な唯物主義と純粋に理念に重きをおく歴史との間の何処かにある。しかし、物質的な根拠の方が理念のそれよりも確実である。したがって、序文では、経済成長に影響をおよぼす政治的局面と自然環境を中心に分析を進めて行く方が正当であろう。

ヨーロッパに固有なもの

ヨーロッパを取扱う部分では、先史時代、あるいは超長期の環境要因から始まって、技術変化の歴史、地理上の発見がもたらす刺激、市場の形成という幾つかの段階を経て、ヨーロッパの国家と諸国家併存体制の独自性、起源、そしてそれがもっている含意について論じる予定である。諸国家併存体制とは何であろうか。本書初版の評者の一人はこう問うている。これはアダム・スミスの見えざる手が救いの手であったように、国家から救いの手が差し伸べられるということを意味しているのであろうか。実は、これをどのように解釈するかという問題は、煎じ詰めれば、環境・市場・国家の三者が化合し、互いに作用し合って作り出される成果について議論することになるであろう。

まず最初は環境である。この環境の問題は、さらに位置と場所の諸相、そして災害の特質に分けて論じることにする。位置の諸特徴のうち、資源賦与の問題は、変化を説明する際にとりわけ有効であるという訳ではない。資源は、利用可能な技術の関数であって、特定の技術が開発され、資源を利用するようになるまでは、経済的な意味をもたない。北アメリカのインディアンは石油の存在そのものは知っていたが、彼らにはそれを燃料用に使うという発想もなければ、使い方も知らなかった。資源賦与に関して最も重要な特徴は、おそらくヨーロッパの場合には、地質的・気候的に異なっている大陸の各所にまたがって、資源が分散していることであろう。このことが交易を促したからである。

位置に関するもう一つの特徴は、穀物の生育に適した土地が不連続に続いていたことである。ヨーロッパには、生産性の高いいわゆる穀作中心地域が多数あり、それぞれ周辺地域よりも人口密度が高く、豊かな人口を抱える中心地域となっていた。ヨーロッパが、終始、政治的には権力が分散していた理由の一つは、このような中心地域のうち他よりも規模の大きなものであっても大同小異であって、いずれの住民も他の地域の住民を支配することが困難であったからであろう。

位置の特質のなかには、気候も含まれる。初版の評者の多くが、本書のなかでは気候の変化が特に強調されていると解釈している。初版では気候が強調されている訳ではなかったから、このことはわたくしには意外であった。この点では、わたくしは同僚のジョン・アンダスンに賛成である。彼は、次のような観察を行っている。すなわち、長期の平均気温の上昇は経済的な調整過程によって相殺され、経済に対して悪い影響を与えたと考えられる要因のなかには、黒死病後の人口減少のように、どちらかといえば他の出来事の結果であると考えられるものもあった（Anderson 1981）。幾つかの重要な経済的出来事が天候（気候ではなく）に関する変数、あるいはその他物理的・生物学的な可変的環境因子の変化のせいであるとする点で、アンダスンとわたくしの考え方が最も近くなるのは、自然災害の衝撃に関する議論においてである（Anderson and Jones 1983）。この問題で重要なのは、次の点である。自然災害というものは、苛酷で、一気に襲って来るものであり、保険に類するさまざまな工夫（これ自体、無料で与えられるものではない）によって費用は分散することができるが、完全には防ぐことができない環境現象なのである。

ヨーロッパの地理的な優位性は、二つあるように思われる。一つは、ヨーロッパ、少なくとも西ヨーロッパは、ユーラシア大陸のその他の周辺地域、特にインドと中国を絶えず襲った中央アジアの征服震源地から遠く離れていたという点である。森林に富む地形が騎兵による戦闘に適していなかった事実とともに、距離が遠く離れているということは、ある種の防衛手段であった。他方、大洋航海に耐えられる船舶が建造されるようになると、好都合なことに、西ヨーロッパの海岸線は、最も豊饒な海域の幾つかと向かい合っており、世界中で最も利用価値に富んでいるが最も攻略しやすい土地に面していることが解ったのである。しかし、航海技術のことをいい出すと、トランプの万能札のように、環境とか地理的条件によってすべてが説明可能であるということになりかねない。地理的要因は、しかしながら、それ自体ではなにも説明しない。位置とか場所が具体的にどのように使われるかは、特定の技術革新を含む歴史の事実が決めるのである。そうはいっても、地理的要因を完全に無視することはできないであろう。世界の地形的な配置は、所与の技術のもとで営まれる経済活動の相対的費用を決定するのである。全体として見ると、ヨーロッパはどちらかといえば寒冷な北部に位置し、作物の生育期間も短い割には、貿易・分散的政治権力・資本蓄積という点で不利であった訳ではない。実際、疾病という観点から見ると、地理的に北に位置しているということは、積極的に評価すべき利点であったのかもしれない。

ヨーロッパの文化的環境は、次に述べるような一点、それも最も根底的な意味において、独自なものであった。すなわち、ヘイナール（1965）が、今や古典とも呼びうる論文において実証しているように、トリエステからレニングラードに至る線の西側では、他の地域よりも結婚率は低く、女性の結婚年齢は高かった。このような人口に関する行動様式が自然環境とどのように関連するのか、そして、ヨーロッパに住む人々はなぜこのような特殊な行動様式を身に付けるに至ったのかという問題はまだ未解決であるが、資本蓄積・生活水準にとって極めて重要な結果がこの事実から生じたということはおそらく誤りないであろう。

ヨーロッパでは、次のような意味でもまた、資本蓄積が促進されたということができる。すなわち、この過程はゆっくりとしたものではあったであろうが、自然災害によって失われたのは、明らかに労働力であって、資本ではなかった。ヨーロッパでは、地震よりも流行病による被害の方が大きかった。さらに、資本の効率は、絶えず技術変化がもたらされるという傾向によって、上昇した。このような特徴が何処から生まれて来たのかを立証することは困難である。機械いじり・発明・革新的な技術改良といった性向が人々の間に広く行きわたっていたということ、さらに、そうしたことに成功したという事実と、比較的人口密度が低く、政治的な権力が分散していたということとの間に何か関連があったかもしれない。しかし、これはなお古い時代に関して歴史社会学的な研究を必要とする課題である。この点に関しては、主要なアジア文明よりも早くはなかったし、当初は一人当り所得に大した影響を与えることはなかったが、ヨーロッパの発展が、後の時代ではなく、早い時期に始まっていると考える人々の方が明らかに正しい。人口変動と租税負担のあり方が、ヨーロッパの発展に大いに関係していたであろう。

一見したところでは、ヨーロッパの経済成長を加速させたのは、地理上の発見によってもたらされた海外の資源のおかげであると主張することもできる。しかし、もっと重要であると思われるのは、発見されたものを十分利用できる経済が存在していたということである。すなわち、重要なのは、ヨーロッパ本土の特性であって、帝国主義の特性ではない。社会構造も経済構造も変えることなく、海外の資源という恵みを消費してしまうことは、いともたやすいことである。鄭和の遠征は、明の中国を変えはしなかったし、航海に優れている者として名高いマラガシー人もポリネシア人も自分達の国を変革することはなかった。この点に関していえば、ヴァイキングさえ北大西洋を渡って航海をしたが、初期のヨーロッパに変化をもたらすことはなかった。変化に柔軟に反応する商業が、中世のヨーロッパにはすでに存在していた。地理上の発見を経済成長に結び付けたのは、実はこうした商業の拡大だったのである。

現在、わたくしは、この点に関しては、以前よりも慎重になっている。地理上の発見は、なるほど、勇気に満ちた物語に事欠かないが、一体それが全体として何を意味するのかという点になると、一九世紀以前の歴史にとってそれがもっている意味は、考えられているほど明らかではなかった。オブライエン（1982）の論文が、数少ない、そして貴重な統計を提供している。彼は、一八〇〇年以前の非ヨーロッパ圏との貿易総額に占めるヨーロッパ大陸産の製品の割合は、全体で七パーセントであるとしている。この割合は、経済成長にとって最低限必要な率であったとはいえるであろうが、それにしてもこの比率は、ヨーロッパがその「周辺」を収奪したとする多数の文献で示唆されているよりもずっと低いといわなければならない。

すでに指摘したように、ヨーロッパにおける市場経済の拡大は、要素市場の自由な発展を含むものであったから、それだけ大きな意味をもっていた。ヨーロッパの政治的単位の内部および外部で、競争的な過程が働き始めた結果、資源配分が、以前よりも、そして他のどの地域よりも刺激に対して敏感になった。商品貿易に関するかぎり、わたくしはやはり、ヨーロッパが早い時期から、大量の日常生活必需品を色々な地域と取引していたという点で、傑出していたと考えている。このような貿易は、人々の市場への参加が、奢侈品貿易によるよりも、もっと広い範囲で引き起こされた結果であり、同時にまた、市場への社会的参加をなお一層拡大したのである。

政治的および法的な安定性が、貿易の発展にとってどの程度重要なのかについては、市場の場合よりもはっきりしない。国家に対する忠誠心は、現在よりも広く行きわたっていた。他方、戦時でも貿易は引き続き行われていた。戦争は、それがどの程度のものであっても、被った破壊の復旧のために、何等かの経済的な需要を作り出した。アルフレッド・ラッセル・ウォレスの『マレー群島』（*The Malay Archipelago*）には、次のような衝撃的な文章がある。彼は、アルー諸島（インドネシア）のドボで、実に多数の民族が混住しているのを発見している。「この多数の民族からなる、無知で、血に飢えた人々は、統治機構のかけらさえなく、警察も、裁判所も、法律家もなく、ここで暮らしている」（Wallace 1962 edn.: 336）。しかし、彼らは、一度でも、互いに殺し合ったり、盗みを働いたりしたことはなかった。「このような情景を見ると、ヨーロッパで人々の上にのしかかっている統治機構というとてつもない重石とは、一体何なのであろうかという不思議な考えが湧いて来る」と彼はいっている。通常、意見が最も分かれるのは、統治機構の最も効率的な形態とは何かとか、それは「どの程度強いのか」とかいった点であろう。二〇世紀初頭の中国の杭州の裏通りや掘っ立て小屋を描写した次のような文章は、政府の介入が重要であると考えるわれわれの既成概念に対するもう一つの挑戦であろう。「このような不潔と悪臭とおぞましさの混ざり合ったものから都市がなり立っているということを理解することは、ヨーロッパ人にとっては容易なことではない。しかし、この同じ掘っ立て小屋のような店のなかには、数十万ドルの価値のある商品が所狭しと並べられ、血色の良い、太った、身なりの良い店主が、六桁を越える金を勘定しているということを理解するのは、それよりもずっと困難である」(Cloud 1906: 14)。

経済発展における政府の役割は、このように、予想以上に困難な課題なのである。前述の二つの引用に対する最初の反応――そして、この点を付け加えておくことは重要である――は、アルー諸島や杭州では、ヨーロッパで開発された公衆衛生の諸方策が実施されていなかったというものであろう。ヨーロッパ流の組織は、ときに、他から与えられる恩恵と理解されたし、それは正しい。例えば、アラム(1965: 8)が引用したイギリス人の作家によれば、インドの銀行家や官吏は、「おそらく、自分たちのものよりもイギリス式の公衆衛生設備やイギリス式の警察制度の方を好んで」、一八〇八年にイギリス人居住地域が造成されたハイデラバードの郊外にさっさと引っ越してしまった。

この種の事柄に関する歴史では、経済発展が取るさまざまな形態とその究極的な原因とを見間違うことがよくある。純粋に経済的な観点から見ると、これよりも重要な前進は、おそらく政府の苛酷な課税のやり方を改めさせたことであろう。これは、中世において、ヨーロッパの多くの場所で、闘争を通じて勝ち取られたものである。それ以外にも、われわれが考える以上に多くの問題があったが、それもおそらくは何とか解決された。ただし、ヨーロッパに固有で、他の地域に比べて極めて優れていた点は、やはり、自然災害を管理する方法とその他の公共財の提供であるようにわたくしには思われる。

自らの支配者から自分自身を守るということは、外部の攻撃から自身を守ることと同じように重要なことであった。「平和と租税負担の軽さ」は、当面先ず達成すべき目標として、決して実現不可能なものではない。平均的な市民にとって、この「平和と租税負担の軽さ」は、最初はそれほど大きな意味をもたなかったであろう。しかし、これこそが商工業活動の繁栄をもたらしたのだとするアダム・スミスの考え方は、全く独り善がりな見解であったかというと、決してそうではなかった。対等な立場に立つ複数の国民国家の併存と競合が、ヨーロッパの君主が行う専横のうち、少なくともその最悪のものを抑えたのである。勿論、例外は多かったであろうが、それは次第に文字どおりの例外となった。一方、国民国家間の移動は自由であったから、経済的な局面は勿論のこと、さまざまな局面における「最良の方法」が普及する機会が与えられた。

ヨーロッパの中心地域のうち、他の地域より条件がよかった場所では、周辺に国民国家が形成された。これら国民国家をそれぞれ統合したのは、国王による法秩序の維持という魅力であったし、国王の軍事力がもつ凝集力であった。両者はともに、下位の封建諸侯による秩序撹乱を威嚇して抑えたのである。さらに、これよりも一層重要なことは、シャルルマーニュやハプスブルク家のカール五世、あるいはナポレオンによる野心的な試みにもかかわらず、多数の国民国家が決して一つに収斂してしまうことがなかったことであり、単一の支配権を行使する帝国にはならなかったという事実である。多数の国民国家の内部で、経済学が長い間に培われ、支配者が学者やその他の賢人の意見を聴くという状況が整備された。一七・一八世紀の中央および西ヨーロッパでは、著述家が敢えて支配者に対して、いかに支配すべきかを助言し、そのうちの幾つかは実際に採用された。ヨーロッパにおけるこうした事態を、敢えて著作を世に問うことをしなかった徳川時代の日本の本多利明、あるいは書物を著したが苦痛のうちに獄死したピョートル一世時代のロシアのポソシコーフと比べてみれば、その相違は明らかである。

災害管理政策以外の国益に導かれた数多くのあまり芳しくない国家の行動があったのは事実であるが、ヨーロッパの多くの場所で見られた人道主義と国家の思慮分別は、すでに述べたような賢明な災害管理政策を生み出した。福祉の向上、あるいはそこまで行かなくても、危険の水準をともかくも低くするということが、単に地域の関心事であるだけでなく、国家全体の関心事となった。同時に、生産は私的に営まれるようになりつつあった。共同耕地の囲い込み、ギルドの解体、そして農奴制の廃止、これらすべては経済的個人主義の台頭の証であるように思われる。しかし、ちょうどこれと時を同じくして、統治機構が社会的基盤整備という基本的な領域で責任を果たしつつあった。

ヨーロッパの経済発展を促進した諸条件は、古い時代に形作られたものである。平均所得の持続的上昇という意味で経済成長という言葉を使えば、経済成長は、そこから芽を吹いた。ゆっくりと、しかし、おそらくは中世盛期という極めて早い時期に。このような錯綜した諸条件がどのようなものであったのかを分析することは、「成長のエンジン」を探し出すことではない。すでに用いた表現を再び使えば、「鳥を撃ち落とした散弾銃の弾」は、それだけで獲物を仕留める不思議な力をもった変化という一発の弾丸ではなくて、ある範囲の散弾の集合である。比較的安定した環境、とりわけ複数の国民国家の競合という政治的な舞台装置が専横を制限したこと、これらが成長と発展を促した最も重要な条件であったように思われる。ヨーロッパには、かつてアジアで存在したような巨大な中央集権的帝国の無制限・無条件の権力は成立しなかった。そうした権力がない所で、ヨーロッパの発展は、極く自然に、堅実に、歴史的に積み重なって実現されたのである。

一九八五年一二月　プリンストン高等研究所

E・L・J

序文に関する参考文献

Alam, Shah Manzoor. 1965. *Hyderabad Secunderabad* (*Twin Cities*): *A Study in Urban Geography*. Bombay: Allied Publishers.

Anderson, J. L. 1981. Climatic Change in European Economic History. *Research in Economic History* 6, 1-34.

Anderson, J. L. and Jones, E. L. 1983. Natural Disasters and the Historical Response. *La Trobe University Economics Discussion Paper* 3 / 13.

Bairoch, Paul and Levy-Leboyer, Maurice, eds. 1981. *Disparities in Economic Development since the Industrial Revolution*. New York: St. Martin's Press.

Beckerman, Wilfred. 1974. *In Defence of Economic Growth*. London: Jonathan Cape.

Berliner, Joseph. 1966. *The Economics of Overtaking and Surpassing*. *In Industrialization in Two Systems*, ed. Henry Rosovsky. New York: John Wiley and Sons.

Cloud, Frederick D. 1906. *Hangchow: The 'City of Heaven'*. 出版地、出版社不明。

Crotty, Raymond. 1983. Review of *The European Miracle*. *Irish Journal of Agricultural Economics* 9, 193-5.

Deane, Phyllis. 1979. *The First Industrial Revolution*. Cambridge: Cambridge University Press, second edition.〔フィリス・ディーン（石井摩耶子・宮川淑訳）『イギリス産業革命分析』社会思想社　一九七三年〕

Hajnal, J. 1965. European Marriage Patterns in Perspective. In *Population in History*, eds. David Glass and D. E. C. Eversley. London: Edward Arnold.

Issawi, Charles. 1980. Europe, the Middle East and the Shift in Power: Reflections on a Theme by Marshall Hodgson. *Comparative Studies in Society and History* 22, 487-504.

Jones, E. L. 1985. Disasters and Economic Differentiation across Eurasia: A Reply. *Journal of Economic History* 45, 675-82.

Kuznets, Simon. 1964. Underdeveloped Countries and the Pre-Industrial Phase in the Advanced Countries. In *Two Worlds of Change: Readings in Economic Development*, ed. Otto Feinstein. Garden City, New York: Doubleday / Anchor Books.

Maddison, Angus. 1982. *Phases of Capitalist Development*. Oxford: Oxford University Press.〔A・マディソン（関西大学西洋経済史研究会訳）『経済発展の新しい見方――主要先進国の軌跡』嵯峨野書院　一九八八年〕

Needham, Joseph. 1967. The Roles of Europe and China in the Evolution of Oecumenical Science. *The Advancement of Science* 24, 83-98.

North, D. C. and Thomas, R. P. 1973. *The Rise of the Western World: A New Economic History*. Cambridge: Cambridge University Press.〔D・C・ノース／R・P・トマス（速水融・穐本洋哉訳）『西欧世界の勃興――新しい経済史の試み』ミネルヴァ書房　一九八〇年〕

O'Brien, Patrick. 1982. European Economic Development: The Contribution of the Periphery. *Economic History Review* 2 ser. 35, 1-18.

Parker, W. H. 1982. *Mackinder: Geography as an Aid to Statecraft*. Oxford: Clarendon Press.

Posner, Richard A. 1981. *The Economics of Justice*. Cambridge, Mass.: Harvard University Press.

Post, John D. 1977. *The Last Great Subsistence Crisis in the Western World*. Baltimore: The Johns Hopkins University Press.

Pryor, Frederic L. 1985. Climatic Fluctuations as a Cause of the Differential Economic Growth of the Orient and Occident: A Comment. *Journal of Economic History* 45, 667-73.

Reynolds, Lloyd. 1983. The Spread of Economic Growth to the Third World. *Journal of Economic Literature* 21, 941-80.

Reynolds, Lloyd. 1985. *Economic Growth in the Third World, 1850-1980*. New Haven, Conn.: Yale University Press.

Sunar, Ilkay. 1980. Anthropologie Politique et Economique: L'Empire Ottoman et sa Transformation. *Annales E. S. C.* 35, 551-79.

Van Leur, J. C. 1955. *Indonesian Trade and Society: Essays in Asian Social and Economic History*. The Hague: W. van Hoeve.

Wallace, Alfred Russel. 1962 ed. *The Malay Archipelago*. New York: Dover Publications.

Will, Pierre-Etienne. 1980. *Bureaucratie et famine en Chine au 18e siècle*. Paris: Mouton.

Wong, R. Bin and Perdue, Peter C. 1983. Famine's Foes in Ch'ing China. *Harvard Journal of Asiatic Studies* 43, 291-332.

Worsley, Peter. 1984. *The Three Worlds: Culture and World Development*. London: Weidenfeld and Nicolson.

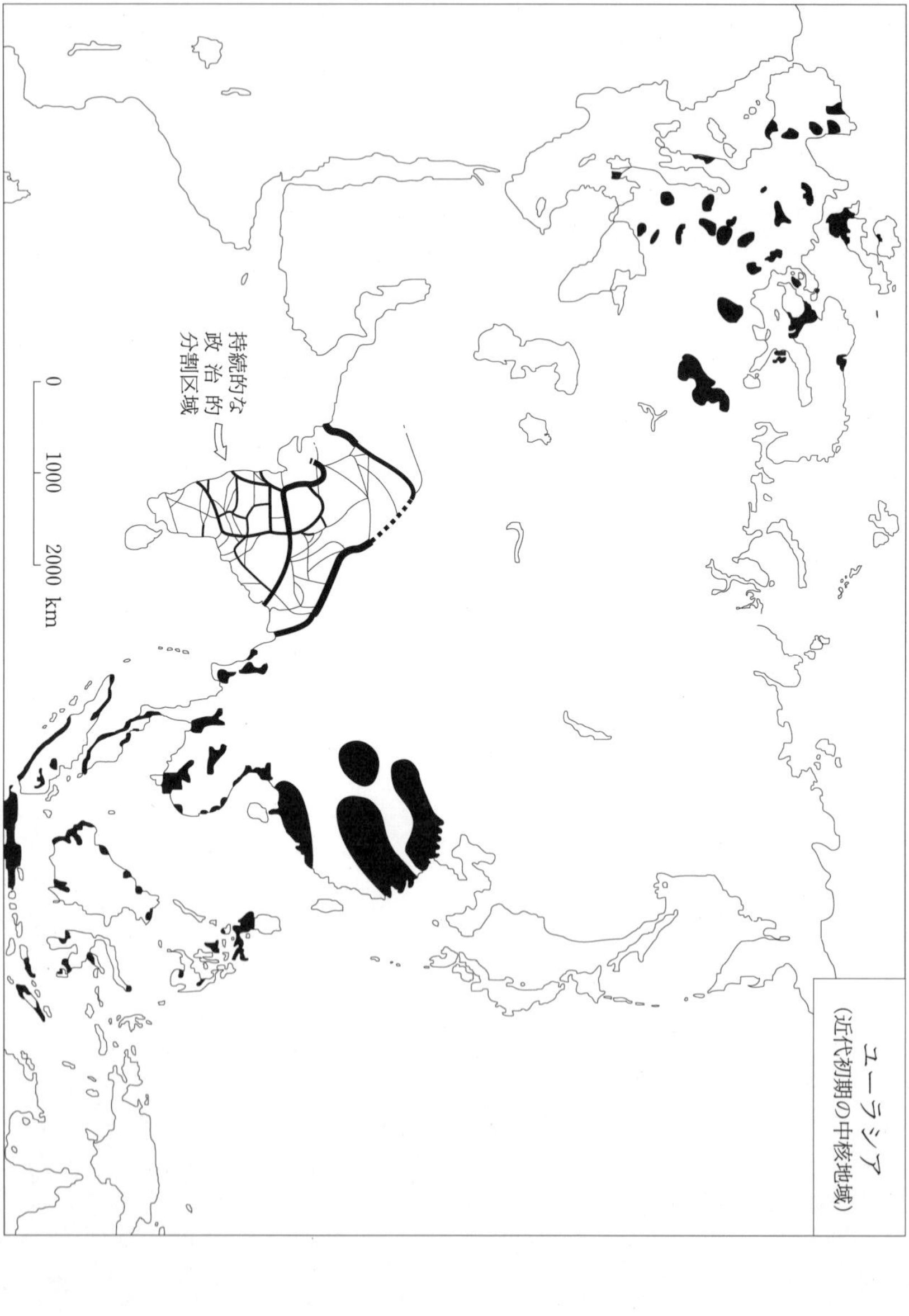

以下の地域図より編図：Buchanan (1967); Pounds and Ball (1964); Spate and Learmonth (1967); Stover (1974)。作図はエクセター大学のロドニー・フライによる。

ユーラシア

第1章　環境および社会仮説

「たわむれに、人間がこの地球上に存在していないと想定してみよう」という生態学的な遊びならば、人間をいなかったことにすることはできたであろう。しかし、これは、経済学者の「たわむれに、自然が存在しないと想定してみよう」という同種の遊びと同じように、不当であるように思われる。経済における自然と生態系における人間は、不可分なものなのである……

——マーストン・ベイツ

ヨーロッパは、「与えられた環境の恵みを、単に貧しい庶民の節度のない人口数の増加で急速に食いつぶしてしまうことはなかった」。H・G・ウェルズの『神のような人間』(*Men Like Gods*) のなかのこの言葉は、ヨーロッパらしさの心髄を要約したものであるということができる。しかし、ヨーロッパは、一五〇〇年に中国とインドに次いで世界で三番目の人口を抱え、一六五〇〜一八五〇年には中国やインドよりも人口増加率が高く、生物学的には隆盛を誇るようになった。実際、ヨーロッパ全域に生活する生物の総重量、つまり、家畜の重量を加えた生物量において、ヨーロッパの順位はすでに、一五〇〇年に三番目に非常に近かったということができるであろう。また、おそらくヨーロッパの人々が生産するエネルギー量は、三番目よりも上位を占めたであろう。超長期で見ても、ヨーロッパは経済的にさらに一層成功していたということができる。大幅な変動はあったが、実質賃金は少なくとも一三世紀以来、二〇世紀のインドと比べても、高い水準にあった (Krause 1973: 169)。そして、最終的に、しかも同時に達成した生物量の増加と実質所得の上昇において、ヨーロッパは他に抜きん出ていた。

ヨーロッパの経済史は、世界人口の四分の三を超える人々が過去に生活し、現に生活している全ユーラシア大陸の経済史の一つの特殊な事例である。したがって、非西欧地域のなかで、同じように大規模であった社会、すなわち、ヨーロッパより古い政治体制をもち、ヨーロッパより巨大な経済を誇った中国およびインドと比較・対照すればその特質が解るであろう。ヨーロッパ人の目には、東洋の文明は記念碑のように大きくて重々しく、壮大に映った。この外見上の壮大さの多くは、堂々たる土木事業と宮廷社会の豪華さからなっていた。大衆の生活水準は、ひどく低迷していた。こうした状況は、租税収入を巨大な公共施設やエリート層の安逸な生活のために使ってしまうという政治機構によっていとも簡単に説明がつく。全体として見れば、こうした社会は、平均実質所得の高さという意味では、決して富裕ではなかった。この平均実質所得の高さの点で、ヨーロッパはやがて東洋の社会を抜き去ることになる。ほぼ四億人もの人口を抱える後期満州王朝の中国は、たった七百五十万人、全人口の二パーセント未満の非生産者を養っていただけであった（Stover 1974: 16）。しかし、この二パーセントのエリート集団は、一八八〇年代に国民総生産の二四パーセントを消費していたのである（Stover and Stover 1976: 110）。これとル・ロワ・ラデュリの次のような示唆とを比べてみよう。一四世紀初頭におけるフランス、ドイツ、イギリスの四千万人の人々の一五パーセント近くが、すでに農民階層から脱却して他の階層に上昇し、農民によって食糧の供給を受けるようになっていた。

ヨーロッパ人が自由にできた一人当り運転資本は、アジア人よりも多く、通常、それは家畜という形を取った。考古学的史料、あるいは文書史料によるかぎり、当然のことながら、ヨーロッパ人の肉類および酪農製品の消費量は、アジア人のそれよりも多かった。彼らは、中国人よりも多くの牽獣を耕作に使い、インド人よりも力の強い、発育の良い家畜を耕地で使っていた。ヨーロッパ人たちはまた、中世には、水力という形で、より多くのエネルギーを使用していた。彼らの一人当り薪使用量はアジア人に比べて多く、一般的には、より多くの鉄を木炭で精錬することができたのである。確かに、西暦一〇〇〇年頃には、中国の一人当り製鉄量は、一七〇〇年のヨーロッパのそれより二〇パーセントも多かったが、こうした状況は長続きしなかった。総人口の三分の二が居住する中国の稲作地帯は、森林が完全に伐採された一大地域と化してしまった。さらに、ヨーロッパの人々は、国際貿易という手段を用いて、ヨーロッパ大陸の開発が進む地域で稀少になりつつあった資源の代替を大規模に行うことに成功した。前工業化期の後半に、雑木林から得られる木材を用いる木炭の国内産出量が不足し、それ以上鉄生産の増加が見込めなくなったときに、「中心」である西ヨーロッパ、特にイギリスは、スウェーデン、ピョートル大帝時代のロシア、そして最後にアメリカ植民地といった、森林がまだ豊富にあり、鉄鉱石にも恵まれている地域から鉄を輸入することができたのである。一七五〇年には、アメリカは世界の鉄の一四パーセントを生産していた。コークスを用いて大量の精錬を行う方法が、ちょうどこのころ始まりつつあった。コークス精錬法の登場は、すでに交易が大規模に増加していたヨーロッパの資源基盤へさらに一層交易の機会を提供することになった。この時代までにヨーロッパで形成されていたこうした資源基盤は、ヨーロッパ以外のユーラシア諸地域を苦しめていた資源の稀少化からヨーロッパを救っていたのである。事実、地理上の発見の結果ヨーロッパが獲得した地域のおかげで、ヨーロッパにおける人口と土地との比率は低くなっていた。これと対照的に、ヨーロッパ以外の場所では、この比率は高くなりつつあった。コロンブスがアメリカを発見した後、ヨーロッパの人口密度は事実上低下したが、それ以前の一五〇〇年においてすら、中国とインドの人口密度は、ともにヨーロッパの三倍であった。それにもかかわらず、中国もインドも木材・鉄・その他の原材料、あるいは食糧を輸入することができなかった。

ヨーロッパの所得分配は、例外的に均等であった。つまり、完全に均等という意味では勿論なく、所得分布の不均等度を表すローレンツ曲線が、アジアのそれよりもなだらかで、所得分布はより均等であった。このことは、古い時代にアジアを旅行した多くのヨーロッパ人たちがそこで遭遇した大衆の深刻な貧しさと富裕な人々の驚くべき贅沢さについて、驚愕をもって報告していることのなかに表れている（Lach 1970 vol. II: 827）。アジアの宮廷の華麗さ、宗教および葬礼にまつわる記念碑、治水事業、数多くの贅沢品、そして洗練された工芸技術は、単に政治組織が、可能な場合には、ちょうど石から血を絞り出すように、無理矢理搾取して作り上げることができたということを証明しているにすぎないように思われる。「何世紀にもわたって」とハリス（1978: 172）は書いている。人口密度が変動する度に、「中国・北インド・メソポタミア・エジプトの生活水準は、貧困線ともいうべき臨界域の上に行ったり、下に行ったりしていた」。他方、「西欧の人々は、これら古代の王朝制度が停滞的で、ほとんど変わらないという事実を見て、いつも驚いている」。

東洋の宮廷の壮大さに簡単に魅せられてしまう者もいたが、近代初期におけるヨーロッパの紀行家たちは、自分たちの文明の方が優越していることには気が付いていた。一七世紀の社会評論家たちは、ヨーロッパにおいて生活水準の高さを享受していたのは、単に富裕な人々だけではなく、多数の人々であったと明言している。実際、ヨーロッパの富裕層は、これみよがしの浪費という点では、アジアのそれにおよびもつかなかった。他方、ヨーロッパの庶民は、アジアの庶民よりもましな衣服を着ていたし、多種類の食糧、より豊富な調度と家財道具に恵まれていた。これは、寒冷な気候に対処する必要を補って、なおあまりあるものであった（Hajnal 1965: 131）。東洋と西洋の懸隔は、工業化によって以前よりも広がったかもしれないが、工業化によってもたらされたものではなかった。両者の前工業化社会は、文化的な意味においてだけではなく、経済史家や経済発展論研究者の主要な関心事である投資の構造、一人当り所得の水準、そしてそれを決定する諸要因の働きといったさまざまな特徴という点でも異なっていたのである。

歴史の大部分を通じて、ヨーロッパは、文化的にはアジアに後れをとっていた。しかし、前工業化期の後半に、ヨーロッパは投資と消費の双方に関わる教育と読み書き能力の点で、世界の他の地域よりも優位に立った。ヨーロッパは他の諸大陸に先駆けて、最終的には工業化に行き着くような、長い、しかも広い範囲におよぶ発展の過程を経験したのである。超長期にわたって、高水準の福祉が続いたことと最終的にそれが経済成長という形で結実したということとの間に、どのような関係があるのかを証明することはできない。しかし、近代の基準からすればわずかなものであり、その時代に固有の所得分布によって歪められてはいたが、超長期にわたって続いたヨーロッパにおける高水準の福祉は、決して不利な条件ではなかった。何がそれを生み出し、どのような意味をもっているのかについては、後に詳しく検討しなければならない。この章では、ヨーロッパの生態系の個性を分析し、それがヨーロッパに固有な経済発展にどのような影響を与えたかを探ることにしたい。

ヨーロッパは、アジアの基準からすれば、植物の生育に好適な環境のもとにはなかった。大規模な社会集団は、そこでは、ユーラシア大陸の温暖な地域よりもずっと後れて出現した。はるか北の地域でも文明は生まれつつあったようであるが、温暖な地域では文明はそれよりもずっと古い時代から興亡を繰り返していた。このような文明の地理的な転移が何によってもたらされたのかという点について、文献が説明するところは、基本的には、気候に関わるものである（Gilfillan 1920; Lambert 1971）。この文献によれば、一方で、平均気温と人間のエネルギー放出量との間には相関があり、他方で、温暖な地域では、人間は体内寄生虫の連続的な蔓延にさらされていた。その結果、こうした地域の社会は、人口規模の上限に到達し、次いで停滞を経験した。これとは対照的に、北部の冬は土と水のなかに生息する有害な生物の生育を弱める。年間を通じて降雨があり、それがほとんど蒸発しない北部地域で、充分な収穫量を確保するだけの土壌の栄養分を最初にもたらしたのは、鉄器時代の犂であったが、犂耕は同時に土中の寄生虫の力を弱める働きもしたのである。

アジアはこうした点で有利ではなかった。中国のことを考えてみよう。農業と定住が南に向かって移動していた南宋時代に、例えば、一二六四年のある文献に住血吸虫症や他の寄生虫の増殖について、最初の記録が現れている（Elvin 1973: 186）。水に放出される糞便のために、中国は、すべて重篤の慢性疾患の原因となる肺・肝臓・腸に寄生するジストマなどの吸虫類、アジア住血吸虫類の世界的な温床となってしまった（Polunin 1976: 127）。人糞が肥料として用いられ、農民は職業柄、土を感染経路とする蠕虫のような寄生虫の侵入の危険に絶えずさらされていた。韓素音（ハン・スーイン）（1965: 390）によれば、二〇世紀初頭の北京では、子供達の九〇パーセントが寄生虫に冒され、通路や建物の至るところに寄生虫が蠢めいていたという。一九四八年のある資料によれば、死亡の二五パーセントは排泄物を伝染経路とする疾病によるものであった。中国人の体内に棲んでいた寄生虫の総重量は、二百万人の体重を合計したものに等しいという推計がある位である。一九六〇年に、農村人口（つまり、総人口の八〇パーセント）の九〇パーセントは、サナダ虫をもっているといわれていた。また、死亡総数の三分の一は、このような蠕虫によるものであったという報告がある（Borgstrom 1972a: 108）。さまざまな反社会的な慣習があり、その影響も当然あったと考えられるが、それは別として、こうした事態は、充分な肥料源にも恵まれず、暑い気候のもとで稠蜜な人口が灌漑農業を行っていたことに対する代償であった。人体内寄生虫によって生じたこのような規模の被害は、当然、人間の活力に悪影響をおよぼし、中国・その他のアジア・近東の文明発祥地域の産出量を押し下げたといってよいであろう。その結果、ヨーロッパとアジアの実際の動員可能な人力の差は、おそらく両地域の人口数が示すよりもずっと少なかったであろう。熱帯地方の不健康さ、暑さ、そして栄養不足は、相乗効果をともなって、常習欠勤率を上昇させるだけでなく、一人当り労働生産性を八七パーセントも押し下げたという推計がある(Harrison 1979: 604)。

マクニール(1976)は、中国人は高温多湿の地でうまく生活して行く知恵を学び取り、ヨーロッパ人よりも微小寄生虫の体内への侵入にうまく適応していると述べている。確かに、一方の中国の人口は、南進することによって、疾病罹患度の勾配を登りつつあったのに対して、他方のヨーロッパの人口は、地中海地方から北へ移動することによって、そうした疾病罹患度の勾配を下りつつあった。このことが、中国人の間に蔓延していた寄生虫の侵入による体力の衰弱効果を取除くかどうかは明らかではない。また、同じく水温が高く、淀んだ水のなかで働くガンジス川流域やナイル川三角州地帯の農民、そして、少なくともインドについては、衆人環視のなかで行われる排泄が一般的である場所でも、同様のことがいえるかどうかは明らかではない。これは、ヨーロッパ人が、アジアで蔓延している病気に対して適応力がなく、周期的に襲って来る流行病の衝撃に弱いということとは整合する。マクニール(1976: 138-41)の観察によれば、流行病は、中世までイギリスや日本といった島国の人口に対して、猛威を振るうことは少なかった。しかし、こういったことが、全ヨーロッパ対アジア大陸という図式に当てはまるかどうかははっきりしない。勿論、アジアにも流行病はあった。おそらく、趨勢の時期に違いがあったのであろう。もしそうであるとすれば、流行病の趨勢の時期の相違は、経済発展の歴史の違いにとって、重要な意味をもっているであろう。暗黒時代が終わった後の人口増加と定住中心地の北方への移動にともなって、中世のヨーロッパ人は、流行病に最初は耐え、次いでこれに適応して行ったものと思われる。他方、インドは、交易関係が始まった一七〇〇年以後になって初めて、同じような厳しい流行病の局面に遭遇したといわれている(Davis 1951: 42)。

土壌の物理的な生産性という点で比較すると、ヨーロッパは不利である。オリエントの沖積層からなる河川流域は、植物の生育にとって有利であった。中世、場所によっては一八世紀においても、ヨーロッパ人が耕作地で達成できた播種収穫比は、せいぜい主穀で一対三、あるいは一対四であった。ということは、もし毎年休閑地とされる耕地の面積を加えると、播種収穫比はさらに下がるということを意味するであろう。先史時代のはるか昔でも、オリエントの河川流域の播種収穫比はこれよりもずっと高かったとされている(Herodotus 1954: 92, 308; Slicher van Bath 1963: 18, 172-7; Russell 1967: 96, 179)。アジアとの際だった違いは、人口密度の相違によって、さらにはっきりする。エジプトでは、紀元前一世紀に人口密度は一平方マイル当り約七二五人であった。これに対して、中国では人口密度は二〇世紀初頭に北部の山西省で、一平方マイル当り一八三人、南部稲作地帯の浙江省では一平方マイル当り五五四人であった。この数字は、ヨーロッパの最も人口稠密な地域、すなわち一六世紀においても一平方マイル当りわずか九五人であったホラント州の数字と比較されるべきである。こうした定住密度の違い、したがってまた、利用可能な労働力の量の違いは、社会組織の種類の相違に帰せられるように思われる。そして、播種収穫比の相違は、この定住密度と利用可能な労働力の量の違いによって説明できる。しかしながら、すべて植生に関連する気温・土壌の湿気・鉱物と沈積土の埋蔵状態といったわれわれが観察しうる諸要因は、最初からひどく違っていたのであり、これらの要因が人口密度の相違の主たる原因であったように思われる。水田農業を実施することができなかったという事実こそが、ヨーロッパがもっているエネルギーの一部を他の目的に使うことを可能にした。ヨーロッパでは、天水農業を営む農民の数は、中国やインドの農民よりも少なかったであろうが、中国やインドの農民が水の処理だけに費やす時間よりもヨーロッパの農民がすべての農作業に費やす時間の方が短かかったのである（Russell 1967: 97）。

人口総数や人口密度の相違よりも興味深いのは、ヨーロッパが、長い間、穀物生育と競合して土地を多く使う犁牽引用あるいは荷車用の家畜、畜産品、木工製品を比較的よく使い続けて来たことである。オリエントの河川流域で行われていたように、余分な土地があればそこに穀物を植えることによって、もっと多数の人口を扶養することができたかもしれない。しかし、ヨーロッパの場合、人間の食糧生産を最大限にするということはなかった。膨大な農民大衆を自由に操る社会に付き物の政治的な帰結は、ヨーロッパの場合には、避けられたのである。このような政治的帰結に関する伝統的な見解は、カール・ウィットフォーゲルの『東洋的専制主義』（*Oriental Despotism*, 1957）から来ている。彼のこの研究によれば、灌漑農業と中国の政治体制との間には、長年にわたって密接な関係が存在していた。ウィットフォーゲルの著書では、巨大な治水施設を建設し、それを統制して行く必要が、抑圧的な上層階級によって圧迫される農民の大群からなる社会を生んだとされている。ハリス（1978: 173-4）は、建設労働者の数が明らかに多過ぎて、村の祭りのように自主的に自らを秩序づけることができず、したがって苛酷に上から組織された建設計画の例を幾つも挙げている。こうした例が示すのは、巨大で、中央集権的な政体のもとで行使される社会統制とヨーロッパに見られるような権力が分散した社会で行われる社会統制の本質的な違いである。後者の場合は、西暦六〇〇年頃に五五〇〇万人によって建設され、労働提供を拒否した家族に苛酷な報復を厭わなかった五万人の巡査によって守られた中国の大運河の一部の建設に見られたような試みは成功しなかった。一説によると、二百万人以上が「失われた」という（Russell 1967: 99）。七世紀の初めに、万里の長城建設のために徴用された百万人のうち、約半分は作業中に死亡したといわれている（Dawson 1972: 62）。これとは対照的に、ストーンヘンジ、エイヴベリー、シルベリー・ヒル（ヨーロッパで最も巨大な土木工事）は、圧倒的な規模を誇るものとは思われない。こうした建造物の建設が、万里の長城の建設に必要なほどの規模の労働力を必要とし、またそれほどの規模の犠牲を強いたということはありえない。このような巨大な環状列石の建設方法については、色々議論があるが、長期間にわたって、特別任務を遂行する目的で季節的に編成された労働集団を使ったという可能性を否定することはできない。実際、ファイフィールド・ダウンから凍てついた地面の上を橇に乗せて、ストーンヘンジの砂岩の大きな固まりを運んだと仮定すると、どうしても特別に編成された労働集団が必要となる。

古代社会やオリエントの社会は、近代の指令経済がもっているような苛酷な組織力を常に行使していたと考えがちであるが、この点については注意を要する。実際には、農民の懐にあるわずかばかりの蓄えを搾り取り、したがって、投資に回すべき余剰を摘み取るための強制の行使はほとんど必要ではなかったし、少なくとも断続的に行えば十分であった。古代の巨大な遺物は、苛酷な過去というわれわれの思い込みの根拠になるものであるが、それ自体は必ずしも特定の政治組織のあり方をはっきりと証明するものではない。笞で強制されてピラミッドを築くために働く奴隷という見方は、おそらく誤りであろうし、誤りでないとしても、過去のある特定の統治方式のみに関わるものであろう。カプラン（1963）は、エジプトから中国、そしてそれを越えて存在する壮大な歴史的遺物は、一年のうちの暇な時期に建立されたのであろうと指摘している。巨大な歴史的遺物が、一時期に大量の労働力を使って建設されたという証拠は少ない。また、その完成には、強制されない、宗教的な動機からする労力が用いられ、数世代を要したのであろう。ストーヴァー（1974）もまた、中国における水田農業は、ウィットフォーゲルが描いたよりもずっとわずかな直接的強制力の行使で実施されていたと述べている。ウィットフォーゲル説を修正したハリス（1978）は、東洋的専制主義の由来を新しい灌漑施設の創設の際に必要な労働力の編成の仕方に求めているが、それも人口増加が著しい時期にのみ当てはまるものであるとしている。満州王朝時代の中国からの報告書によれば、河川の修理事業は河川の全体系に対する統制を必要とすることは稀であり、しばしば地方行政官によって非能率的に実施されていたという。こう考えると、奴隷国家が永続したと想定する必要はなくなる。大多数の人々を貧困に陥れていたのは、もっと手の込んだ手段のせいであったと考えられる。

しかし、東洋の巨大な建造物・施設の起源に関する仮説にどのような修正を加えようと、その仮説は、十字軍時代のヨーロッパでさえ見られなかったような中央集権的な動員力を行使できる社会を想定したものになるに違いない。ヨーロッパには、国家的事業のために農民の労働力を徴用するという実例は全くなかった。ハリス（1978: 90–1）は、古代国家の成立過程で非常に似た特徴をもつ六つの地域（エジプト・メソポタミア・

インド・中国・メキシコ・ペルー）は皆次のような特徴をもっていたと述べている。すなわち、これらの地域は、「豊かな地域から略奪し、貧しい地域へ富を再配分する非常に攻撃的な軍事指導者の手に次第に権力が集中して行く状況から逃れようとしていた村落に対して、特別の困難」をもたらすような封じ込められた生産構造をもつ地域であった。これに対して、ヨーロッパの農業社会は、森林地帯および自然降水だけに依存する農業という、封じ込められない、権力の浸透から自由な生産環境のおかげで、前述の地域と同じような権力主義――ある種の政治的幼稚症――の歴史から逃れることができたのである。

インドや中国に、生存圏（*Lebensraum*）を求める大規模な辺境開拓運動が起こらなかったということは、一見すると、驚くべきことであるように思われる。歴史時代には、中国は南部の河川流域や森林に大規模な内陸植民を行ったが、長期間にわたって、インドや中国は事実上封鎖経済を維持していた。インドも中国も、沿岸地帯より明らかに生産性の劣る中央アジアへ定住地を拡大することはなかった。逆に、ローマがそうであったように、インドや中国は、ほんの五百万強、すなわちキリスト紀元初期のアジアの総人口の四パーセントにすぎない少数のステップからの侵入者の攻撃にさらされていた。ステップに侵入するどころか、相応の犠牲を払って遊牧民の攻撃から定住地域を守るだけの軍事技術をもち合わせていなかったのである。西ヨーロッパは、当然、この種の脅威を免れていた。

最初はヨーロッパもアジアから移住して来た人々によって形成された。中石器時代に、狩猟・採取民がヨーロッパの沿岸地帯に定住し、内陸部の落葉樹林にはほとんど人が住んでいなかった（Clark and Piggott 1965; Waterbolk 1968: 1100-1）。中石器時代の社会は、ヨーロッパ大陸に家畜化して使う適当な反芻動物がいなかったために、狩猟・漁労から農業への転換を実現することができなかった。農業は、家畜化することが可能な反芻動物が生息し、それらを飼育する牧草に恵まれていた西アジアに起源をもっている。そして、農業は、紀元前六千年紀中に新石器時代の到来によってヨーロッパにもたらされた。西アジアからの移住者は、森林、特に尾根の頂上の疎らな森林を開墾し、農業を営む環境を自らの周囲に作り出して行った。さらに、家畜・穀物・牧草、そしてこれらに付随するすべての生物をもち込んだが、そのすべてが意図的であったとはいえないし、また好ましいものばかりでもなかった。例えば、彼らは、開墾された、踏みならされた地面に生える雑草をもち込んでいる。

こうした新石器時代初期の定住は、村全体が完全に共同体原理で組織されていた。家屋の形態やその他それに類する民族学的証拠が示すところによれば、紀元前五千年紀末期以降、共同体的に組織されている村落から拡大家族に基づく組織への移行があった。定住が北西部に進むにつれて次第にステップはなくなり、森林が増えて来る。この拡大家族に基づく新しい組織形態は、こうした森林の処女林を開墾して定住地を作り出す場合に好適であった。家屋の形態は、紀元前三千年紀の終わりに、もう一度変化している。長さ一〇〇フィートの長方形の家屋から、半分の長さの建物に変化したのである。民族学的な比較をしてみると、この変化は拡大家族社会から核家族社会への移行（紀元前二千年紀の中葉に完成している）の考古学的な表現であることがわかる。長細い家屋（ロング・ハウス）は、ライン川の西では稀にしか現れなかった。新石器時代のライン川西部では、核家族に適し、おそらく中石器時代の狩猟単位を直接の起源とする長方形、あるいは円形の家屋が一般的であった。重要な特質は、核家族であったことである。この家族形態は、拡大家族とは違って、家族規模を制限する動機と機会を提供するものであると通常考えられており、したがって、ヨーロッパの人々が、究極的には、子供よりも物を選好するという理由をかなりよく説明するものであろう。ヨーロッパでは、アジアで一般的であった拡大家族ではなく、核家族に基づいた社会制度が持続したが、それをどのように説明するかよく考えてみなければならない。

紀元前二千年紀のヨーロッパ社会の形態は、ケルト、あるいはゲルマン民族のそれであった。起源はオリエントであったが、寒冷な森林地帯に広がって行くにつれて、ヨーロッパ社会は変形して行った。父系の核家族が、協議会と選挙で選ばれる首長によって構成される自由集会に集った。経済は農業と牧畜を基本とするものであった。景観は、平地、あるいは森林のなかに点在する開墾地に農場、村落、そして素朴な小君主の宮廷が並ぶというものであった。社会は、農民・耕作労働者・聖職者・選ばれた少数の戦士、そしておそらく草創期の商人階級に階層分化していた。社会を一つに統合していた原理は、封建制度に類似した相互的な義務の制度であった。絶えず人口移動があり、文化は未開で、不安定であった。都市がなかったので、本来の意味の文明はなかった。したがって、その文化は、同じくオリエントに起源をもち、エーゲ海周辺に発展し、後にヨーロッパ的伝統のもう一つの要素となった自治的な都市生活とは正反対のものであった。

牧畜は、多分、紀元前二千年紀の初めには行われていたと考えられるが、ラテーヌ文明後期に一層発展したように思われる。有畜農業の規模と性格は、その経済がもっている富、生産、そして消費習慣の優れた指標となる。ラテーヌ文明の時期までに、森林開墾が進み、羊や牛の飼育数の増加が可能になった。そして、おそらくこれによって、家畜のための防御を施した囲い込み地として、鉄器時代の山城を多数建設することが可能になった。重要なことは、鶏以外には、何処にでもいるような、汚物を食う動物がいなかったことである。確かに、例えば、ウォルター・スコット卿の描いたエディンバラのように、ヨーロッパの都市では豚が汚物を食っていたが、農村では、通常、十分な森があり、塵や糞便よりも多くの、どんぐりのような餌を提供していた。これは中国とは対照的であった。中国では、豚は主要な家畜であったが、それにもかかわらず、飼育は汚物でなされていた。また、これはインドの状況とも対照的である。ムガル帝国の時代に、インドの家畜数は同時代のヨーロッパよりも多かったと思われるが、それらはみじめなほど少ない塵や糞便で飼育され、乳量もわずかであった（Maddison 1971: 20）。

「中世ヨーロッパの事物の多くが、紀元前二千年紀に発展した先史時代の社会に起源をもっているといっても、過言ではない」とクラークとピゴット（1965: 309）は結論している。彼らの考えによれば、こうした形態は中世初期まで引き続き残存したのであって、ローマ的な秩序は、間に一時的に割り込んだものにすぎない。暗黒時代に犂耕農業が改善され、その時になって初めて、人口の増加が可能になった。そして、十分な人口増加が、都市と文明を誕生させ、従来の限界的状況から社会を引き上げた。ややもすれば賞賛され過ぎる嫌いのあるギリシャ・ローマの伝統だけでなく、ケルトやゲルマン民族がもっていた次のようなライフ・スタイルや個人主義を好むという性癖が一段と強まり、初期中世社会を生んだのである。こうした結果をもたらしたケルト族やゲルマン民族のライフ・スタイルとは、それぞれ自立した多数の小宇宙によって構成され、活力に満ち、消費水準の高いそれであったといえるであろう。かつて遊牧生活を送っていた農民は、相変わらず好戦的であった。マクニール（1964: 27-34）は、この原因を次のように述べている。すなわち、彼らの定住は疎らで、戦闘と農業の双方を行わなければならなかった。アジアの農民の密集定住はこれとは比べようがないほどであった。したがって、このような考古学的な観点からしても、ヨーロッパの固有性は、最初の定住の歴史のあり方のなかに求められるべきである。最初の定住のあり方がもたらしたものは、西アジア農業社会を母胎としたその変種ともいうべき社会であって、次のような特質をもっていた。すなわち、権力の中央集中が見られず、攻撃的で、牧畜と耕作が混合した農業を営む社会であった。そして、森林に深く影響された社会でもあった。

はるか昔の先史時代に確立した文化の形態が、それだけで、後年のヨーロッパ社会に固有の歴史を説明するであろうか。考古学者や人類学者達はそう考えているようである。彼らは、文化というものが、初期に形成され、その後変わらずに惰性で生き続けるものであると考えているふしがある（例えば、Stover 1974: 26-7）。この問題に関する権威の一人である石田（Stover and Stover 1976: 13から引用）は、「ある民族がもっている永続的な性格は、その民族が最初に現れた時の基本的な文化に根ざしている」と主張している。驚くべきことに、彼はさらに進んで、ユーラシア大陸東部の穀物食と西洋の肉食を対比して、その違いがアウストラロピテクス族の穀物食集団と肉食集団との相違に根ざしていると強調している。アウストラロピテクス族は、わが人類（ホモ・サピエンス）の遠い、遠い祖先であり、しかも必ずしもはっきりしない祖先であるにすぎないにもかかわらず、こうした相違の起源であるというのである。おそらく、人間同士の競争が、アウストラロピテクスを消し去ったのであろう。もう一人の権威であるハリス（1978: 39, 168-70）は、文化を構成する要因の多くは、農業発展の最も初期に、特定の地域で、家畜として利用できる動物がどの程度手に入るかということと密接に関係しているとしている〔同じようにこの点を強調したものとして、クラークとピゴット（1965）の中石器時代および新石器時代のヨーロッパに関する議論がある〕。例えば、ハリスは、旧世界よりも新世界の方が大きな哺乳類の減少がずっと著しく、「このことが、二つの半球に異なった道を歩ませ、それぞれの経済発展の速度に違いをもたらした」と主張している。これは、ある種の哺乳類決定論であり、方法的な偏向を含んでいる。「社会が、効率の低下という問題を解決するために、特定の技術的・生態的戦略を採用した後では、賢明でなかった選択がもたらすさまざまな結果を、その後長期にわたって、解決することはできないであろう」（Harris 1978: 182）。

経済学は、人々が如何に選択するかについて研究し、社会学（そして、この喩えでは、人類学も）は、なぜ人々は選択しないのかを研究するものであるという嘲りの言葉がある。ある行動様式が長期間持続している場合、経済学者が好んで用いる方法は、明らかに、短期の報酬が安定しているという証拠を探すことである。その場合想定されているのは、もし誘因が変化すれば、行動はそれに倣って直ちに変わるというものである。経済学と人類学のこのような違いは、一方が市場経済社会を研究し、他方が非市場経済社会を分析の対象としているというところから来ている（しかし、社会学者は市場経済社会を対象としているのであるから、市場における選択を無視してはならない。この点で、社会学者は人類学者よりも市場行動を無視してよい理由は少ない）。また、この二つの学問領域の目指す方向は、それぞれの領域がもっている知的性向と深く関わり合っている。われわれが関心をもっているのは、ヨーロッパの人々が、その人口増加を最高限度をわずかに下回るところで終始維持し続け、有畜農業と森林の利用のために土地をとっておき、アジアのそれを少し上回る程度の消費水準を維持し続けた理由をどのように説明することができるかである。それぞれの大陸に見られる超長期のパターンが、費用対便益という考え方からすれば、短期的にも、いつも有利なものであったとすると、文化の無期限の持続性という仮説にたよる必要はなくなるであろう。文化は長期間変わらないものであるとするこの仮説によれば、文化は誘因が変化しても、変わることはなく、したがって、変化が実際に起こっても、それがなぜ起こったのかを説明することができない。この種のことを検討するためには、ヨーロッパとアジアの過去の人口学的行動様式に影響を与えた諸要因の働きを比較しなければならない。

例えば、当初の資源賦与のおかげで、ヨーロッパ人たちは十分な畜産品や、牽引用の家畜による十分なエネルギー、そして豊富な木材燃料と材木を消費することができたので、それがもたらす生活水準を放棄しようとはしなかったといういい方をすることもできるであろう。彼らは、与えられた条件のなかで自分たちが目標としている所得水準や消費のパターンを維持するために、いざとなれば、あえて子供を増やすよりも物を手に入れることを選択しようとした。昔の家父長にとって、適齢期を迎えるや否や娘をすべて嫁にやることは容易なことであったし、また見返りを期待できることだったであろうが、ヨーロッパの男性は、主要なアジア文化圏の家父長とは違って、娘をこのようにすぐ嫁に出してしまうことはなかった。このことが抑止力として働き、人口増加が抑えられたのである。しかし、これは問題を別の言葉でいい換えたにすぎない。なぜ、ヨーロッパの人々だけがそうした選択をしたのであろうか。当初は中国やインドにも森林が広がっており、そのために、やはり人口増加が抑えられ、小規模な人口が、いってみれば、当時の基準に照らしてではあるが、物質的に高度な消費を享受したということもありえたであろう。実際はそうではなく、そのような手の込んだ抑止要因がなかったから、人口は増加したのである。一見したところでは、物を手に入れるよりも性欲の満足の方をアジアの人々は好んだかに見える。

ヘイナール（1965）は、慎重な議論の進め方をしているが、示唆に富む論文のなかで、次のように述べている。レニングラードとトリエステを結ぶ線の西側のヨーロッパは、結婚年齢が高く、生涯独身率が高いという点で、非ヨーロッパ文化とは異なっていた。意識的な出生制限技術の採用以前においても、出生率が対千比三八を超えることは稀であり、今日の発展途上国の出生率が対千比四〇以上、あるいは多くの場合、四五を超えるのとは対照的である。晩婚はまた、家族形成までに貯蓄をする時間的余裕を与えた。このような貯蓄は、奢侈品ではなく、家族形成に必要な実際的な財の購入に費やされたであろうし、他の地域では見られない規模の実用品需要を作り出したであろう。こうして、ヨーロッパの男性には、家族を維持することができるまで、結婚を後らせる傾向があった。保有地が単一の相続人に遺贈される「直系家族」（stem family）制のもとでは、結婚は当事者たちが土地を手に入れるまで後らされる。この場合、結婚当事者たちは、ヨーロッパ以外の場所に存在した拡大家族制のもとで見られたように、拡大家族の援助によって生理学的に結婚可能な時期に達するや否や結婚するというようなことはなかった。彼らが形成する家族は、自身の兄弟姉妹から離れて居住する核家族であったと思われる。いざとなれば、子供を増やすよりも、物を手に入れる方を選好するというような行動様式が持続した理由を説明するためには、このような家族形態は、当然のことながら、一六世紀よりもずっと古い時代に遡って存在したと想定しなければならないであろう。人口学の文献は、この点を避けて通ろうとしているが、ある専門家は、次のような事実に敢えて注目している。すなわち、核家族が、「おそらく、タキトゥスが描いたゲルマン民族」にまで遡ることができるのではないかということである〔Meyer Fortes, Hawthorn (ed.) 1978: 124から引用〕。実際、われわれはヨーロッパ型結婚慣習が、紀元前二千年期から存在したと想定される社会秩序の一つの局面であったと考えてもよいのではないかと思っている。

ヨーロッパ型結婚慣習の特殊性については、スコッフィールド（1976）が取挙げている。彼の指摘によれば、どのような人

表1-1　既婚率（女性総人口に対する既婚女性の比率：パーセント）

		既婚（15-19歳）	既婚あるいは寡婦（15歳以上）
スウェーデン	1750年	4.4	65.4
フィンランド	1751年	不明	69.3
インド	1931年	83.9	96.4

出所：Krause 1973：171.

口でも、結婚性向と出生率の変動によって、資源とのバランス――意識的にせよ、無意識的にせよ――を保っているものである。「前工業化期の西ヨーロッパ人口について注目すべきことは、次のような点である。すなわち、西ヨーロッパの人口は、家族形成を環境の変化と効果的に連動させるようなある種の社会的規律を発展させた。それだけではなく、出生率を低く抑えることに成功し、その結果、西ヨーロッパにおける前工業化期の人口は、人口学的に効率的な人口の置換、そして、今日の非工業社会で一般に見られる年齢構成よりも経済的に有利な年齢構成、これら双方を達成することができた」とスコッフィールドは結論している。基本的に同じような指摘が、クラウスによってもなされている（1973）。さらに、ランガー（1972）は、一八世紀にヨーロッパの人口成長が低く抑えられたのは、晩婚だけではなく、独身と嬰児殺しの慣習が広く行きわたっていたことが強く働いたせいであると主張している。人口増加が経済発展の実を呑み込んでしまうおそれのあるところでは、このような文化に内在する手段の代わりに、結婚を直接統制する規則が存在していた。例えば、ヴュルテンベルクでは、一七一二年にすべての結婚の公的承認を規定し、貧しい人々の結婚を事実上禁止する布告が発せられている。そして、ナポレオン戦争中にこの規制が廃止された後も、多数のスイス諸州とプロシャとザクセンを除くすべてのドイツ領邦は、同じような規制を再び導入している。

ヨーロッパとアジアを比較した歴史人口学的な研究はそれほど多くはない。数少ない比較研究のなかでは、グーディ（1976）がアフリカとユーラシア一般を比較している。他方、マクファーレン（1978）の実際の関心は、イギリスの歴史と他のユーラシア諸国を比較・対照することである。最も手近なものは、クラウス（1973）が行った過去のヨーロッパの趨勢と現代の発展途上国のそれ、特にインドの趨勢との比較である。その結果は、表1－1の数字の示すとおりである。

ナライン（1929：338）によると、インドでは、「ほとんどすべての人が一生に一度は結婚を経験する……結婚しようとしている人々、あるいは子供を結婚させようとしている両親が、経済的条件を考慮することはない。総人口に対する既婚者の割合は、災害が人口の年齢構成を変化させ、既婚率を変化させる場合を除くと、事実上、何十年と変わらない」。

こうした事態を説明する通常の方法は、次のようなものである。インド人、あるいはアジア人一般は、老後の保険として、自分たちを扶養してくれる息子を産みたがる。そして、息子の数を最大にするためには、できるだけ多数の子供を産まなければならなかったというものである。しかし、この説明では、動機は必ずしも説得的ではないように思われる。前工業化世界では、何の心配もなく老後を迎えられるところは何処にもなかったし、平均寿命はヨーロッパの方が長かったから（ナラインは、両地域の平均余命の数字を比較している。1929: 332-3）、老齢に対する心配は、むしろヨーロッパの方が確かに深刻であったと考えられる。彼らが家族規模を最大にするもう少し説得的な理由は、再三襲って来る災害の傷跡から立ち直るのに必要な労働力をできるだけ多数確保するということであろう。ディヴィス（1951: 24）が注目したように、インド亜大陸の人口が、二千年の周期で変動した背景には、次のような災害の影響があった。「インドの出生率を規定していたさまざまな習慣によって、出生率は、通常、死亡率を少し上回る程度であったから、『平常時』には、人口はわずかに増加する傾向があった。このことが、さまざまな厄災に対する一種の人口学的な保険としての人口余剰をもたらすのである。しかし、戦争・飢饉・流行病という形で現れる厄災を避けることはできず、人口の増加分は、あっという間に、消えてしまう」。最近、マケヴディとジョーンズ（1978: 182-4）が、インド亜大陸では、紀元前五〇〇年以降の一五〇〇年間に、人口はゆっくりと、滑らかに増加する傾向があったことを示す推計を発表している。しかし、「おそらく、諸帝国の興亡・流行病の蔓延・食糧供給の変動といったものが、至るところでこの人口曲線を歪めたであろうが、これについてはほとんど何も知られていない。……災害によって度々刻み目を付けられ、大幅に変動している中国の人口曲線と比べると、違いははっきりしているが、間違いなく、これは中国の記録がインドのそれよりも正確であるせいであろう」とマケヴディとジョーンズは付け加えている。ラッセル（1979: 28）が、マケヴディとジョーンズが描いた曲線について論評しているように、「滑らかな上昇を想定するよりも、多くの変動を想定する方が、ずっと現実に近い」のである。この点は、次のようなことを考えれば、十分納得が行く筈である。つまり、われわれが中国やインドを分析する場合、両者はともに、平均的には、豊富な環境に恵まれている社会であるが、それにもかかわらず、極めて頻繁に災害に見舞われる社会であるということを知っておかなければならないということである。

旱魃によってもたらされる飢饉、あるいは流行病の発生の直後に、もう一度播種をしなければならないという事態が発生することがあるが、これは深刻な局面であった（Davis 1951: 41）。いわば、中国やインドで採用されているシステムにおける飢餓的な空隙であった。ヨーロッパでは、冬の終わりに、犂耕用の家畜が、時には、弱り切り、ふらふらしながら納屋から耕地へ移動させられ、そこで草の新芽を食べてようやく活力を取戻すことがあった。貿易風が吹いて来ない場合、インド農村の住民はこれと非常に似た状況に置かれたであろう。流行病が襲った後では、家族のうち、ちょうど農地を耕せるだけの人数が生き残ることが、決定的に重要であった。息子をできるだけたくさん産む動機は、これであった。災害から立ち直ることは、アジア社会にとっては、驢馬が渡るのに難儀するようないわゆる驢馬の橋のようなものであり、極めて解決困難な課題であったが、いずれにしても、渡らなければならない関門であった。

子供、あるいは息子たちを育てる戦略とヒンドゥー教世界の家畜に対する態度を比べてみよう。男が農作業の主役であるのと同じように、牡牛は農耕用の動物であるから、牝牛の方が牡牛よりも貴いものであるとして、これを崇めるという風習は一見すると矛盾しているように見える。牝牛を尊敬するということは、他の事情が同じならば、一方では、少年や男性よりも少女や女性の方を大事にするという風習をともなっていた筈である。しかし、男子の方が多く、女子よりも大事に育てられたのと同じように、牡牛よりも数が多く、通常は大事に扱われたのは、牡牛の方であった。しかし、ひとたび旱魃や飢饉がやって来ると、何物に代えても大事にされたのは牝牛の方であった。その家族の将来が、仔牛を産むことができる牝牛を所有していることにかかっていたからである。ハリス（1978: 163）が述べているように、最も重要なことは、平常時よりもむしろ異常時の農業生産周期のなかで起こる事態であった。緊急時に、牝牛は犂耕に使うこともできたし、仔牛を増やす戦略的な資源でもあったから、食糧にしたいという渇望があったにもかかわらず、牝牛は極力保護された。人間の場合には、女性を尊敬の対象とするのではなく、一二歳になるや否や、肉体的・精神的に障害のある女子をも嫁に出すことによって、将来男子を産むことが尊ばれた。このことが、高水準の出生力をもたらしたのである。娘をすべて嫁にやることは、成人の性比の不均等を是正するための対応であったように思われる。成人性比の不均等は、女子を大事に育てないために、生き残る女子の数が男子よりも少なくなることの結果であった。男子よりも女子を大切にしないという行動様式は、おそらく、貧しくてすべての子どもを平等に育てることができず、通常は男性の効用の方が高い社会に固有のものである。したがって、人間の人口学的戦略と牝牛を崇める態度の背後には、同じ計算があったのである。目指すところは、ともに子孫を残す潜在的能力を無傷のまま残し、災害からの回復局面で耕作に利用できる労働力と牽引用の家畜のエネルギーを保持しながら、自然災害を何とか乗り切ろうとすることであった。ヨーロッパの人々が、女子の嬰児に不利な差別をしなかったとすれば、それは、明らかに彼らが豊かで、より均等な男女生存率を実現できる余裕に恵まれていたからであった。

苛酷なアジアの環境は、どんな場合でも安全策を最優先させるという行動様式を必然化させた。インドには、人口減少をもたらさないような出生率の維持という問題があったが、その農業の際だった特質は、気候にともなう危険性であった（Hutchinson 1966: 249）。中国では、紀元前一〇八年から西暦一九一一年までの間、ほとんど毎年のように、少なくとも一つの地方で、旱魃あるいは洪水を原因とする飢饉が発生している（Mallory 1926）。二期作、あるいは三期作さえ可能だったであろうし、平均的な収穫が見込まれる年には多数の人口を養うことが可能だったであろうが、アイス・ホッケーの決勝試合の際の「一回勝負（サドン・デス）」のように、平均以下の収穫しかもたらさない季節が突然やって来ることが多く、しかもそれが頻繁であったから、そうした事態をいかに凌ぐかが厳密な意味での試練であった。こうした事態への対応の一つは、インドでは、小麦や米といった好みの穀物よりも日照りに強いバジラ（*bajra*）とかジョワール（*jowar*）といった質の悪い穀物を広い面積に播種することであった。もう一つの対応策は、短期・長期を問わず、牝牛の供給を確保することであり、農作業によく使われる牡牛よりも牝牛を優先したのである。さらにもう一つ別の方策があった。それは、一方で、ほとんどすべての少女を半ば強制して、若くして結婚させることによって、長期の労働力を確保しながら、他方で、災害からの回復という短期の作業に必要な労働力（男性）の量とエネルギーを最大にするように、育児と世話に、性による差別を導入することであった。こうした対応は、固定化された不変の文化的特徴ではない。そのことは、今世紀になって、飢饉が少なくなるにつれて、人口学的な選好が変化して行ったことに示されている（Cassen 1978: 45, 54-5）。これらの対応は、周期的に起こる問題に対する反応であったというべきである。効果が挙がることもあったし、反対にしっぺ返しを受けることもあったが、その双方が絶えずこれらの方策を強化したのである。

アジアとヨーロッパの広い意味における人口戦略の違いを区別するために、進化論者の用語を使ってみよう（但し、進化論の用語は、同じ種の人口の違いを区別するために使われるのではなく、通常は異なった生物を区別する際に用いられている）。アジアの人口は、生態学でいうアール（r＝内的自然増加率）戦略をとる人口であったと思われる。すなわち、しばしば発生する死亡の急上昇に備えるために、人口数を最大限にし、そのうちの一部が大災害を乗り切って生き残れるようにするのである。結婚年齢も結婚率も、逆境に反応して、変化することはなかった。そうする代わりに、アジアの人々は、子どもの数を最大にすることによって、災害の影響を和らげようと努めたのである。災害の犠牲者は、子供と老人に多く、生産年齢に属する成人の生活水準は、災害後に上昇したことは事実である。しかし、出生率が再び上昇し、従属人口比率の上昇と生活水準の低下がまもなくやって来た（Davis 1951: 41-2）。

他方、ヨーロッパの人々は、生態学でいうケイ（K）戦略を採用していたものと思われる（この場合の「K」は、環境収容力を指しているのであって、資本を意味しているのではない）。アジアのそれよりも安定した環境のもとで生活していたため、彼らは、子供の数を最大にしても、得るところが少なかった。結婚の時期と比率を制約する条件の存在によって、ヨーロッパの人々は出生力をコントロールすることができたのである。このことが巧妙に働いて、人的資源の質を高めた。ヨーロッパの家族は、子供の養育に、わずかではあるがより多くの投資をすることが可能であったし、母親はアジアの母親ほど若くはなく、経験不足でもなかった。さらに、アジアの女性のように、すべての女性が結婚しなければならないということもなかった。アジアと同じ状況に置かれれば、ヨーロッパの農民も同様の危険に遭遇し、子孫を残す戦略をそれに対処すべく調整したであろう。しかし、多くのヨーロッパ農民にとって、生存水準を上回る余剰はわずかではあったが、超長期にはアジアの農民よりもほんの少しではあっても、豊かであり続けたし、そのことの意味は決して小さくはなかった。

以上述べたことから、アジアとヨーロッパでは子供の数と所得の水準に違いがあり、明らかにその原因は災害の種類を異にする環境の違いにあることが解るであろう。このことは、どちらの環境においても、結婚と出生力に関する行動様式が決定的な影響力をもっていたということを意味しない。しかし、（イングランドの）人口変化の主要な原因が、結婚年齢の変化であるとする見解を批判する人々のうち、主だった研究者でさえ、例えば、平均結婚年齢が三歳上がれば、一八世紀の人口増加率は少なくとも半分になるという点については同意している（Crafts and Ireland 1976: 510）。関連する文献が示すところでは、ヨーロッパとアジア、少なくともインドとの結婚年齢の差は、三歳以上であった。確かに、われわれの説明は集計値に基づくものであり、リグリー（1966: 109）が指摘しているように、すべてのヨーロッパ社会が、凶作や不況にうまく対処できたとは考えられない。リグリーは、一七世紀におけるボーヴェ地方の人々の、危機からの回復力の弱さは、（現代の）東南アジアの一部の地域で見られる、凶作や経済不況に対する抵抗力の弱さに類したものであると明言している。技術革新がない場合、それでも人口と資源との大まかなバランスは達成されるが、その結果もたらされる生活水準は、異なったものとなる。マルサスが提示したような、また超長期のインドおよび中国の状況にほぼ匹敵する極端な場合では、生活水準は最低となり、人口数は最大となるであろう。ヨーロッパの場合でいえば、次のようなモデルが考えられる。好況が続けば家族規模は大きくなるが、資源をめぐる状況が悪化すれば小さくなり、人口数は最大規模を下回る水準に抑えられ、所得は最低水準を上回る線を超えて維持される。蛋白質に富み、炭水化物の少ない食事は、出生力を低くするという意味で、実質所得の上昇は、生理学的なフィード・バック効果をともなっていたと考えてもよいであろう（Harris 1978: 26–7）。ヨーロッパの危機の様相は、ユーラシア大陸の非ヨーロッパ地域のそれに比べれば、苛酷ではなく、どちらかといえば好ましいものであった。ヨーロッパの反応の背後にあったのは、こうした危機の様相に対する固有の調整の仕方であった。選択の幅がわずかに広かっただけなのである。

第2章　災害と資本蓄積

熱帯地方の古代文明は、ヨーロッパ文明が長く繁栄している温帯地方には見られない無数の困難と戦わなければならなかった。人間に危害を与える野獣の攻撃、ハリケーン・大あらし・地震、その他これに類する危機による被害が、絶えず人々の上にのしかかっていた。

——ヘンリー・バックル

災害とは、経済システムに突然襲って来るさまざまな種類のショックであるとしか定義できない。地殻や大気の突然の不安定、あるいは人間・動物・作物の病気の蔓延といった自然界に生起するものであれ、戦争や事故といった人為的な災害であれ、一義的ではなく、幅広い、柔軟な定義に代わるものを実際に見つけ出すことは困難であるように思われる。いずれにしても、災害の影響がどの程度のものになるかは、災害が発生した社会の具体的な技術水準によるのであり、災害を受け止める社会および経済システムによって決まって来る。実際、災害というものは、人間の選択を超越し、それとは完全に独立した神の技ではない。例えば、人口密度・所得水準・社会組織・作物の収量・家畜飼育数、これらすべてが、特定のショックに対する弱点の程度と人間社会が受ける衝撃に影響を与える。

歴史的に見ると、災害の頻度と程度に関する確証が少ないために、事態はさらに複雑であり、はっきりとした被害の程度を知ることはできない。他方、物理的な損害をきちんと記録した史料が残っていたとしても、それがどの程度経済的な打撃をもたらしたのかを計算することは困難であろう。近代初期の飢饉、黒死病のような幾つかの目立った疫病、戦争（そして、この場合、歴史家は、被害の程度については、首尾一貫した関心を示していない）、そしてロンドン大火（歴史家は、これが唯一の都市型大火であるかのように取扱っている）といった幾つかの例外を除いて、歴史家は、経済に対してどのような衝撃が加えられたかを詳しくは議論していない。アジアの災害については、英語で書かれた歴史書で、少なくとも手に入れることができるもののなかでは、特に無視されている。一つの歴史現象としての災害の衝撃という点は、ほとんど完全に無視されている。災害が与える衝撃は、何等一般的な意味をもちえないその場かぎりの、移ろいやすい出来事として扱われている。こうした無視は、過去を研究する際に、型にはまった接近方法を採っていることの反映であるように思われる。多分、このような見方は、災害のような出来事は、人間の歴史にとっては外生的なものであり、人間の歴史の文脈では説明できないという確信から来ていると見做してよいであろう。物語としての要件と純粋に劇的な性格を備えていること、この両面から、災害はもっと重要視されて然るべきである。歴史における災害の重要性を示す証拠は多く、災害が実際に大きな影響力をもっていたことを考えると、これを無視することは正しくないであろう。

経済学者もまた、同じように、この主題が興味あるものだとは思っていない。彼らは、所得の総量を低下させるマイナスのショックである災害は、経済システムにとっては、完全に外生的なものであると見做しがちである。これは、極めて誤解を招きやすい考え方である。経済学は、初期条件と行動方程式に基づくかぎり予見不可能な災害のような事物を、外生的なものと想定している。災害のショックは、滑らかに変化する関数の単なる中断であると考えられている。しかし、過去は、実際には、そよ風によってときどきさざ波を立てられる水車用の貯水池ではなかった。過去は、大小さまざまな撹乱に対する絶え間のない調整の連続からなり立っていたのである。したがって、災害の結果生じた需要曲線や供給曲線の移動、相対価格の変動は原則的に特定の経済内部に起こるまったく日常的な調整と変わるところがないが、その結果、災害に関する経済学的説明が疎かにされ、災害の全体的な影響の分析が見逃されてしまうのである。実際、大部分の災害の歴史は、自然科学者が特定の物理的な事例、あるいは一群の現象に対する関心から書いたものであった。彼らの究極的な学問的関心は災害の予知であり、経済的な損害を歴史的に回顧して、計算することではなかった。彼らの学問的関心からすれば、災害の等級付けは物理的な被害の程度に基づくものであって、人間が受けた被害を述べる必要がある場合に通常言及されるのは、災害による死亡者の数だけである。

われわれは特に三つの問題に関心をもっている。第一は、ヨーロッパにおける災害の性格と経済発展の時期および形態の間にはどのような関係があったのか、という一般的な問題である。第二に、災害による打撃は、全体として、アジア大陸とヨーロッパとではどちらが大きかったのかという問題である。第三に、両地域で、災害の被害の種類に違いがあったかどうかという問題である。つまり、労働力が被った被害と資本が被った被害の大きさの点で、地域的な差があったのかどうかという問題である。史料の性格上、先ずは一四〇〇年から一八〇〇年の時期を中心に、災害の種類を分類し、ヨーロッパとアジアにおける頻度と影響を分析するという単純な方法を採ることにしよう。可能な場合には、マケヴディとジョーンズ（1978）が算出した半世紀前の人口数を使って、災害による死亡者数と総人口の比率を計算し、災害の衝撃の程度を計ってみることにする。損害額によってではなく、物理的な被害によって分類すれば、災害は次の四つに分類することができるであろう。(1)地球物理的災害（地震・火山の噴火・津波）、(2)気候上の災害（ハリケーン・台風・霰や雹の大降り・洪水・旱魃）、(3)生物学的災害（人間の流行病・家畜の流行病・作物の病気・蝗の大発生）、(4)社会的災害（戦争・居住地域の火事・建造物の倒壊）である。こうした範疇をさらに精緻にすることもできるであろうが、利用できる史料とその史料を使って展開する議論の質を考えれば、これで十分包括的である。

地球物理的にも、気候的にも、ヨーロッパは地球上の他の大部分の場所より静穏である。したがって、われわれが最もよく知っている種類の自然災害が地震であるということは、いささか不幸なことである。おそらく、この理由は、地震の定義がはっきりとしており、多くの場合、その様相が劇的であるからだろう。しかし、一九四七年から一九六七年の間に起こった世界の自然災害による死者の順位表では、地震は第三位を占めているにすぎず、洪水や大気の不安定による嵐などの災害の犠牲者よりもずっと死者は少なかった（Cornell 1979: 5）。最近の研究者は次のように主張している。戦争や流行病と違って、過去二五世紀間に起こった多くの地震は、中近東の歴史発展に影響をおよぼすことはおよぼしたが、それも深刻なものではなかった。古い文献が示唆するところとは違って、文化的に進んだ国家が、地震によって廃虚になったということは決してなかったし、ましてや文明全体が崩壊したということもなかった。ラター（1968-69: 378）によれば、地震による犠牲者は、火山の噴火による犠牲者の八倍から十倍であるが、火山の噴火は人間の生活にもっと深刻な影響をおよぼして来た。彼は、紀元前一四〇〇年頃のミノア文明期のクレタ島と西暦一〇〇六年のジャワのヒンドゥー教国家、マタラムの破壊の例を挙げている（van Beemelen 1956も参照せよ）。

このような見方は、災害がもっている歴史的な意味を極めて狭く解釈するものである。たしかに、一つの文明を揺るがすような天変地異などはかつて一度も起きなかったであろう。そのような災害を想定することは、土台無理なことであって、せいぜい映画製作者に任せるべきであろう。それにもかかわらず、災害は、損失・損害・秩序の破壊といった形で表される間接費用の点で、特定の経済に、より重い負担を強いて来たのである。このことをはっきり示すために、まず地震の記録一般を検討することから始めてみよう。次いで、ヨーロッパにおける前工業化期の経済発展にとって、決定的に重要な時期、すなわち、工業化が始まりつつあった一四〇〇年から一八〇〇年の時期における地震の影響について見ることにしよう。さらに、この時期に起きた他の種類の災害のうち、主だった災害の影響を検証することにしよう。

日本・中央アジア・中東・地中海地方を含む北緯三五度±一〇度の範囲にある一帯は、バート（1967: 422）が調査した地震による死者の総数の九一パーセントを含む地域である。この地震のなかには、遠い過去のそれも含まれている。死者の総数の七八パーセントは、これよりももっと狭い北緯三五度±五度の範囲内のものである。バートによれば、これは、この地域の地震活動度が高く、たまたま人口密集地域でもあり、住宅の条件が悪い古い文化の中心地と重なっていたせいであった。古い文化の中心地で、住宅条件が悪いということ自体、こうした地域の資本ストックのあり方を側面から示すものとして興味深い。ヨーロッパだけの犠牲者総数は、この資料からは算出できないし、ミルン（1911）の作った地震年表のような資料からも有益な数字は出て来ない。年表の資料は、中近東の最も地震活動度の強い地域が、都市部であるとしている点で、アムブラシーズ（1971）によって、厳しく批判されている。われわれの関心が、地震活動の分布を知ることにあるならば、このような疑問は正しいであろう。地震活動の強さと破壊の程度とは一致しない。一九四八年から六八年までに起きた物理的な意味で最大の地震は、一九六四年にアラスカで起きたものであったが、死者は一二六名にすぎなかった。他方、一九六〇年にモロッコのアガジールで起きた地震は、放出されたエネルギー量は数百倍小さかったが、ほぼ一万人の死者を出している（Latter 1968-69: 362）。しかし、もしわれわれの関心が経済的な影響という点にあるならば、死者の数、主要な社会的基盤や多数の家屋の損壊を記録するという人間の性癖のおかげで、地震年表も何ほどかの価値を有するものとなる。アムブラシーズ（1979: 56）がその後に示した判断、すなわち、中近東の地震は、経済的に深刻な損害をもたらさなかったという点は、疑問であるし、現代の中近東の地震による死者が比較的少ないという事実を拠り所にしているように見える。

ラターの数字を見ると、一九四八年から一九六八年の間に起きた世界の地震による死者のうち、ヨーロッパのそれは、二パーセント以下であったことが解る。この数字をわれわれが関心をもつ時期の地震による死者の規模を示すものとして使えるであろうか。死者の数に関する歴史的な記録は、単なるしきたりに基づいたものであることが多い。あるいは、その数は記録した人によって違っている場合があるし、総計は一致するかもしれないが、ヨーロッパとアジアの犠牲者を全体として比較することはできない。デイヴソン（1936: 4）は、一七五五年のリスボンの大地震の後、死体が数えられることなく片付けられたことは、はっきりしていると述べている。この場合、死者の数の推計値は、三万人から七万人の幅がある。大部分の研究者は、タホ川流域の四〇フィートの高さの津波による死者一万人余と家屋の火災による犠牲者を加え、ファロ市の死者三千人を除いて、六万人という推計値を挙げている。この例を見ても、推計値は当てにならないものであることが解るであろう。この点には注意しなければならない。この点に留意した上で、ラターの研究から算出した以下の累計を見てみよう［表2－1］。色々な研究からもう一つの表を合成することができる（表2－2を参照せよ）。この表でカルカッタの死者のなかには、

表2-1　1400-1799年の累積死亡者数

（数字は，1949-68年の地震による死者の総計と同じか，それを超える死者が出た地震に関するものである）

中　国	1,230,000
インド	300,000
ヨーロッパ	110,000
近　東	77,000

出所：Latter 1968-69: 表 4 .

表2-2　主な地震による死亡者数　1400-1799年

年　次	場　　所	死亡者数	大陸人口に対する比率（%）
	中国（総計 1,250,000）		
1556	陝西省	830,000	0.3
1622	場所の記載なし	20,000	0.005
1662	場所の記載なし	300,000	0.08
1730-31	場所の記載なし	100,000	0.02
	インド（総計 300,000）		
1737	カルカッタ	300,000	0.07
	ヨーロッパ（総計 273,000）		
1693	ナポリ	93,000	0.09
1693	カタニア（シシリー島）	60,000	0.05
1755	リスボン	60,000	0.04
1783-86	カラブリア	60,000	0.04
	近東/北アフリカ（総計 70,000）		
1716	アルジェ	20,000	
1759	シリア	30,000	
1759	バールベク（レバノン）	20,000	

出所：Båth 1967; Cornell 1979; Davison 1936; *Encyclopaedia Britannica* 編集者 1978; Hamilton 1783; Tazieff 1962.

フーグリ川河口の津波、あるいは高潮による死者の一部とおそらくはまたハリケーンの犠牲者が含まれているであろう。すでに指摘したように、リスボンの死者の一部もまた、地震波と火災によるものであった。リスボンとカラブリアの地震の記録には、死者だけでなく、財産の損失についての記述があり、カラブリアについては、損失額が記入されている。しかし、その数字はそれ自体では役に立たない――これと比較する他の数字がないからである。カラブリアの都市と家屋の損壊に関する詳細な記録は、この時期では、例外的なものである。アジアの場合、地震に関する文献には、財産の損失について、歴史的な情報はほとんど含まれていない。証拠の十分な陝西省の地震（最近まで、記録に現れたかぎり最悪の地震であると考えられていた）で、非常に多数の穴居住宅だけでなく、都市全体が崩壊したとされるような例に見られるように、たまにしか具体的な財産項目は挙げられていない。死者に関していえば、中国とインドは、ヨーロッパよりも被害が大きかった。ヨーロッパの人口は、ユーラシア大陸の総人口のほぼ二一パーセントを占めているが、主な地震によるヨーロッパの死者は、全体のわずか〇・七パーセントであったと記録されている。別のいい方をすれば、大地震で一人のアジア人が死ぬ確率は、ヨーロッパ人の三〇倍であった。

ヨーロッパとアジアにおける相対的な頻度に関していえば、気候に関わる災害は、地球物理的な範疇に属するといえるであろう。例えば、河川の決壊による洪水は、ヨーロッパでは頻繁に起こっているし、農業、時には社会的基盤に対して、しばしば、地方あるいは全国的な規模で深刻な被害をもたらした。しかし、大陸全体に深刻な被害を与えることは少なかった（例えば、McCloy 1938: 528-9 を参照せよ）。一七世紀以降、沿岸土木技術の発達によって、高潮の数が減った（Lamb 1977: 128）。ヨーロッパは、アジアの洪水地帯のほんの一例にすぎない黄河流域地方の大規模な洪水に匹敵するような洪水を経験したことはない。黄河は絶えず水底に沈泥を堆積するので、「中国の悲しみ」・「手に負えない怪物」・「漢の子孫が残した厄災」と呼ばれる河川が、周囲の田園地帯よりも一〇から四〇フィート高い位置で平野を横切って流れるように、堤防を高くしなければならない。黄河は、幾度となく、決壊し、水路をまったく変えて来た。そして、堤防に一個所でも穴が開くと、あふれた水が数百平方マイルにわたって広がり、数百万という農民が土地を耕すことができなくなる。洪水の後には、土地は耕作に適さないものとなってしまうのである。同じような状況は、楊子江でも見られる（Fairbank 他 1973: 9-10）。コロンブス以後、さまざまな植物の種が交換され、世界各地に広がったが、その一環として、中国にもアメリカの乾燥地に生育する作物が導入された。その結果、中国西南部の高原地帯で、森林伐採と土壌の侵食が広範に進み、その結果、楊子江の排水施設へ沈泥が堆積し、中央湖水地方に大規模な洪水が起こった（Stover and Stover 1976: 115）。しかし、ラム（1977: 142）は、一五世紀以降になると洪水は減ったと述べている。

洪水とはまったく逆の問題である旱魃についても、アジアの方がヨーロッパより状況は厳しかった。マロリー（1926: 38）が引用している研究によれば、西暦六二〇年から一六一九年の間の六一〇回の収穫期に、中国の一つ以上の省が作物の生育には不十分な雨量を経験している。そして、このうち二〇三年は、「大規模」、あるいは「極めて深刻な」旱魃であり、おそらく飢饉を発生させるほど深刻なものであったと記録されている。気候変動を原因とする災害は、飢饉にまで行き着く場合が多い。しばしば、田圃の畦が暴風雨で破れると、溢れた水が隣接の乾燥地作物を侵し、田圃に水がなくなって、米が育たなくなってしまう。

蝗の異常発生から戦争に至るまでの生物学的・社会的災害といった他の種類の災害も、しばしば、飢饉を発生させるが、飢饉自体は「純粋」の災害ではなく、その他の災害の経済的な諸結果を集約したものである。残念なことに、多くの場合、史料は飢饉があったという事実だけを記録するにすぎない。したがって、詳細ではなく、深刻さの程度はもとより、大陸間の頻度の正確な比較さえ行うことができない。しかしながら、ウォルフォード（1878, 1879）、キーズ他（1950）、マロリー（1926）、モアランド（1972）などの研究者が作成したリストを検討すると、飢饉はやはりヨーロッパよりもインドや中国で頻繁に起きているようである。中国は、「飢饉の国」と呼ばれていた。マロリーは、紀元前一〇八年から西暦一九一一年までの期間に、総計一八二八件、すなわち、少なくとも一つの省で一年に一回

表2-3　ユーラシアにおける最大規模の自然災害による死亡者数　1400-1799年（災害種類別）

年　次	災害種類	場　所	死亡者数
1556	地震（および土砂崩れ）	中国（陝西・河南・山西省）	830,000
1642	洪水（内陸）	中国（河南省開封市）	300,000＋
1737	ハリケーン・津波・地震	インド　ベンガル地方 （カルカッタ・フーグリ河口）	300,000
1618	雪　　崩	スイス（プリュル）	1,496

出所：Barton 1974; Cornell 1979; *Encyclopaedia Britannica* 編集者 1978; Lane 1965; Latter 1968-9; Tannehill 1956.

は飢饉が起きていたとする研究を引用している。バック（1937: 124-8; May 1961: 26-7を参照せよ）の研究によれば、一八五〇年から一九三二年の間に起きた飢饉は、気候不順を原因とするものであり、洪水、その他を原因とするものよりも旱魃を原因とする飢饉の方が多かった。バックの推計によれば、記録が残っているすべての飢饉において、被害を受けた地域の住民の二四パーセントは木の皮や雑草を食糧とせざるをえない状況に追い込まれ、三〇パーセントが移出し、五パーセントが餓死した。最も被害の大きかった地域では、平均して飢饉の二八パーセントにおいて、食人があった。

程度は別として、食人は稀なことではなかったと報告されているし、飢饉が本当に深刻なものであったことを示唆するものであるとホリングスワース（出版年不明：9-10）は、述べている。このことだけから、特定の地域にだけ深刻な被害をもたらした飢饉とそれよりも広い範囲におよぶ飢饉とを区別することはできない。しかし、ヨーロッパに関する記録の何処を探しても、食人の頻度の総計で中国に匹敵する場所は何処にもないことは確かである（Mallory 1926: 40を参照せよ）。表面的に見ても、一七六九年から七〇年にかけてベンガルで起きたような深刻な飢饉の例は、ヨーロッパでは一つもない。この飢饉では、総人口の三分の一にのぼる約一千万の人々が死亡している（Berg 1973: 211）。ヨーロッパでも地域によって、総人口との比率でいえば、もっと被害の深刻な飢饉は幾つかあった。しかし、ヨーロッパでは、大陸の総人口に占める犠牲者の比率が、このベンガルの飢饉による死者のアジア大陸の総人口に占める比率ほど高い飢饉は、一つもなかった。リッチとウィルスン（1977: 555, 604, 614）の互いに矛盾するかに見える推計のうち、低い方を採ると、東プロシャは、一七〇八年に二五万人、すなわちその人口の四一パーセントを餓死と病気で失ったが、全ヨーロッパ対全アジアという水準で比べてみると、プロシャの災害は、ベンガルのそれよりも桁違いに小さかったことがわかる（一方は、ヨーロッパ大陸の総人口の〇・二パーセントであるのに対して、他方は、アジア大陸の総人口の二・〇二パーセントであった）。プロシャの人口の「半数」が失われたとする高い方の推計値を採用しても、結論は変わらない。この場合は、ヨーロッパ大陸の総人口との比率が〇・三パーセントに上がるだけだからである。逆に、一七七〇年のベンガルの死亡者数が三百万人だけであったという推計を採用しても、アジア大陸全体の人口との比率（〇・六パーセント）は、ヨーロッパのそれを下回らない。アジアの実際の災害による人口の損失は、最低に見積っても、ヨーロッパのそれの二倍であり、多くの推計値のうち、最も妥当と思われるものにしたがえば、ヨーロッパのそれよりも桁違いに大きかったといえるであろう。ルイ一四世時代のフランスの飢饉と病気による犠牲者の数については、正確な記録は残っていないが、この時の死者は、最大が一六九二～九四年の二百万人（Rich and Wilson 1977: 597）、すなわちヨーロッパ大陸の総人口の一・九パーセントであり、ベンガルの災害の水準に近いものであった。しかし、これはヨーロッパの一般水準からすれば、例外であった。アジアの厳しい飢饉を生み出す永続的な背景は、現実にはヨーロッパにはなかった（Keys; 1950; Moreland 1923; Tinker 1966; Cornell 1979）。

これらの飢饉は、食糧飢饉であり、雇用の極端な不足を原因とするものではなかった。雇用の深刻な不足は、一九世紀中葉に始まり、この時期には、インドの支配層も特別の救済を必要とするほど深刻な失業が存在していると認めている（Moreland 1972: 205ff）。この時期以前の問題は、ともかくも食べる物を見つけることであり、食べ物を買う手段をどのようにして手に入れるかという問題ではなかった。広い範囲にわたって、貿易風が来ない年に備えて、毎年備蓄を繰り越して蓄えておかなければならなかったが、それも不十分にしか行うことができなかった。運輸・通信施設は、未発達で、大量に食糧を運び込むことはできなかった。ムガル帝国時代のインドでは、救済手段はほとんどなく、有力者による買占めのために事態は逆に悪化した――もっとも、広範囲にわたって食糧飢饉が本当に起きた場合、十分な救済手段を講じることは不可能であった。こうした事態を解決するためには、社会組織の改良だけでなく、農業生産性の向上と交通の改善が必要であった。

貿易風がもたらす雨が降らず、したがって食糧供給が途絶した場合、取りうる方法は、当て所なくさまよう大規模な人口流出、食人、自殺、あるいは餓死であった。食糧の備蓄を残している者がいる場合、自発的に彼らの奴隷になるという方法がしばしば採られたが、すべての人々が生き残るだけの食糧が実際になければ、この方法は本当の解決策にはならなかった。運のよい者からその食糧を取上げることも解決策にならなかった。しかし、一六五〇年にオランダの年代記作者が「神よ、このような恐ろしい苦難からすべてのキリスト教徒の土地を守り給え」と突然叫び出したほど、これらの方法は、大規模に、しかも頻繁に採られていたのである。災害は、ゆっくりと、嫌になるほど緩慢にしか回復しなかった。さまよい出た人々のうち、生き残った者が帰還するのは、ずっと遅くなってからであった。後遺症のなかには、特に、資本を稼働させる家畜が死んだ場合に起こる資本の周期的な破壊があった。また、熟練した農民や労働者が死んだために起こる技術水準の低下もあった。グジャラート地方の綿・その他の製品の評判は、一六三〇年の飢饉の後数年にわたって、実際、一六三九年に至るまで低下し続けた。デカン高原は、一六五三年の飢饉によって、それ以上に困窮した。一回でも凶作があると、死亡率が急上昇した。外因的な天候の変化が農業に影響する場合には、凶作は、短い間隔で起こりやすいが、凶作が二回続くと、それは大災害となった。一〇年に一回の不作に備えるためには、年総収穫量の一〇パーセント、純収穫量の一三から一四パーセントを備蓄しておくことが必要であった。これは、今日でも比較的豊かな国々の生産者であれば繰越しを期待できる備蓄量である（Kahan 1968: 361）。このような備蓄をする余裕もなく、二年以上連続して不作を経験するような経済が、脆弱なものであることはあまりにもはっきりしている。

次にもう少し狭く生物学的な原因に基づく災害に目を転じて、最初に、作物の病気、すなわち穀物の菌類による病変である銹病・黒穂病の結果起こる飢饉を見てみよう。残念なことに、この問題に関する主要な文献（Large 1940; Carefoot and Sprott 1969; Parris 1968）が視野に入れているのは、主として西欧である。ヨーロッパとインドはともに数年間続いた極端にひどい銹病に悩まされたとされているが、これらの文献によるかぎり、ヨーロッパとアジアの比較はできない。

人間および動物の病気が広がる方向は、オリエントを出発し、ロシア、あるいは近東を横切って、ヨーロッパに至るというのが支配的であった。これらは、牛疫、腺ペスト、そして一九世紀にはコレラがたどったルートであった。この事実の意味するところは、大規模で、人口密度が高く、しかも貧しいアジアの人口が、人間とその家畜に寄生する生物の主たる生育土壌、あるいは貯蔵庫であったということである（Polunin 1976: 124を参照せよ）。微生物の宿主としては人間と大して変わらない多数の豚の群れと隣合わせに生活している巨大な人口をもつ中国は、病気発生の中心地であったと考えてよいであろう。主だった流行病が多数アジアの歴史には出て来るが（Dunstan 1975; Elvin 1973; Ho 1964; McNeill 1976; Polunin 1976）、断続的にヨーロッパを襲った最悪の病気の多くも、アジア原産の風土病であり、巡礼、飢饉の際の放浪、軍事的侵略が人々を混交させた折々に、広がって行ったものと思われる。歴史畑以外の人々は、歴史的な重要性がこのようにはっきりとしている出来事が、系統的に研究されていないことに驚くであろうが、この分野は比較的新しい研究領域であり、現在のところ、自信をもっていえることは少ない。おそらく確実であると思われるのは、ヨーロッパが、幾つかの流行病に対しては、アジアよりも感染の危険が高かったであろうということである。他方、流行病が蔓延していない時期には、非常に多くの衰弱性の病気と恐ろしい風土病に満ちている熱帯地方よりも、健康であったことである（Lauwerys 1969: 152-3）。多分、時期的な違いもあったであろう。この点について、デイヴィス（1951: 42）は、次のように考えている。ヨーロッパで流行病が猛威を振るっていた時期は、人口が増加していた中世であったが、インドで流行病

表2-4　ヨーロッパの主な疫病による死亡者数　1400-1799年

年　次	場　　所	死亡者数	ヨーロッパ大陸の人口に対する比率（%）
1656	ナポリ	300,000	0.29
1703	プロシャ・リトアニア	280,000	0.23
1711	ブランデンブルク	215,000	0.18
1770	モルダヴィア	300,000	0.21

出所：Cornell 1979: 184;　Kahan 1979: 256 も参照せよ。

がはやったのは、一七〇〇年以降になってからであり、他の地方との交易が増加した時期であった。勿論、この時期には、ヨーロッパは、根本的な経済発展を経験しつつあった。しかし、中世以降の疫病は、ヨーロッパの経済発展地域には流行しなかったが、ヨーロッパで蔓延した疫病によって死亡した人々の数が、アジアで起きた大災害の犠牲者の数にほとんど迫るほど、多かったこともあった。

農業用の動物の流行病もまた、戦争などの社会的な混乱の時期に広がった。牛が罹る病気のうち主要なものは牛疫であるが、その流行は、多くの場合、戦争と密接に関係していた。軍隊に糧秣を供給するために使われた牛が、ヨーロッパ中に牛疫を蔓延させた。牛疫は、一七〇九年にロシアのドン川から出て、一七一一年にはスイスとイタリアに達し、一七一四年にはフランス、ネーデルラント南部、イングランド、そしてアイルランドに達した。一五〇〇万頭の家畜が倒れたといわれている。オーストリア継承戦争期間中の一七四二年から一七四八年までの間、再び牛疫が大陸を横切って流行し、三百万頭の牛が死んだ。この牛の死亡数の正確性はともかくとして、同時代の著作家は、牛（そして、家畜が罹る第二の病気、おそらくは炭疽病が同じ時期に蔓延したが、この期間に死亡した馬も）の死亡に代表される運転資本の喪失が、極めて深刻なものであったことを明らかにしている。政府は、畜産製品が失われるという直接的な損失だけではなく、収穫にとって極めて重要な牽引用家畜が失われるという問題があったから、家畜の被害を深刻に受け止めたのである。残念なことに、ここでも、ヨーロッパの事例と比較すべきインドと中国のデータがない。

ヨーロッパの場合には被害は少なかったと思われるが、異常発生した蝗の襲来に関しても、正確な比較が可能な材料はない。南および中央ヨーロッパには、時として大群が押し寄せたことは事実である。しかし、ヨーロッパよりも暑い地方でしばしば見られるような、際限のない異常発生に類似した現象はまったく見られなかった。こうした地域では、蝗の大群は季節風の時期にインドで発生し、イラン南部やアラビアに移動し、ここで再び繁殖し、さらにスーダンや東アフリカへ進み、二百平方マイル以上にわたって襲来する（Thesiger 1964: 42)。

四番目の「世俗的」な災害、すなわち社会的な災害の範疇に移ると、最初に考慮しなければならないのは、住宅の火災である。都市や村全体を焼き尽くす火災は、驚くほど多かった（Jones 1968; Jones and Falkus 1979）。スカンディナヴィアの都市は、特に被害が多かった。中世のイングランドでは、火災は極く普通のことだったので、火災によって家賃を引き続き支払うことができなくなった借家人から、家主が宅地を取戻すことができるように、住宅は「最初の火災まで」という条件で貸し出された。世界各地の事例を比較することができる火災に関する総目録のようなものはない。また、茅葺き屋根の木造家屋からなるインドの都市や農村（Nath 1929: 162）には、ヨーロッパについてもときおり言及されているように、絶えず火災の危険があったという記述をたまに見つけることはできるが、アジアの火災に関するデータは、例によって、西欧の文献には稀にしか出て来ない。都市の炎上に関する記述は、征服を叙述した記録のなかにちりばめられている。一三世紀に蒙古がポーランドとハンガリーに攻め入ったとき、東欧の都市よりも多数のアジアの都市を焼き尽くした（Chambers 1979）。オスマン帝国についても、大規模な火災が後の時代に至るまで引き続き起こっていたという証拠が残っている。コンスタンティノープルでは、一七二九年の火災で七千人が死亡し、一七五〇年には二万戸、一七五六年には一万五千戸、一七八二年には一万戸、そして、一七八四年には再び一万戸の家屋が消失した。スミルナでも、一七七二年に三千戸の家屋と四千軒の店舗が破壊された（Cornell 1979: 313, 319）。この時期を通じて、ヨーロッパでは、これらと同等の被害をもたらす火災が減少しつつあったことが知られている。主な理由は、住宅が不燃性の材料で建て直されたからである。そして、その理由がおそらく次のような事実と関連しているということが解って来るであろう。すなわち、ヨーロッパの海岸線に沿った地域に煉瓦建ての住宅が広がったこと、あるいは、もっとはっきりいえば、煉瓦建て家屋よりも少し前に瓦屋根の住宅が広がったことと関係していることが解って来るであろう。ゴシック式の煉瓦建造物は、一二〇〇年から一五〇〇年の間に、プロシャからフランドル、アラゴン、旧カスティリャ地方に至る海岸線に沿って現れていた。ワルシャワは、火災の後再建され、早くも一四三一年に煉瓦の都市となっていた（Wyrobisz 1978: 77; Morris 1972: 179）。一七・一八世紀には、特に、この煉瓦建造物地帯には、普通の家屋にも煉瓦が、そして屋根には瓦が以前よりも広範に使われ始めた。イングランド、そして、ほぼ確実にヨーロッパの他の地域でも、煉瓦の使用は火災発生の頻度を大幅に減少させた。不燃性材料を用いた家屋の建て直しは、所得上昇（家屋の建て直しは、逆に、資本生産性の上昇を通じて、所得の上昇をもたらすという側面もあるが）と中央および地方当局によって強力に推進される予防措置によってもたらされるものであって、これら二つの要因の関数である。アジアが、この点において、進歩の仲間入りを果たすことができなかったことは、驚くに値しない。建造物は、固定資本のなかでも重要な位置を占めたから、火災による建造物の損失が減少したことによって、ヨーロッパが得たものは相当大きかったのである。

戦争は、なお一層深刻な社会的災害であった。ときを経過することによって、戦争による破壊は一層強まったのか、それとも和らいだのであろうか。ヨーロッパにおいて、三〇年戦争とフランス革命に続く諸戦役の間、戦争による破壊の程度は、明らかに弱まったように思われる。一四九四年から一五五九年にかけて、イタリアは戦争によって疲弊した。一六一八年と一六四八年にかけて、ドイツは戦争によって苦しめられた。これは幾分かは次のような要因によるものであった。すなわち、政府が以前よりも多数の傭兵を雇いながら、彼らに十分な糧秣の補給ができなかったため、略奪や強奪が傭兵の職業になってしまったからである。しかし、軍隊の規模が引き続き拡大するにつれて、略奪は減少しつつあった。三〇年戦争からスペイン継承戦争までの間に、軍隊の規模と、同行する非戦闘員の数は、ほぼ四倍に増加している。総人口の急速な増加もなく、イングランドとネーデルラント以外では、農業も輸送施設の改善もほとんどなかったことを考えると、このような軍隊の規模の拡大は、極めて著しかった。したがって、効率的な兵站部の設置が是非とも必要であった（Perjes 1970: 1）。糧秣の十分な補給が、最も悪質な略奪を消滅させたのである。勿論、戦争は、実際の戦闘地付近の生産に悪影響を与え続けた。低地地方の十分の一税記録に関する研究によると、一六六〇年から一七四〇年にかけて、実際に戦争が行われていた時期には、穀物の産出量は一四パーセントから五〇パーセントも落ち込んだ。これは、ちょうど、凶作による収穫の減少率に相当する。ネーデルラント南部では、「一七世紀の大部分を通じて、平和は、実際のところ例外的で、異常事態でさえあった」し、そうした状況は実に一七一三年のユトレヒト条約まで続いた（van der Wee and van Cauwenberghe, ed., 1978: 65-75, 103-4, 113を参照せよ）。

戦争における生命の喪失に関していえば、ジョン・ダンが一六二一年に、「大砲の登場によって、戦争は今までよりも早く終結し、大いなる血の犠牲が避けられるようになることが解った」と語ったとき、彼の考え方は楽観的であり、時期尚早であった。しかし、三〇年戦争によって、ドイツの人口の六分の一が失われた後、結果として兵員の生命の損失を少なくするような幾つかの動きがあったことは事実である。少なくとも、フランス革命の推進者たちが、「戦争のルール」（面白い概念であるが）を意識的に変え、再び兵員として使わせないようにするために、捕虜の交換さえ禁じてしまうまでは、そうであった（Vagts 1959: 113-4）。

この点に関する文献には、幾つかの示唆に富む指摘がある。すなわち、ヨーロッパの人口増加率は、一七世紀の中期から一八世紀の中期まで低下し、そのため、労働力は稀少な生産要素となった。その結果、合理的な労働力の利用方法が生まれたというのである。軍事技術者のヴォバン（一六三三―一七〇七）についてカルノがいっているように、ヴォバンの主要な関心は、常に兵隊をいかに死なせずにおくかということであった（Speaight 1975: 119）。戦争は、初代ヨーク公爵のやり方に倣って、前進と回れ右前進からなる行進に様式化された。最初の一撃の目的は、紛争を解決することであった。兵隊は、深紅のような明るい色彩の衣装を身につけ、白の弾薬帯を胸で交差させるようになった。これは、軍隊の結束力を強めるのに役立ったし、血腥い戦闘に儀式の要素をもち込むものであった。こうした兵隊の衣装は、格好の標的にもなった。これで得をするのは、アメリカ独立戦争中の独立軍兵士位であろう。全くの殺戮にこうした芝居じみたさまざまな条件がもち込まれたのは、おそらく、人口増加率よりも軍隊の規模拡大の方が急速であった時期に、傭兵を雇う費用が高騰しつつあったからであろう。傭兵のほとんど唯一の供給源であったスイスが、外国の戦地で五〇万人を失った一八世紀には、傭兵の損失はことのほか高価なものと考えられたのである。しかし、総人口が百五〇万であったことを考えると、一世紀間に五〇万人という割合は、年間に〇・三パーセントの喪失にすぎなかったし、人口の再生産という点からすれば、犠牲に供しうる男性の損失でもあった。ともかく、スイス人の傭兵の死亡は、フランス・スペイン・ネーデルラント、そしてイタリア諸国家といった傭兵を雇う国々の損失を肩代わりしたものであり、これらの国家はこうした方法で自身が負担しなければならない費用を他に転嫁したのである。ヨーロッパの総人口からみれば、スイス人の損失は、わずかなものであろう。

病気による人口の喪失の方が、戦場で倒れる者の数をはるかに上回っていた。一四九〇年にグラナダを占領したスペインの軍隊の犠牲者、二万人のうち、一万七千人はチフスの犠牲者であった（Lauwerys 1969: 157）。同じような例は多数ある。戦闘によって死亡した兵隊一人に対して、一一人のフランス兵が、モスクワとベレジナ川の間で、所持品の剝奪に遭い、長時間寒風にさらされて、死亡している。戦闘では生き残ったが、その後、営舎で兵隊の半分が死ぬのをグナイゼナウは二度も経験しているし、彼自身疫病のコレラで死亡している。一七九四年から五年かけて、ポーランドにいたプロシャ軍の三分の一は、病院で死亡している（Vagts 1959: 127）。こうした損失を減少させるために、さまざまな試みが実行されつつあった。フランス人は、一八世紀の初頭に病院と治療訓練学校を設立し、一七七〇年代には衛生兵団を創立している。軍隊の健康増進のために、治療目的および健康維持のための日常的な作業が、フランス・プロシャ・イギリスで行われるようになった。マクニール（1976: 269）が述べているように、「これらの作業は、権力の立場からすれば、極めて有益であり、上から統制しやすかった。したがって、権力の側も公衆衛生に関する諸規制が次第に整備・集成されて来るという事態からむしろ利益を得ていたのである」。しかし、治療技術が心許ない状況のもとでは、兵隊の生命を救おうとするこうした努力もその実を挙げることができなかった。

アジアでは、これに相当するような、戦争で生命の犠牲をできるだけ少なくしようとする誘因も努力も存在しなかったように思われる。インド・ビルマ・シャムの軍隊は、傭兵によって戦闘力を強められた国民総動員に近い軍隊であった。そして、行くところ田園をまったくの荒野に変えてしまうような軍隊であった（Lach 1970 vol. 2: 832)。一六六〇年代の満州族の中国侵入で、広大な国土の全人口の一七パーセントに当る人々が犠牲となった。これは、数でいえば、二千五百万人であり、三〇年戦争におけるドイツの人命の損失、二百万人と比べれば、その規模の大きさが解るであろう。ランデス（1969: 34）は、破壊の時期的な推移が、ヨーロッパ、特に北西ヨーロッパには有利に働いたという説明を試みている。この見解によれば、累々たる死骸の山の上に勝利を築いたティムールは、すべて邪悪であった歴代の好戦的なトルクメン人の将軍のなかでも、最悪の軍司令官であって、これに相当するような殺人者は、ヨーロッパ人のなかには見出すことができない。イスラム世界もまた、確かに、一六世紀の初頭以降二百年間にわたって、オスマン・トルコとサファビー王朝のペルシャとの戦役で、途切れることなく続く戦闘、包囲攻撃、そして大虐殺によって荒廃した。イラクは、灌漑用の堤防を蒙古人に破壊され、その痛手から二度と回復することができなかった。デリーの略奪のようなアジアの大虐殺に類するものは、ヨーロッパにはなかった。東南アジア史の研究者達は、絶え間なく戦争が続いていたという事実を強調する。モアランド（1972: 2-4）によれば、インド、東南アジアおよび中東の大部分の地域では、戦争が常態であるということはなかったとしても、それが生産と交換に多大の影響を与えたということは、少なくとも十分ありうることであった。アラカン地方、ペグー地方、シャム、インドシナ、そしてインドネシア諸王国には、少なくとも一六・一七世紀には、局地的な戦争が絶えなかった。モアランドは、幸福にも、「経済学者は、そうした戦争の影響の詳細をほとんど考えなくても済む」と信じているようである。しかし、経済学者は、半永久的な戦争状態が経済の安定にどのような意味をもっていたのかを考えなければならない。同時にまた、半永久的な戦争状態が、長期的な人口増加を抑えられずに、経済発展を阻止してしまうという側面をもっているということを考慮すべきである。

人口千人あたりの戦争による犠牲者の数は、おそらくヨーロッパの方がアジアよりも少ないであろう。しかし、戦争でヨーロッパが失った資本設備の比率は、これよりも一層少なかったであろう。際だった違いは、決壊しやすい堤防が延々と続く灌漑農業がヨーロッパにはなかったという点であろう。ヨーロッパの資本財は、開墾地・耕地を囲い込む生け垣・道路・居住用家屋・納屋・家畜・小規模な工業設備・家屋の裏に貯蔵されているさまざまな在庫といった、それぞれ独立したものからなり立っていた。無闇に戦闘行為に突入するのではなく、こうした資本財を破壊し、敵の領土を荒廃させることが、中世の戦争の一つの戦略であったことは明らかである（Hewitt 1966: 115, 117, 127, 135; Genicot 1966: section iii)。最初の総力戦、あるいは国際戦争ともいえる百年戦争は、四世代にわたって、フランスを荒廃させた。フロワッサールの言によれば、一三四六年にイギリス人は、「豊饒なノルマンディの地を焼き尽くし、人々を追い払い、略奪し、荒らし回り、強奪した」（Trevelyan 1942: 224 n. 1）。一世紀におよぶこうしたありがたくない奉仕の後、農地の大部分は、木苺・茨の茂み・蕨やエニシダなど、比喩的に「イギリス人とともにやって来た」といわれる植物の生い茂る土地になってしまった（Lewis 1972: 26）。戦争はこうした結果をもたらしながら続いた。一六世紀に、アンブロワーズ・パレは、フランスの戦争について、次のように記している。「われわれは行軍しながら、幾つもの村を焼き払った。返す返すも残念なのは、納屋がすべて穀物で一杯であったことである」（出版年不明：23）。

これらの説話は苦渋に満ちているが、戦争が終わると、やがて次々と荒廃からの回復が始まった。小規模な農地は、隣接する農地とは別に、それぞれ開墾され、播種され、収穫を期待することができるようになった。J・S・ミル（1969 vol. II: 74）は、次のような点を強調している。すなわち、災害とは、いずれ使い古され、摩耗するであろう財を一瞬のうちに消費することにすぎなかったから、災害からの回復は速やかに行われた、と。この場合、ミルは、ヨーロッパの経験について言及していたのである。他方、災害で壊滅した灌漑農業を復旧するためには、ヨーロッパの場合よりも一層大きな組織的な努力が払われなければならなかった。ヨーロッパにおいては、災害からの回復は、痛みをともなうものであったとしても、地方が率先して事に当り、少しずつ達成することできた。百年戦争によっておそらくは耕作が不可能になっていたであろうフランスの三分の一が、三〇年のうちにすべて旧に復した（Darby 1961）。この復旧を助けたのは、租税や地代負担の軽減および一般的に経済を拡大させるための方策であった（Lewis 1972: 39–51）。しかし、集中的ではなく、個々に分散して行われていた農業の回復にとって、政府の関与は重要なものではなかった。ヨーロッパ史において、平和が戻った後、いかに迅速に事態が回復したかは驚くべきことである。そして、現状の回復だけでなく、新たな建設の開始がいかに迅速に行われたかは驚くべきことであり、戦争というものが、あたかも通常の事態の進展を一時的に中断させるものにすぎなかったかのようであった。活況と沈滞が交互にやって来る経済を最もよく表す指標の一つは、教会建設が戦争と平和によって循環的に変動することである（Hoskins 1950: 36–41）。現世的な目的のための建造物もまた建設された。いずれにしても、教会そのものが会合場所と教室として利用されていたということを銘記すべきである。

一三三〇年から一七三〇年までのフランスについて、ル・ロワ・ラデュリ（1979: 12）は、「その信じ難いほどの回復能力」に言及している。そして、百年戦争の後遺症に関する研究に依拠して、「最後の騎兵、そして最後のイギリス人が去るか去らないかのうちに、イル・ドゥ・フランスの農民は、自分たちの教区、景観、そして人間の数も元通りにし始め、一世紀半前の繁栄していた頃の昔ながらの姿を完全に復元していた」と結論している。おそらく、完全な復元をわずかながらでも上回ることがなされたであろう。さらに、資本だけでなく労働力も維持・保存しようとする動きが、後になると、出て来たことが解る。カルノが述べているように、ヴォバンが周到に要塞を設計したのは、「建物が破壊されたり、包囲された都市の家屋に火を放たれるのが我慢ならなかった」からであった（しかし、ヴォバンの第一の関心は自分の部下を温存することであった）。オーストリア人は、低地地方の農業用地を駄目にしないように、ナポレオン戦争という遅い時期まで、耕地に要塞を築くことを控えていた（Vagts 1959: 113）。

災害の頻度と程度、および資本の被害と労働力の被害の構成比率に関して、利用しうる記録は、はっきりとした情報を提供していないが、ようやく幾つかの結論を引き出しうるところに一歩近づいたようである。全体として見ると、ヨーロッパの場合、災害による損失は、アジアよりも際だって軽いように思われる。一九二三年という時期までに、流行病から人々を守る医学と公衆衛生の水準は、ヨーロッパでは、アジアで達成されたものよりもはるかに高度化していたことはいうまでもないが、同年に国際赤十字のために作成された入念な世界災害地域図（Montandon 1923）によれば、災害による全般的な損失は、実際、アジアのそれよりも著しく軽微であった。歴史的に、ヨーロッパは固有の環境に制約されて、労働力よりも資本財に対してより多くの保護を与えて来た。災害が与える衝撃の特徴と傾向は、ヨーロッパの場合、こうした方向に傾斜していたのである。海洋・地震・火山活動の異変に起因する地球物理学的な災害や気候異変による災害は、少なかった。他方、様式化された軍隊、防疫のための強制隔離、玉蜀黍や馬鈴薯といった新しい作物の導入、これらすべてが組み合わさって、一八世紀には効果を発揮し始めたが、戦争、流行病、飢饉は絶えず起こっていた。

アジアでは、災害による損失は、全体として見れば、ヨーロッパよりも甚大であったが、労働力と資本のどちらが災害の衝撃をより強く受けたかという点に関していえば、ヨーロッパよりも、均等であったように思われる。例えば、中国では、パーキンス（1969: 24）が示唆しているように、農機具や犁耕用の家畜といった運転資本の増加率は、人口増加を凌駕することはなかった。農地といった固定資本の絶対額（運転資本との構成比率ではなく）は増加した。資本設備の質的な改良の兆しはない。ヨーロッパにおいては、技術変化がこうした資本設備の生産性の上昇をもたらしつつあった。そして、資本設備の質的改良が、資本を破壊する災害に対する抵抗力を一層強めたのである。明と満州族の支配する清朝の時代に、石材と煉瓦が少しずつ使われ始めたが、中国の建築材料は、長い間、木材と砂・粘土・藁等を混合して堅く練った壁土（練土）であった。技術進歩の速度が緩慢であることに対しては、高い代価を支払わなければならなかった。例えば、一八世紀になって航海技術がようやく改良されるまで、中国の北部海域は、際だって危険な場所であり続けたし、沿岸航行の船舶の損失は引き続き高い水準にあった（Elvin 1973: 139）。

他方、技術の発展という点からいえば、中世のヨーロッパははるかに後れていた。技術の進歩は、労働節約的な改良が後れているという意味で、不均等であった。結局、防疫のための強制隔離の導入という制度的な改革が、大きな意味をもつことになった。この防疫線の設置は、広い意味では、技術改革という範疇に入れるに値するものである。しかし、大部分の技術革新は、資本を維持・保存するような方向で行われた。このことは、医療や公衆衛生施設が後れていた初期の段階に特に当てはまった。クズネッツ（1965: 15-53）は、下級原材料の役割について、興味深い見解を提示している。すなわち、下級原材料がもっている役割は、重要であるが、通常は過小評価されているというのである。クズネッツの主張によれば、前工業化世界において、純資本形成が抑えられてしまうのは、単に平均所得が低いことや貯蓄性向が低いことだけから生じるのではない。社会的苦難や自然災害をうまく制御できないこと、さらにそこから回復する力が弱いことからも来ているのである。生産的な資本財のわずかなストックを維持し、取替えるためには、毎年かなりの努力が必要であった。物理的な劣化によって、必然的に、資本財ストックの経済的耐用年数が短くなってしまうのである。こうした状況は、良質の金属やプラスティックでできた自動車のような工業製品が、一般的に認められている耐用年数や製造時に予想した経済的な耐用年数を超えてもまだ物理的に十分使用できるような今日の状況とは違っている。今日では、技術変化が急速であるから、こうした問題はない。製品は摩耗しても、新しい技術の導入が、たとえ短期間であっても、後れるということはない。注意深く検討すれば、中世のヨーロッパでも技術変化は途絶えたことがなかったようであるが、今日の基準からすれば、その変化を急速なものであったということはできないであろう。一般的にいえば、中世のヨーロッパでは、摩耗した資本設備の単なる置換があっただけである。

中世およびはるか後の時代まで、ヨーロッパには、二つの独自な建築方法があった。一つは、無知から、もう一つは貧困から生まれた方法である。公共施設や豊かな人々のために建てられた建造物の設計は、華美になる傾向があった。どちらかといえば大規模なものの方が多く残ったに違いないであろうが、残存する石橋やそれに類する建造物がこのことを示している。予想される強度の二〇倍もの強度に耐えられる安全率を採用した誘因は、次のようなものであった。すなわち、ときどき実際に起こったことであるが、司教座大聖堂のような壮大な建造物が崩壊することがあり、人々がそうした事態に困惑したからである。今日では、計算方法の改良と縮小模型によるテストによって、予想される最も重い荷重の一・四ないし一・五倍の荷重を支えることができるように、橋梁を設計して造ればよい。建築の強度について理論的に分析した文献が一九世紀に出るまで、建造物の規模を、予想される安全基準の限度まで縮小し、資本の効率を高める唯一の手段は、経験だけであった。故ジェイコブ・ブロノウスキーが述べているように、近代世界になって初めて、手にはいる建築資材を使って建造物を設計するのではなく、最初にどのような建造物を造るかを設計し、建築資材を選ぶことができるようになった（Pannell 1964; Knoop and Jones 1967: 70–1; Taylor 1975; Timoshenko 1953）。しかし、大半の建造物には、貧困故に余儀なくされたもう一つの建築方法が用いられた。これらは、強度の弱い、燃えやすい建築資材で造られ、直ぐ摩耗するか、焼け落ちてしまった。中世の廃村跡を発掘すると、農民の家屋がほんの一世代しかもたなかったことが解る。壁の基礎が、わずかばかりずれて、しばしば建て替えられているのを発見することができる筈である。

このような建造物と建築資材の欠陥は、ゆっくりと取除かれて行った。すでに指摘したように、煉瓦建築の前線が、近代初期のヨーロッパに広がり、単純な損傷に対する抵抗力や耐火性を大いに高めた。従来より多くの資本が、建築目的に利用できるようになった。中世にはすでに、利子率はイスラム世界や古代ローマと比べて、低くなっていた（Heers 1974: 623）。ホーマー（1963: 139–42）によれば、イングランドとオランダでは、商業融資の利子率は一七世紀中に決定的に下がり、五、四、あるいは二パーセントにまで低下した。他方、ほとんどの借入れがともかくも個人消費のために行われ、生産的な目的のための借入れがどちらかといえば稀であった中国では、利子率は三六パーセントあたりに留まっていた。利子率は、全体として、融資可能な資金の需要と供給によって決まって来る。ヨーロッパの資金需要が近代初期に落ち込んだという徴候はなく、事態は逆であった。したがって、チポラ（Gould 1972: 156–7 から引用）の眼には、利子率の低下は、「真の経済革命」と映ったのである。利子率に関するわれわれの知識は、わずかな例から引き出されたものであるし、色々な地域に分散した事例によっているため、平均利子率の計算は極めて恣意的なものであり、どのような融資に対する利子率なのか常に明らかであるとはいえない。しかし、確証めいたものが幾つかある。グレゴリー・キング（Deane 1960–61: 352–68 による引用）によれば、一六〇〇年から一六八八年の期間に、イングランドでは、人口増加率は年〇・二パーセントにすぎなかったが、資本蓄積率は年平均一から一・五パーセントであった。この数字は、それだけで説明することはできないが、災害による損失が資本よりも労働力に重くのしかかるというヨーロッパに特有の事態と整合的である。勿論、この間、多くの災害があった。アダム・スミス（1937: 328–9）は、驚きをもって、「すべての時代のなかで最も幸福で、最も幸運な」一六六〇年から一七六〇年までの間、七つの戦争、三つの反乱、そしてロンドン大火とペストの流行があったが、いずれも「イングランドの富裕へ向かう前進」を止めることができなかったと述べている。ヨーロッパ全体の前進は、もう少し後になって始まったが、進歩の方向は全く同じであった。深刻な災害は、アジアよりも少なかった。技術的および制度的な革新が、すでに資本蓄積を促進しつつあった。そして、この資本蓄積には、資本よりも労働力に対してより強い衝撃を与えるというヨーロッパ特有の災害のあり方が有利に作用していた。ヨーロッパとアジアの決定的な格差は、工業化の開始以前に広がりつつあったのである。

ヨーロッパ

第3章　技術進歩の流れ

活気に満ちた非常に多数の好敵手との競争が、
知識と産業の進歩を加速させる。
——エドワード・ギボン

ヨーロッパは、技術に関する知識を中断なく蓄積して来る過程で、いわば突然変異的に生まれた文明であったということができる。アジアの小さな突起部分といわれたこともあったヨーロッパは、草創期においては、イスラムを経由して、遠くインドや中国から知識を借用した。ヨーロッパにおいては、先進的な地域であった西北部の内部においてさえ、技術に関する知識の借用の結果生じた経済成長は、明らかに局地的なものであった。しかし、アジアと違う点は、技術の面でいえば、基本的に、単一の均質的な社会がそこにあったということである。つまり、ある部分に起きた変化が、残りの部分に連鎖反応を引き起こす傾向をもったシステムであったということである。文化的に相互に連繫し合っていること、諸国家併存体制がもっている国家間の競合という特質、これらが継続的な技術の借入れと「刺激の伝播」を奨励した。この場合、「刺激の伝播」とは、ある国である問題の解決が図られると、他の国でもその問題が解決されると想定しても構わないということを意味している。

このことを明白に示す例を挙げておこう。近代化と工業化の狼煙は、イギリス、ベルギー、そしてラインラントで発火すると、直ちにこうしたシステムをもつヨーロッパの端々にまで広がって行った。ロシアやオスマン帝国のキリスト教植民地さえこの影響でくすぶった。しかし、不燃材の石綿ともいうべきイスラム圏の先端に到着すると、火はあっという間に消えてしまった。近代化と工業化の火は、ヨーロッパの海外領土は別として、大部分の非ヨーロッパ世界では二度と燃え上がらなかった。一八一八年と一八三八年に締結されたオスマン・イギリス通商条約の不平等関税のような、ヨーロッパの意識的な政策が、ときには、炎に水をかけ、勢いを弱めることもあった。しかし、このことですべてが説明できるとは到底考えられない。ヨーロッパの影響を受けなかった地域が、この火に反応を示したり、自然燃焼を始めたりすることはなかった。日本だけが、非ヨーロッパ地域で工業化に成功した唯一の国であった。このように、ヨーロッパは、長期間にわたって発展して来た独特の生態系であった。変化の時期に関しては、内部で相違があったが、ヨーロッパは変化という事実は共有していた。したがって、ヨーロッパは、全体が相互に関連し合った要素からなり立っているものとして取扱うべきである。ヨーロッパ内部における進歩の程度の違いは、ここでは問題にしない。

ヨーロッパ史の謎の一つは、生産手段や生産関係が一歩一歩ゆっくりと古代から発展を遂げて来たことである。市場の浸透や生産要素の相対価格の変動は、技術が着実に前進して来たことの説明としては、弱いように思われる。この点に関する手がかりの一つは、次のような事実である。すなわち、進んだ技術が保持されつつ他の技術が新たに登場したのは、中世後半や、「全般的な危機」の時代といわれる一七世紀のような、人口および物価の停滞ないし伸び悩みの時期であったということである。原材料の一般的な不足は、代替原材料の探求という動きを側面から援助するという以上の意味をもちえないように思われる。原料価格の上昇という問題は、技術水準が非常に高度になるまで、つまり、技術の根底にある科学的な概念が洗練され、生産過程に反映されるまで、技術的に解決不可能である。例えば、繊維産業の場合、土地を使って生産される原料以外の原料を手に入れることは、工場で生産される合成繊維が登場するまで、困難であった。しかし、土地を利用せずに原料を手に入れることは容易でなかったとしても、機械という形の資本を代わりに用いることによって、労働なしに済ませることは可能であることが解った。このことは、技術変化の進路をある方向に向けたかもしれないが、何が技術変化の起源であったのかを説明してはいない。また、次のような非常に興味深い事実も、ヨーロッパに固有の技術変化の起源を説明するものではない。すなわち、ヨーロッパ大陸において、基礎科学の研究が規則的に進められるようになったのは、その時々の産業の要請に刺激されたためではない。かといって、現場の工業技術者によって無視され、彼らに利用されないほどかけ離れた所で基礎科学研究が進められた訳でもなかった。

発明を促す動機は、必ずしも経済的なものではなかった。特定の科学的問題の探求に刺激され、あるいは技術的な問題の解決を図ろうとして、人々は発明に向かったのであり、物質的な報酬は、彼らの努力に見合うものではなかった。ただし、そうした生活態度をとっても何とか生活ができる人々の数を増加させたという点で、経済成長は積極的な意味をもったであろう。しかし、こうしたヨーロッパの固有性の基礎にあるものが、純粋に経済的な要因であるとは考えられない。したがって、発明の才のある人間を生む背景とそうした人々を全体として受け入れる寛容さの理由を突き止めようとすれば、そうした社会の固有性に目を向けなければならないであろう。この章でわれわれがやろうとしていることは、いかに古くから、そしていかに持続的にそうした社会の特質が存在して来たのか、また技術的な知識を育む土壌がいかに蓄積され、それがどのような意味をもつのかを強調するために、技術の変化の歴史を検討することである。

先ず、西ヨーロッパに対するローマの支配について考えるところから始めよう。ゲルマン民族は、四百年以上も拡大を阻止されていた。この間、すでに新しい土地に溢れ出ることができなくなるほど増加していた人口を扶養するために、ゲルマン人たちは技術の発明と革新へ向かう誘因をもつようになっていた。その結果、彼らは犂を改良し、改良を加えた犂の使用を拡大して行った（Wailes 1972: 173-7）。ローマの衰退から西暦八〇〇年頃まで続いた人口増加の大部分は、さらに東方から移住して来たこうしたゲルマン人たちによるものであった。西暦八〇〇年から一一〇〇年にかけて、森林開墾や開拓という形で生産の集約化が新しく始まったという証拠がある。定住地の形成はすでに終わっていたが、人口は引き続き増加しつつあった。しかし、人口の新たな増加が本当に農業の集約化をもたらしたのか、あるいは逆に農業の集約化の結果の一つが人口増加なのかははっきりしない。

六世紀、あるいは七世紀になっても、ロワール川以北のヨーロッパはまだ極めて人口稀薄な地域であり、腺ペストの流行による衝撃は、古くから人々が定住していた地中海地方よりも少なかった（Biraben and Le Goff 1969）。くまねずみ（*Rattus rattus*）がイギリスに住み着いたとかつて考えられた時期よりも数世紀以前のローマ時代の井戸がヨークにあるが、その埋め跡から最近くまねずみの遺骸が発見された。これは、実際にはペストがアングロ・サクソン時代のイングランドに頻繁に発生していたこと、さらに五世紀、六世紀の都市においてすらペストの発生があったという可能性を示唆している（'S. B.' *Nature*, 13 Sept. 1979）。ただ、こうした事実にもかかわらず、広範囲におよぶペストの流行の影響が、北西ヨーロッパと地中海地方で異なっているのは、地中海地方の都市化した後背地よりも北部ヨーロッパの方が人口密度が低かったからであると推論してよいであろう。ペスト流行の衝撃は、北西ヨーロッパの方が、事実、少なかったし、またそう考える十分な根拠があるから、北西ヨーロッパは後に南部ヨーロッパよりも相対的に発展することができたのであると指摘することもできる。北西ヨーロッパの人口は、西暦八〇〇年頃に南部ヨーロッパの人口に追い付いている（McEvedy and Jones 1978: fig. 1. 10）。

雨量が多く、年間を通じてほぼ均等に雨が降り、夏が凌ぎやすい北西ヨーロッパは、小麦・大麦・燕麦・ライ麦などの小粒穀物の生育と、勢いよく育つ草を飼料とする家畜飼育に適していた。採取や狩猟、そして有畜農業から得られる食糧とともに、オートミール粥のような水っぽい食べ物を含む変化に富んだ食事をとる習慣は、暗黒時代に主としてパンを食べる習慣に取って代わられたのではなかろうか。その証拠は、実際は粗放的に利用される灌木の生い茂った放牧地であった荒蕪地が、狩場とともに、耕地として利用されるようになり、次第に失われて行ったという事実である。また、パン用穀物のかなりの部分が、食卓に採り入れられるようになったということは、次のような事実によって示されているといわれている。すなわち、水力を利用した製粉所の数が増え、ゲルマン民族の住むヨーロッパの中心部にさえ内陸水路で活躍する小麦粉取扱い商人が増加したこと、さらにパン焼竈も増えたという事実、これらすべてによって示されている（Duby 1974: 188）。他方、放牧地が少なくなるにしたがって、家畜をもっと大切に育てようとする気持ちが生まれて来たであろう。

　中世の食事が古い文明のシリアル食（オートミール粥のような水っぽい食べ物）よりも栄養価の点で優れているという状態は、比較的豊富な畜産品が継続的に供給されたため、引き続き存在した。また、重粘土質土壌地域で確立した小麦／豆類／休閑という輪作様式で生産される豆類が、ヨーロッパ人に固有の旺盛な精力の源であったという説もある。ホワイト（1962: 59）は、次のように書いている。「蛋白質の供給量の増加と一〇世紀後半のヨーロッパが力強さに満ちていたという事実との間には、何等かの関係があるであろうということが解った」。こうした事態の展開の正確な時期区分を行おうとしても、おそらく、おおまかな概要以上に信頼すべきものができるとは思われない。豆類、畜産品、そして不足を補う狩猟の獲物を食べていたとすれば、農耕時代のヨーロッパの食事は、人口が土地に対して飽和状態にあったという状況によく適応したものであり、純粋にシリアル食だけを取る場合よりも、栄養学的には優れていたであろう。

　車輪・撥土板・犁刃をつけた「新しい」重量犁、馬蹄・馬の首輪、そして特にカロリング時代の二圃制農法から三圃制農法への移行、これらすべてに基づいて、暗黒時代の農業が進歩したという見解に関しては、疑問が投げかけられている。シャルルマーニュの時代から一二世紀に至るまで、農法や輪作方式の改良はほとんどなかったとされている（Duby 1974: 189）。このことは、この時代の主な変化の内容が、耕地面積の増加であったことを意味している。そして、耕地面積の増加は、恒常的に家畜を放牧する土地を狭め、収穫物の組み合わせを変化させてしまったであろう。大部分の農民たちに新しい技術を採用する余裕が出て来たのは、一一、一二、一三世紀になってからであったと考える方が自然であろう。歴史家が発見した変化があったことは事実であるが、部分的であり、非常に緩やかにしか進まなかった。馬が牛に取って代わったのは、九世紀、あるいは一〇世紀以降であり、それもゆっくりと代わって行ったのである。中世が終わる頃になると、ヨーロッパの南の端と北の端の中間地帯には馬が導入されていたが、ドイツやヨーロッパの南の端と北の端では馬はまだ稀であった。通常、馬は農耕用に使用されず、食肉として販売されてもいなかったし、馬の飼育費用は牛よりも高かったから、馬の導入の前提条件は、飼料の十分な生産と畜産内部におけるある程度の専門化であった（Le Roy Ladurie 1979: 85–6; Lewis 1958: 490–1; Grigg 1974: 161）。

　問題は、どちらが原因で、どちらが結果であったのかを特定することである。こうした技術伝播は、人口増加に対する一つの反応であったのか、それとも人口増加を引き起こす原因であったのか。例えば、馬蹄と首輪を用いることによって、馬がもっている力を以前よりも有効に利用することができるようになり、一二五〇年頃に二輪の荷車が四輪の荷車に代わったという事実がある（Chaunu 1979: 233）。しかし、この事実は、両様に解釈できる。すなわち、二輪に代わる四輪荷車は、以前よりも多量の収穫物を輸送する新しい能力の登場を意味し、人口増加を可能にする一助となったと解釈することもできる。他方、すでに増加しつつあった人口に食糧を供給する必要が生じ、四輪の荷車の登場はこれに対する一つの反応であったとも考えられる。一〇世紀と一一世紀の農業革命が、その時代の人口増加と経済的な拡大を可能にし、促進したとする見解は、当時の人口と経済の成長をともに説明しなければならないという要件を満たすものであるように見える。しかし、すでに増加しつつあった人口に食糧を供給する必要が、四輪荷車の採用を促したとする見解は、必ずしも正しい説明ではないように思われる。すべて曖昧で、不透明である。初期中世を専攻する歴史家が、経済の復活の程度を誇張している場合すらありうる。ブリッドベリー（1969）は、経済の復活の根は、暗黒時代にまで遡ることができるのであって、一一世紀のイタリアの海上貿易の復活と都市化の進展の結果ではなかったと述べている。また、メットカーフ（1967: 357）は、商品や鋳貨の活発な取引が示しているように、北西ヨーロッパはすでに八世紀の末には豊かであったと主張している。西北ヨーロッパが達成したこのように高水準の経済発展が、北方の古代スカンディナヴィア人たちの征服欲をかき立て、低位の自給農業を営む人々が被るよりも一層広範な混乱をスカンディナヴィア人たちが引き起こすことを可能にしたのである。他の専門家の多くは、重要な農業変化（新しい農法が広い範囲にわたって普及したこと）が別の時期――もう少し後の中世――に集中したと考えているようである。この見解の明らかな落し穴の一つは、歴史家が観察するのは、記録されたものにかぎられるということであり、われわれに示されているのは、経済が成長したという現実そのものではなく、それを記録した史料が増えたという事実である。ヨーロッパに新たな経済成長がもたらされたのは、外部世界からの攻撃が実際に終わったからであると考えるのは、あるいは誤りであるのかもしれない。全面的にそうであるとはいえないが、外圧の終焉は、おそらく現実のヨーロッパの転換点というよりもむしろ象徴的なそれであった。いずれにせよ、一〇世紀には人口増加が実際に起こったのであり、これはひろく認められている事実である。

すでに引用した文献の大部分がそう述べているように、この時代の拡大は、農業の変化に基づくものであったのかもしれない。あるいは政治的な原因によるものであったのかもしれない。また、両者が組み合わさって、拡大を促したという可能性もある。先ず、「政治」原因説を検討してみよう。四世紀から七世紀にかけて行われた西方への民族大移動が終わる頃になると、民族や言語の多様性が目立って来る。地形的に多様な部分の集合体であったヨーロッパにおいて、先住民族の上にさらにゲルマン諸部族が移住して、重なり合ったからである。安定した国家が、非常に急速に、封建的階層秩序の周りに結晶して行った。ヴァイキング・マジャール人・ムーア人たちからの外圧の影響もあった。ただ、この点に関していえば、彼らの侵入の影響は、それ以前にすでにヨーロッパ人の意識の底に非常に深く染み込んでおり、現在イギリスやアメリカで見られる儀式用の馬具に、マジャール人やイスラム教の影響であると思われる刻印が残されている（Jankovitch 1971）。異民族の猛烈な突入が終わると、商業が復活した。特に、スカンディナヴィア人によって始められた貿易と地中海の交易が復活した。ポーランド・ハンガリー・ボヘミアに帯状に形成された一群の新しい国家は、商業の復活に結び付くような種類の安定した統治機構が、東に向かって拡大したことを示すものであった。交易が拡大すると都市が成長した。小規模な都市が、大きな変化を呼び起こすほど強力であったかどうかは疑問であるが、都市の食糧需要の増大が、今度は農業の復活を刺激した（Barraclough 1976）。平和が訪れ、異民族の侵入が終わっただけで人口は増加した。そして、人口の増加は、以前よりも集約的な耕作、開墾の拡大、内陸部への一層の植民を促した。このような人口の圧力が、政治的な原因とあいまって、以前よりも進んだ農法の普及を必然化したものと思われる。次のように述べる著者さえいるほどである。すなわち、一一世紀から一三世紀にかけて起こった建築・商業・都市化の活況は、農業生産者から以前よりもさらに効率的に搾り取ることから生じたものであり、彼ら自身の生産性が上昇した結果ではなかったかもしれない、と（Hilton, Hilton and Sawyer 1963: 95-100 から引用）。

ヨーロッパにおけるこうした事態の進展は、政治的な原因によるものか、技術的な原因によるものか。実際、どちらが妥当であるのかを探る試みがこれまで行われて来たかどうかは、はっきりしない。最も有効な手がかりは、新しい農業技術の普及が極めて緩慢であったことである。このことは、新しい農業技術が他の要因によって規定される従属変数である可能性を示唆している。すでに耕地として利用されている場所や、多くの場合、以前は森林であった限界地に、牽獣が引く犂耕農業を拡大することには資本形成が必要であったが、それは簡単なことではなかった。一一世紀に至るまでの時期については、一四世紀初頭のような深刻な人口圧力を示す史料はないが、一一世紀の末期になって、人々が活発に十字軍に参加しているのを見ると、ヨーロッパが飽和状態を迎えつつあったのではないかと思われる。まだヨーロッパにも拡大する余地はあったが、森林を切り開き、荒蕪地を開墾して耕地にすることの方が、他人の資源を取上げるという昔ながらの習わしにしたがうよりも、困難であったであろう。この昔ながらの習慣は、聖地への進軍という装いのもとに、再びその姿を現したのである。

当初、ヨーロッパは、農業の生産性の点においても、また政治的な安定性の点においても、有利な状況のもとにはなかった。西ヨーロッパは、政治的にいえば、成立の当初から防御を旨とする封建的な諸支配単位に分裂していた。それは、マジャール人の騎馬隊、ムーア人、そしてヴァイキングの突入に対して、毛を逆立てて身を守ろうとする針鼠のようなものであった（マジャール人の騎馬隊は、かつて一〇世紀にロワール川の河口に達したことがある。ムーア人の海賊は、九八五年にバルセロナを破壊し、その後一〇〇四年になって、ピサを略奪し、アルプスに前哨地を築いた。その結果、南フランスの沿岸地帯にあった司教管轄区は、内陸部へ移動しなければならなかった）。封建的な支配の単位は、ジョン・オーブリがいうように、入れ子式の箱のように配列されていた。しかし、封建制度が進化し、新たに国家を生み出したり、封建制が新生の国家という外枠を設け、自らをそのなかに置くようになると、封建制度がもっているエネルギーが外に向かって発揮され、より大きな政治体の間の相克に帰結するようになったように思われる。直接土地を下封した封建領主からの攻撃をこのように外部に向けることに成功した国王は、自国内部に発生する、王に対する反抗から逃れることができるようになった。国王が、従臣達の争いを調停し、それを抑えることに着手し始めると、国内の混乱は鎮静化した。当初、変化は目立たないものであり、一六世紀になっても、イングランドでは土地所有者の家臣の間で軍事的衝突が起こったが、これは事態の改善への変化であった。

外部からの衝撃の終結と封建諸侯間の争いのうち最悪のものが終わりに近づいたこと、この両者がほぼ同時に起こったことは、ヨーロッパ史を画期づけるものとなったように思われる。政治的条件だけで経済的な拡大を十分説明しうるか否かは別として、ともかく、一〇世紀に新たな出発があったことは事実である。ヴァイキングは、八八五年のパリの包囲攻撃で撃退され、退却の途次、八九六年に完膚無きまでに敗北した。その後間もなく、ヴァイキングはキリスト教に改宗し、フランス人は彼らが「ノルマンディー公領」に定住するのを承認した。イングランドでは、ヴァイキングは、アルフレッド王によって八八六年以後デーンロウ地方に閉じ込められることになる。彼らは、フランドル産の紡毛毛織物をバルト海地方に輸送する商人となり、やがて定住するようになった。クヌート王は、一〇一七年から三五年にかけて、イングランド、デンマーク、ノルウェーを統合した。マジャール人は、九五五年にアウグスブルク近郊のレッヒフェルトで敗北を喫し、キリスト教に改宗して、定住し、ハンガリー国家を形成するようになる。イスラムは、トゥールの近くでカール・マルテルに敗北して以来、再び落ち着いていた。いずれにしても、中部フランスの森は、このような騎馬侵入者の機動性を弱め、彼らを不利な状況に追いやった。イスラム世界内部が政治的に分裂していたことは、キリスト教世界にとって有利な点であった。一〇世紀の末になると、イスラム諸国はヨーロッパから奴隷・金属製品・木材を輸入し、金で支払った（Homer 1963: 86）。両者のこうした交易の歴史は実に古く、一〇世紀以前からすでに存在していた。しかし、ヨーロッパの対イスラム貿易は、戦時に主として海軍力の弱体化を目的としてとられたイスラムへの戦略物資（武器・鉄・木材、場合によっては食糧も）禁輸策によって度々中断した。今や貿易は以前よりも規則的に行われるようになった（Strayer 1974: 403-4）。

東方では、中央アジア諸部族に対するロシアとビザンツの抵抗が、ヨーロッパにとっては、緩衝地帯の役割を演じた。徐々に力関係が逆転しはじめ、今度はヨーロッパが攻勢に転じる番になった。ピサとジェノヴァの人々は、弱りつつあったアラブ勢力を攻撃し、サルディニアを征服し、アラブ人の占領するシチリア島と北アフリカ海岸を強襲した。そして、ティレニア海を解放して、一〇九一年にコルシカ島を再び手にしたのである。ノルマン人の侵略によって、シチリア島のアラブ勢力は敗退し、シリアにアンティオキア公国が設立された。一〇九六年の第一次十字軍遠征によって、イタリア諸都市は地中海の支配権を手に入れ、東方との組織だった交易の道が開かれるようになった。重要なのは、ヨーロッパが攻勢に転じるようになり、イスラムの衝撃が止んだことだけではない。大規模な抵抗および守勢から攻勢への転換を可能にした諸国家間の同盟が暗示するような政治的な成長が、この間に達成されたということもまた重要なのである。例えば、フランスは、この時期に、マジャール人の侵入を防ぐために、フランク族・ゴート族およびローマの属州が同盟して統合したのであり、オーストリアは、辺境の防衛線として意識的に創建された（Mackinder 1962: 247-9, 254）。

一〇世紀および一一世紀になると、顕著な拡大の兆しが見え始める。北海の入り江に沿って、干拓が始まった。都市が増加し、中世盛期には、バスティッド（Bastides）と呼ばれる新しい都市が簇生した。バスティッドは、市場活動の拡大を利用して利益を得ようとする領主や司教や国王によって、既存の市場中心地の間隙に建設された。多くの場合、二つの教区の境界にある荒蕪地に碁盤目状に配置されたのである。一〇世紀には、教会建設も大幅に増加する。人口増加の波は、地中海地方からヨーロッパ大陸を北上し始めた（McEvedy and Jones 1978; Usher 1930）。経済的・文化的な発展が、直ちに人口増加の北上のあとに続いた。西暦一年から一〇〇〇年までの間に、（当時の水準に照らして）人口密度の高い一帯が、ロンバルディア高原から、やや細長い帯のような形で、フランスを通り、英仏海峡沿岸と今日のフランス・ベルギーの国境線に当る地帯まで、前進した。フランス西部はまだこうした波の影響を受けていなかった。一二〇〇年には、今日のベルギー、ドイツの一部、オステンドからトリエステに至る線の西側の中央ヨーロッパを含む地域が、波頭の内側に入った。こうした動きは、ある程度の都市化をともなった人口密度の高い農村が出現したこと、したがって、封建社会の非市場的な強い絆を掘り崩すほど大規模な、一つあるいは複数の市場が成長していたことを意味している。マケヴディとジョーンズ（1978: 29-30）が注意深く述べているように、「（1）当時の水準で人口密度が高く、（2）人口増加率が高い社会は、他のどんな社会よりも革新を実現するのにふさわしいように思われる」。このことは、活力のみなぎっていた中世盛期の西ヨーロッパに当てはまるであろう。

次世代の人々にとっては、ヨーロッパ大陸は瞬く間に人間で埋め尽くされたように見えたであろう。十字軍の遠征は、大量の人口移出の例と考えられていたのかもしれない。一〇九八年から一二五〇年の間に、五回の十字軍遠征があり、第一回目には三〇万の人々が、二、五〇〇マイルもの距離を行進し、パレスチナ王国へ向かった。一一〇一年の第二回十字軍までに、海陸両用の作戦に使える輸送手段が利用可能となっていた。一〇九五年頃に、ローマ教皇ウルバヌスは、十字軍の遠征をキリスト教徒の定住地の拡大という視点から述べている。一一〇八年にドイツのメルセブルクで開かれた大規模な集会においても、同じような表現が使われ、エルベ川を越えて、異教徒スラヴ人の土地への侵入が鼓舞された。人々は、魂の救済と豊饒な土地とを一挙に手に入れるよう奨励されたのである。「その土地は、肉と蜜と羽毛のはえた鳥と穀物の豊富な素晴らしい場所である」(Trevor-Roper 1965: 129)。これらすべての勇敢な対外活動にもかかわらず、多くの場合、最終投資先は世俗的なものではなかったが、今や国内の投資へ向けられるべき余剰が発生していた。このことは、生産性を上昇させる原因となるものが、すでに利用し尽くされていたこと——あるいは枯渇していたことを暗示している。こうして、十字軍とほぼ同じ時期に、「司教座聖堂十字軍」とも呼ばれるべき規模で、教会建設が始まった(Gimpel 1977: 43)。一一五〇年と一二八〇年の間に、フランスだけで八〇もの司教座聖堂が建設されている。その多くは、北部の繊維工業都市に建てられたものであり、商工業の大幅な拡大と富の増加を物語っている。イングランドでは、一一〇〇年と一四〇〇年の間に、規模とデザインにおいてウェストミンスター寺院に匹敵する位の司教座聖堂が、二五、あるいは三〇も建設、ないし大幅に改築されている。また、非常に多数の修道院や教区教会も同様に建設、あるいは改築されている(Johnson 1967: 203)。

現代の生態学者の一人は、その根拠に対して疑問を呈しているが(Loomis 1978)、やがて最終的には中世経済は収穫逓減という問題に遭遇したものと思われる。一四世紀の初頭には、持続的な人口成長が所得の増分を食いつぶしつつあったという事実をうかがわせる証拠がある。こうした社会に、黒死病は巨大な衝撃として襲いかかったのであり、これに対して社会は何の防御手段ももち合わせていなかった。しかし、それ以前に、すでに社会組織の面でも、技術の面でも、工夫が施され、それが蓄積されていた。それには、建築・その他の造営物という物的なものの蓄積がともなっていた。そして、大規模な宗教的建造物だけでなく、建築・その他の造営物の一部は、相変わらず利用され続けた。つまり、人口圧も黒死病も中世盛期に達成された技術的な知識や固定資本ストックの増加分を破壊することはできなかったのである。

人間を取巻く環境の幾つかの局面に対する制御能力は、この時期までに、目立って、しかも持続的に拡大していた。ヨーロッパの北部地域に水車が普及し、無生物エネルギー源の利用が始まった。水車は、以前よりも大きな、安定的な動力を提供し、最初は穀物の粉挽き用に、九世紀にはビール用の麦芽汁製造、一〇世紀には毛織物の縮絨、そして一二世紀には金属工業に利用されるようになった。水力は、以前に利用されていたもの(粉挽き用の水車による製粉は、乳鉢と乳棒による製粉に比べれば、明らかな前進であった)、あるいは地中海地方やアジアで用いられるようになるものよりも大きな動力であった。一〇世紀になると非常に多くの水車が使われるようになった。九世紀中葉から一〇八〇年の間に、ピカルディでは四〇基の水車が建設されていたが、一一二五年までに五〇基が加わり、一二〇〇年までにさらに一六五基が建設されている。イングランドにおいても、ドゥームズデイ検地以後にその数は増加し続け、特にデヴォンのような「後進地域」において著しかった（Duby 1974: 187）。一一世紀には、潮の満ち干を利用する水車も幾つかこれに加わり、一三世紀には風車が急速に広まった（White 1962: 84, 87）。水車に用いられている複雑な機械装置や歯車は、おそらく、機械的な問題を解決しようとしている人々すべての注意を引いたであろう。

家庭の内部でも、環境の制御が行われた。勿論、これは基本的には福祉の前進を意味していたが、労働の生産性に対しても影響をおよぼした。イングランドでは、羊毛から作られる布地が、一二世紀の末から広まって行った。ノルマン人は、泥や木材でできた家屋の代わりに石工技術の利用をもち込んだ。炉を中央から脇へ移し、壁の内部に広い煙道を通して、階上の部屋に煙が流れ込まないようにすることによって、城の階下の部屋で、効率よく家屋内部の暖房ができるようになった。火格子と煙突の発明、石炭の利用、窓用ガラスの製造は、すべて屋内気温の制御に大いに役立った（Markham 1947）。このような発明の恩恵は、城の中に住んでいるような豊かな階層の人々から城門に住んでいるような貧しい階層の人々へゆっくりと広がって行った。世界で最初の煙突、あるいは多分最も日付が古いと主張されているもので、今日まで残っている煙突は、おそらくサウサムプトンの王宮にある一二世紀のものである。北西ヨーロッパの最古のガラス窓は、パリのサン・ドゥニにある一二世紀の教会のものである。一二三六年に南欧出身者であるプロヴァンスのエレノアと結婚したヘンリー三世は、彼女のために、イングランド各地にあった彼の城の改築を命じる布告を発したらしい。この改築の内容といえば、窓をガラス張りにしたり、張り出し玄関を作ったり、壁を羽目板にしたり、屋根を葺いたり、暖炉や煙突を備え付けることであった。一一、一二世紀後には、このような発明はさらに広範に普及して行った。一四世紀の中頃には、暖炉がロンバルディアやトスカナ地方に導入されたが、この地方には、夏の暑さを凌ぐ十分な手だてがなかった。最も苛酷な冬の寒さを和らげる煙突や炉やガラス窓が登場することによって、夏はそれほど暑くない北西ヨーロッパにおいて初めて、家屋が年間を通じて満足な生活と十分な労働環境を提供できるようになった。人間が家屋のような限定された場所の気候を制御できるようになったということは、洞窟・毛皮・火がもたらすあの快適さが年間を通じて享受できるようになったということを意味していた。こうした快適さは、厳しい自然条件や気候を考慮することなしに誤って名付けられた温帯地方に人類が最初に住むようになった際に遭遇した苛酷さを和らげはしたが、後の農業社会で享受できる程の規模ではもたらされなかった。極く狭い範囲の気候を制御できたことは、健康や福祉だけに関わるものではなかった。母親・家庭の主婦・家で仕事をする著述家、そして家内工業労働者の生産性の上昇をもたらしたのである。このような改善が上層農民であるヨーマン階層（イングランドでは）の家屋にまで実際に普及するのは、一六世紀になってからであった。その時期になると、吹き抜けの広間のある家屋に二階以上の部屋が設けられ、きちんとした煙突が備え付けられ、窓はガラス張りとなり、従来よりも良質の家具が多数備え付けられるようになった。中世の長いベンチ（オックスフォードやケンブリッジ大学の学寮に今でも残っているような、教授用よりも一段低い学生用の食卓に備え付けられている長腰掛け）が椅子に変わったとき、「隣の人間と距離をおく」ことが尊重された。こうしたさまざまな局面における改善は、多方面に大きな影響を与えた。特に、子供を産む母親の生存率に好ましい影響を与えたと考えられる。

こうして、西ローマ帝国の崩壊以降の暗黒時代と中世には、次のような局面でゆっくりとした改善が現れた。栄養摂取水準・無生物エネルギーの利用・人間の棲息環境・技術的知識の蓄積・資本ストック、そして政治的に統合されている集団の規模である。ヨーロッパは、自らの同類である古い文明の間で窮屈そうに背中を曲げている、巣立ち前のカッコウのようなものであった。一四世紀の初めには、増加した人口が、以前に獲得された食糧の余剰を食いつぶしつつあった。供給がかぎられた土地から挙がる食糧生産をめぐって、人間と家畜が競合関係に陥ってしまったからである。農業における技術革新はあったが、これを補って十分なほど急速には行われなかった。しかし、その他の面で見られた前進は、それほど破壊されることはなかった。資本設備・知識・組織は、すべて黒死病以後にも生き残ったのである。ヨーロッパの発展には、一度形成されると後戻りしない歯止め効果がそれほどあったということになる。腺ペストの結果生じた人口減少は、いってみれば、第二次大戦後の欧州復興を目的にしたマーシャル・プランのようなものであるといわれている。ハーリヒイ（1971: 164）によれば、ヨーロッパの人々は、黒死病以後、減少した人口が可能にした食事の改善と「多分」栄養摂取水準の改良から生じたと思われるエネルギーの増加によって、新たな拡大の時代に突入する心構えができていた。ショーニュ（1979: 286）が指摘しているように、肉を食べ、ぶどう酒を飲む習慣が一五世紀のヨーロッパに生まれたこと、こうした食習慣の変化が、人間のエネルギー利用の点からいって、減少した人口が与える悪い影響をはねのける効果をもったようである。農業優位の社会においては、人口と一人当り蛋白質消費量との間には、逆の相関があったと推測してよいであろう。労働力の質とエネルギーを考慮すると、労働力の投入量は、人口変動曲線の大きな波動が示すよりも変動幅は小さかったのではないか。さらに技術の蓄積があったことを考慮すると、労働力投入の変動幅が実際は小さかったということは、経済発展が一見するよりも堅実に進んだということを意味しているのかもしれない。超長期という視点で歴史を見る場合に陥りやすい危険は、以下のようなものであろう。つまり、経済発展の後れは、一度勢いがつくと後戻りしないような前進の過程における単なる一時的な休止にすぎず、無視しても構わないものであり、経済は時間さえ与えられれば、それ自身の力で問題を解決して行くものであると解釈することであろう。しかし、技術的・科学的問題が、時間さえ与えられれば、自ずから解決されるという保証は何処にもない。それにもかかわらず、少なくとも技術の面では、ヨーロッパの歴史は絶えず着実に前進しているように見え始めるようになる。ヨーロッパにおけるこのような技術面の堅実な前進の過程では、多少の後れは、他の文明の遅々とした歩みに比べれば、大したことではないように思われる。

技術移転の研究は、今まで、国家間の移転に限定して行われて来た。共通の文化的基盤や熟練労働者の頻繁な行き来が、ヨーロッパ（そして、アメリカ）圏内の諸国家間で相互の技術の普及を成功させる基盤を与えていたからである。世界全体の文明圏相互の技術移転は、簡単にしか取扱われて来なかった。取扱われる場合でも、通常、中国とヨーロッパ、あるいはイスラム圏とヨーロッパというように、二組の文明圏相互の技術借入れに言及するに止まっている。いうまでもなく、事態の推移はもっと複雑であった。中国からインドやイスラム圏へ、そしてインドからイスラム圏へも重要な技術の流れがあった。ターゲペラ（1978: 124）が指摘しているように、西洋の歴史には、顕著だが、ほとんど表に出ない個性的な文明が影を落としている。そして、個性的な文明から派生して出来上がったものだけではなく、その根源のうちのあるものさえ、故意に隠されている。この点に関して、「ルネッサンスという言葉そのものが、暗示的である。この言葉は、科学・技術という不死鳥が、中東からギリシャへ、次いでローマに飛来し、そこで息絶え、再び一千年後に同じイタリアの地で、その灰の中から蘇ったかのような印象を与える」。しかし、実際には、この不死鳥は中東からビザンティン帝国に舞い戻り、アラブ世界のすべてをめぐって、インドと中国で活力を補給し、それからイタリアへ帰ったにすぎないのである。

確かに、ヨーロッパは、はるか東方の中国に起源をもつ技術を採り入れている。知的な先進文明が先に存在していたこと、このことがヨーロッパにとっては重要な外部経済を創り出していた。他方、ユーラシア大陸以外の文明圏、例えば中央アメリカ文明のような新参の文明圏は、こうした外部経済の利益に与ることはできなかった。借入れ技術の一部は、地理上の発見に際して、ヨーロッパ人の航海に直接役立った。例えば、羅針盤や天体観測器といった航海を円滑に進めるための技術、船の帆柱・帆桁・綱・鎖等の索具装置の改良（大西洋と紅海で用いられていた技法が融合したもの）、そして歓迎されざる敵を制圧する大砲の火薬である。その他の技術もまた借り入れられている。あるいは、盗用されたといってもよい（養蚕がよい例である）。ほとんどの場合、こうした技術の起源は曖昧である。勿論、ヨーロッパ内部で工夫され、あるいは独自に開発された技術を考慮しなければならない。しかし、個々の発明を詳しく調べてみると、多くの場合、それが出来上がる過程は、ダマスカスへ通じる道の上に照らされた目も眩むような一条の閃光によって、聖パウロが突然啓示を受けたようなものではなく、一つの素晴らしい思い付きに幾つもの考えが付け加えられ、改良されて行ったものであったことがわかる。発明や革新の時期、さらに経済的な要因の影響の程度ということになると、極く普通の歴史叙述に見出される時期や程度よりも、曖昧で、長い期間にわたっている。

ヨーロッパ社会は、新しいものを自身で創り出すこともできたし、効果的に他所から借用する能力も備えていた。ジェイムズ一世時代に、ベイコンが人類史上の三大発明と名付けえたもの——羅針盤・火薬・印刷技術——はすべて中国から出ている。しかし、それらの発明に改良を加えて、さらに高次なものにしたり、広い範囲で生産的にそれらを応用したり、一般的に技術や科学の面で、その師を追い抜くようになったのは、ヨーロッパであった。ヨーロッパ自身の発明になるものは、すべて暗黒時代に導入された馬の首輪・馬蹄・水車・石弓・樽といった古い時代のものである（Wesson 1978: 154-5）。司教座聖堂建設ブームは、デザインと建築の計り知れない熟練を必要とし、また実際それを育んだ。このこと自体、古代文明やオリエント文明を特色づけた機械工学よりもむしろ土木工学への傾斜に匹敵するものではなかったろうか。しかし、司教座聖堂建設ブームは孤立した現象ではなかった。無生物エネルギーを水車といった形で生産的な目的に応用するといった他の方向での進歩が、機械技術の地平を広げつつあった。

極く普通の本には、中世は技術の面では、「かつてなかったほど進歩の遅い時代」であったと書かれている。しかし、一一世紀には、船体を丸ごと造る方法に代わって、骨組みを最初に造り、それを組て立てるという安価な造船法が登場している（White 1972: 167; Chaunu 1979）。一二世紀には、養蚕（東洋の輸入蚕糸を原料とする織布業は以前からあったが、それではなく）が最初にシチリア島へ、次いでイタリアへ広がった。一三世紀には、櫂ではなく、帆によって運行し、蝶番式の舵で操舵する船が現れている。羅針盤は、一二七〇年と一三〇〇年の間に広く使われるようになり、古い時代の航海の季節性を崩壊させた。羅針盤の登場によって、冬の地中海航海が安全なものとなり、ジブラルタル海峡からイギリス海峡へ向かう航海が一年を通じて安全になったからである（Lane 1965: 331-44）。ホワイト（1972: 167）が述べているように、このことは資本の効率性を上昇させた。さらに、バーナード（1972: 318）も指摘しているように、一五世紀中期に、ジェノヴァとロンドンの航程で、船舶と積荷に掛かる保険料率が五・五パーセントにも下がったという事実は、航海と損害保険証書作成の両面における改良があったことを物語っている。その他の技術的な発展——手押し車・眼鏡・機械時計・紡車といったすべて一三世紀に現れた発明——を見れば、中世の技術的な活力に関して、疑問を差し挟む余地はない。そのような技術革新によって生じた社会的な節約を量的に表すことはほとんど不可能であるが、これらの技術がなかった場合の世界を頭に思い浮べるという知的な作業によって、想像することはできるであろう。個々の部品を組み立てて、一組の鎧を作っていたという事実は、工場内分業のようなものがすでに現れ始めていたことを示すものである（原理的にいえば、この方法で、一人の鎧工がそれぞれ一着の鎧を完成することができたとしても）。実際、一つの作業場はある特定の工程に、他はその他の工程に特化するという形で、そうした分業は家内工業の分散した作業場という形態で現れ始めていた。

量的な計測や時期の特定は困難であるが、詳しく検討してみると、一五世紀が技術の進歩という点では、顕著な時代であったことがわかる。ヴィラール（Landes 1966: 37に引用されている）は、敢えて次のような内容の合衆国政府報告書まで引用している。それによれば、一四五〇年から一五二五年にかけての時期には、五〇もの「重要な」発明があったのに、一八世紀にはわずかに四三しかなかった。引用された報告書の中には見つけ出すことができなかったが、この種の計算には、通常、性格のまったく異なった発明を同種のものとして取扱う傾向がある。たとえそうだとしても、一五世紀が発明活動の盛んな時代であったという点だけは、おそらく確認されたであろう。三〇〇年後の一八世紀に現れた工業上の諸発明が、突然、歴史の舞台に登場し、今まで舞台の上に凍り付いていた俳優たちを急に生き返らせたのだというふうに解釈することには無理がある。確かに、一八世紀の重要な発明の中には、機械の時代に必要欠くべからざるものとして、容易にその時代に固有の発明であると解るものがある。しかし、それらの発明は、伝統的に発明を生みやすい経済環境の中で登場したのであって、この点を見逃してはならない。

一五世紀の中葉に、大砲製造技術の急速な発展があり、城郭を破壊することが可能となった。一六世紀の初頭には、軍事的な意味で重要な制度的変化があり、四〇日間の封建的な騎士奉仕に代わって、常備軍が登場した（Bean 1973）。それからわずか五〇年後に、海洋帆船は、一本マストの帆船から五つないし六つの帆を備えた三本マストのそれへ進歩した（Toynbee 1957: 296）。当時建造された、操舵が容易なカラヴェル船は、地理上の発見時代の航海にはなくてはならないものであった。パリーは、造船技術の発展について、細心の議論を展開し、結論として、次のように述べている。「大西洋と地中海を結ぶ航路で、横帆式と三角帆式の双方の機能を備えた帆船が登場したという極めて重要な出来事は、一五世紀中葉の二〇年という短期間に起きたことであった」（Parry 1964: 63）。船体は以前よりも頑丈になり、風をよく捉えるようになり、操縦は容易となった。航海は以前よりも容易になり、一五〇〇年には良質のポルトラーノ海図（航程線の入った海図）が登場することになる。

技術の進展は、こうした非常に基本的な例が示すよりも、広い範囲におよび、深く浸透した。技術の進展が成功した一つの方向は、食糧生産という当時の経済の生産的な基盤によい影響を与えたことである。これは次のような方法で実現した。すなわち、もともとインド産の作物であったものをイスラムが西方のスペインに導入し、それを採り入れることによって、さらに低地地方において、クローヴァーのような飼料作物を輪作に加えることによって、実現した。初期のアラビアにおける農業革命によって登場した作物は、もともと熱帯産の作物であり、北ヨーロッパで生育する可能性はほとんど皆無であった。しかし、ヨーロッパがブラジルからヴァージニアに至る大西洋の彼方の植民地を経営するようになると、これらの作物がロンドンやアムステルダム近郊の耕地で栽培されているかのように、ヨーロッパ市場に容易に流れ込んだのである。同じように、漁法および魚肉加工の方法においても、不可思議ではあるが、意義深い改良があった。この改良は、一五世紀の初頭に、当時はまだ北ネーデルラントであったオランダの人々によって、まさに芸術の域にまで高められた。そして、後に高度な技術革新を容易にした制度的な変革に関していえば、一四二一年にフィレンツェが重量貨物用の起重機を搭載した運河船に対して、知られているかぎり最初の特許を許可しているし、一四七四年には、ヴェニスが最初の公的な特許法を制定している (Sprague de Camp 1974: 393)。さらに、もう一つ別の分野では、印刷機の発展が情報の価格を引き下げ始めている。

ドイツ人のグーテンベルク（一四六八年に死亡）は、すでに知られていた多くの発明を総合して、活字、そして印刷機そのもの、さらに冊子状の書物を製作している。木版印刷は、早くから中国で普及しており、製紙技術も同様であった。イスラムがこれらの技術を八世紀に中国人の捕虜から学び、次いでヨーロッパがイスラムから学んだ。紙を平に伸ばす圧延機は、葡萄絞り機から生まれた。グーテンベルクが改良を加えたのは、鋳型で製造した金属製の活字を利用したことと、ある種の互換部品制度を導入したことである。つまり、それぞれの活字に軸を取付け、それを選び出し、打ち出して、再びそれを元に戻して配列し、異なった単語を何度でも作れるようにしたのである (Steinberg 1961)。活版技術が導入された当初、筆写よりもそれが優れているということは、現在考えられているほど自明のこととして受け入れられた訳ではなかったが、印刷された文字が将来増大するであろうことは、直ちに明らかになった。筆写という仕事は、職業として古くから確立しており、写本の市場も形成されていた。四十五人の写字工を雇って、手書きの作品の写本を製作するという緊急の要請を引き受けた企業家もいた。彼は、たった二二カ月で、二百もの作品の写本を、はっきりとした数は記録されていないが、多数製作することができたのである (Wightman 1972: 59)。フランスでは写字工のギルドが極めて強かったので、多くの場合、彼らの領域を侵すような試みは、最初は、中央政府の統制がなかったドイツの領邦という封建的な政治単位で行われた (Innis 1972: 141)。しかし、グーテンベルクの死後一五年もたたないうちに、こうした試みは十分成功し、ロシア以外のヨーロッパ各国に印刷機が普及した。一五〇〇年には、総計三〇〇の都市で、一七〇〇の印刷機が稼働していた (Febvre 1976: 178-9, 184-5)。一六〇〇年には、毎年印刷される書物の数は、二〇〇〇を超え、一八一五年には、約二〇〇〇〇点に上った。眼鏡の発明によって、すでに老人の読書生活は延長していた。そして、今や安価な書物が手に入るようになり、読書という習慣が、子供というさらに広い層に拡大して行った。安い費用で手に入れることができる技術的知識が書物という形で蓄積され、それが外部に向かって、実行力のある人々、実務家、軍人、行政官、そして地主たちに広がって行った。書かれた言語を拠り所にするという習慣は、印刷された形でそれが手に入るようになると広範に行きわたるようになった。印刷された契約や法律を遵守するということは、前例にしたがうという保守的な慣行を代表するもののように見える。他方、参照すべき著作が以前よりもずっと多くなったにもかかわらず、書物という形で多数印刷されなかったと仮定してみよう。そうした場合、人々は明確に表現された他人の思想にまったく触れることがなかったであろう。しかし、事実は逆であった。参照すべき著作の印刷本の部数が増加し、明確に綴られた自分以外の人間の考え方に触れるようになった人々の知的な営為によって、記録された契約や法律は、徹底的に考察され、議論の対象となり、変えられて行くようになったのである (Eisenstein 1970 を参照)。

知識というものは、不思議な生産手段の一つであるとされている。物的な資源は使用されれば減って行くが、知識は利用されても枯渇しないからである。この時代になると、蓄積された知識は、書物の中に、そして図書館に集積され始めた。印刷された書物の市場は、聖界関係者ではなく、主として世俗の人々からなっていた。書物の販路としては、国際的な貿易ルートや歳市のネットワークが使われた。ちょうどこの時期に、国語が次第に形成されつつあったが、学者たちはまだラテン語を話し、書き、読んでおり、国際的に通用したのはラテン語の書物だったからである。また、国語の形成という事実は、少なくとも当面は、書物の市場の果てしない細分化という結果を生まなかった。イギリスのコーンウォール語のような群小の地域言語を犠牲にして、国語が台頭したからである。書物の市場を支えたのは、ヨーロッパにおける識字率の相対的な高さと中位の所得層の広範な分布であった。すでに教会は普遍的な権威を失い、何を印刷してよいかという点に関して、個々の国民国家の支配者が、教会とは異なった見解をもち始めていた。したがって、検閲制度は不完全で、首尾一貫しないものとなった。このことが示しているような社会の開放性もまた、書物の市場の広がりを助けたのである。社会のこのような開放性とこの社会がもっている技術革新への志向の原因は何であったのか、今度はこの点を説明しなければならない。経済的な要因は、勿論、極めて重要であった。この点に関して、中国との違いは明らかである。皇帝の宮殿内にある図書館の蔵書の実に三分の一は、すでに五世紀初頭には、印刷されたものからなっていたが (Dawson 1972: 261)、これらの書物を印刷する際に用いられた技術は、グーテンベルクのそれに比べると、大量の書物の印刷には適しておらず、字が読める中国人の数がもっと多かったとしても、大量生産は困難だったであろう。

ヨーロッパにおける印刷と大航海時代の技術的な問題の解決の仕方との間には、驚くほど類似したところがある。ともに名誉ある過去の経験の積み重ねがある。一方の側には、一二世紀以降の手書き文書作成の急速な増大と著作物の内容の世俗化がある。他方の側には、ヴァイキングやマルコ・ポーロのような旅行家たちが獲得した、ヨーロッパ外の世界における経験の急激な拡大がある。印刷術と大航海時代の航海技術の難問解決は、一五世紀にグーテンベルクの発明がもたらしたさまざまな効果とコロンブスやヴァスコ・ダ・ガマの登場とともに、一挙に前進した。これ以前にすでに西洋には外の世界に関する情報が増加しており、人々は手書きの書物と写本によって、その情報を容易に手に入れることが可能であった。こうした情報は、書物という形で複写することによって蓄積され、生身の人間が死んでも死滅することがなかった。印刷術の普及によって、このような過程が一段と進み、まったく新しい秩序が形成された。これはまさに、大航海時代の冒険家たちが達成した、外の世界の地理的な拡大に匹敵する事態の展開であった。一度達成された成果の後退を防ぐ、西欧世界の発展に極めて特徴的なこのような歯止め効果は、情報を蓄積し、それを伝播する優れた方法によるところが大であった。

実際には群小の改良が蓄積され、合成されてこのような大きな前進がもたらされたのではあるが、その歴史を見ると、技術変化のあり方自体が非常に唐突で、劇的であったような印象を受ける。しかし、実際には絶えず発明が行われ、途絶えることがないというのが、他とは違うヨーロッパ文明の特徴であった。ギルフィラン (1935: 275) は、造船技術の発展を分析し、連続的な技術進歩の一階梯にすぎないものを分離して取出して注目することは間違いであると指摘している。「重要な発明と呼ばれるものは、絶えず分泌される微小な細部からなるものであって、英語という言葉、あるいは語句によって、そしてまた、われわれがもっている類型的な思考方法によって、どちらかと言えば恣意的に定義されているものにすぎない」。彼の見解によれば、技術進歩の過程は、創造的行為の連続によって成り立っているというよりも、むしろ生物学的な継続的進化に近いものである。一九世紀以前には、一人の人間が生きている間に多くの技術変化を実際に眼の当りにできるという期待をもたせるほど急速ではなかったが、無数の小規模な技術変化が多くの産業部門に広がって行った。経済的な観点からすれば、さらに困難な問題がある。つまり、発明よりもむしろイノヴェイション (革新) の発展を明らかにしなければならないが、この問題は、際限のない小さな変化の波と渦巻がそれぞれどの程度の貢献をしたかを計測するという極めて困難な課題をともなっている。

事態のこうした側面が意味することは、生産費の低下が一時期に集中して急激に起こったのではないということである。そうではなくて、こうした方向の進歩は、交易量の増大、市場の拡大、そして地域的な特化に刺激を受けて、いずれかの分野で絶えず起こっていた。ロストウは、この弾みは持続できなかったと述べている（1975）。便益が経済全体に行きわたるにつれて、その効果は減少して行く。一八世紀に無生物資源を用いて稼働する機械が登場するまで、生産費を絶えず低下させる持続的な技術変化への移行は起こらなかったというのである。しかし、これは、それ以前にも技術変化が活発に起こっていたこと、そのような技術変化をもたらす巨大な可能性が残されていたことを無視した誤った考え方である。このような考え方を支持するために、ロストウは、二度にわたって次のような趣旨のパーキン（1967）の言葉を引用している。すなわち、中国の歴史が示すように、商業の発展は「必然的、あるいは不可避的に」工業化を招来するわけではない。ロストウはさらに、ギリシャ、ローマ、インド、そして古代の諸帝国の歴史がこれを証明していると述べている。彼はまた、当時の人々の見聞として、次のような事実を引用している。ペリクレス時代のアテネ市民は、遠く黒海、ペルシア、カルタゴにまで広がる交易圏からもたらされる食べものを食し、家具や調度を気軽に利用していたが、こうした地域には重要な工業技術の変化は生じなかった。不思議なことに、ロストウは一八世紀以前のヨーロッパでも、二つの産業部門にかぎって、緩慢な技術変化があったことは認めている。そして、この二つの部門、すなわち、食糧および繊維生産に関しては、これまた商業の発展がかなりあったことを認めようとしている。この見解は、木材、塩、金属取引の範囲を過小評価している。これらの部門では、技術変化は農業や繊維部門よりもずっと広範に行われ、ここ二〇〇年間の激しい変化に比べた場合にだけ、変化が緩慢だったといえるのである。適切な基準からすれば——ヨーロッパの過去、あるいは古代社会ないしオリエントの社会を基準にすれば——、前工業化時代後期のヨーロッパにおける技術変化は決して緩慢だった訳ではない。技術変化が途切れなく続いたという事実が、ヨーロッパに固有のことであった。

中世および近代初期全般におけるヨーロッパの技術について、その特徴を示すふさわしい言葉を探すとすれば、それは、執拗に、忍びやかに進む変化ということになる。部分的には、試行錯誤を繰り返すことによって、しかし、次第に抽象的な思考に基づくことによって、ヨーロッパの技術は進んで来た。農村地域の技術の水準はもちろん低かったが、そこにもすでに複雑な歯車が組み合わされた水車があった。そうした長年にわたる技術的な蓄積があり、さらに、他の社会であれば、人々は余分な時間をひたすら快楽の追求か、せいぜいのところ現実離れした思索にあてたであろうが、ヨーロッパにおいては、多くの人々が好奇心旺盛な現実主義をもっていたから、技術が着実な歩みを示して来たことはそれほど驚くには当らない。技術革新の歴史を振り返り、時間を圧縮して眺める場合、われわれは往々にして、実際の技術進歩が遅々としたものであったことに驚くが、これは明らかに解釈の仕方によるのであって、この点は注意すべきであろう。個々の変化は格別人の目を引くものではなかったが、それが蓄積されると強い影響力を発揮したのである。前工業化時代後期の社会を観察したあのベンジャミン・

フランクリンは、次のように述べている。「人間の幸福は、滅多に起こらない大きな僥倖によってもたらされるものではなく、日々のちょっとした前進によってもたらされるものである」（Leary 1962: 121）。確かに、フランクリンが言及しているのは、一部は例えば街灯のような外見上はとるに足らない進歩であるが、このような進歩がとるに足らないものではなく、広範な経済的波及効果をともなっていたというはっきりとした証拠がある（Jones and Falkus 1979）。

商業は発展したが、それが「自動的に、あるいは必然的には」工業の発展に結びつかなかったと一般的には考えられている中国の例をもう少し細かく見てみると、この主張には二つの欠陥があることに気付く。第一の欠陥は、次のような点である。宋時代の高度な商業的経済は、西欧のような科学革命を経験することなく、発展したものであり、技術的には極めて創意工夫に富んだものであった。そして、ヨーロッパではずっと後にしか現れなかった手の込んだ麻織物用の水力紡績機が発明され、普及していたのである（Elvin 1973）。実際には、この機械を利用することを止めてしまい、中国が工業技術の面で後退して行ったという事実は、興味深い謎である。しかし、この事実は、中国の経済発展に見られたまったく別の変化に関わる事柄であり、初期の達成を否定することにはならない。中国の例に基づいて一般化する場合の第二の問題点は、次のようなものである。中国の人口変動のあり方は、ヨーロッパのそれとは違ったものであり、中国の製造業者たちが直面したのは、イギリスのランカシャー、ダービシャーやノッティンガムシャーの一部の有力な繊維工業経営者が一八世紀半ばに経験したような非弾力的な労働力供給の挑戦という課題ではなかった。単に生産要素の比率がヨーロッパと中国では違っているという事実から、ヨーロッパの工業化を説明するつもりは毛頭ない。技術的な反応は、偏差に富んだものであり、単に生産要素の違いから説明できるほど単純ではない。例えば、スカンディナヴィア産の木材利用の効率を大幅に向上させた鋸の歯の幅の縮小の試みのように、資源節約的な方向で行われる技術革新もある。このような技術的反応のあり方は、「商業の発展は、『自動的に、あるいは必然的には』工業の発展に結びつかない」という命題が普遍的に妥当するものではないということを示している。社会的・政治的・経済的な状況によっては、商業の拡大が「自動的に」工業発展を呼び起こすことは十分ありうる。

ロストウの見解は、例の「アダム・スミスの経済発展論」――商業が発展すると市場が拡大し、その結果、地域的な分業がもたらされ、経済が発展する――であり、破綻することは目に見えていた。最終的には、こうしたことがいえるとしても、一八世紀のヨーロッパではいずれの地域もこうした状況に近づいていたとする見解を支持することは到底できない。技術革新の多くは、記述史料には稀にしか現れなかったし、一つ一つを取挙げれば、産業革命期のお決まりの発明という事実と比べれば、取立てて目立つものではなかった。しかし、他の地域よりも発展していた場所では、小規模ではあるが生産的な技術変化が繰り返し現れていた。こうした技術変化は、教科書では聳え立つ絶壁のように急激に現れたものとして描かれているが、実際にはなだらかな麓の丘の膨らみのように緩やかに行われた。ヨーロッパの後れた地域は、明らかに「最良実施技術」伝播の受け皿として機能した。新たな技術が現れ、そうした技術がヨーロッパ大陸、そして、それを構成する個々の国家の経済を組織化し、統一し、場合によっては、機械化を促進する役割を果たした。まだこの段階では、距離が乗り越えなければならない重要な障壁であったが、経済的な統合は自然に進んでいた。

技術変化の普及の仕方は、時には自然哲学者の科学的な探求に助けられることもあったが、機械の発明に熱心な多数の職人を含めて、社会の底辺がどの程度活気に満ちたものであるかによっていた。社会制度の改良は、技術変化の一種であるといっても過言でないが、その成果が経済発展に果たす役割もまたかなりのものであった。しかし、それは、技術革新そのものよりももっと史料に現れにくいものであり、気付かずに見すごされてしまいがちである。技術的な面で革新を実現しうる社会は、社会制度の面でも改革を実現しうる社会であったということができるであろう。ノースは、一六〇〇年から一八五〇年の間に実現した、大洋航海における生産性の上昇の原因を検討し、技術変化よりも制度的な改良が主要なものであったことを示唆している（1968; Shepherd and Walton 1972を参照せよ）。彼が取り挙げているのは、海上における海賊行為を鎮圧することが外部経済効果をもたらし、それによって船舶所有者が雇用する乗組員の数が少なくなり、積み荷一トン当りの武器の装備も少なくなって、コスト低減が可能になったという事実である。この分野でコストの削減が簡単に達成された格好の例について、アメリカ植民地郵政長官時代の一七六九年にベンジャミン・フランクリンが述べている。フランクリンは、大西洋横断郵便の到着が遅いことについて、以前からボストンの商工会議所から苦情を受けていた。調査した結果、彼が知ったのは、郵便輸送船の船長が直行航路を取っていたという事実であった。これは、メキシコ湾流に逆らって航行することを意味していたから、いかにもまずい航路であった。フランクリンが捕鯨基地ナンタケットのティモシイ・フォルジャー船長から教えられたように、アメリカの捕鯨業者はもっとよい方法を知っていた。フォルジャー船長が伝えるところによれば、鯨を追ってメキシコ湾流を横切っていると、郵便船にときたま出くわすことがあり、話をすることもあった。「われわれは、彼らが海流に逆らって進んでおり、一時間に三マイルも損をしていることを教え、海流を横切るように忠告したが、彼らは無学なアメリカの漁師のいうことを聞こうとはしなかった」（Chapin and Walton Smith 1953: 111）。郵便船は、微風が吹いても、風で進んだ以上に海流によって戻され、フォルジャー船長がいうように、強い追風の場合でも、「進路から一日に七〇マイルも後戻りするのは、かなり深刻である」。フランクリンは水温計を用いてメキシコ湾流の位置を測定する調査を始めた。そして、航路案内書や航海技術全集のあのような氾濫によって、大西洋航海の所要時間短縮が実現しつつあった時期に、フランクリンの甥の息子が、もう一人の著者とともに『水温計利用による航海術』（一七九九年）を著すことになる。前工業化時代後期の社会において、博物学に属するような分野で、ごく単純に事実を観察することが商売をなり立たせ、利潤獲得の可能性をもたらしたのである。

折り返し連続航海を可能にするために、港で出来るだけ早く船舶の方向を転換させるというような制度的な改良も、純粋に技術的な変化と同じように、確実に生産性を上昇させた。大洋航海に関して、ノースが提起したように、技術的変化と制度的な改良の二つの側面を別々に分けて考えるということは普通はしない。しかしながら、経済生活は複雑なものであり、現実にそれが機能している局面が多様であることを考えると、経済的な効率をわずかでも上昇させる機会は際限がないほど多様なものであると考えてもよいであろう。小さな改良はほとんど記録に残らずに見すごされてしまうことになるであろう。しかし、一八世紀になってもヨーロッパの総就業人口の八〇％を雇用していた農業を取挙げてみると、作付け技術や農場経営方法の面で、ちょっとした改良が多数実行されていたことがわかる。この部門では、従来の方法を一変させるような単一の発明よりもむしろ広範に普及した小さな改良の方が、明らかにずっと大きな意味をもったのである。

生産性上昇の原因のなかで従来それほど注目されることがなかった例をもう一つ挙げると、一七世紀の後半から一八世紀にかけてイギリスの多数の市場町で見られた取引方法の効率の上昇がある。この時代に都市人口はわずかしか増加しなかったが、それでも彼らは急激に増大しつつあった国内取引をなんとかこなすようになっていた。街路・店舗・その他施設の物理的な改善や取引方法の目立たない改良（Jones and Falkus 1979）があったからである。これらすべては多数の国々のさまざまな経済部門でいずれ現れる類の改良であった。これらの改良を実現した小規模な市場町は、今度は、創造的な社会の形成に与ることになる。彼らが育成した社会は現在のそれよりも創造力に富んだ社会であり、住民を知的に生き生きとさせる社会構造と中等学校を備えた社会であった。こうした小規模な市場町こそウィリアム・シェイクスピアやトマス・ホッブズ、そして彼らほど大物ではないが、もっと実践的な数多の思想家たちを育んだ土壌であった。前工業化期のヨーロッパ社会、特に西ヨーロッパの社会は、科学的な問題や行政にかかわる諸問題に、かなりの程度、個人と地域が対応し、その解決策を見出すような社会であった。

広い範囲にわたる制度上の改革や技術変化といった世俗的な試みに励んでいる社会が、どんな場合でも必ず、工業化の過程で、一挙にコスト低減局面に到達するということはなかったであろうが、実際にそのような局面に到達することは極く自然であって、驚くには当らない。他の文明と比較した場合、その違いが大きいことは明らかである。中国の海外探索が一四三〇年に途絶し、一四八〇年に勅令によって再開を阻まれたという事実は、中央集権的な帝国においては十分起こりうるが、ヨーロッパのような権力の分散した諸国家併存体制のもとでは起こりえない、あるいは強制できない事態を示している。そこでは、進歩は遅々としたものであり、その歩みはわれわれを苛立たせるものだったであろう。しかし、進歩が永久に阻まれるということはおそらくなかったであろう。この点に関してさらに例を挙げれば、コロンブスは最後には後援者を見出している。潜在的にはヨーロッパと同じように発展の可能性を秘めていたユーラシア大陸の他の大規模な社会も、政治的な権力集中と権力者の恣意をはじめとするさまざまな不利な条件によって、多くの場合、発展を阻まれた。そうした社会がもっていたヨーロッパよりも古く、そしておそらくはより偉大であった知的な可能性は常に台無しにされた。例えば、中国に隣接するオスマン帝国の印刷機に関する経験を取挙げてみよう。コンスタンティノープルは一七二六年に印刷機を手に入れているが、一七三〇年から一七八〇年にかけて、さらにまた一八〇〇年に印刷所を閉鎖している。一七二六年から一八一五年までの間に、この印刷機が作った書物の数はわずか六三冊だけであった。マケヴディ（1972: 4）が述べているように、ヨーロッパとトルコの識字率は、それぞれ五〇％と五％であり、一〇倍の違いがあった。他方、出版数の比率は、一万対一であった。宗教的不寛容と社会的閉鎖性が存在したために、権力は検閲を実施することができたし、これに抵抗する十分な拠り所もなかった。書物や雑誌をヨーロッパの都市で印刷させ、これをもち込むために、バルカンの商人はトルコ人支配者と戦わなければならなかった。

印刷物の検閲制度は、ヨーロッパ諸国でも極くありきたりのことであった。しかし、全面的な検閲は稀であり、検閲官のやり方を制限し、最終的には、ポルノグラフィーという人目に付かない領域は別として、他のすべての領域から彼らを閉め出す抵抗の拠点が十分形成されていた。このように、あらゆる点で、社会的・政治的意味で権力が分散しているという状況が、経済発展や技術革新にとって決定的な要因であった。商業が拡大し、近代化しつつある国民国家が有利な立場を得るようになって来ると、変化と生産性の上昇が備わって来るようになる。こうした事態が発生する以前の状況と比べたり、違った社会の当時の状況と比較するのではなく、この時代の状況そのものだけを考察の対象にするというのは、間違った方法である。正当な比較をしてこそ、重要で系統的な変化があったことがわかるのである。科学的に解決することが可能であると予測できるようになると、過去の偉大な科学者でさえもっていた呪術的な信仰の現実的な意味が次第に薄れて行った。その本質は決して宿命論ではなく、文字通り厳しい環境に刃向かって、生存を維持しようとする絶望的な試みであった中世的な宿命論は、早晩力を失ったに違いない。『不思議の国のアリス』に登場するチェシャー猫の笑いのように謎めいているが、その名残は新聞の占星術欄にわずかに見られる。産業革命というドラマがなくとも、他に類を見ない、繁栄した近代のヨーロッパがもたらされたかもしれないという非現実的な虚構を設定することすら可能である（van Klaveren 1969: 253を参照せよ）。実質賃金の変動に対して、人口が弾力的に変動しなかったならば、おそらくそうしたことは実現していたかもしれない。

技術革新が時には急速に進み、時には遅々として進まないという事実は、それが絶えず前進するものであるとする考えと相容れないように思われるかもしれない。実際、「ルネッサンス」は発明・発見を行う方法を発見したが、それ以降技術革新がほとんど行われないという状況に陥ることさえあった。修道僧のエイルマーの名は忘れられた訳ではなく、ミルトンも彼について言及したといわれているが、彼が一〇一〇年頃にマームスベリー聖堂の尖塔から飛翔しようと企ててから、サマセット州チャードのジョン・ストリングフェロウが一八四〇年代に蒸気エンジンによる飛行機を試作し、これを実際に飛ばすまでの間には、結局、この分野では非常に長い技術革新の休止状態があったといわざるをえない。緊急性が感じられなかったからである。少なくともこうした空を飛ぶという特定の方向においては、緊急の必要性は感じられて来なかった。しかし、その他の領域では、技術が絶え間なく前進するという態勢が、すでに一七〇〇年にははっきりとできあがっていた。

こうした事実は次のようなことを意味している。前工業化時代後期のヨーロッパ、あるいは少なくとも西ヨーロッパは、生産性・経済取引の方法・生産物の質と量・都市の住宅と環境の大部分において、すでに中世的世界からはっきりと抜け出していた存在であったということである。そう考えると、前工業化時代後期のヨーロッパでは、交通・運輸・情報伝達手段、度量衡、貨幣制度の統一といった目に見える領域や社会秩序、統治機構の行動の予測可能性といった目に見えない領域で、一定の近代化が達成されるか、現に進行中であったということになるであろう。モンテスキューやその他の著述家たちは、アダム・スミス以前に、こうした変化が将来どのような意味をもって来るかについて十分気が付いていたし、スミス（彼自身は、前工業化社会を分析したのであるが）よりも一層この点を強調したのである。最近の社会史の著作の多くは、この点を完全に見落としている。その多くは、当時の社会がもっているさまざまな問題点に対して、著者自身の生の不満をぶつけて、例えば、食糧暴動の底流には深刻な社会諸階層間の断絶があったのだと気負い込んで議論している。確かに、当時の社会は貧困であったし、変化は犠牲をともなった。しかし、それは見方によるのであり、楽観・悲観両様の史観によって、事実の見方は異なって来る。工業化が本格的に始まる前に、生産性、特に農業の生産性は確実に上昇していた。基本的な領域における基盤整備と生命・財産等の保障という点では、著しい進歩があった。工業化研究が、今日の第三世界がもっているさまざまな課題を解決する特効薬を提示してくれるものであると夢想したり、工業化世界に存在する明らかな不平等の存在によって、あまりに批判的になってしまったりすることによって、客観的な歴史解釈ができにくくなっている。歴史的事実を素直に見れば、産業革命以前のヨーロッパで達成されつつあった簡単な技術・基本的なサーヴィス・法律・行政の分野における目立たない、日常的な、実際的かつまともな改良が実は重要な意味をもっていたことが解る。それらが実現すれば、今日の世界に存在する苦難の大半はなくなるであろう。

第4章　地理上の発見と潜在的な領土

称えん、露のしずく、雨。そして、称えん、薄荷、油、香料、龍涎香、その一つ一つを。また称えん、時は移ろい、珍しきものとともに、新しき時が来たれるを……

——ロバート・ヘリック

一五世紀以降、ヨーロッパは海外への大飛躍の中で、物質的な資源基盤と潜在的な市場を増やして行った。地理上の発見をめぐる物語は、われわれになじみの深いものである。しかし、地理上の発見は、ユーラシア大陸で進行していた技術革新がヨーロッパで絶頂を迎え、一五世紀以前のヨーロッパに存在していた科学的探求心の到達点で生じた現象であると考えなければならない。その結果、ヨーロッパの発展は大きく促進されることになった。普通いわれている出発点は、一四九〇年代のコロンブスの大西洋横断航海とヴァスコ・ダ・ガマのインド到着である。しかし、この説は単純すぎる。確かに両者はともに、大躍進ではあったが、それまでヨーロッパが経験していた明白な空白状態を何とか打破しようとして長い間続けられていた一連の努力の一階梯にすぎなかった。特にポルトガル人たちは、一五世紀の早い時期から、綿密に計画を立てて、大西洋沿岸諸島とアフリカ西岸地域を探索するため、航海を続けていた。さらに細かく調べると、次のような事実が明らかになって来る。ヨーロッパ社会は、それ以前にも長い間、辺境付近を動き回り、探索を続けていた。少なくとも一〇世紀に、ヨーロッパへの侵入者に逆襲をかけて追い返して以来、あるいはヴァイキングの北大西洋横断を入れれば、さらに古くからそうであった。

一五世紀の最後の数十年の後に続いた拡大もまた、実際は見かけよりも単純ではない。当時の人々は、ヨーロッパ内部で、そして東部の内陸部の辺境で、馬跳びのように、移動を繰り返していた。多くの場合、こうした形の移動は大洋航海や大西洋経済に関する書物には載っていない。ウェールズ人たちは、連合法（一五三六年）以後、東進し、イングランド人たちを文明化しようとした。ハンガリー大草原とウクライナ地方では、ステップの境界がイスラム教徒の遊牧民から奪い取った草地にまで拡大した。フランス人は東方に斜めに進み、ロレーヌ地方に移住した。一七世紀には、驚くほど多数のスコットランド人たちがドイツ東部とポーランドに移住した。キャプテン・クックとともに航海した博物学者のフォスターとその息子の祖先は、スコットランドからの移民であった。

最近ある研究者がヨーロッパ大陸を包囲された大陸（Mackinder 1962: 48）と呼んだが、コロンブス以前のヨーロッパの境界線を見ると、ヨーロッパ人たちがいかに精力的にこうした状況から脱出しようとしていたかが実にはっきりと解る。南には、砂漠が控えている。西には大洋があり、アフリカ大陸の沿岸に沿って、絶えず沖に向かって風が吹いており、詰め開きで航行することができない船が航行することはほとんど不可能であった。北は氷に閉ざされている。北東には際限なく松の森林が続き、森林を縫って川が流れているが、北極海か陸地に囲まれたカスピ海にしか流れ込まない。東側には、広大な砂漠と三千五百万平方キロメートルにおよぶ人跡稀な山岳地帯が横たわっている。そこでは、中国・インド・近東、そしてヨーロッパ文明が、それぞれ遊牧民の手の届く範囲にあった（Chaunu 1979: 53）。ヨーロッパと古い中国文明を結ぶルートが開かれていたのは、東南だけであった。この道を通って、香料・絹・サフラン・水銀、その他奢侈品のヨーロッパへの流入が可能となり、遊牧民もこれを黙認していた。七世紀から一九世紀までの間、しばしば、アラブ人、あるいはトルコ人がこのルートを閉鎖した。一五世紀はこのルートが閉鎖されていた時期であった。一六世紀には、エジプトの支配者がこのルートを経由する香料貿易を再開させようとした。しかし、彼らは非常に用心深く価格の動向に気を配り、市場が機能する限界まで価格を釣り上げて、新たに開拓した海路による香料貿易に損害がおよばないようにしていた。

以前から行われていた外部への拡大の企ては、ヨーロッパ社会がもっていたこうした傾向の証であり、半ば孤立した状態から遂に西方へ爆発的に膨張したのである。古代スカンディナヴィア人は、単にヴァイキングのような略奪者であっただけではなく、北海沿岸で盗んだ商品をロシアの河川の上で売り歩く行為を貿易であると解釈すれば、商人でもあった訳であり、早くからはるか東方のキエフにまで定住していた。西方では、彼らはアイスランド、グリーンランド、そして短期ではあったが、北米沿岸のヴィンランド地域にも定住していた。一五世紀のヨーロッパが、かつてはローマに教会十分の一税を支払っていたグリーンランド住民の絶滅を黙認したという事実は皮肉である。一一世紀にシチリア島とイタリアを征服したノルマン人たちは、北部および中部イタリアから書面による契約を実際に交わして移住者を募り、かつてイスラム教徒が住んでいたこの地に定住させた。一〇世紀から一三世紀にかけて、ドイツ人たちはエルベ川を越えて、ヴィスツラ川やウィーンにまで、長期にわたる東方への進撃を開始し、スラヴ人居住地への定住とドイツ化を進めた。一一世紀と一二世紀の十字軍の遠征は、強引に東南へ進出し聖地を確保するための崇高な試みであった。このような試みに人々を駆り立てた要因として、人口の動向が背後にあったが、実際のところこれらの試みが将来起こるであろうオリエント征服の始まりであった訳ではない。しかし、一三世紀の末期に再び奪回されはしたが、一二世紀には聖地に植民地が建設されている（Parkinson 1963: 149）。

獅子心王リチャード一世がキプロス島を占領したのは一一九

〇年であった。それ以降一四世紀半ばに至るまで、ギリシャ人に代わって西ヨーロッパ人たちがキプロス島、クレタ島とエーゲ海沿岸地方の間にある島々に住み着いた。彼らは、ビザンティン帝国領の内部に、そして租借地に、最初はヴェネチア王国、後にはジェノヴァ王国といった多数の国家を建設した。ヴェネチアとジェノヴァは、東方に実に千マイルにもわたって防備を施した、商業基地のネットワークを構築し、レヴァント地方、エーゲ海、黒海のそれぞれの前哨基地を繋いで、アジアを横切るさまざまな商業路を結び、エジプトとロシアを結ぶ利潤の多い運送業を確立したのである。一五世紀の第三四半期にこれらすべてはオスマン・トルコの進出によって途絶してしまったが、この時期までに、そして一五世紀の最後の四半世紀の間に、ヨーロッパ世界の反対側の大西洋岸は、外の世界との接触によって活気付いていた。カボットは、早くも新世界に到着したといわれている。ブリストルの人々は、「ブラジル」を発見したといわれているし（Sauer 1973: 20, 32–5）、カボットがブリストルの関税徴収官リチャード・アメリクから手当を受け取ったときに、おそらくアメリカという名前が誕生したのだと思われる。少なくとも、後の時代のイタリア人ヴェスプッチの洗礼名からその名が由来した（Hudd 1957）とするありそうもない説よりも確かであろう。この時期には、大西洋に浮かぶ島々は活気に包まれるようになっていた。マデイラ諸島にはイタリア人が住み着き、カナリア諸島にはスペイン人が定住し、アゾレス諸島にはフランドルから非常に多数の人々が来住し、フランドル諸島と呼ばれたほどであった。航海者の知識は、書物に書かれている知識よりも豊富であったといってよいであろう。字が読めなくとも優れた航海者になることはできる。クックが「発見」し続けた島々の約半分について情報を提供したのは、航海に長じたポリネシア人のテュパイアであった（Gatty 1958: 42–3）。発見とは、白人、できればイギリス人がその場所に最初に足を踏み入れることであるとするステファンソンの皮肉な定義の正しさを如実に示すものであろう。他方、ショーニュ（1979）が度々指摘しているように、コロンブス以前の発見について、まったく史料的な裏付けなしにあれこれ書く歴史家もいるが、これは地理上の発見の第一人者であるポルトガルが採った封印主義（*sigillo*）、つまり秘密政策のせいである。

長い間、ヨーロッパはその地理的な位置のせいで、外の世界に対する広い知識を容易に獲得することが可能であった。ユーラシア大陸の外部に位置するまったく孤立した文明の場合、知識が流入しこれを共有するという機会はなかった。中世のヨーロッパには、ギリシャやローマの古典という伝統がすぐ手元にあった。再びこれを導入したのは、おそらくギリシャ・ローマの政治や法律の前例という全体系を採り入れることに価値を見出せるほど中世のヨーロッパが成長した後である。ヴェズレイ大聖堂の柱頭には、ギリシャ神話のアキレスが受けた文武の教育とガニュメデスの天界への拉致が刻まれている。これは、一一世紀末年に古典への復帰があったことを示している。イスラム圏と隣接していることは、善きにつけ悪しきにつけ、少なくとも重要な意味をもっていたということだけは事実である。一〇九〇年にイスラム教徒がシチリア島から追放されたときに、驚いたことに、キリスト教徒の支配者はイスラム教徒が作った図書館を戦利品と見做し、アラビア語で書かれた多数の文献を翻訳するよう奨励している。一〇八五年にトレドが、一二三六年にコルドバが、一二四八年にセビリアが陥落した後、イスラムの図書館が解放された。一一二六年には、バースのアデラードが三角関数表を翻訳し、イヴンデス（一〇九〇—一一六五）はアラビア数字の表記法を使えるようなものにした（Innis 1972: 129）。十字軍の遠征の結果、ヨーロッパはさまざまな宗教・建築・文化の影響を被ることになった。ヴェール、蚊帳を垂らすように作られた四柱式寝台、一三世紀に流行したモスリン布を優雅に垂らした円錐形の帽子などを採り入れただけではなく、その他にももっと実用的な羅針盤・天体観測儀・鎖鎧・弩・火薬・艤装方法・製紙法・印刷術を導入した。これらのうちの幾つかは、もともとはイスラム教徒が中国から受け入れたものであった。「キリスト教徒の支配者とその従者が高度な文明を誇る東方と接触するようになったのは、十字軍のおかげであった」し、「ヨーロッパの中世文化は、かなりの程度、十字軍がもち帰ったものからなっていた」というパーキンソン（Parkinson 1963: 149）の指摘は正しい。

他の文明から学び、習得したものを武器にヨーロッパ人たちは海の征服を企て始める。忘れてならないのは、彼らが陸路の距離も縮めようとし始めたことである。東北に広がる北方針葉樹林帯は、かつて考えられていたほど手強い相手ではないことが解って来たからである。バルト海貿易の内陸における主要な拠点であったノヴゴロドは、フィン人の領土に、さらにそれを越えて北極に、最後にはウラル地方北部を越えて、オビ川に至る地域に交易所と河川航路のネットワークを作り上げた。ロシアの修道院もまた定住地拡大の仲介者であった。モスクワ大公国が蒙古の支配をはねのけて、独立を勝ち取った後、一四八〇年にロシア人たちはウラル川を渡った。北太平洋へ向かって、東方への旅が始まったのである。北太平洋へ向かう東方への旅は、距離でいえば、ちょうどこれに匹敵する一八世紀末の北米大陸横断よりも手強く、その成功は一層印象的であった。ヤーマクと部下のコサック人たちは、一五八〇年代にシベリア征服を開始している。一六二〇年にはエニセイ川に人々が到達し、さらに一二〇〇マイルも東方に位置するレナ川河畔のヤクーツクには、そのわずか一二年後に到達している。ロシア人がオホーツク海に到達したのは、一六三八年であった。再び前の例と比較すれば、総踏破距離は北米大陸横断の三分の一に達したのである。彼らは、一六四九年までにベーリング海峡に到着し、毛皮貿易の拡大とロシア領アメリカ（アラスカ）の植民がこれに続いた。ロシア政府の雇い人であったドイツ人の博物学者パラスは、一七七八年に、カスピ海のアザラシについて、「動物というよりも油の詰まった革袋のように見える」と書いている（Urness 1967: 31）。学問的に分類・整理しようとする動きもあったが、世界の動物資源の評価の仕方は実際にはこのようなものであった。ロシア人による対外膨張は、南および東南へもおよんでいた。そこでは、一六・一七世紀を通じて、絶えずステップ地帯のチュルク族や蒙古族への攻撃が続いていた。一七・一八世紀には、二〇〇万人以上の人々が南下して樹木の茂る大草原地帯と本来のステップに定住し、四〇万人もの人々がシベリアに移住している。他方、東の端では、ロシア人たちは満州族の中国に阻まれ、その進路はアムール川の北へ逸れた。「ロシアの歴史は、自身の領土を植民地化する国の歴史である」(Kliuchevskii, Pipes 1974: 14より引用)。しかし、実際はロシア領となった地域が地続きの空間によってなっていたので、そのように見えただけである。

スラヴ人のこうした動きは、組織・武力・人口密度の点で劣る地域の人々を犠牲にして、ヨーロッパ人が拡大を続けた広い範囲にわたる過程の一部であった。例えば、スウェーデン人は近代初頭にラップ人やフィン人定住地域に移動しているし、イギリス人やスコットランド低地の人々はアイルランドやスコットランド高地へ進入している。アイルランドやヘブリディーズ諸島における経験が、ニューイングランドやヴァージニア植民地でアメリカ・インディアン征服の際に用いられた技法の基になったのである(MacLeod 1967)。定住地が広がって来るにつれて、漁業・プランテーション・鉱山業も広がって行った。中世後期における漁業の特徴の一つは、フランスとイギリスの船団が操業の範囲を拡げて、アイスランド沖で鱈を獲るようになったことである。砂糖プランテーションの先端はすでに拡大しつつあった。早くも九・一〇世紀に、アラビア人はスペイン南部という西の端で蔗糖栽培を手がけるようになっていた。ヨーロッパの人々は、これを模倣して、一三世紀にキプロス島で奴隷を使った砂糖プランテーションを経営している(Reynolds 1965)。後の奴隷貿易は、一部はこれから派生したものであった。ヴェネチア、ジェノヴァ、その他北イタリア地方の人々は、シチリア島で行われていた砂糖や藍の栽培に資金を供給していた。次いで一五世紀になると、ポルトガル人とスペイン人が砂糖栽培の前線を、カボヴェルデ諸島・カナリア諸島・マデイラ群島(ここでは航海王子エンリケが、砂糖黍を圧搾する水車の建設資本を提供した)、さらにブラジルにまで広げた。一七世紀になると、砂糖栽培の前線は、今度は英領西インド諸島に達し、大西洋経済の要の位置を獲得するようになった。鉱山業では、サルディニア、シチリア島、そして小アジア地方の沿岸地帯にまたがって、活発に銀や鉛を採掘する前衛基地があった。一二世紀には、ジェノヴァの山師がサルディニア島の奥で忙しく立ち働いていたし、鉱山と企業都市を小アジアに所有するジェノヴァの一企業家は、一三〇〇年頃には広くヨーロッパ全域に明礬を供給していた。

地理上の発見とヨーロッパ以外の地域との交易の開始は、前述のようなさまざまな背景の中で考えてみると、一連の持続的な拡大局面を象徴するもののように見える。そこに繰り返し現れるのは、一五世紀の潮流と活動がイスラムを排除した結果生まれたものであるという事実である。イスラムとの抗争は、その後のヨーロッパの形成という点で重要な意味をもっていたが、海上の活動に比べて、英文で書かれた歴史書では明らかに低く評価されて来た。イスラムの排除と海上活動という二つの領域は、実際は相互に関連していたのである。たった七年でイスラム教徒の手に落ちたものを再び奪い返すのに七〇〇年もの時間を要したが、キリスト教徒によるイベリア半島の奪回（レコンキスタ）が終わりに近づいたとき、その影響は海上に波及した。一四一五年にポルトガル人はムーア人を追撃してモロッコのセウタに達したが、モロッコ全域を制圧できないことを知ると、海上から迂回することを考えるようになった。同じように、一四九二年にグラナダを再び奪回した後、スペインは軍隊をメキシコに向かわせた。明らかに、スペイン本土で軍隊を解散すると混乱が起きることを懸念し、予めこれを避けようとしたのである。

イスラム教徒が退却を余儀なくされたのは、イベリア半島においてだけであった。ヨーロッパ文化とイスラム文化の違いは、生命力に溢れた躍進するヨーロッパ文化と、静態的で敵意に満ちたイスラム世界という違いではなかった。どちらの文化体系も膨張主義的であった。両者は、大陸漂浪の過程で地質構造上の巨大な二つのプレートが接触するように、ときには激しくぶつかり合い、ときには休戦し、また互いにきしみ合い、再び不安定な小康状態を取戻していた。互いの文明への影響の仕方が違っていたのは、それぞれが進出して行った地域の資源賦与の状況がまったく違っていたからであり、そこで獲得したものをまったく違った方法で利用していたからであった。一六世紀にはムガル人がインドに侵入した。その世紀の初期には、インドネシアにムーア人の植民地が建設されている。一五一七年に、オスマン帝国はエジプトに勢力を張っていたマムルーク朝の人々からエジプトを取上げ、一五五一年にはトリポリを占領した。一六世紀にも、トルコが北アフリカを占領した際に、南欧の人々との間で抗争があった。南欧の人々も北アフリカを自らのものにしたかったからである。ムーア人はイベリア半島からは追放されたが、一五七八年にはアルクサル・アルカビールでポルトガル軍を破り、さらに南進して一五八二年にソンゲーの塩採掘場を占領し、次いで一五九一年にはソンゲー帝国を破り、サハラ砂漠を越えている。ムーア人のこのような軍事力の強さが、サハラ越えの貿易と西アフリカ産の金を東に向かわせたのである（Davidson 他 1966: 126 以降）。この結果、ヨーロッパは以後、地中海沿岸におけるサハラ越え取引の一部から撤退した。

イスラムがこのように南および東南に睨みをきかせていたという事実を考慮すれば、次のことは一層よく理解できるようになる。すなわち、西洋が敢えて意識して西の方向に寄ることによって、イスラムを避け、自らの野望を実現しようとしたことである。陸路による香料貿易の途絶は、主要な原因ではない。黒海貿易の途絶の方が、もっと重要である。一四五三年のコンスタンティノープルの陥落は、普通、オスマン・トルコ進出の後遺症であるとされているが、ボスポラス海峡を封鎖することができるという可能性を生んだという意味で、むしろ重要である。オスマン・トルコは、黒海地方の穀物や魚や材木を、急速に成長する自分たちの首都コンスタンティノープルに差し向け、イタリア人の手に入らないようにすることができるようになった。本国のジェノヴァと同じくらい大きな都市であるクリミア半島のジェノヴァ人の都市カッファには、後になるとハンガリー・ポーランド経由の陸路でしか行くことができなくなってしまった。そして、一四七五年に遂にトルコ人とタタール人の連合勢力の圧力でカッファは消滅した。

イタリア諸都市は、食料と原材料を輸入に仰いでいたから、こうした出来事のもつ意味は大きかった。イタリアは、間もなく、バルト海地方の穀物とニューファウンドランドの鱈の重要な市場となる。一四五〇年頃までに人口が一〇万人以上に増えたにもかかわらず、特に農業後背地をもっていなかったジェノヴァは、北アフリカのムーア人支配地区から小麦を購入するようになった (van Klaveren 1969: 50)。ジェノヴァの人々は、黒海植民地の崩壊以後、その活動の中心を輸送業から金融業へ幾分か移して行ったようである。ヴェネチアの海運業もまた、海賊の襲撃と海軍によるトルコ攻略作戦が一六世紀に長引いたため、崩壊した (Coles 1968: 111)。したがって、イタリア諸都市は他国の海運業に投資する傾向を見せ始め、中でもジェノヴァは大西洋との適切な結び付きをすでに実現していた。早くも一二九一年に二隻のジェノヴァの船がインドへ向けて西に航海し、ジブラルタル海峡を通過した後、消息を絶っていた (White 1962: 168)。フランドルやイギリスへの直行海路を最初に見つけ出したのは、コルシカ島、サルディニア島、地中海西部内湾のバーバリー海岸沿岸の基地を領有していたジェノヴァ人たちであった (Bernard 1972: 294)。彼らは、イベリア半島の都市に商人居住地区をもっていた。マデイラ諸島のポルトガル植民地にも早くから同様の商人共同体があった。このマデイラ諸島の一つは、ジェノヴァとフィレンツェの遠征によって、一三四一年に最初に発見されたものであり、彼らは遠征の途次リスボンに立ち寄っている。一三二五年から一三三九年にかけて、カナリア諸島の一つを再発見したのはジェノヴァの人々であった。したがって、ジェノヴァ人がポルトガルとスペインの海洋探検事業に投資したのは驚くには当らない。彼らの試みはスペインの財宝探しを援助するものであり、セヴィリアでは特に重要な意味をもっていた (Verlinden 1953; 1972; Pike 1962)。間もなく、この試みには他の自由な投資資金、特にドイツからの資金が加わった (Samhaber 1963)。

貴金属の獲得は海洋探検の唯一の目的ではなく、ましてや最初に掲げられた目的でもなかった。このことを知れば知るほど、黒海から大西洋へヨーロッパの関心が移行して行ったことの意味を充分理解することができるようになる。魚・鯨油・アザラシの油・木材など、外部の世界でヨーロッパの人々が実際に獲得したもののかなりの部分は、彼らが手に入れようとしていたものであったが、穀物や砂糖あるいは葡萄を栽培する土地もまたそうであった。「魚はギアナやポトシの鉱山と同じくらい素晴らしい財宝をもたらすのだから、魚と聞いただけで、ぞっとするというのはよくない」とジョン・スミス船長は書いている（Barback 1967）。カリカットでヴァスコ・ダ・ガマが何が欲しいかと聞かれて、金とキリスト教徒と香料であると答えたという有名な話は、事実の半面を覆い隠すものである。これまでずっと、歴史家自身が実際の歴史がそうであった以上に金の眩さに幻惑されて来たのである。ポルトガル人は、ヨーロッパ西南端の痩せた大地に小さな王国を築き、そこに住んで来た。彼らは漁師であり、新しい大地を見つけ出したいと願っていた。マデイラ諸島に入植したとき、彼らがやったことはマデイラ（森）島の名前の由来である森林を開墾し、木材を本国にもち帰って、リスボンで家具を作ることであった。そして、開墾した土地には、穀物や砂糖、キプロス島からもって来たマルヴァシア種の葡萄を植えた。彼らは大西洋の島々で魚を捕り、同じ場所にある群生地でアザラシを捕獲し、しまいには喜望峰にまで南下して、アザラシを絶滅の危機に追いやってしまった。勿論、彼らは西アフリカのさまざまな物産を求めて交易をした。金があれば、喜んで手に入れたことも事実である。東方に到達するや否や直ちに香料貿易に着手したことも事実である。彼らが狙っていたもののなかにこれらすべてがあったことも否定できない。しかし、ショーニュ（1979: 104, 150）がいうように、動機はむしろ砂糖黍を栽培する土地を手に入れようとした資本家階級や単に土地を獲得したいという貴族や穀物を供給したいという国家の方にあったというべきであろう。ポルトガルの収穫は三年に一度は不足しがちであり、以前からモロッコの穀物に次第に依存するようになっていたからである。好奇心・キリスト教布教・聖地回復、そして金を求めるという動機がなかったことはないが、主要な動機は物質的な資源への関心であった。

このことは、実際に資源が欠乏し、そのためにヨーロッパが外部に目を向けざるをえなかったということを必ずしも意味していない。全体として見ると、一五世紀のヨーロッパでは、食料品や原材料の価格が急激に、あるいは継続的に高騰したということはなかった。確かに、ドイツでは狩猟場確保を目的とした法律以外にも、森林保護法が幾つか出ているが、それだけでは、木材資源が一般的に不足しつつあったことを証明することはできない。緊急の欠乏があれば、対外的な拡張は当然協調して行われたであろうが、そのようなこともなかった。アダム・スミスの有名な言葉を使えば、ヨーロッパの拡張は「窮乏に迫られて行われたのではない」。おそらく、実際の資源不足と大西洋横断航海とが密接に関係していたと思われる例外は、バスク人によって発見されたといわれているニューファウンドランド諸島沖の漁場とセント・ローレンス湾の捕鯨漁場であろう。中世のバスク人は、回遊しながらヨーロッパでは毎年ビスケー湾岸の水深の深い入江に入って来るセミ鯨をほとんど捕り尽くしたといわれている。そこで、バスク人はセミ鯨を追って遠く北方の海域に遠征し、一三七二年頃にははるばるグリーンランドやセント・ローレンス川に至ったものと思われる（Sauer

1973: 6-7)。これを幾分かでも証明するのは、二度目の探検隊が到着したときに、ニューファウンドランドの原住民が鱈を表すバスク語を明らかに知っていたという事実である。それでは、スペイン最西端のフィニステレ岬が地の果てではないということを最初に知ったのは、バスク人であるというのは本当であろうか。残念ながら、話はそううまくはいかない。ドゥ・ロテュール(1949)は、フランスの歴史やバスクの地方史を検討したが、証明するものを発見できなかった。ニューファウンドランド南東沖の大浅瀬に向けて、フランスの漁船が最初にルーアンを出航したのは一五〇八年であり、ニューファウンドランド沖でバスク人が操業したという最初の確証は、一五二八年のものである。

航海王子エンリケの非凡な才能のおかげで、ポルトガルの努力は大西洋への一連の計画的な航海となって実を結んだ。多数の島々を発見して移住し、そこを拠点にアフリカ大陸の沿岸に進み、はるか喜望峰へ向けてさらに南下する。そして、バーソロミュウ・ディアズが喜望峰を周航した後、探検の速度は以前よりも増し、ヴァスコ・ダ・ガマが東海岸を北上して、マリンディに到着することになる。その地でポルトガル人たちは、自分たちとは異質であるが、既知のイスラム世界と再会し、ダ・ガマはインドのカリカットへの周航にアラビア人の水先案内人を連れて行くことができた(Bell 1974; Chaunu 1979: 308-9)。カリカットで、すでに定住していたユダヤ商人がダ・ガマに質問をし、彼から前述のようなおうむ返しの答えを引き出したのである。実際、ポルトガル人は、すでにアラビア人たちがアフリカ東海岸を南下して広い範囲にわたって進出していることを知っていたから、使者(ほとんどは、古くからの貿易ルート沿いにあるユダヤ人居住地で便宜を図ってもらえる可能性のあるユダヤ人であった)をホルムズやその他の場所に派遣し、アフリカの南端といわれている場所が何処なのかを発見しようと努めた(van Klaveren 1969: 123)。

すべての航海に情報を提供したのは、サン・ヴィセンテ岬近くのサグレスに航海王子エンリケが建てた航海学校であった。ここでは、世界各地から集まったスタッフが古典を調べ、東洋や西洋の民間伝承を編纂していた。一四一五年のセウタ攻略がエンリケ側に反動をもたらし、モロッコを正面から攻略することは明らかに不可能であったから、航海は、当初、モロッコ沿岸の偵察から始まり、偶然ポルト・サントが発見された。しかし、エンリケはこうした訓練航海を一定の計画に基づいた海洋探査という形にし、後継者は以後引き続きその計画に資金援助を行った。彼自身が狙っていた最も東の到達点は、おそらくエチオピアだったであろう。航海王子エンリケはずば抜けた才能をもった人間であったが、彼の並外れた歴史的な役割を明らかにするような人となりについては何も知られていない。また、理論的に演繹することで不可知の事実を推量することもできない。アロウ(1969: 35)が述べているように、「この点こそ、歴史学に代わって経済理論が推量をしてはいけない領域の一つである」。経済理論がまったく関わりがないといっているのではない。ただ、この場合、理論的演繹には多くの限界があるといっているだけである。おそらく、経済的要因は、「技術的」進歩の大きさに影響するのであって、実際に何が発明され、何処が発見されるかということとは関係がないであろう。したがって、アロウがいうように、ヨーロッパ人の探検航海の背後にあった動機は、香料獲得であったのかもしれないが、「しかし、経済的な要因は実際には結果であって、原因はあくまでも、当時はまだ知られていなかったが、地理学的事実そのものであった」。

この地理学的事実は、ヨーロッパに有利に作用した。大洋は懸念していたほど危険なものではないことが解って来たし、遠い彼方の資源が豊富なものであることは解っていた。アフリカ大陸の沿岸は当時の船舶では危険であった。しかし、コロンブスが無謀ではあったが最初に勇敢な挑戦を行った後、大西洋横断は予想していたよりも苦難に満ちたものではなかった。一七世紀のプラハの数学者ヨハネス・ケプラー（Mason 1978: 33から引用）が述べたように、「広大な海洋を横切って航海することが、アドリア海やバルト海、あるいはドーヴァー海峡のような狭くて危険な湾を航行するよりも安全で、平穏であるなどと一体誰が考えただろうか」。しかし、これには理由がある。つまり、大洋の真ん中では船舶は険しい波に翻弄されるであろう。しかし、転覆した船舶や故障した船は海岸近くの方が当然浸水して沈没し、岩に打ち付けられる可能性がずっと高い。したがって、ヨーロッパは広大な海洋よりも危険な水域に囲まれていたことになる。水夫たちは勿論このことを承知していた。また、彼らは危険な水域が無限の彼方にまで広がっていると信じていた。大洋の先の岸壁もまた危険であったが、危険の総量は距離に比例して増える訳ではなかった。また、大洋を越えて広がる世界は、予想されたよりも資源に乏しいことはなかった。上陸の危険に勇敢に立ち向かいさえすれば、補給基地はちょうど神から与えられた敷石のように海上に分布していた。そして、彼らにアザラシ・アオウミガメ・オオウミガラス・ドードーのような海生動物や海鳥、さらには島に群生する飛べない海鳥の生息地を提供したのである。

こうして第一歩が踏み出されると、諸大陸の方向・位置・距離はそれぞれの大陸が面している海によって、新たに決定されるようになり、世界の様相は一変した。「地理上の発見は、諸大陸を裏返しにしてしまった」（Whittlesey 1944: 59）。その後驚くほど早く（一六世紀に）、ポルトガル人はスペインが自国の勢力圏を侵害されたことに気づかないように秘密裏に事を運び、ヨーロッパからはるか離れたオーストラリアのヴィクトリア海岸を探検したようである（McIntyre 1977）。これは特筆すべき事柄である。しかし、他の海洋航海者、例えばポリネシア人が航海した距離を考えると、この航海は距離の点からいえばさほど感動的なものではない。印象深いのは、むしろ航海技術を合理化し、航海技術の発展によって利用可能となった資源を自らのものにしたヨーロッパの能力である。

ヨーロッパ以外の場所に存在する資源は巨大で、種類も多く、安価であった。ヨーロッパの貿易は、ほとんどまだヨーロッパ内部で行われていたが、外部との取引の占める割合は急激に重要性を増して行った。ウォルター・スコット・ウェッブ(1952: 10n. 13) がある書物の書評から引用しているように、「とうの昔に過ぎ去ってしまった黄金時代は、今や海外に移り、そこに広がっている」。貴金属や後に重要となった植民地アメリカの鉄は別として、それぞれ固有の生態学的特徴をもつ四つの地域がヨーロッパに貢献した。先ず第一に、遠洋漁業・捕鯨・アザラシ漁は、追加的な蛋白質を南ヨーロッパにもたらしたという点で最も重要な意味をもっていた。これらの資源から得られる油脂は、灯火、皮革や繊維の柔軟剤としても、そして一八五九年のペンシルヴァニアにおけるドレイクの石油発掘以前までは機械の潤滑油として、第一級の重要性をもっていた。幸運にもヨーロッパは、ニューファウンドランド南東沖の鱈の大群の世界的な大漁場であるグランド・バンクに向かい合って位置していた。そこで獲れる鱈は、二〇ポンド、あるいはそれ以上の重さにまで達した。鱈は、捌きやすく、清潔で、脂も少なかったから、乾燥保存に適していた。(Sauer 1973: 63)。しかも、このような一種類の魚を獲る漁業の操業コストは比較的低かったのである。

次に重要なのは、北方針葉樹林帯の森林資源であった。一六世紀にロシアから西ヨーロッパに輸出された商品には、次のようなものが含まれていた。毛皮・蜜蠟・蜂蜜・蠟燭・獣皮・海獣油脂（アザラシ油）・チョウザメ・亜麻および大麻・塩・タールである (Pipes and Fine 1966)。ハンザ商人が中世に進出していたバルト海地方やスカンディナヴィア地方周辺は、事実上、資源の最前線であったが、そこからも同じような生産物がもたらされた。バルト海の南側一帯の土地は、近代初頭には西ヨーロッパに穀物を供給した。バルト海地方からの穀物供給は、年間七五万人しか扶養しなかったが (Glamann 1974: 43)、この穀物貿易はこうした人口扶養という観点を越えた重要性をもっていた。穀物は需要の弾力性が低く、追加的な供給によって価格変動が抑えられたし、死亡率は明らかに低下したからである。

第三に、熱帯および亜熱帯地方の土地には、砂糖・煙草・木綿・藍・米を栽培することができた。このうち、煙草は死亡率を上昇させるから、積極的な役割があるとは思いにくい。しかし、煙草は、これらすべての輸入財の生産と取引が、ヨーロッパの海運業・港湾業務・倉庫施設・加工業・包装業、そして経済活動全般に計り知れない刺激を与えたという一般的な事実に何ほどかの貢献をしたであろう。われわれは、貨物を他船に積み換えたり、積み出したり、輸送したりする業務が極めて労働集約的であったということを忘れがちである。熱帯および亜熱帯地方の産物は、輸入商品の流れの中で大きな位置を占めていたし、消費習慣にも影響を与えた (Jones 1973)。さらに、熱帯・亜熱帯産物は、農業生産という部門から、もっぱら金銭的な関係に支配される商業世界への投資の方向転換を促したのである。熱帯世界のさまざまな地域が開発された。メイニグ

(1969) は、産物にしたがって、それらをさらに細かく分けている。

第四に、穀物は南アメリカ・南アフリカ・オーストラリアの草原地帯、ロシア南部のステップで栽培することができたし、気候が温和な北アメリカで、最初は東部海岸の森林地帯、後に内陸部で栽培することができた。おそらく次のように主張しても、大袈裟ではないであろう。地球上の人口稀薄な地域にある草原地帯や開墾された森林地帯に蓄積されていたエネルギーが、一気に吹き出し、ヨーロッパ文明のために役立つようになったのである。勿論、このことが広く行きわたるには、一九世紀の後半を待たなければならなかった。地球上の生物資源の不釣り合いなほど大きな割合を、ヨーロッパという一つの文化が、かつて例を見ない規模で、そして二度と見られない規模で獲得したのである。

ヨーロッパのすべての国が一度にこの収穫の分け前に与った訳ではない。ポルトガル、スペイン、オランダ、イギリスの順で各国はそれぞれ海外への雄飛に指導的な役割を演じた。フランスもまたこれに加わった。そしてこれよりも少ない程度においてではあるが、デンマーク、スウェーデン、ドイツの一、二の領邦国家もこれに加わった。各国間の競争はそれほど深刻なものではなく、重要なのはむしろ交易が相互の利益を広範に拡げたことである。地理上の発見は、システム全体の成長を可能にするような大きさをもつ最初の建設的な経済的衝撃、あるいはライベンシュタイン (1957) のいう刺激要因であった。

アダム・スミス (1884: 243) の概念を用いれば、「一つの大規模な国家としてのヨーロッパが獲得した全体的な利益」は、計り知れないほど大きなものであった。一五〇〇年には、西ヨーロッパにおける一人当りの利用可能な平均土地面積は、二四エイカーであったが、地理上の発見によってそれが六倍になり、一人当り一四八エイカーに増加した。潜在的な資源を完全に利用することは、一部は貴金属の誘惑によって後らされることになった。しかし、地理上の発見によってもたらされた原料という「偶然の賜」やそれらを利用するために行われた投資や技術は、前工業化時代といえども、ヨーロッパ境界内部の貿易の拡大によってすでに解き放たれていた経済発展の推進力に対する弾みとなった。ヨーロッパ内部では途方もないコストをかけて生産するしかなかった商品が入って来るようになった。気候の違いも結果的にはヨーロッパのそれと大差ないものであることが解った。どちらかといえば貧弱であった中世ヨーロッパの栽培植物相に新しい栽培植物が加わった。この中世ヨーロッパの植生については、現在では観察することが困難であり、はっきりとは解っていない。ただ、イギリス、サマセット州のライツ・キャリーでは、史跡・自然美保存団体であるナショナル・トラストがヘンリー・ライツ卿によって翻訳された『新植物誌』(*Nieuw Herball* 一五七八年) に出て来る植物だけが生育する庭園を維持しているが、そこでかろうじてその一端を観察することができるだけである。新たに導入された栽培植物のなかでは、玉蜀黍と馬鈴薯が最も重要な耕地作物である。中世の

表4-1　西ヨーロッパと「拡大した辺境」における一平方マイル当りの人口

1500年	26.5人
1650	4.8
1750	6.5
1800	9.0

出所：Webb 1952: 18n. 18.

代表的なご馳走であったクジャクが七面鳥に代わった以外は、新種の家畜・家禽の導入は少なかった。逆にヨーロッパ種の馬・牛・羊が輸出され、大型動物の分布に限界があった他の大陸の生産性の上昇に寄与した。

　ウェッブ（1952）は、こうした事態の全過程が「辺境の大拡張」であり、一七〇〇年以前のヨーロッパに金・銀、森林資源、毛皮、龍涎香という、第一義的な重要性をもつ思いがけない授かり物をもたらし、家畜や熱帯産物という、重要性においては前者に次ぐ意外な授かり物をもたらしたと考えている。一五〇〇年のヨーロッパの人口は、ウェッブの推計によると一億〔マケヴディとジョーンズ（1978: 26）の推計値八千万人を採るとこの推計値は高めである〕であり、それが三七五万平方マイルの面積に分布していた。このヨーロッパの人口密度は、そもそも初めから、インドや中国のそれとは違っていた。ヨーロッパ人たちは今や、総計二千万平方マイルにもおよび、全体として見ればむしろ肥沃であり、防備という点ではそれほど強固ではない海外の領土が眼前に広がっているのを発見したのである。ウェッブは、前工業化後期の西ヨーロッパ社会が、人口対土地の実質的な比率の変更という点で、大きな刺激を経験したという事実に注目すべきであると述べている。

　辺境の大拡張の過程は、ヨーロッパの「潜在的な領土面積」（Ghost Acreage）の拡張であると見做してよいであろう。この概念は、ボルグストロームによって導入されたものである（1972a; 1972b: 753-7）。潜在的な領土面積という概念を用いると、耕地面積というのは、外部からそのシステムに持ち込まれた食糧と等価の食糧を、所与の技術水準で供給するのに必要な土地の面積ということになる。この概念はまた、次の二つの下位概念に分けられる。一つは、潜在的な漁場面積という概念である。つまり、特定の社会で行われている漁業から得られるものと等価の動物性蛋白質を供給するのに必要な漁場の面積である。もう一つは、潜在的な貿易面積という概念である。すなわち、他の場所で生産された食糧の純輸入額に等しい食糧を供給するのに必要な土地の面積である。今議論している時期について、こうした概念に基づく土地の面積がどのくらいのものであったかを計測できる統計数値はない。しかし、要点はウェッブの数値から押さえられる。

　この議論で大事なのは、実際に物を生産することができる資源と市場の物理的な広がりである（Jones 1979 を参照せよ）。学者のなかには、この議論が財宝と略奪品の役割を考慮していないと主張する人もいる。特にスペインが南アメリカの原住民を強制して貴金属を採掘させたり、イギリスがベンガルにおいて略奪貿易に近い交易から利潤を獲得した例を引き合いに出して、実際の刺激は市場の外からもたらされたのであると主張されることがある（Frank 1978: 44-50, 156-66）。しかし、この種の財宝と略奪品の量の大きさは、はっきりとはわからない。引用されている数値も当て推量に近いものである。さらに、ウェッブの人口対土地比率という概念に基づく数値を算出する際に利用すべき基礎的な統計すらない。しかし、インドでイギリスが収奪した物が即座に産業革命期のさまざまな発明や革新に影響を与えたという考えは、史実に基づいてもいないし、ありそうにもないことで、支持しがたい。明らかに生産的な目的に供される利用可能な現実的な資源こそ、他の何にもまして、重要な影響力を発揮したものと思われる。余剰の蓄積がヨーロッパ大陸の資源の構造に変化をもたらし、ヨーロッパに蓄積された資産が人口規模と所得に、そしてヨーロッパ内部における経済発展の原動力の分布に、重要な結果をもたらしたのである。ヨーロッパが引き続き資源の前線を垂直方向――石炭採掘――に拡大すると、今度はそれがさらに巨大な推進力として働くことになる（Landes 1969; Wrigley 1962）。この場合も、石炭資源の獲得による潜在的な土地面積の増加を概念的に計測することは可能である。「石炭面積」は、エネルギー源としての木炭・薪および石炭以外の有機化学物質を所与の技術水準で生産するのに必要な追加的な土地面積と定義されるであろう。しかし、最初の巨大な推進力は、海外からもたらされた。綿と、工業化しつつある経済が必要とする食糧の大部分は、地理上の発見の結果、初めて利用可能となったのである。特にヨーロッパ人だけが環境に手を加え、酷使する傾向をもっていたから、経済発展を自らのものとすることができたのだと主張することは馬鹿げている。アジアにおける過度の森林伐採や土壌の浸食の歴史を見れば、このことは自ずから明らかである。実際に起こったことは、ヨーロッパ人が、環境という観点からすると、前例のない意外な授かり物を発見したということである。ヨーロッパは、政治的な権力の分散と変化に対する柔軟性を十分達成していたから、これに応えて経済発展を実現し、最初に手に入れた物を単に使い尽くしてしまうことで満足することはなかった。歴史において、意外な授かり物とそれを活用する企業家精神の結合は、一回だけ起きたのである。

第5章　市場経済

海賊に略奪される可能性がある場合、あるいは事業で成功すると政府が抑圧する可能性がある場合、極めて大規模な利益が見込まれる場合を除いて、人は敢えて商業によって得た利潤を再び投資して危険にさらすことはないであろう。

——ウィリアム・カニンガム

われわれはこれまで、経済的な要因を考慮に入れつつ、生態学的な視点からヨーロッパにおける歴史発展の過程を跡付けて来た。今度は生態学的な要因を視野に入れつつ、経済過程そのものを分析してみよう。封建社会においては、経済システムはほとんどすべての面で政治システムに包摂されていた。それがどのようにして自律性を獲得して行ったのか、先ずこの点を検討しなければならない。ヨーロッパ型の経済発展に必要だったのは、何よりも、私有財産に関して、恣意的な政治権力が介入しないことであった。通常の財や生産要素は、自由に取引されなければならなかった。どのような財やサーヴィスが、何処で、どの位、需要されているかを正確に表すためには、完全に自由な交換によって価格が決定されなければならなかった。

ヨーロッパの暗黒時代に権力を握っていたのは、強制手段を行使しうる人間であった。他方、市場経済というものは、自分の言い分を通す際に必要があれば武力を用い、戦闘において個人的な勝利を収めることによって自らの地位を保っているような人々によって創出されたのではない。経済史において重要なのは、どのような条件のもとで、次のような事態が発生するのかという問題である。すなわち、従来とは違って、権力が財力に基づいて行使されるようになり、多くの場合、治安権力は隠れた脅威として後退し、それがどの程度のものであっても、物理的な力の行使が中央政府に握られるようになるための条件である。権力の所在のこのような変化が実現するためには、数世紀にわたる変化と実験が必要であった。この過程は、徐々に蓄積されて行くようなものではなく、間歇的に起こるようなものであった。

アダム・スミス（1884: 169-70）は、『国富論』（*The Wealth of Nations*）の中でこの問題の解決の仕方を「装飾品起源説」とも呼ぶべき方法で素描している。この解決法が拠り所としているのは、封建権力を崩壊に導く際に利己心が強烈な効果を発揮するという事実である。スコットランド高地地方の族長の息子たちの何人かはアダム・スミスの弟子であったから、おそらく彼は一七四五年に起きたジャコバイトの反乱当時における高地地方の族長の行動を一般化して、この説を考え付いたのであろう。スミスは、原初の社会は次のような状況のもとにあったと考えていた。すなわち、一旦緩急がある場合に備えて、領主の館で所在なげに待機し、食卓を共にする武装した家臣の数が多ければ多いほど、自らの慰めや威信や安全が増すと支配者や族長が考えているような社会状況である。遍歴商人が宝石や絹で支配者を誘うときに変化が現れる、とスミスは考える。スミスは問題をこれ以上展開していないが、明らかに支配者は自分の女たちに着飾らせるように装飾品を欲したであろうし、女たちのために飾りものを買わざるをえなくなったであろう。これは、一見些細なようで、後に装飾・服装・家具調度品の流行の変化に重大な結果をもたらすような小さな糸口であった。

支配者は厄介な立場に立たされた。もし、支配者が商人のもってくる物を没収すれば、商人は二度と来なくなるであろう。しかし、自給自足経済に近い封建社会では、支配者は物を購入する現金をほとんどもっていなかった。支配者が急遽考え出した作戦は、これ以上人的な奉仕を課すことを止めて、家臣が保有する土地に対して、彼らから貨幣地代を徴収することであった。理論的には、封土に対してそのような権利を行使しうる制度的な裏付けはなかった。しかし、族長は当然、ほとんどすべての局面で権力を揮うことができる立場にあったから、こうした変化を強行することができたのである。したがって、皮肉なことに、権力が梃子となって、非市場経済の中で眠っていた社会を無理矢理に起き上がらせたということになる。家臣たちは自分たちが生産した物を市場に運んで現金を手に入れ、地代を支払わなければならなくなった。領主の館でぶらぶらしたり、食卓を共にしたりすることを止めて、家臣たちは土地の耕作に精力を注ぐようになった。その結果、余剰が発生し、そのおかげで、やがて農業から離れることができるようになる者も出て来た。都市の成長が可能となった。このシステムのもとでは、それまで不十分にしか利用されていなかった資源が利用されるようになり、以前よりも高い生産性が実現されるようになった。さらに、より多くの人口を扶養することが可能となった。最終的に、支配者は非常に多くの人的な奉仕を貨幣地代に代えたので、家臣を養わなくて済むようになった。そして、かつてそうであったように、戦闘を行うというような暴力的な気晴らしを家臣のために企ててやる必要を最早感じなくてもよくなったのである。支配者と族長は、土地の権限を手中に収めたので、封建領主というよりも不動産の所有者、地主に近いものとなっていた。彼らは今や戦闘、狩猟、痛飲に時間を割くことが少なくなり、いささかの文化的な趣味を身に付けるようになり、以前よりずっと多様な財を消費するようになった。かつての家臣のなかには、召使いとして雇用される者もいた。しかし、大部分は小作農民となった。

一見すると、このような「装飾品起源説」(正確にいうと、この言葉はアダム・スミスの真意とは隔たっているかもしれないが、趣旨は同じである) が説くような事態の流れが、社会を平和にし、利己心によって動かされる社会を作り出し、したがって、物質的なものにより多くの意味を見出すような社会を作り出すのに役立ったと考える根拠はないように見える。ほんのわずかの奢侈品貿易でも、アダム・スミスが考えた事態を発生させるのに十分であっただろう。それに何よりも、奢侈品貿易は太古から存在していたのである。エドワード・ギボンの辛辣ないい方を用いれば、紀元一世紀にギリシャやローマをインド・中国・インドネシアと結びつけた商業は、「きらびやかな物を取扱うが、その量はとるに足らないものであった」(Grant 1967: 4から引用)。しかし、奢侈品貿易は実際に行われていたのであり、支配者はそれに参加することができた。だが、アダム・スミスが観察したような構造的な変化は結果として生じなかった。太古に生活必需品の取引がかなりの規模で行われていた場所では、市場経済を成り立たせるさまざまな自由がなくても、商品はその所有者を変え、交換が行われた。多くの場合、このような取引の内容は、カール・ポランニーのいう「統制的取引」のそれであった。ポランニーは、政治的介入や統制のない自己調整的市場が現れるのは、もっと遅くなってからであって、伝統的な権威が暴動や反乱を恐れるあまり、利潤を獲得する自由と飢える自由という両刃の論理を弄ぶことができなくなった時代になって現れたのだとしている。紀元前四世紀におけるエジプトとアテネとの穀物取引についてポランニーが述べているように、「政治権力が価格を考慮に入れるようになった結果、供給は価格変動と連動して動くようになった（のであって）、利潤を追求する多数の企業家の『自動的な』反応として供給が変動したのではなかった」(Pearson 1977: 250から引用)。穀物に関するかぎり、飢饉の際に、自由な市場価格では穀物を手に入れることができない人々の間から、一揆が勃発するかもしれないということを政治権力は知っていた。だから、彼らは予め穀物取引に介入し、管理する手筈を整えていた。あるいはまた、ポランニーの見解にしたがって別のいい方をすれば、取引は、次の二つの起源をもっていたものと思われる。一つは、対等な立場に立つ小規模な集団相互の間で形式的に行われる財の移動から発生した、互酬性をともなった交換である。もう一つは、支配者が被支配者に分かち与えることによって、威信や名声を保持するための保険、あるいは仲介手数料のような性格を帯びた役割から発生した再分配である。見えざる手に導かれた生産性の高さよりも、取引の安全性が重んじられ、公平性の維持さえもが大事にされた。

ノース (1977) は次のように指摘している。価格形成を行う市場を成立させる条件は、一九世紀においても、広く行きわたっていた訳ではない。この条件とは、私有財産権が法的に整備され、実施されているということである。私有財産権が認められていない場合には、社会は無秩序となり、取引費用が高くなって、商業取引はほとんど行われなくなる。ノースが示唆するように、非市場的な方法で資源を配分する制度から市場経済的な資源配分方法への転換は、技術革新と人口増加による取引費用の低減によってもたらされたものと思われる。このような技術と人口の変化が、情報やその他の費用を低減し、市場を拡大させたのであろう。あるいは、人口増加は単に潜在的な購入者と販売者の数を増加させ、両者が適切に接触する機会を増加させることによって、市場を拡大させたのかもしれない。

市場取引の起源に関する第三の可能性は、支配者による商業利益獲得への転進である。支配者を促したのは、必ずしも装飾品を獲得しようという誘惑ではなかった。おそらく、装飾品に課税しようという目論見が背後にあったのであろう。皮肉なことに、この課税は非市場的な再分配の古典的な方法である戦争のための出費を賄う手段として使われる傾向があった。暗黒時代のヨーロッパに関するピレンヌ（1913-14）の説によれば、最初の商人は海賊、あるいは土地をもたない、漂泊の民であったとされる。それでは、海賊は何時商人になるのであろうか。ヴァイキングが北海を荒らし回っていたときにそうしたように、強過ぎて征服することができない集団、あるいは自分の所属する集団に、海賊がその略奪品を売るときに、彼は商人となる。漂泊の民が商人になるのは、いい加減な方法で手に入れた物、例えばある記録によれば、海岸で難破船から拾った物を売り歩くときである。勿論、そもそも漂泊の民が存在するためには、彼らの存在を許すだけの農業の生産性の高さが実現していなければならない。そして、土地をもたない人々が、山賊ではなく、商人となるためには、安全性が確保され、十分で合法的な利潤が保証されている社会が成立していなければならない。こうしてみると、予想しがたいことであるが、組織がきっちりとしている封建社会は商業の勃興に適した舞台装置であるということになるのかもしれない。

したがって、暗黒時代ないし中世初期の王の平和、あるいはそれに相当する在地領主権力による平和の維持が重要な条件であった（王による恣意的な権力行使の制限は、後年に実現する）。平和の時代には、退蔵に代わって投資が促進された。ハーリヒイ（1957）は次のように述べている。かつてイタリアは、侵略や騒乱によって動揺している他の社会と同じように、流動性選好が高く、資産保有による危険回避という傾向を強くもっていたが、一〇世紀になると退蔵資産を土地への投資に振り向け始めた。戦乱が終わるや否や、権力を握った人々は商業活動に邁進するようになった。市場における平和な取引を可能にする神の休戦が求められた。修道院は周辺で開かれる歳市を保護した。君主たちは海賊行為や山賊による略奪行為を鎮圧し始めた。イングランド王アルフレッドとデーン人首長グズルムが八八六年に平和条約を締結した際、イギリス人とデーン人とが交易のために会うときには、必ず人質の交換が行われるよう協定が交わされている。エドワード一世（兄王）は一〇世紀初頭に、商品は市場町においてのみ、しかも町役人の面前で売買されなければならないという法を制定している。これによって、市場における状況を絶えず監視することが可能となったのである。王たちが敢えて市場の状況を把握する手数を厭わなくなったことは、封建的貢租やさまざまな形の地租から得られるものよりも多くの収入を獲得し、保持しておく手段として市場を利用しようとしていたことを示している。実際、市場町の規則の適用から除外されるほど小規模な取引にも証人が必要であった（Blair 1959: 294-6)。確かなことは、場当り的で、破壊的な痛手を与える没収よりもはっきりとした形で取引税を課すことの方が利益が大きいことを支配者が理解するのに、それほどの想像力を要することはなかったということである。取引の拡大は、それ自体でデモンストレーション効果を発揮したであろう。それなのに世界的な規模で影響力を発揮する権力者は、このことを受け入れるのが遅く、目先のことよりも長い目で物を見るという方向にはなかなか向かわなかった。実際、大規模で複雑な社会は、ある程度の干渉（但し、ポランニーが主張するよりもその程度は少なかったであろう）を内包した市場制度を確立する傾向があったが、支配者自身が法律であるというような状況が続くかぎり、支配者による没収の脅威は市場の一層の拡大を抑える方向に働いた。

中世の政治権力は、国内の無秩序と外国の干渉から自国民の商業活動を守るという任務をまっとうしている。外国商人に対する報復を抑え、法的手段に訴えるよう指導しているし、難破物や漂流貨物に対する権利を制限している。また、中世の政治権力は、ローマ教皇・皇帝・国王・司教、あるいは都市当局の公印の権威を利用して、貿易協定に保証を与え始めている。領主や支配者の保証があれば、外国貿易にともなう危険の一部は軽減した。当初は、国王自らが実際に手を下さなければならなかった。例えば、一三一五年にエドワード二世が、ラムゼイ修道院長の荘園役人に命じて、フランドル伯の臣下たちの所有物をセント・アイヴスの歳市において押収するよう命じている。フランドル伯の臣下たちは、エドワード二世の従妹の所有物を私拿捕し、これに対して彼女が自分の所有物を押収して欲しいと再三にわたって要請したにもかかわらず、フランドル伯はこれに応えようとしなかったのである（Bland, Brown and Tawney 1914: 188-90)。しかし、次第に教訓が生かされて来るようになり、一連の国際貿易法の体系が構築されるようになった。商慣習法（*Lex Mercatoria*・*Jus Mercatorum*・*Law Merchant*)、海洋航行規則、さらに遍歴商業に関わる係争を裁決し、「三回の潮の干満の間」という短い時間内で裁決を下さなければならないすべての裁判所などである（Bernard 1972: 314-5)。その他の領域と同じように、中世のヨーロッパは、古典古代伝来の知識を再発見し、これを利用できるという有利な条件に恵まれていた。例えば、紀元前一世紀のロードス海法を基礎に五百年後のヨーロッパ海商法が出来上がった（Wesson 1978: 31)。

一般的にいえば、ヨーロッパの君主たちは、商業活動の遂行に対して十分な秩序をもたらすことに成功している。ヨーロッパ以外の場所の支配者もその点において変わりはない。ヨーロッパの状況が他の地域のそれよりも際だって異なっていたのは、政治権力自体による最も悪い形の干渉から市場が自らを解放した能力である。その原因の一部は、ヨーロッパの地理的な状況がもたらした特殊な貿易のあり方、すなわち、かさ高で、重量のある実用品を中心にした商品を取扱うことが多く、長距離の、多国間貿易であったという性格にあるであろう。貿易が、「きらびやかな物を取扱うが、その量はとるに足らないものであった」という状態から、極く一般的な商品を取扱うそれに変化すると、個々の積み荷の絶対量が増え、単位当りの価額が下がり、その結果、以前の貿易とは異なった取扱いを受けるようになる。かさ高で、重量のある商品を取扱う貿易は、少量の奢侈品を取扱う貿易よりも容易に止めさせることができるであろうが、贅沢品の消費は、何時の時代にも人目に付くものであり、奢侈禁止法によって制限を被ることになる。一方の貿易を中止させることが他のそれよりも容易であるという根拠だけで、奢侈品貿易と実用品貿易のどちらを許可するかといわれれば、選択の余地はほとんどないといってよい。つまり、もし単位当りの価額が低い商品の貿易から多くの取引税や関税を徴収することが期待できるならば、重量のある、かさ高な商品を取扱う貿易の方を許可する方が自然であり、むしろ奨励しなければならないであろう。

ヨーロッパの貿易が特殊な性格を帯びたのは、たまたま環境がそうさせたのである。気候・地勢・土壌は場所ごとに大きく違っていた。さまざまな種類の潜在的な資源が広範に分布していたが、一カ所にすべてが揃っているということはなかった。例えば、冬に備えて魚・肉・バターを保存するのに塩は不可欠であったが、スウェーデンにはそれがなかった。他方、中世を通じて、スウェーデンはヨーロッパの銅の供給を一手に引き受けていた。したがって、地域間で資源を補足し合う関係が強く存在していたのである。輸送費は、他の大陸に存在した広大な陸地の輸送よりも相対的に低かった。その理由は、ヨーロッパが多数の半島から構成された半島であり、面積に比べて例外的に長い、出入りのある海岸線に恵まれていたからである。また、下流における潮の満ち干によって、多くの場合、船舶が内陸部にかなり遠くまで遡航できるような良質の可航河川に恵まれていたからである。商品の多角的な交換の条件は満たされていた。例えば、南部の塩や葡萄酒が北部の材木や鉱産物、あるいはイギリスの羊毛、北海の魚、バルト海地方の平原産穀物と交換されるという多角的な財の交換の条件が整っていたのである。市場の範囲を決めたのは、環境の違いがもたらす多様な生産物の交易の可能性であった。一八〇〇年以降になって、ようやく事態は変化し、次のような事実がはっきりとして来た。すなわち、「中心」としての北西ヨーロッパの需要が非常に大きくなり、地域的な環境の違いの影響を弱め、遠くになるにしたがって次第に生産の集約度が弱まって行く一連の経済圏、フォン・テューネンのいうテューネン圏がこの市場の周りに形成されるという形の生産の分布がもたらされるようになった（Dodgshon 1977）。それまでは、環境条件の違いに根ざす多様な生産の可能性が、地域がどのような生産に特化するかを左右していた。

ヨーロッパが変化に富んだ大陸であったために、大規模かつ長距離の多国間貿易が容易に発展した。しかし、そのためには、ヨーロッパにおける大量の労働力の存在と有力な商人階級の存在が必要であった。最終的にこの二つが経済成長を促す独立変数となった。極く一般的な実用品の貿易が中心であったから、君主たちがこれを没収しようという野望を抱くことは稀であった。むしろ、彼らは関税や取引税から規則的に収益を挙げることに熱心であった。しかしながら、政治的な枠組みはまだ完全に柔軟であった訳ではない。中世後期には、ヨーロッパの経済的・政治的勢力分布が多様化し始めている。封建的支配単位あるいは複数の政治権力の狭間にある辺境や、都市ギルドの支配から離れた農村で、市場活動は最も活発となった。農村家内工業という生産様式が、地域相互の、あるいは辺境を越えた、入念な商業ネットワークを作り上げ、かつてはより自給自足的であった農業経済に侵入し始めた。ライン川流域・南ネーデルラントの一部・北フランス・南部および中部ドイツは、一三世紀半ばから宗教改革まで、政治支配の弱い地域であった。同様な特徴の一端は、北ネーデルラント・ウェストファリア・ロンドン地区・ボヘミアでも見られた。そこでは、土地をもたないプロレタリアの増加、急速な人口増加と人口流入、家族生活の混乱、繊維産業男子労働者を襲う度重なる失業、千年王国運動、ロラード派の宗教改革運動、そして一般的な社会不安が目立っていた（Cohn 1970: 53; Macfarlane 1972: 153-61）。こうした地域では、強力な国家と国家の間隙に、封建的な秩序やローマ教会とは異質の、独立心の強い、自由に移動する労働力が生まれた。経済的・政治的勢力分布が再び一元化するのは、絶対主義国家がそれぞれ自国の経済成長を計画的に考え始める一八世紀になってからである。それまでは、企業家は国家から独立し、労働者は根無し草のように自由であり、彼らの思想信条はプロテスタンティズムであるというのが実態であった。

中央政府の規制と強力なフランスの筆耕ギルドの支配から離れたところで急速に発展したドイツの印刷技術は、政治的な束縛からの解放がよい結果を生むという好例である。二つの権力を互いに牽制させるという方法は、多数の裁判権が互いに重なり合っているヨーロッパでは、他の場所よりも一般的な術策であった。数世紀にわたって、リエージュ司教とブラバント公という二人の領主を戴いたマーストリヒトは、領主間の優先権をめぐる紛争を避けるために、階段が二つある市庁舎を建て、古い格言を作り直して、「唯一の主君を戴くことは災いなり。されど、二君にまみえることは幸いなり」（Hillaby 1972: 69）という格言を作り出している。もっと重要な例は、教皇の反対にもかかわらず、ヴェネチアがコンスタンティノープルの皇帝から譲歩を勝ち取って、イスラム世界との貿易を発展させたことである（Homer 1963: 86-7）。一方の権力に哀願し、あるいは買収して、他方で別の権力とうまくやることが日常的に行われていた。フィリップ一世はイル・ド・フランスを越えるアスティア商人へ課税しようとしていたが、教皇は彼らのために課税免除権を獲得している。クリュニーの修道院長は、隣接する城主がラングレから来る隊商を拘留し、見逃し料を徴収しようとしているとして、これを咎めている（Duby 1974: 179）。

商人の利害が政治へ反映されるのは、もっと後のことである。それよりも支配者に直に接近する方が容易であった。不規則な徴税を止めて、規則的な課税を実現しようと思っている中世の君主たちは、官僚制を整備しなければ、そうすることは困難であった。商人に徴税を「請け負わせる」ことができれば、問題は解決した。国王の寵愛を得ようとしている人々が、軽率にこの危険な事業に手を出そうとしたのは明らかである。君主たちを信用してはいけない。彼らは大なり小なり財政逼迫に悩んでいたし、大部分が貧しい小農民からなる社会では、目立った資産を所有する者は君主たちの誘惑をかき立てる。例えば、その頃には金融業を営む団体になっていたテンプル騎士修道会は、フランス王フィリップ美王（一二八五―一三一四）によって解散させられている。彼は金融業者の国外追放という手段で、債務支払いを拒絶したのである。イギリスのエドワード三世も同じように債務支払いを拒絶することによって、フィレンツェの銀行家を破滅させている（Homer 1963: 99）。極めて緩慢にしか安全性の確保は達成されなかった。フランスの二人の事業家の運命の違いは、このことを象徴しているであろう。一五世紀に、フランスで最も富裕な商人であったジャック・クールは、でっち上げの罪で逮捕され、国王が債務支払いを拒絶するという事態に立ち至って、財産を没収され、国外退去を余儀なくされた。これとは対照的に、一八世紀になると、銀行家のサミュエル・バーナードが国王債務の一部を引き受け、一度は破産したが、それにもかかわらず、一家を上流社会の一員にすることに成功し、莫大な財産を残している（Nef 1960: 216-7）。王室、あるいは国家への融資は、徐々に以前よりも安全なものになって行った。財務府支払い停止によって、イギリス大蔵省への融資に対する利払いと償還が一時停止された一六七一年以後になると、この点に関するかぎり、イギリスではこれ以上の大きな困難はなくなった。一八世紀に自身の王国コルシカを質に入れて、資金を借り入れようとしたパスクアレ・ディ・パオリ将軍のような冒険者は、かつて国家と支配者の利害が同じであると考えられていた過去に生きていたことになる。

恣意的な行為には、不規則な課税・没収・融資の強制・債務支払い拒否・貨幣の悪鋳・追放、そして合法的な殺人が含まれる。これらはすべて、控え目にいっても、不確実性をもたらした。「企業活動の発展を促進する主要な条件は、人と財産の保護である」（Cunningham 1896: x）。これは今日ではあまりにも自明なことであり、われわれはこの条件が最初に、どのようにして満たされたのかをめったに考えようとはしない。推論の方向として思い浮かぶのは、経済発展を阻害する障害物の廃止、あるいは弱化を調べなければならないということである。つまり、次のようなことが示唆されている。経済史は単に分析対象を過去に求める応用経済学にとどまっていてはならない。経済史はまた、どのような要因の変化が現代の経済分析が対象にするような市場経済をもたらしたのかを説明しなければならない。封建時代や中世においては、政治状況は不安定であり、制度もまた硬直的であったから、生産的投資は明らかに抑えられた。したがって、政治的な不安定性や制度の硬直性が少なくなれば、その過程はおおむね経済発展の歴史と重なり合うであろう。どのようにして危険が少なくなり、慣習が弱められて行ったのかを説明することは、初期の経済成長を理解する上で重要である。同時にそれはまた、新たに生まれつつある制度の起源を求めて、過去の名残をくまなく探すことと同じなのである。革新といわれるものの多くは、経済発展の原因というよりは、むしろ特定の分野に現れた変化や拡大に対する適応であったように思われる。例えば、銀行・会計・保険や金融の分野に現れた多くの慣行、あるいはマックス・ヴェーバーのいう「近代人」という人間類型そのものすらもそうであるように思われる。

政治的な専横を弱める方向に作用する事態の進展には、三つの種類の兆候がある。第一に、弱者に対する暴力の行使に関する記録が、時の経過につれて少なくなっているという事実である。国王は、王国の平和を最終目的にするようになった。封建的な支配の単位が中央集権的な国家に変形して行った結果、貴族間の係争を解決する方法として、次第に法的な手段がとられるようになって来た（Strayer 1970: 30-3）。慣習を法典化した教会人、そして一三〇〇年にもなると俗人の法律専門家もまた、係争の平和的解決という領域では、既得権の所有者となっていた。しかし、この場合には、過去の専横が弱化し、新しい制度が勃興する時期に関して明確な区別をすることはできない。両者は、鋏の両刃である。特定の経済部門で激変と発展が進行するにつれて、「具体化された」制度（例えば、銀行のような）、あるいは、広い意味の制度（例えば、商慣習のような）の両者を含む新しい制度が必要となるであろう。厳密にいえば、これらの原因と、古い慣習あるいは不便な方法の腐食ないし廃止とを区別することはできない。しかし、いずれにせよ、大陸よりもイギリスの方が早かったが、ヨーロッパの至る所で、貴族による暴力の行使はゆっくりと制限されるようになって行った（Woolf 1970: 529）。ジョン・オーブリーがヘンリー八世の時代を回顧した際、彼が見たのは、大領主が小規模な王国の主のように統治し、裁判をして、有罪とした人々を吊し、処刑場に引き立てることができたという光景である。エリザベスの治世になると土地所有者同士の流血と復讐を重ねる確執は、あったとしても、辺境地帯に限られたものとなっていた。ニューカスル侯は、その当時でさえ、いにしえの王の直臣のように、家臣の先頭に立って内乱に馳せ参じたし、一八世紀になっても、ボ・ナッシュは、無骨なジェントリーが長靴と刀を身につけてバースの舞踏会に来るのを、恥をかかせてでも止めさせなければならなかった。その性格からして、非市場的な権力は急には衰えなかった。しかし、すでに述べたものよりもさらに重要な権力の自己顕示のコストは、上昇しつつあったに違いないし、そのことが権力行使の行過ぎを抑えたのである。金の卵を産む鵞鳥を殺すことにはほとんど意味がなかった。また、フランス政府が租税を引き上げ、国家というケーキから余分な分け前を手に入れようとして行った数々の試みの後に続いた騒乱のような、あからさまな抵抗を呼び起こすようなことをするのは、論外であった（Le Roy Ladurie 1979: 13）。誰にでも立ち向かって自分自身を守ろうとする大衆の怒りが功を奏した例は、イギリスの内乱期に見られる。この時期には、ウィルトシャーやドーセットの県人会の会員が大規模な集会を組織して、王党派・議会派双方の略奪者に対抗して団結した。戦史から見ればもっと勇ましい交戦も経験したが、そのうちの一つにおいて、彼らは略奪を恣にする王党派の軍隊を叩きつぶしている（Anon. 1645）。

流動性選好の緩慢な低下は、全体として危険が少なくなりつつあったことを示している。これが、政治的な専横の弱化を示唆する第二の徴候である。権力の中枢にいる人間の愚かな行動が少なくなるということが、リスクの減少をもたらす基本的な原因である。政策は以前よりも建設的なものとなった――勿論、どんな場合でもそうであった訳ではないが、それが常に有用な前例となったことだけは確かである。例えば、戦禍から回復しようと努める王国の共通の利益を増進するために、フランスのシャルル二世は、歳市にもち込まれる商品の課税免除という戦前の政策への復帰を一四五五年に命じている。この商品には外国商人が所有するものも含まれていた。イギリスが豊かな国であり、対英貿易がボルドーを再び豊かにするであろうとの理由で、イギリスとの交易を開始すべきであると、ルイ一一世の書記は一四六五年に王に進言している。最近起きた両国間の「不和」がなくならなければ、商人は拘束と妨害を恐れて、ボルドーを訪れるのを躊躇するであろうと考えて、王はこの忠告を受け入れている。彼はさらに、滞在に関しては一定の留保条件を付けたが、反乱地域からも船舶の受け入れを許可している（Allmand 1973: 83, 181-4）。

第三の徴候は、重農主義者やアダム・スミスが商業経済の純経済的な利益を主張することができるようになったことである。以前の著述家たちは、政治的な利益について詳細に論じ、商業は予測可能性や規則性や秩序の維持の手段として、有用であると述べていたにすぎなかった。変化が始まると、市場経済の完全な長所が受け入れられるようになった。ハーシュマン（1977）の研究は、ジョン・ロックのような初期の著述家たちが強調した、市場経済の政治的な重要性について、詳細な分析を行っている。ロックは、自由とは「移り気で、不確実で、予測不可能で、勝手な他人の意志に左右されないことである」と考えていた。モンテスキューは『法の精神』（*Esprit des lois*）のなかで、「ヨーロッパにおいて、野蛮状態から商業がどのような過程を経て出現したか」を議論し、次のように結論している。国王や貴族によって絶えず財産を強奪されていたユダヤ人が、為替手形を発明し、投資資金を誰にも知られずに送金することができるようになった。その結果、支配者たちが「突然、大がかりで、気儘な行動を起こして」ユダヤ人の投資資金を取押さえることは不可能になった。ナポレオン時代のある著述家は、商業の歴史を回顧して、為替手形の発明は「羅針盤やアメリカの発見にほぼ匹敵する出来事であった」と高言してはばからなかった。こうして、資本は流動性を与えられ、自由に流通するようになっていた。その結果、貨幣の悪鋳を突然実施することは、支配者にとって不利益、あるいは逆効果をもたらすものとなった。自己勘定やさや取売買による広範な外国為替取引がすぐに行われ始めたからである。そして、悪鋳によって価値が減じた鋳貨を使わないようにするために、貿易商人が負債を現物で示さなければならなかった時期に比べて、広い範囲におよぶ外国為替取引が急速に行きわたったからである。このような活気に満ちた新しい世界においては、良質な政府だけが国王に繁栄をもたらした。市場経済が極く自然のこととして受け入れられ、大した妨害もなくそれが機能することが可能な一層新しい世界が登場する準備は整った。

しかしながら、危険のない環境が、急速に、しかも継続的にもたらされたと考えてはならない。まして、そうした環境を作り出そうとする要請については、なおのことである。財産の緊急退蔵（投資先が、どちらかといえば不安定であるような場合に典型的に現れる貯蓄目的の退蔵とは異なる）があったことは、大きな危機が次々に繰り返し襲って来たという事実を示している。オランダ軍がメドウェイ川を上ってきた一六六七年に、サミュエル・ピープスはハンティンドンシャーにある果樹園に一三〇〇ポンドの金を埋めている。ウィリアム三世がトーベイから進軍してきた一六八八年にも、ブリストルで財産の退蔵が行われている。ヨーロッパ大陸においては、度重なる紛争によって、危機はイギリスの場合よりも頻繁に現れた。一五六二～六九年のスウェーデン・デンマーク戦争の最中に、南スウェーデンでは、軍隊の進軍行路に沿って、埋蔵金が発見されている(Grierson 1975: 124, 132-3)。こうした形で隠匿できる財産をもった商人階級が求めたのは、予測不可能で、恣意的な政治によって彼らが悪影響を被ることがないようにすることであった。彼らは自国内で戦争が起こることは望まなかったが、よそで起こる戦争のなかには儲けの種になるものがあった。彼らが求めたのは、政治的な平等や公平さではなかった。貿易商人や少数の有力な商人階級は、それが可能であれば、直ちに自由競争を制限する挙に出たのであり、その点では君主と変わらなかった。ハンザがリュベックのノルウェー人商人を排除し、ケルンでフランドル商人が邪魔者扱いをされ、後の時代になって、アムステルダムで外国人であればすべて排除されたように、外国の潜り商人はしばしば排斥された (van Klaveren 1969: 64)。アジア諸国に駐在するヨーロッパの商人たちが、自国民を非常に恣意的に取扱う権力中枢の人々を好んだという事実は注目に値する (Lach and Flaumenhaft 1965: 198)。

経済が効率的に機能するためには、通常の財および生産要素の移動と利用を妨げる硬直的な制度や慣習は取除かれなければならなかった。経済はすでに商業化されており、人々は利潤の誘惑に十分さらされていたから、「牢固な因習というケーキ」に食いついて、それを打破し、さまざまな規制をかいくぐることを敢えて行った。効率性を妨げる障害が至る所にあり、それをかいくぐって市場が拡大して行く過程は、見た目ほど容易ではなかったし、単純でもなかったが、硬直的な制度や慣習そのものは、根強く残る恣意的な支配者の行動に比べれば、経済発展を阻害する要因としてはまだましなものであった。硬直的な制度・慣習の例を挙げれば、次のようなものがある。ギルドの規制・独占（ただし、新しい商工業の導入を奨励したり、幼弱な産業を保護するための独占は除く）・宗教的な儀礼のための祝日が多過ぎること・奢侈禁止法・修道院制度（労働力供給を制限し、時には鉱産物採掘権の行使や森林の利用を禁止する）・定住法・価格統制・経済行為や科学技術研究にさえおよぶ禁忌と宗教的拘束、である。硬直的な制度や慣習は、このように途方に暮れるほど多数の項目にわたっている。しかし、これを見れば、社会的な統制が隅々まで行きわたっていた時代からもち越された障害や絆をヨーロッパが長い時間をかけて次第に掘り崩して来た姿を読みとることができる。

古い時代からもち越された硬直的な制度のうち、先ず聖人の祝日が多過ぎるという点を取挙げてみよう。中世教会は、経済的にはかなり負担になるこの慣習に手を付けず、黙認していた。年間を通じて不規則に分布し、頻繁にやって来る休日は計画的な生産を困難にし、総労働時間を減らした。宗教改革以後、プロテスタント諸国では聖人の祝日は少なくなり、短くなった。安息日は規則的なものになって行った。ローマ・カトリック諸国のうち、幾つかの国々では、同様の動きがあった。一六六六年に、コルベールはフランスで実施されていた聖人の祝日を大幅に減らし、九二日にした。しかし、ラインラントでは、一八一九年にプロテスタントのプロシアがその地を獲得するまで、祝日は減少しなかった。失業率が高かった当時においては、聖人の祝日が多くても、必ずしも生産の障害にはならなかったという見解をカーメンは提示している（1976: 13）。しかし、前工業化時代の後期になっても、平均失業率が高かったという確たる証拠はないし、生産者が忙しいときには、いずれにしても、聖人の祝日を守ること自体、硬直性をもたらすことに変わりはなかったであろう。はっきりしていることは、非常に多くの障害が、生産計画を阻害したに違いないという事実である。そして、農業の場合には、たまにしかやって来ない好天を捉える必要があるにもかかわらず、それが多くの障害によって、邪魔されたということである。その結果、すべての人々の所得が減少した。労働者たちが非常に貧しく、資本がいとも簡単に生産活動から逃避してしまうという状況のもとでは、物質的な所得の喪失は深刻な事態であった。問屋制家内工業のもとで働き、常日頃閉じ込められてばかりいる労働者が、祝日にそうした状態から開放されて、馬鹿騒ぎや酒宴に浸ることに喜びを感じたとしても、経済的な意味では、あるいは健康という観点からは、彼らの行動が賢明であるとはいえない。例えば、乳児死亡率は実質賃金の変動に敏感だったであろう。他の宗派の雇用者よりも規則的に労働者を搾取したプロテスタントの雇用者は、勿論、利他的な動機からそうしたのではなかったにせよ、物質的な生活水準が極めて低い時期に、結果として労働者に愚行をさせないようにしていたのだと考えても差し支えない。

社会階層にふさわしい服装と装飾品を身につけるように規定した奢侈禁止法に目を向けると、その最初の例が一二九四年にフランスで制定されたことがわかる。一四世紀から一七世紀の間に、多数の国で同様の法が制定されている。ポーランドでは、自由放任を提唱した『国富論』が出版された一七七六年という、経済的な規制にとっては不似合いな年に、服装を制限する規定が復活している。しかし、服装を取締まる特別の官吏や裁判所があったヴェネチア・バーゼル・チューリッヒといった場所でも、おそらく奢侈禁止法は最終的には施行されなくなったし、ポーランドやスペインで法律が生き続けていたのは一八世紀の後半までであった。他方、これらの国々で最終的に有名無実なものになるずっと以前に、イギリスやヨーロッパ大陸の幾つかの場所では、奢侈禁止法はなくなりつつあった。イギリスでは、そのような法が厳格に施行されたことは一度もなかったし、消費を規制しようとするヨーロッパ大陸の政府や都市当局が下層階級に禁じたさまざまな服飾品を一々規制したこともなかった。テューダー朝の奢侈禁止立法が規制していたのは衣服だけであった。もっぱら政治的な理由（ジェイムズ一世が、こうした衣服に関する領域において、禁止はしないが、国王布令によって規制しようとしているということが判明したので）によって、奢侈禁止立法は廃止されたが、この問題の実施機構全体が常に不安定な基盤の上に立っていた。奢侈禁止法の最大の敵は、おそらく経済成長そのものだったであろう。経済成長の恩恵に浴する人々は、きっちりとした階級間の隔壁を維持したり、奢侈品に対する支出を切り詰めたり、現金を退蔵して国王からの借り入れに備えたり、輸入品よりも国産品の消費を奨励しようとする試みに抵抗したであろう。勿論、奢侈禁止法を利用して、変化を呼び起こすことも可能であった。ピョートル大帝は、彼の近代化計画の一環として、西ヨーロッパ式の衣服の着用を要求したし、イギリス人は、開化の一手段として、「粗野なアイルランド人」に服飾規定を課そうとした。こうしてみると、保護主義と階層秩序維持の意図は一般的にははっきりと読みとれるが、特定の奢侈禁止法がそうした目的をもったものか、それとも経済成長の促進を狙ったものかをにわかに確定することは困難である（Baldwin 1926; Harte 1976; Hooper 1915; Plucknett 1936）。

変化を阻害するもう一つのさらに重要な障害であるギルド制度についても、時の経過につれて規制が次第に実施されなくなって来ることがわかる。地理上の発見以後、海外貿易で巨大な利益が見込まれるようになると、商人ギルドは株式会社企業を容認する方向に転じる。そうした状況のもとでは、商人ギルドの影響力の弱化は、容易に理解することができるし、むしろ当然のことであった。それは、ちょうど、企業活動に対するさまざまな制限が、旺盛な利潤獲得欲の前では力を失う運命にあるのと同じである。しかし、この見解は月並み過ぎるといえないこともない。手工業ギルドは明らかにずっと後まで存在し続けた。彼らは、価格や品質の管理・徒弟規約によるギルド成員の制限・非自由市民すなわちギルドの正式会員でない者が手工業に従事することを訴追する権利を利用し、共謀して商工業活動を制限していたように思われる。しかし、この制度は現実にはそれほど堅固無比なものであった訳ではない。中世後期以降、生産要素の組み合わせという点で、かつてよりも自由な選択がギルド制度に代わって登場しつつあった手工業部門もある。当時最大の工業部門であった繊維産業では、技術革新がギルド内部の競争を刺激して、ギルド制度の根幹を揺るがした(Hirshler 1954)。繊維産業関連のギルドやその他のギルドの一部は、農村への繊維工業の拡散によって、一層激しくその基盤を揺るがされていた。農村では、問屋商人は都市ギルドが掌握できない安価な労働力を雇用することができたのである。多くのギルドで、その成員は生産活動に対するさまざまな制限を逃れるために、農村に移動した。その一方で、彼らは都市内部ではギルド特権である取引税免除を利用しながら製品を販売し続けた。アダム・スミスが注目しているように、しっかりとした仕事をしてほしいと望む顧客は、排他的な特権に恵まれず、自身の定評だけが頼りであるような都市郊外の労働者を雇ったのである。ロンドンの小売り商人たちは、郊外に店舗を構えたり、市場を開設することを禁じられていたにもかかわらず、郊外に移動し、小売業ギルドの支配から逃れた(Kellett 1958: 382)。実際のところ、ギルドが効率的に監視するには一七世紀ロンドンの居住地域が大き過ぎたのか、あるいはロンドンの成長によってもたらされた以前よりも多くの機会が、さまざまな規制を実施する意欲を単に削いだだけなのか、この点は不明である。

ヨーロッパ全体をとってみると、おそらく、市場制度の拡大によるギルド制度の崩壊、あるいは有名無実化は、主として農村における問屋制家内工業の勃興を通じて実現したのではないかと思われる。分散した生産者が共通の目的のために自らを組織化することは困難であった。イギリスでは、ギルド制度の崩壊の過程は、コモン・ローが、ギルドの正式会員のみを保護する原則に次第に反対する立場を取るようになるにつれて、一層加速して行った。裁判所は、成員間の平等や衡平を尊重することよりも、個人的な権利の具体的な内容である効率の追求という基準を優先させた。どの程度法律が現実の変化に適応して行ったのか、あるいはどの程度法律が変化を方向付けたのか、この点ははっきりとしないが、興味深い例を幾つか挙げることができる。一六一四年に非常に重要な判例が出ている。これは、ある仕事で徒弟奉公を終えた者が、それとは別の仕事に従事することを阻止しようとする試みに不利な判例であった(Kellet 1958: 384)。この判例から二年足らずのうちに、イプスウィッチとニュウベリーで、ギルドは他の係争でも敗訴している。ギルドの正式な成員以外の者が特定の仕事に従事する場合、彼らの登録を強制する特権をギルドはもちうるかどうかという点が争点であった。こうした係争の成否が、従うべき前例として確立して行った。さらに古く、一五九九年には、染色業者のギルドを巻き込んだ試訴において、次のような判断が示された。すなわち、ギルドが作業を監視・取締まる過程で製品の検査を行い、不良品を押収・没収することは通例のことであったが、この製品の没収が違法とされたのである。ギルド規約は、「法と理性に適うかぎりにおいて」のみ、正当性を与えられることになった。一六九九年には、枢密院が次のような極めて重要な見解を表明している。ギルドの慣習を法制化したものであるといっても過言でない制定法であるエリザベス一世治世第五年制定法第四号は、「廃止はされていないが、ほぼすべての判事たちによって、商工業の発展と技術革新の進展を損なうものであると見做されている」と。

ギルドによるさまざまな規制は、始末に負えない水漏れを砂で塗り込めて、止めようとするに等しいものになっていた。こうした事態の進展に対する最も単純な見方は、それが、既得権を犠牲にして、社会のより広範な利益が拡大し、累積して行くことを示すものであると考えることである。当然のことながら、この過程で損害を受ける個人や集団がいる一方、非常に富裕になる者も出てくる。超長期の視点からすれば、平等や衡平の維持といった理念を追求すべきであったかどうかについて、われわれが道徳的な判断を下す必要はないであろう。最終的には、すべての者に利益が行きわたる生産性の上昇が実現したという事実をわれわれは知ることができるだけである。この過程の全体は、個々の事例を見れば、激しい利害の対立の連続からなっているように見えるが、実は自律的な市場の成長の結果であったと考えることができるであろう。規制主義は、市場規模がある限界点を越えて拡大し始めた一六世紀のイギリスで崩壊局面に入った。四つの固有な要因によって、規制はますます実体のない見かけだけのものになり、ギルドそのものが、友愛組合や食事会のような本来の意図とは違った単なる形骸に変わってしまった。生産過程は細分化されるようになり、あらゆる工程は最早一つのギルドの支配下に置かれることはなくなった。これは分業がもたらした効果である。需要の拡大に次第に応えられなくなりつつあったギルドは、仲間内の報復を恐れて、「よそ者」が製品を販売するのを許可せざるをえなくなった。都市当局も市内のギルドが負担することが可能な、あるいは負担する意志がある賦課金よりも多額の金を手に入れようとして、「よそ者」に商業特権を売却した。国家はギルド特権を外国人に与えた。実際、人口が増加し、市場が成長するにつれて、経済は極めて複雑なものになり、激しく変動するようになって、それを直接統制することは最早困難になりつつあったのである。そして、さまざまな誘惑が目の前に現れ、ギルド内部にその制約を打ち破ろうとする反逆者が出てきた。ギルド制度を擁護するすべての法に例外規定や抜け穴が設けられるようになった（Kramer 1927: 187-8, 195-7, 205ff.）。

イギリスで起こったことは、経済成長そのものが個々の人々を動かし、自由な市場活動を阻害する慣習や法律上の障害を巧妙に切り抜けさせたということである。地域の経済活動と関係をもっていた治安判事によって、規制が実施されなくなることは稀ではなかった（Heaton 1965: 228-9）。極めて重要な経済活動と見做したものを労働者が組織を作って妨害するのを許そうとしなかったような場合、公権力は新しい精神で事に当っていた。例えば、一六六七年の復興法は、市内の手工業ギルドを無視し、他所の職人がロンドン大火後の復興を手助けするのを許可している。その他の都市が大火に見舞われた後の復興に際しても、同様の規制緩和が行われた（Jones and Falkus 1979: 229）。変化の動きは、思わぬ方向にも波紋を起こしている。政治的抑圧がデモンストレーション効果をともなったように、革命もまた同様の効果を発揮した。例えば、一七九一年にチェシャー、ストックポートのマナ領主は、粉挽き水車に付随する封建的諸特権を綿織物の工場主に売却し、早々と処分している。当時、フランス革命に対する反応は、イギリスでもそうした封建的権利は早晩廃止されるであろうというものであったからである（Unwin 1924: 122-3）。また、救貧税支払いが増加して教区の負担となる場合に、流入した労働者を出身教区に送り返すことができた定住法は、厳密に実行されなくなって行った。徒弟法の奉公期間に関する条項は、「主義として、それに反対する」裁判官によって、徐々に無視され、一八一四年に最終的に撤廃される以前に、すでに実効性の喪失を余儀なくされていた（Derry 1931）。勿論、過去の制度がすべて無視され、廃れて行った訳ではない。ヨーロッパの経済制度は、海外の新開地や革命によって過去の遺物がすべて消し去られた諸国の経済制度が短命であったのに比べれば、曲がりなりにも連続性を保持している。ヨーロッパの人々は誰でも物理的な景観だけではなく、教育・宗教制度や法律の分野で過去の痕跡が残っているのを身近に感じている。経済活動の面で、格好の例を幾つか挙げることができる〔例えば、一六二四年に成立したオランダの年金制度は現在でもなお利子をもたらしている（Homer 1963: 128）〕。したがって、古い制度の残滓が至る所に見られるヨーロッパでは、事態がどの程度変化したのかを見失いがちである。また、こうした制度は、伝統的な勢力が抱くさまざまな野心によって、息を吹き返すことがあるので、現在ではそうした制度が従来とは違った勢力を基盤にしているという事実を見失いがちである。

一七世紀の初頭にイギリスの議会は次のように宣言している。「すべての町、あるいは州の織元が、王国の他の州・都市・町の名を特別に冠した毛織物と同じものを規格を守って作る場合、それは合法」であると（ジェイムズ一世治世第四年制定法第二号一二条 Unwin 1963: 190 から引用）。しかし、ちょうど同じ時期に、フランスでは国王特権によって保護された工業が設立されつつあったし、間もなくイギリスでもチャールズ一世が、独占特権の付与を拡大しようとしていた。チャールズは結局は、処刑され、この問題は間もなく解決したが、ヨーロッパ大陸では変化の兆しが現れるのはイギリスよりも後れた。しかしながら、利害の多様化が進み、権力の源が一つであることは稀であって、こうした事実が、商工業をがんじがらめに規制しようとする動きに不利に作用した。産業は、他の地域よりも権力による干渉が少なく、自由な場所で、非常に力強く発展した（Barkhausen 1974）。他方、経済活動への参加を禁止した政府や国王の指令を貴族たちが替え玉を使って回避する場合もあった。こうした禁制自体、もともと貴族身分を擁護するために設けられたものであったが、貴族たちは彼らに与えられている免責特権を利用して、単純に禁制そのものを無視することによって、同様の目的を達成することもあった（Redlich 1953: 83）。やがて、中央の統治機構自体が規制に反対の立場をとるようになる。ハプスブルク家がボヘミアとモラヴィアでギルドを攻撃するようになり、一七七〇年以降、両地方には以前よりもずっと自由放任主義的な土壌が生まれて来た。その結果、繊維工業において、雇用と生産量が大幅に増加したのである（Freudenberger 1960: 351, 354）。テュルゴーは一七七六年にフランスの貿易組合の特権を廃止しようとして失脚したが、一七九一年には特権組合は一掃され、ベルギーとオランダのギルドはフランスによる占領以後、消滅した。そして、馬に乗った理性ともいうべきナポレオンとナポレオン法典によって、規制という過去の遺物は西ヨーロッパからほとんど払拭された。確かに、ギルドはオーストリアとドイツでは、一八五九―一八六〇年まで、イタリアでは、一八六四年まで生き残ったが、それは単に生き残ったというだけであった。スイスのある都市では、二〇世紀になってもギルドは存在したが、産業上の特権的な地位は失っていた（Unwin 1963: 1）。

ヨーロッパのほとんどの国で、経済の中心は農業であり、この部門への市場の浸透こそが完全な経済発展への必要条件であった。イギリスでは、制度的な変革によって、開放耕地制農業が消滅し、共同体的な意思決定という、農業発展を阻害するような古い慣行とは無縁な農業が登場した。こうした制度的な変革と以前よりも生産性の高い農法の普及との間には、相関（厳密にいえば、高い生産性を誇る農業の出現には、制度の変革が不可欠であるという訳ではなかったが）があった。開放耕地制農業の崩壊は、次のような市場の拡大に対する自発的な対応を内容とするものであった。先ず、協定によって新種作物を部分的に導入することから始まって、合意による囲い込みで終わるような、強制ではなく、自発的な対応であった。個別法による議会囲い込みという形で、農村共同体の指導的なメンバーが強制的に開放耕地制農業を崩壊させることもあった。こうした場合、農民のなかには、囲い込みの結果、共同用益権を奪われ、配分された保有地も小さ過ぎるため、抵抗する者も出て来たが、彼らの抵抗は実を結ばなかった。ヨーロッパ大陸では、東に行けば行くほど、非弾力的な制度の崩壊は後れ、硬直的な制度が中央政府の政策によって解体される度合いが強かった。しかし、農業においても、一九世紀の前半には、事態はかなり進展し、市場経済の展開に不可欠な、硬直的な制度からの解放が実現したのである。

逆説的ないい方をすれば、市場経済は非市場的世界の申し子であった。ヨーロッパにおける市場経済の長い歴史は、平和と秩序が完全に回復し、商業が活発になったはるか中世初期に始まる。多様な資源が分散して存在していたため、しばしば遠く離れていた交易中心地の間で、実用的な財の大量取引が活発となった。この種の交易は、政治権力によって保護された。というのも、個々の積み荷は特に高価であったわけではなく、奪取の対象とされやすいということもなかったが、これらの積み荷の流通は規則的で、着実であったから、土地からの税収を補う取引税や関税の財源となったからである。この過程は累積的な効果をともなっていた。交易の拡大が一層の拡大を促し、経済活動はデモンストレーション効果をともなって活発化して行った。こうした財源から上がって来る収入を損なうのは、没収といった気まぐれな行動だけであった。国民の気まぐれ、そして不承不承ではあったが自身の気まぐれを抑えることが、商業の発展を益することであるという事実に国王たちは気が付くようになって行った。さらに、最終的には商人の財力が巨大になり、国王の恣意的な行動を独力で抑えるほどに成長して行った。政治的な環境が良好な場合には、人口増加が市場の拡大を促し、市場の拡大は地域的な分業・特化をもたらした。こうして、人口増加に促され、地域的特化をもたらした市場経済の拡大が、利潤を生まないような古い形の生産活動を保護する硬直的な慣習や法律を掘り崩す一助となったのである。時の政府の政策、既得権益、重商主義政策の策定者たちは絶えず制限主義を蘇らせようと画策したが、市場の勢いは自由放任へと向かっていた。自由放任という条件を完全に満たすことは、絶対零度に達するのと同じように、不可能であったが、一九世紀が近づくにつれて、この条件はかぎりなく完全に達成されるようになって行った。

第6章　諸国家併存体制

未曾有の進歩を遂げた数世紀という極めて長い期間にわたって、ヨーロッパが諸国家の安定的な併存という状態を維持し続けたという事実は、歴史における奇跡であるといってよいであろう。

——ロバート・ウェッソン

ヨーロッパを「全体として」統治することが可能な政治支配の形態は幾通りか考えられるが、実際には実現しなかった。例えば、神聖同盟がそれであり、没落はしたが神聖ローマ帝国はその一例である。ハンザ同盟のような商業ネットワーク、あるいは都市国家同盟（ただし、都市国家といっても、この場合、土地所有に基づく権力とはあまりに無縁であるが）もそうであろう。ときを経るにつれて、次第に中央集権国家に変質しつつあったが、封建制度もまた政治支配の一つの形態に含まれるであろう。そして、政治的な意味における帝国もこれに入れることができる（Wesson 1978: 1; Tilly 1975: 31）。世界の大規模な人口は、そのほとんどが帝国として組織され、数千年間にわたって、帝国の規模は拡大し続けて来た（Taagepera 1978）。しかし、ヨーロッパが実際に帝国を形成したのは後の時代であって、個々の国民国家が海外の領土を獲得した結果である。ローマ帝国が崩壊した後、カール大帝の時代からハプスブルク家とそれ以後まで、ヨーロッパ内部における帝国建設が成功したことは一度もなかった。カール五世の野望は一五五〇年代に潰えたし、その息子フェリペ二世の野望もまた実を結ばなかった。ハプスブルク家も三〇年戦争で再び挫折した。この時、スウェーデン王グスタフ・アドルフが、ヨーロッパ諸国の対立・抗争を象徴することになる多国間交叉同盟を結び、フランスの宰相リシュリューの資金援助を得て、ハプスブルク家の勢力を削ぐことに成功したのである。

ヨーロッパは、帝国ではなく、独立した諸国民国家がそれぞれ併存し、一つのまとまりを構成するという体制を採用することになった。こうした体制のもとでは、全体を構成する細胞の一つが変化するとそれが他の細胞に影響を与えずにはおかなかった。この点は、長期の経済発展を理解する上でも、また一九世紀に出現した工業社会の型を説明する上でも極めて重要である。確かに、ヨーロッパの近代化や工業化は決して一様に達成されたのではない。主導的な役割を果たした地域は、ときによって違っていたし、後進地域もあった。「プロト工業」を経験した地域のなかにも、本来の工業化に失敗して、後進地域に逆戻りする場所もあったし（Jones 1977a）、近代化・工業化の普及は、西から東に行くにつれて、急速に後れている。これらは、別の観点からすれば、興味深い問題である。しかし、われわれの見方は、ヨーロッパ全体の人口史の研究を通じてリーが導き出した次のような視点と一致する（1973: 582）。すなわち、極めて広い領域をひとまとめにした集計分析は、たとえ国家・地域間に多くの差異が存在しても、その意義は失われないという考え方である。同じような要因が広い地理的範囲におよび、諸国家併存体制を構成する単位が互いに影響し合っていたからである。

諸国家併存体制が存在すれば、その地域はどんな場合でも持続的経済発展を享受できるようになるという必然性はない。帝国は、個々の構成要素が分裂した諸国家併存体制では不可能な、規模の経済を発揮できるとも考えられるであろう。諸国家併存体制は、まさにそれが生き残るためには、力の均衡を維持しなければならなかったのであり、数世紀間、極めて危険な綱を渡り続けて来たのである。これまで、ヨーロッパの歴史は多数の政治組織体の歴史として描かれて来たが、われわれは先ず、ヨーロッパにおいて、そしてヨーロッパにおいてのみ、なぜそのような体制が存在して来たのかを説明しなければならない。長い歴史を通じて、この体制を構成する多数の国家が次々と消え去って行ったにもかかわらず、体制そのものは存在し続けた。この諸国家併存体制の基盤は、固有の自然環境にあったように思われる。起源をたどれば、それは肥沃な耕地となるべき土地を含んだ地域が、荒蕪地と森林に覆われた大陸に散在しているという環境である。こうした地域は、多くの場合、国家の「中核地域」を形成していた。勿論、国家の境界はそのときどきの王朝の恣意的な統合によって作り出されるが、その場合には、別である（Pounds and Ball 1964; Kiernan 1965: 32-4）。犁耕農業は極めてゆっくりとしか変化しなかったから、ある地域の土壌が「肥沃」であるかないかの評価も長期間変化することがなかった。そして、これら「豊饒の土地」（Fleure: Pounds and Ball 1964: 36より引用）は、新石器時代（例えば、パリ盆地やポーランド中部）、あるいは古典古代の初期（例えば、アッティカやローマ平原）以来いずれの時代においても、当時の基準からすれば、人口密集地域であった。これら「中核地域」の先駆は、紀元前三〇〇〇年の農耕・狩猟文化地図上に多数の点として、鮮やかに示されている（Waterbolk 1968: 1099）。これらの地域では、八世紀から一二世紀にかけて、明らかに芸術や建築に大規模な投資が行われた。大部分は聖俗の行政中心地となり、交易の結節点に位置していた。

これら中核地域は、攻撃・防御の拠点となる最大の租税の財源地域となった。当時、農業の生産性は低く、次の季節のために種を確保しておかなければならなかったから、消費に回すことができる余剰は少なかった。にもかかわらず、そこから租税を徴収しなければならなかったから、アーダント（1975: 175）が述べているように、「国家建設という重要な試みが、パリ盆地・ロンドンのテムズ川流域・フランドル・ポー川流域の平野地帯といった比較的豊かな地域において、そして一般的にいえば、大規模な沖積平野において、なぜ成功したのかはよく解る」。多数の政治組織体は、それらを経済的に支える豊かな基地をそれぞれの中核地域のなかにもっていた。そして、中核地域は森林・山岳地帯・沼沢地・砂質土壌の荒野によって、周囲を取巻かれ、互いに分離されていた。一六世紀になるまで開墾されずに残っていた森林の規模は、桁外れに大きかった。近代の地図を見ると、中核地域と中核地域の間隙は開墾され、排水設備が施され、耕作地となって、人口密集地域に姿を変えているが、前工業化時代の最後に至るまで、ヨーロッパの景観は、森林と荒野の大海の間に人間が住む島々が連なって浮かんでいるようなものであった（Duby 1974: 7; Herlihy 1974: 14; Kamen 1976: 第2図；Le Roy Ladurie 1979: 179）。

支配層はこうした「島」を足がかりにして、政治的勢力を構築して行った。それぞれの島が統一されると膨張への衝動が解き放たれ（Russell 1972: 242）、外部への拡張熱に火が注がれる。こうして中核地域は膨張して国家になり、次いで国民国家に成長する。この流れは情報伝達手段と軍事技術の発達によって加速し、政治支配単位の均衡規模を増大させた。こうした意味における国家は西暦九〇〇年頃には出現し始めていた。一四世紀にはおそらく政治組織体の数はまだ一〇〇〇もあったかと思われる。国民国家が発展し始めたのは、一五世紀である。次の世紀の初頭には、多少とも独立している政治支配の単位の数は、五〇〇であった。一九〇〇年になると、その数は二五となった（Russelle 1972: 244, 246; Strayer 1970: 61; Tilly 1975: 15また76頁を参照：Wesson 1978: 21）。注目すべきことは、一九世紀まで生き残った国民国家の多くが、この間、継続して中核地域を失わず、われわれはその跡をはっきりとたどることができるということである。規模が大きく、肥沃な中心地は、中核地域として、有利な立場を享受し続け、他の中核地域を吸収することはあっても、併呑されるようなことはなかった。国家の平均規模が増大するにつれて、弱小の中核地域の多くは消え去って行った。

中核地域の間に帯状に横たわる厄介な地形や、初期の民族移動と定住の歴史に起源をもつ古い民族的・言語的な排他主義が、政治単位の自律の維持に一役買っていた。政治的統合は非常に進んだが、ある程度まで行くとそれ以上は進まなかった。統一つの帝国にまで行き着くことは決してなかったのである。大きな自然条件の壁が盾となって、幾つかの領域が形成され、これが近代国民国家の大きさを決定した。政治組織体が長期にわたって存在し続ければ続くほど、それらは自然条件が規定した外枠まで拡張し、そこで止まった。この点に関して、ウェッソンは、次のような例を挙げている（1978: 111）。アルプスやピレネーの山岳地帯の連なり、ノルウェーとスウェーデンの間にある一連の地形、ネーデルラント北部地帯を守る川辺の沼沢地、デンマーク半島やイギリス、スウェーデン、ノルウェーの周囲の海である。イギリス、スペイン、そしてこれよりも弱いが、フランスがもっているような優れた自然の防塞のおかげで、こうした国々はドイツやオーストリアやポーランドよりもずっと安定していた。勿論、自然の防塞があっても、抗争を止めることはできないが、それがあるおかげで侵略の費用は高くなる。人種や言語の多様性もまた、ノルマン征服後のイングランド、中世および近代初期のフランス、プロシャのフリードリッヒ大王の例が示すように、同化・統合のための費用を高くした（Jones 1976: 108; Strayer 1970: 51）。中核地域が、摩擦や抵抗の最も少ない線に沿って拡がり、同じ言語をもつ同じような地域に集中する傾向があったのは、おそらくこうした理由によるのであろう。

ヨーロッパ諸国家の最適規模はどの位なのかという問題に対して、単純な幾何学では、解答は得られない。チェス競技にたとえれば、盤の上の空き場所は、卓上で行う不動産売買ゲームのように、それぞれ重要性が異なり、ある場所を獲得し、陣地に組み入れる費用は非常に高いものになる。他からの侵入を防ぐ防塞があまりない場合には、陣地は隣の国々に乗っ取られて、消滅しがちであった。ブルゴーニュ地方がその好例であろう。この地方は、小規模な地域が寄り集まってできている。他の地域との境界線がはっきりとしている地域もあれば、そうでない地域もある。ブルゴーニュ地方の外側の境界は流動的で、イル・ド・フランスの方が豊かであった。これらの条件は、ブルゴーニュ地方を長い間不利な立場に追いやっていた。こうして、ブルゴーニュは地域になり、イル・ド・フランスはフランス国民国家の中心となった（Commeaux 1977: 7 および地図９）。

中核地域がもっている特質とは相容れない国家もあった。それらの国のなかには、時に吸収を免れるところもあった。スイスやオランダ連邦共和国がその例である。これらの国々は、もともと土地が痩せていて、地形も複雑であった。皮肉にも、こうした国々が最初からもっていた不利な条件がむしろ強みとなった。大規模な農業経営を行っていた領主は、あまりに費用が掛かり過ぎてこうした国々を攻撃しようと思わなかったし、割に合わないと考えていた。

それぞれ中核地域を取囲んで、十分な数の国家が建設された。そして、それらの国家は皆同じくらいの力をもっていた。この同等の力の保持によって、征服の進行と併合という当然の帰結、すなわち、統合ヨーロッパという単一国家の形成を回避することができた。同等の力の保持は、帝国の興隆に対する絶対的な障害ではなかったのかもしれないが、しかし、少なくとも、出発点においては、それぞれの国家は皆同じ立場にあった。単一の政治権力による統制に抵抗することが成功したのは、ほぼ同等の国家が多数存続し続け、それらの国家がときに応じて互いに連合を繰り返した結果であった。しかし、歴史を決定するのは、こうした中核地域の分布ではない。環境と他の多くの要因、例えば、登場人物の人となり、王朝間の閨閥、戦争の勝敗といった諸要因との相互作用の結果が歴史を構成した。地理学者のパウンドとボール（1964: 30）は、多数の小規模な中核地域がドナウ川流域やバルカン半島の原始的な国家、あるいは部族国家を支えていたという状況を叙述する際に、この点を認めている。すなわち、「こうして、この地方で拡大しつつある幾つかの地域の中から、それぞれ国家の中心として発展するに違いない場所を選ぶことが、歴史を動かす原動力となった」。中世史家のラッセル（1972: 17-8）もこの点を指摘している。したがって、われわれが今もっているのは、ヨーロッパにおける国家形成に関するある種の下限理論である。この理論によれば、明白な結果は他の諸々の要因が決定するが、興隆しつつある国家の中心は、豊かな可能性を秘めた中核地域から選ばれるであろうということである。

諸国家併存体制を持続させたのは、内部の反乱者に対して、それに対抗する勢力を外部から呼び入れ、勢力均衡を維持することであった。ハプスブルク家の勢力を弱めるために、フランスが中心となってローマ教皇と手を結んだが、その同盟は事もあろうにイスラム勢力（オスマン帝国）を仲間に加えることさえした。教皇は教皇で、幻滅を感じて王位を退こうとしていたカルル五世に対して、新教徒を味方につけた。一六〇〇年頃に書かれた『政治論』（*Discorsi Politici*）のなかで、カンパネラは、イタリアにおけるスペインとフランスの勢力のバランスを取るため、両国に対する忠誠が変化しつつあること、またハプスブルク帝国とオスマン帝国という大国が「統一帝国」形成への野望を互いに阻止し合っていると明確に述べている（Wight 1977: 188）。普通、ユトレヒト条約（一七一三年）におけるイギリス・フランス・スペインの妥協に始まるとされている力の均衡という概念は、それよりもさらに古い時代にすでに存在していた。この力の均衡という概念は、枢機卿ウルジーがイギリスとヨーロッパ大陸の君主国家との間で次々と同盟関係を結んだことに始まる（Holborn 1951: 15）が、同盟関係が変化して行くという事実は、特に目新しいものではなかった。また、勢力均衡のために同盟を結ぶという観念も特に変わった知的発見という訳でもなかったようである。不思議なのは、ヨーロッパの覇権をめぐって強力な競争相手が多数存在したにもかかわらず、力の均衡状態が長い間継続することに成功したことである。

長期にわたって、諸国家併存体制が継続したことは、一つの奇跡である。帝国が形成されることの方がもっと理解しやすい。帝国は軍事的拡張という直接的な要因によって形成され、それに参加した人々に明らかな報酬をもたらすからである。諸国家併存体制は壊れやすく、不安定である。この体制を構成する個々の国家が互いに争うようなことがあれば、他の国々を巻き込み、全体の安定と生き残りを危うくする。分散した権力に特有な抑止と均衡、そしてヨーロッパで発展したような国際法の法典が、混沌と帝国主義に対するかすかな防波堤となった。帝国主義的な海外進出を求めて、多くの戦争があったにもかかわらず、ヨーロッパ外に領土を拡大するという可能性があったことが、おそらく非常に重要な安全弁として働いたものと思われる。

長期的に見ると、諸国家併存体制は明らかに幾つかの利点に恵まれている。権力が分散していたため、何等かの中央権力が存在したとしても、その権力が体制全体に関わる決定を行う場合、頑迷で、誰も抵抗できないような決定をすることは不可能であった。教皇、あるいは神聖ローマ帝国のさまざまな権益にもかかわらず、ヨーロッパ全体に指令を発する中央権力の凝集点の存在が普遍的に認められていたということはなかった。したがって、中央権力が禁止命令を押しつけ、それによって変化が押し止められてしまうということはなかった。一四八〇年に明の宮廷が中国の海外遠征の再開を禁止する決定を行ったが、これに類することはヨーロッパではありえなかった。これに最も近い例は、教皇が全世界をスペインとポルトガルの勢力範囲に分割したこと、そしてフランス国王が、アダムの遺書にはそのような条項がないと断言した事実である。

諸国家併存体制の内部で権力が分散しているという事実は、さまざまな利点をもたらすものであったが、逆に帝国領土がもっている利点は、おそらく規模の経済に関わるものであろう。こうした二種類の利点のうち、どちらが価値があるかを前もって決定する方法はない。どちらが価値があるかは、歴史に聞いてみなければならない。実際問題として、中央集権化は長期的に見れば、極めて不利な状況のもとにあったように思われる。帝国の政治は一般に不安定であった。他からの監視を受けず、冷淡で、民意を反映していない勢力が、年若い皇帝を後見する人々、多くの場合、宦官の手に何時までも握られていた。宮殿の雰囲気は、あまりにしばしば、悪徳と背信、ろくでもないことに満ちていた（Rycaut 1668; Stavrianos 1966: 118-9; Wesson 1967）。帝国の壮大さ、宮廷生活を象徴するような衒示的消費、重厚な建造物、これらを振り返って感動することは容易であろう。また、甘やかされて駄目になり、悪徳に耽る年若い皇帝たちが、多くの場合、全権力を手中にした結果、行った支配のやり方に問題をすり替えることも容易であろう。ランデス（1969: 34）は、イスラムの歴史について、次のように述べている。「王朝の変遷、宮廷の陰謀、恐怖の統治、そして狂気の支配者、これらの記録を読むとメロヴィング朝の乱脈と同じことがオリエントで繰り返されたような印象を受ける」。皇帝たちはへつらう人々に囲まれていた。彼らは一夫多妻であったし、側室と若い女性のハーレムを所有していた。こうした現象は、富と権力がもたらす特典というよりも、むしろ支配関係、人間を物として扱う性向の表れであったのかもしれない。労働のためではなく、見せびらかすために多数の奴隷を所有する家系が多かったという事実も同じような民俗学的意味をもっていたのかもしれない。皇帝の個人的な力を認めて、恭順の証を示し、ひざまずき、平伏し、叩頭の礼を行うことが特に重視された。このような行動様式と同じようなものは、ヨーロッパの王室の歴史にもあった。しかし、文学作品を読めば、過度の消費や背徳・恐怖政治は、諸国家併存体制下のヨーロッパよりもアジアや古代世界の帝国の方がずっと一般的であったということに気付く。このことは分かり易い数字で示すこともできるであろう。

アジアにおける衒示的消費の例を一つだけ挙げておこう。インド北部のアウドの支配者であったアサフ・ウド・ダウラーは当時の評価価格で八百万ポンドの宝石を所有していた。彼は宮殿を二〇、私有の庭園を一〇〇以上所有し、庭師を四千人雇っていた。彼が所有するシャンデリアは、百万ポンド以上の価値があった。彼はまた、一五〇〇丁の二連銃、無数の時計をもっていた。そのうちの二つは、三万ポンドの価値があった。一二〇〇頭の象、三千頭の鞍付き馬、千頭の猟犬も飼っていた。自分用の理髪師五〇人を含む三千人近い召使いが彼の世話をし、食事の費用は一日二〇〇から三〇〇ポンドにもなった。闘鶏用の鶏と鳩の数は、三〇万羽に上るものと推定され、私有公園の鹿の数に至っては多過ぎて数え切れないほどであった。猿・蛇・蠍・蜘蛛のためにそれぞれ特別の施設が設けられていた。アウドは、こうした家計を維持するために苦しむ農民が住む抑圧された農村であった訳ではなく、「無秩序と困窮に満ちた混沌」ともいうべき状態にあった（Young 1959: 52）。

アジアの他の支配者の多くもこうした所有物の一覧表に匹敵する物、あるいはそれを凌駕するほどの物を所有していたが、ヨーロッパの支配者でこれと肩を並べられる者は誰であろうか。おそらく、それはロシアの皇帝、ツァーであろう。太陽王ルイ十四世であろうか。しかし、ヨーロッパにおける君主の生活規模も大きかったが、アジアの皇帝たちの豪華さとは比べものにならなかった。ヨーロッパの習慣は、アジアよりも簡素であった。君主たちは軍事目的であったにせよ、次第に果断な性格をもつようになって行った。諸国家併存体制のもとで起きる戦争を遂行する場合、組織としてやらなければならない仕事は、一七世紀の後半には膨大なものになっていた。したがって、国王といえども戦争に赴かなければならなかった。こうした過程で国王たちは、次第に神の代理人というよりも会社の社長に近いものになって行った。

一つの集団として考えれば、これらの会社は競争的な意思決定の恩恵を実現するだけでなく、帝国がもっている規模の経済を幾分か実現した。いささか不器用で、大まかなやり方ではあったが、多様性のなかの統一という固有の政治支配のあり方が、ヨーロッパに両者の最良の利点を与えたのである。権力が分散した状態のもとで、ヨーロッパが一つのまとまりを維持していたこと、そして、そのことは経済発展にとって重要であったこと、これらがどのような意味をもっているのかを議論しなければならない。国民国家の歴史という通常の枠組みから見れば、ヨーロッパは、異なる言語を話す人々から構成されるモザイク模様のようなものであり、支配者は多くの場合、互いに激しく敵対し、非常に多様な要素からなる木材を根気強く刻んで、国民国家を作り上げて行った。万華鏡を回すと別の模様ができあがる。しかし、それは共通の文化をもった模様である。エドマンド・バークの言は、「ヨーロッパ人は大陸のどの国においても自分が完全な異邦人であると感じることはない」と公言した一八世紀の世論の典型であった。この言は、社会的階梯の底辺よりも頂点に関して当てはまることである。しかし、このことは、次のような視点が正当であることを証明する手助けになる。すなわち、ヨーロッパが高度に集約され、ある部分の変化が他の部分に影響を与えるような体制のもとにあると見ることである。ヨーロッパが一つになりつつあること、あるいはヨーロッパが統一体として機能することが可能であることは、暦が次第に統一されつつあったという事実が示している。ヴェネチア共和国が一年の始まりを一月一日とした一五二二年とイギリスが大分後れてその暦を採用した一七五二年の間に、ロシアを含む大部分のヨーロッパ諸国はこれに同調するようになった。スペイン、ポルトガル、フランス、イタリア半島の諸国家がグレゴリオ暦を採用した一五八二年と、「グレゴリオ暦を採用すると削除されてしまう九月の十一日間をわれわれに返せ」という抗議の喧噪の中でイギリスがようやくこれにしたがった一七五二年の間に、ロシアだけは一九一八年まで粘ったが、この革新もまたヨーロッパ諸国で採用されたのである。バルカン諸国とトルコは第一次大戦、あるいはそれ以後まで待って、これに合流した（日本はすでに一八七二年にグレゴリオ暦を採用していたし、中国も一九一二年に採用していた）。ロシアはいささか例外的であり、バルカン諸国も除くが、暦の標準化が行われたことは、同等の地位を保持するヨーロッパの大部分の境界、すなわち、今日われわれが西欧・中欧・北欧・南欧と呼んでいる地域が前工業化時代後期に存在していたことを何よりも示すものである。同等の地位を獲得する過程は、緩慢で、たどたどしかったが、重要なことはそれが達成され、集権的な権力の拘束なしに実現したことである。

宗教に基づくヨーロッパの真の統一は、ヴェネチア共和国とモンゴル帝国が一二二二年に秘密条約を締結したことによって、崩壊していた。この条約によって、ヴェネチア共和国の人々は異教徒である蒙古人のために利益供与を行い、彼らの利害を喧伝すること、これに対して蒙古人は、侵略の途次、ヴェネチア共和国の人々と関わりのないすべての交易拠点を破壊し、ヴェネチア共和国に独占的な地位を与えることとされた。もっと一般的にいえば、ヨーロッパの真の統一は、一四世紀のローマ教会の大分裂とともに崩壊したのである（Chambers 1979: 24-5; Dehio 1965: 21）。ヴェネチア共和国は、異教徒トルコ人に対する防波堤としての役割を果たして来たにもかかわらず、教皇も加わったカンブレ同盟によって、攻撃された。ヴェネチア共和国に対するこの攻撃とハプスブルク家に対抗するためにフランスが後にオスマン帝国と同盟を結んだこと、この二つによって、キリスト教世界はさらに根底から粉砕された。キリストよりずっと以前に、ヘロドトスはヨーロッパ文明とアジア文明の違いを十分過ぎるほど明確にしていたが、キリスト教世界というレッテルの方がヨーロッパの特質を示すものとして好まれるようになっていた。これによって、「ヨーロッパ」は地理的には実体のない表現になってしまった。一五世紀になって、ようやくヨーロッパは再びそれ以上のものを意味するようになった。ポーランドとハプスブルク帝国の利害を喧伝する人々は、彼らの政府が、オスマン帝国の攻撃に対して、固有の価値体系をもったヨーロッパ大陸の社会を防衛しているのだとほのめかし始めた（Coles 1968: 148）。宗教戦争とキリスト教の教えとの矛盾が嘲笑の的になったが、確かにキリスト教は、多様な言語と国家をもつヨーロッパの人々の交流をある程度容易にする一つの傘、あるいはローマ・カトリックとプロテスタントという二つの傘の役割を十分果たし続けたのである。世界の他の地域と比較すると、ヨーロッパの人々が、それでもなお、例えば、中国の国家儒教に相当するような単一の政治・宗教体制の支配を免れたという事実が、変化と革新を考える場合、さらに重要な意味をもっていたであろう。キリスト教徒同士の争いに見られる神を冒瀆するような残忍な行為や消耗があったにもかかわらず、単一の政治・宗教体制ではなく、ある程度の多様性を含んだ体制のもとにあったおかげで、ヨーロッパの人々はある種の一体感と一定の思想の自由を保証されたのである。これは、宗教的な全体主義、あるいは果てしない宗教的分裂よりもましな結果をもたらした。

言語の使用に関しても、同じく中道的な道が採られた。外交、公務、学問、そして上流階級のお喋りには、二つの言葉が採用された。外交目的には、一六世紀まではラテン語が使われ、次いでイタリア語、そして次第にフランス語が使われるようになった。外交はそれ自身接着剤の役割を果たすものであった。フランスの旧体制（アンシアン・レジーム）のもとでは、どんな場合でも、ある国の外交顧問は国籍の異なる人々から構成されていた。彼らの目的は、平和を維持することであり、必要ならば賄賂を使った。その結果締結されるようになった条約や通常の慣例は、対立がそれ以上拡大するのを抑えるのに失敗することはなかった。例えば、そのままではすべてを消耗し尽くしてもおかしくはなかったであろう三十年戦争の期間中に、イギリスの中立と貿易が交戦国によって受け入れられたことは注目に値する（Kepler 1976）。

外交用語、あるいはそれ以上の用途に用いられるようになったフランス語は、社交界の言葉となり、帝政ロシアの貴族はロシア語よりもフランス語を好むほどであった。ルイ十四世の死までに、フランス語はフランス軍もできなかったほどの早さで、そしてフランス自体の諸地方に広がるよりも早く、ヨーロッパの上流階級の間に広まった。フランスでは、一八六七年になっても、人口の一〇％はまだフランス語を話すことができなかった（Goubert 1974: 279）。国民言語で書かれた文学が興隆したにもかかわらず、公的な領域では、国によっては一九世紀に至るまで、ラテン語が使われる傾向があった。こうして、官僚はラテン語を用い、外国人と話す場合にはフランス語を使った。学生は常に逍遙しつつ思索し、ラテン語で書かれた書物を学習することが中世教会制度のもとで普遍的に行われた。学者の方は、まだラテン語を使っていたが、交戦中の国を旅行する場合でも、相変わらず国籍による制限を受け入れようとはしなかったし、制限を課されることもなかった。国境を越えた彼らの行き来は、ナポレオン戦争の時期まで続いた。彼らに関するかぎり、愛国心の強要という言語矛盾とはほとんど縁がなかった。

科学、例えば、地質学の学習に関して、ヨーロッパは一つであるという例を取挙げてみよう。一九世紀の初頭、イギリス、ドーセットシャーのライム・レギスにあるメアリ・アニングの化石を売る店をザクセン王（彼の領地ザクセンのフライブルクは、世界中から地質学徒が集まる場所であった）が訪れたとき、彼女は「私はヨーロッパ中で知られております」と静かにいって、国王が差し出した署名帳を返したのである。王室による科学の奨励は単なる形式に止まらなかった。例えば、プロシア国王子ハインリッヒはモンバールにビュフォンを訪れたし、オーストリアの皇帝は、科学の領域では自分と同じような大きな影響力を持っているといって、博物学者ビュフォンを喜ばせている。この頃になると、科学協会は外国人の会員を受け入れ、著名な外国人に敬意を表したりするようになった。また、通信員や観察員からなる西洋世界を結ぶ正規のネットワークが形成されつつあった。一七八〇年代に、フランスの王立医学協会は、気候条件が病気や流行病に与えるであろうさまざまな影響を研究する一連の研究拠点を確立している（Gribbin 1979: 892）。ドイツでは、ライン・ファルツ選帝侯カール・テオドールが一七八〇年に、選帝侯領の気象学協会の協力を得て、観察員のネットワークを作り上げている。この協会は、標準化された気象観察器具を、遠くロシア、グリーンランド、北米の観察員に送っている。

重要な点で、つまり、資本、労働といった生産要素、そして次第に通常財に関しても、ヨーロッパは統一的な市場となって行った。勿論、流行の世界で観察されるように、かさ張らず高価な商品は、交易に対する物理的・政治的な障害をいとも簡単に乗り越えることができた。この分野における市場は、次のような当時の習わしに助けられて統一されて行った。一つはヨーロッパ大陸巡遊旅行である。もう一つは、流行のパリ・モードを着せた木製の人形を毎年遠くペテルブルクのような大都市やボストン、マサチューセッツといったヨーロッパの西にある植民居留地に送る習わしである（Jones 1973）。何処の婦人服業者も流行をまねた。将軍さえ「木製のお嬢さん」が前線を通過するのを許した。社交界は、大陸ではイギリス製品に、イギリスではフランス製品に対する周期的な外国流行熱によって活気付いた。どんな辺鄙なところでも、流行から取残される場所は少なかった。アイスランド国立博物館でさえデンマーク調の家具を所蔵している。このデンマーク調の家具も実はフランス、イギリス、ドイツ、オランダの影響を受けていたのである（Rousell 1957: 102, 104を参照）。最も驚くべきことは、フランスがイタリアを追い抜いた一六世紀以来、ずっとフランスのオートクチュールがヨーロッパを支配して来たことである。したがって、多くの製品がさまざまな国を行き来し、重商主義的な諸規制を逃れ、あるいは無視しえた場合には、一国が提供できる規模よりもさらに大きな市場に向けて供給された。多数の官吏を擁することは稀であったから、統治機構はこうした取引を阻止する用意が十分できていなかった。これとはまったく別であるが、腐敗した官吏によって、抜け穴が作られ、製品が流出・流入することもあった（van Klaveren 1969）。流行の高級品とは正反対のところでも、平野地帯で生産された食糧品が、隣の国の高地地方の家内工業で生産された工業製品と交換され、国境を越えて大規模に、規則的に取引されていた。

ニュースや商況に関する情報の市場も少しずつ統一されて来た。マルコ・ポーロは一三世紀に中華帝国における郵便の早さに感じ入ったが、実際は家畜飼料の不足によって、中国の郵便業務は後れを余儀なくされ、これを克服することができなかった（Stover and Stover 1976: 82）。近代初頭のヨーロッパにおいては、郵便業務は改善され、配達量、そしておそらくは早さにおいて、他の追随を許さなくなっていた。ヨーロッパの郵便事業が他のそれを凌駕したのは、ヨーロッパでは、通常、馬の飼料が潤沢であったからである。経済機構が以前よりも複雑になるにつれて、合法的なニュースの流入の他に、ヨーロッパでは産業上の情報を取引する市場が発展して来た。スパイ活動や贈収賄という手段が用いられた。ジョン・ロムは、こうした方法で一八世紀の前半にイタリアの絹織物製造に関する専門知識を手に入れている。それから一世紀後には、機械の設計図を取引する有力な闇の市場ができあがっていた（Jeremy 1977）。工場制度の初期には、中古機械の売却によって、技術はまったく合法的に、ヨーロッパの先進国から同じくヨーロッパの発展途上国へ、経済発展の階梯を下降して、普及して行った。国民経済を単位として考える経済史は、これを技術ラグの証拠であるとしている。しかし、歴史的な観点からすれば、工業設備を取引する市場が存在しているという事実そのものが、生産方法や需要されている財がかなりの程度同質的であることを示している。

遠く中世から、支配階層に属する家柄同士の政略結婚によって、政治的、文化的な（したがって、経済的な）網の目が張りめぐらされ続けた。政略結婚は同盟関係の樹立にとって極めて重要な意味をもっていたので、王室に関するかぎり、これは正常な習わしであった（Fichtner 1976; Chadwick 1945: 103）。しばしば、結婚には人質を取るという要素も含まれていたであろう。現在のわれわれの観点からして重要だと思われるのは、二度結婚した王室の女性が、自分が経験した二つの国それぞれの生活様式を第三の国の宮廷へもち込む可能性があったということである。この他にも、特殊な労働力の行き来があり、多くの場合、大規模な移動を経験している。傭兵部隊を例に挙げてみよう。ほとんど国際的ともいえる雑多な国籍の下士官が、国軍のすべてを動かすということもあった（Mockler 1970）。プロテスタントのスイスが教皇勢力に傭兵大隊を送ったことさえあるし、ドイツの群小の領邦君主が兵隊の賃貸事業をやったこともある。こうした事実をもとに、キアナン（1965: 31-2）は、ヨーロッパの国家は、少なくとも発展途上の東欧や北欧では、野心をもった人々の事業を引きつける株式会社の集合体のようなものであるとしている。彼の考え方を一般化すれば、次のようになるであろう。諸国家併存体制下のヨーロッパには、互いに競い合い、ときには密かに結託する政治単位が多数併存し、その競争心が最も優れた技術・制度・思想といった慣行を広めるのに適していたのである。

専門的な技術をもった労働力は国内に止まるべきであるとする政府の命令にもかかわらず、民間の熟練労働者や企業家もまた移動を希望していたし、多くの場合、それは可能であった。これは、今まで広く論じられて来た問題である。国際労働移動の歴史に関する文献は多数に上る。中世都市には、多数の外国人居留地域があった。そこには、自分たちの教会があり、彼らはその守護神の祝祭日を守っていた。また、最初は国家の事業のためであったが、しばしば国際的な労働力の貸し借りがあった。例えば、一四七〇年代にイヴァン三世はイタリア人の土木技術者と建築家を招聘し、大火で消失したモスクワの町と大聖堂の再建に当らせた。この関係は、イヴァンがローマで育ったビザンチン帝国の皇帝の姪、ソフィア・パレオロギアと結婚した結果であった。他の国と比べて後れていたロシアは、多くの点で借り手の地位に甘んじていた。一四八九年、再び結婚の段取りのために外国にいたイヴァンの公吏たちは、鉄砲鍛冶、金細工師、土木技術者を雇っている。それから二世紀後には、ピョートル大帝がヨーロッパ大陸巡遊旅行に際して、オランダとイギリスの職人を大量に雇っている（Grey 1967: 36-7, 73, 75）。常にある国が他の国を引き離し続けるということはありえないので、この種の人の動きは巡回するものである。例えば、一六世紀にはコーンウォール州や湖水地方の錫・銅産業は、イギリスよりも鉱山業が発展していた南ドイツの鉱山地域から鉱夫を導入することによって発展した。君主の結婚に際して、外国の王室の女性を候補者として選考する場合、相手方の国との間に特に軍事上の技術に差があり、それが不利益をもたらすということが段々解って来ると、滅多にない機会に備えて外国に滞在し、君主の結婚の段取りをする代理人にたよる必要はなくなって行った。外国人を雇用する権限を委任された担当者が派遣され、政府の係官が海外に常駐して、定期的に外国人を雇っていた。民間人による外国人雇用が国王主導のそれを補い始めた。一五世紀から一七世紀までの間にイギリスに入国した熟練技術者を調べてみると、一三種類の職業に従事する者と八カ国からの専門職がいることが解る（Tilly 1975: 529）。

移動の自由が公的に認められていないところでも、労働力はしばしば移動している。産業上の独占の喪失を他の国の政府よりも深刻に憂慮していたヴェネチア共和国の政府が厳しい罰則を科したにもかかわらず、ムラーノのガラス製造工はその技術をヨーロッパ中に広げた（Rapp 1975: 505-6）。ピョートル大帝が、ポルタヴァで捕えたスウェーデン人の捕虜がもっている軍事知識や技術を無理矢理利用したように、労働力を調達する余裕がなかったり、希望しただけの労働力を確保することができなかった場合には、それを利用しようとしている者は、彼の手に落ちた者をすべて働かせるだけであった。アジアの諸帝国も、勿論、外国人を買収したり、捕虜をこき使って、新しい技術を獲得した。そして、こうしたことを、軍事技術の開発だけに費やされた労働や機械仕掛けの遊び道具の製作のために浪費された労働であるとして、無視してしまってよい訳ではない。ヨーロッパの宮廷人たちも機械仕掛けのおもちゃの兵隊や回転木馬、蒸気を利用した装飾用の噴水を動かしたりするような、同じように非生産的な労働に熟練職人を使った。ヨーロッパとアジアの違いは、絶対的な違いというよりも、統計的な差であって、連れて来た外国人の労働力を使う目的の数が違っていたということ、そうした意味における「母集団の違い」であった。ヨーロッパにおいては、生産的な目的のために使われるお雇い外国人の労働力の数がアジアの場合よりも多かったのであり、熟練労働者の行き来がアジアの場合よりもずっと多く、しかも系統的に行われたのである。

大事な点では、共通の文化的土壌があること、あるいは多くの点で生活様式が類似していること、単一の市場らしきものが形成されていること、ヨーロッパの特質をこのように描いてみると、政治権力が分散していても、それは生産と分配における規模の経済の致命的な喪失を意味していないことが解る。諸国家併存体制は、この体制を構成するそれぞれの国家のうち、最高の限界収益を提供する国へ資本と労働が流れて行くのを阻止することはなかった。国王や政府関係者は、政治家の常として短期的な目標しか頭にないから、こうした流れを食い止めようとすることが多かったが、大部分は失敗した。他方、彼らがこうした流れに貢献することもあった。例えば、彼らが個人資産を外国の貨幣市場、特にアムステルダムやロンドンに預けている場合はそうである。あるいは、国王や政府関係者が外国の手工業者を招聘し、自国に定住させることもあった。国家に対する忠誠の観念は、稀薄であった。オランダ商人は、戦時にも敵国に海軍船舶用器材を平気で供給する一方、英仏海峡を航行してアムステルダムに向かうフライト商船の護送船団を専門に私拿捕しているダンケルクの武装民有船に投資し、二股をかけて危険を分散していた。他方、フランス人はオランダ人と商売をして、いつもコルベールを激怒させていた（Barbour 1963）。ルター派諸国家は、カルヴァン派の企業家を招聘し、事業を起こさせている。例えば、オランダのマルセリス家がデンマークで事業を興し、ドゥ・ギャー家がアムステルダム経由でリエージュに入り、そこからスウェーデンに招かれて、事業を興している。カトリックの国家でも事態は同じであった。企業経営に関する技能は、単なる工学的な技術以上に希少価値をもっており、導入に躊躇は許されなかった。ヴァレンシュタインの軍隊は、プラハに住むカルヴァン派の銀行家で、ウィーンのハプスブルク皇帝の銀行家でもあり、またイエズス会の銀行家でもあり、神聖ローマ帝国の銀・錫準備金の管理人でもあったハンス・ドゥ・ウィットから資金援助を受け、兵隊の給料も彼が用意したのである（Trevor-Roper 1967: 7ff）。特に、神聖ローマ帝国は多言語使用地域であった。リー・ファーマー（1977: 184n）が述べているように、「フィレンツェ、ミラノ、トリエステ、フィウメ、リブリアナ、ザグレブ、ラグーザ、サラエヴォ、ブダペスト、クラウセンブルク、チェルノヴィッツ、ルヴォフ、ブルノ、プラハ等々、そのすべてがさまざまな時期に」帝国の一部を構成していた。これらの地域の市民がウィーンへ流入するという事実の背景には、この地方特有の民族統一主義と間歇的な民族暴動があったのではないであろうか。

熟練労働力と投資資金の買い手と売り手の双方が、次第に私的な市場で対峙するようになる。国境に接する地域に住む個人やその地域の全住民が、ときとして、最もよく統治されている国、アレクサンダー・ポウプのいう税金が最も低い国に忠誠を誓うということがあった（例えば、Fraser 1971: 53を参照）。資本の所有者が容易に他の国に移住できるという事実のおかげで、過重な課税の実施が抑えられるということが、『国富論』のなかで述べられている。モンテスキューはかつて次のような見解を表明した。すなわち、市民が動産という形で富を保有している国の為政者は、不動産所有が富の所有者を動きにくくしている農業国家の為政者よりも慎重に行動するであろうと（Herschman 1977: 94; 1978）。相変わらず権力が苛酷で、政治的な不満に対して「発言権」を与えることは危険な贅沢であると見做し続けているような場合でも、有産階級が脱出するという可能性があれば、そのことは恣な権力の行使に対する暗黙の抑止力として働いた。諸国家併存体制の存在そのものが、基本的に自由を生んだのである。いい換えれば、宗教や政治的な立場が異端と見做されず、むしろ正統として許され、生活様式もそれほど異質ではない国が隣にあり、そこに移住したり、逃れて行くことができるということが、自由を生んだのである。例えば、外国為替手形のような、もち運び可能な証書という形で財産が請求できるようになったこと、このことは国外脱出の機会を大いに増大させた。広大な領土をもつ帝国のなかにいわば封印されているといってもよい人々には、これと同じような機会は与えられていなかった。

ヨーロッパの国民国家が以前よりも強く国家を意識するようになると、国境を閉ざし、文化的な同質性を目指して、資本と労働の国外脱出費用を高くし始めたように思われる（Friedman 1977: 72-6）。だが、この分野のある専門家（Rokkan 1975: 589）にいわせれば、国外脱出の道（国境）と発言権（政治への参加）を実際に封じようとした絶対王政国家は、多分、性急に、力ずくで、本来異質な人々を単一の文化・単一の言語という鋳型に押し込めようとして、逆に政治問題を自ら背負い込む羽目になってしまった。しかし、帝国とヨーロッパの諸国家併存体制の違いが、一方が単一の巨大な専制国家であり、他方が群小の専制国家の集まりにすぎないという状態に陥るのを辛うじて防いだのは、潜在的な国家間の競争と牽制の存続であった。

強圧手段を独り占めし、先進的な隣国からの脅威を感じない巨大な帝国は、新しい方法を採用する動機をほとんどもっていなかった。逆に、ヨーロッパの国民国家は、現実に競争相手に、そしてまた将来競争相手になる国々に取囲まれていた。そこでは、一国の統治者がだらしがないと、威信と軍事上の安全性が損なわれる。また、政治的・宗教的に偏向している国家が、特定の企業家や職人の集団を差別し、排除したり、追放したりすると、その国とは政治的な傾向を異にし、寛容度の高い他の国が彼らの役割を評価し、進んで受け入れることもあった。その意味で、諸国家併存体制は、経済的・技術的停滞に対する保険のようなものであった。国家間の正貨保有量均衡装置のようなものが存在し、そのために技術が諸国家の間を自由に行き来して、全体の水準が絶えず上がって行くようなものであった。勿論、それは不完全にしか機能しなかった。短期的には、歴史の荒波に翻弄されている個人にとって、諸国家併存体制は異様なほど不完全なものに思えたに違いない。ヨーロッパの統一は、現在でもまだ満足すべきものではないし、不完全にしかなされていない。一八世紀においては尚更であった。統一が不完全にしかなされないということは、この体制を形作る諸要素のうち、体制の内部にある地域というものの力の方が根強く、どちらかといえば現実的な要素であることを示しているのではないであろうか。

諸国家併存体制を活性化している原動力の主要な部分は、軍事上の競争であった。最終目標は、経済発展そのものというよりも王朝の繁栄と軍事力であった。おそらく何時の時代でも、第一の目標は、アダム・スミスが述べているように、「物資が豊富であるよりも防衛力をもつことの方が大事である」ということであろう。次いで、経済成長をなし遂げる能力をもつか否かということが、国家間の現実的な違いを生むことになる。しかし、それぞれの国民国家は、独自の資源とさまざまな自由をもっているということをそれとなく掲げた一団の株式会社のような機能を果たすことによって、体制全体として、革新と異端を抑えつけようとする動きから自らを守ったのである。ヨーロッパは、抑圧された人々に多くの避難場所を提供した。ヨーロッパの歴史を、戦争・侵略・宗教的弾圧から逃れた亡命者の避難の物語として、描くことができるかもしれない。現実には、ヨーロッパの歴史は抑圧と抗争に満ち溢れている。しかし、チンギスハーンによる抑圧のような例は少ない。あるいは、世界を新しく作り変えようと狂奔し、（さらに、それを乗っ取ろうとして）、すべての人々を虐殺することに血道を上げる「新しい時代を切り拓く者である」と自称する人々によって、汚されることも少なかった。確かに、一六・一七世紀の宗教戦争や千年王国運動にはこうした恐ろしい一面もあったことは事実である。この時代には、舞台となった個々の都市が、わずかの間に、平等の名のもとに一夫多妻主義を扇動する者の手に落ち、独裁的に支配されることもあった（Cohn 1970）。多くのヨーロッパ人が故郷を奪われた。しかし、近東における状況や現代のそれと比較して、信念を貫いたために虐殺された人々の数が多かったとはいえない。避難民の移動や戦時の亡命者の各地への分散は、一つの国民国家から別の国民国家への技術伝播という思いがけない効果をともなっていた。

一五六七年にアルバ公が南ネーデルラントに到着すると、新教徒が大挙してその地を逃れた。新教徒たちは、イギリス、オランダ、スイスに散らばり、幾つかの産業、特に繊維産業の労働力を強化することになった。一五八五年にアントワープが攻略されると、フランドルの職人たちはイギリスに逃れ、絹織物工業を興した。経済的に見て一層大きな意味をもっているのは、フランスを離れたユグノーの大量の亡命である。その数は、一六八五年のルイ一四世によるナントの勅令の廃止、あるいはその直前の時期に二〇万人以上に達した。ときには密出国という形をとったが、彼らは亡命に対するさまざまな禁制をくぐり抜けることができた（現在もイングランド銀行券を印刷している会社をハンプシャーのレイヴァーストウクに設立したアンリ・ドゥ・ポルタルは、葡萄酒の樽に隠れてフランスから密航した）。ユグノーたちは、スウェーデン、ブランデンブルク・その他のドイツ諸領邦国家、アイルランドのアルスターなどの新教国家に逃れ、金属工業や製紙業、アルスター麻織物工業の成立に貢献した（Scoville 1951; Brierley 1970: 152）。スコウヴィル（1960）は、「ナントの勅令の廃止と技術伝播」と題した章で、ユグノーがイギリス・アイルランド・オランダ・ドイツ・スイスの産業に与えた影響について、非常に克明な分析を行っている。ナントの勅令の廃止をきっかけに大量の亡命者が移動し、経済制度の歴史から見ると、そのことが技術伝播の大きな流れの頂点をなしていたからである。

ギリシャのキリスト教徒は、一四六〇年から一七一八年までに起こった対トルコ戦争とトルコによる征服を逃れて、西方に散らばった。彼らは、イギリスからロシアにおよぶ地域の八カ国、さらにバレアレス諸島、マルタ、ドナウ川流域の諸公国に自分たちの商業共同体を設立した（Zakythinos 1976: 115ff.）。この時代は社会的な不安や騒動に満ちており、こうした形態の国外在住者の商館を何倍にも増やそうとする根拠は十分にあった。その結果、ブルジョア階級の間には、ヨーロッパ人であるという自覚のようなものが生まれた。他国よりも創造的な精神に恵まれた大ブリテン島から技術が伝播したというありきたりの見解とは違って、商工業の発展は各地に分布する商館相互のこうした国際的なネットワークに起源をもつものであった。「イギリスの工業化は、ヨーロッパの工業化の一過程であって、ドイツ人・ギリシャ人・アイルランド系アメリカ人、そしてわずかではあるがその他の国の人々（オランダ人・フランス人・イタリア人など）がそれぞれ自分たちの専門的な技術でその発展に寄与したのである」（Chapman 1977: 48）。

ヨーロッパ史におけるユダヤ人の役割は、その他すべての移住者と比べても注目すべきものであり、特筆に値する。早くも一〇八四年に北ヨーロッパの諸王は、ユダヤ人が金融業を営むことを許可している。地中海沿岸の先進地域を拠点として金融業務を代行する数少ない人々のなかにユダヤ人がいた。彼らは一一世紀における北ヨーロッパの発展の分け前に与ろうとしていたからである。不幸なことに、あまりに多くの融資が戦争や司教座聖堂の建設といった非生産的な事業に費やされてしまった。その結果、融資は手軽に行われなくなり、借り手に返済能力がなければばないほど、金融業者は怨嗟の的になってしまった。その結果、十字軍と結びついたユダヤ人の虐殺は、債務証書を焼き捨てるという行為から始まることが多かった。いってみれば、大事なことをまず先にやってしまうということであろうか。ユダヤ人に不利なこうした統治機構のもとでは、彼らの共同体が二世代あるいは三世代以上続くことは不可能であった。国王たちは返済不能に陥ると、宗教の名を借りて自国のユダヤ人を追放することによって、問題の一部を解決し、同時に教会のご機嫌を取ろうとしたからである。全国的な規模でユダヤ人が追放された最初の例は、イギリスであった。ユダヤ人は国王が特別に設けた財務府を通じて、金を絞り取られ、一二九〇年には資金が枯渇してしまった。エドワード一世は抜け目なく大陸のキリスト教徒の金融業者と接触し、次いで、冷酷な打算で、自身の支配領域からユダヤ人を追放した。同じような策謀は、北ヨーロッパの他の国でも見られた。実際、キリスト教徒の国王たちはユダヤ人の金融業者を強制貯蓄計画の最前線として利用し、追放するときには、彼らの手元に残っているありとあらゆる富を没収した（Elman 1936-37; Brierley 1970: 150-1; Parkes 1964）。ユダヤ人を搾取する場合でも、後の統治機構はもっと創意に富んでいた。例えば、プロシャは、再三にわたってユダヤ人に対して、ベルリンで生産された工業製品を東ヨーロッパに輸出することを義務付けたが、これはユダヤ人にとっては出費の多い事業であった（van Klaveren 1969: 268）。

ユダヤ人やその他の亡命者の追放は、すべての場所でときを同じくして起こった訳ではないので、彼らはおおむね自分の行き先を見出すことができた。ブローデル（1972 vol. 2: 805-17）は、ドイツとイタリアという政治的に分断されている国家が複数存在する状況のもとで、こうした事実があったことを指摘している。ブローデルが強調するのは、こうした国では、ユダヤ人・その他が荷馬車を使って移動する場合に、辺境地帯がいかに多くあったか、船で安全地帯に脱出する際に利用できる港がいかに多くあったかという点である。実際、ユダヤ人たちは当時最も繁栄した国に定着し、彼らがやむをえず習得しなければならなかった言語を用いて、さまざまな技術をもち込み、併せて、世界各地に散在するユダヤ人相互の国際的なネットワークや強制的に退去せざるをえなかった地域の、商業取引上重要な情報ももち込んだ。同時に、こうした商業取引にとって重要な情報や知識はユダヤ人が去った後にも残ることが少なくなかった。したがって、長期的な視点からいえば、そして物質的な観点からすれば、ヨーロッパ社会全体としては、ユダヤ人を追放するという自身の欠点から利益を得たということになるであろう。

一五世紀の末期にスペインからユダヤ人が追放されたとき、彼らが赴いた先の一つは諸国家併存体制のヨーロッパの外にある場所、トルコであった。当時、オスマン帝国は、束の間ではあったが、解放的で、外部に対して寛容であり、皇帝バジャゼット二世は、ユダヤ人を利用すればスペインを踏み台にして帝国は豊かになると予想していた。スペインがユダヤ人追放によって失われた技術を取戻すことができなかった場合、その分だけオスマン帝国は豊かになったかもしれない。しかし、概して追放は、スペインにとって予想されたほどの被害をもたらさなかった。そして、スペインに関していえば、オーストリアのフッガー家やヴェルザー家、さらに若干のジェノヴァの富裕な家族が、退去したスペイン系ユダヤ人の後釜に座った（Koenigsberger 1971: 22-3）。ユダヤ人はトルコ軍にしたがい、オスマン帝国の専門職階級として近東へ進出し、キリスト教徒のギリシャ人に取って代わった。オスマン帝国は秘密外交を通じて、一六世紀中期に富裕なマンデス家の富をヨーロッパから移送させることまでやってのけたのである。彼らは、教皇に対して、ヨーロッパにいる「自分たちのユダヤ人」の財産が脅かされていると抗議している（Inalcik 1969: 121）。当時少数民族を歓迎したのはヨーロッパだけではなかった。激しい思想的な対立の時期は別として、亡命者は広く受け入れられた。技術や商業上の専門知識、投資資本が極めて不足していたからである。オスマン帝国やインドのムガル帝国は、ヨーロッパの中でも最も外部からの人々を受け入れていた宮廷、すなわちロシアの宮廷よりもさらに開放的であった。オスマン帝国やムガル帝国は、「中部および西アジア全土から財産目当てに押し寄せた人々の集団」であった（Kiernan 1965: 32）。しかし、こうした統治機構のもとで経済活動を行おうとする人々は、大目に見られていただけであって、法律の保護もなく、常に危険を覚悟で仕事をしていたのである。

他の集団とは著しくかけ離れた性向をもつ少数派を、ウィリアム・ペティ卿は「異端集団」と呼んだが、彼らはどのような経済制度のもとでも、対外交易の分野で影響力を発揮することが多かった。他の地域とヨーロッパとの違いは、それぞれ独立した政治支配の単位が広範に存在していたということである。その結果、異邦人の排斥やナショナリズムが台頭したとしても、それを和らげる非難場所のネットワークが代わりに与えられていた。政治支配単位相互の競争が激しく、追放した国家が、追放された人々やその子孫を再び呼び戻して、定住させることもありえた（例えば、Trevor-Roper 1967: 43を参照）。あるいは、少なくとも、追放した人々がもっていた最も有益な知識を再び移入することもありえたのである。長期的に見ると、亡命者の移動は執拗に繰り返され、その度に活況を呈しつつあったように見える。異端集団は、商業の分野で成功した。彼らは、足を引きずりながら歴史の舞台から惨めな姿で敗退するような人々ではなく、椅子取りゲームに参加していただけであった。この遊技では、毎回、運の悪い者が椅子に座り損なうが、大部分の者はいささかまごついて右往左往するとはいえ、新しい椅子をどこかに見つけて座ることができる。ヨーロッパの諸国家は、皆同じように互いに他の国家から問題解決の仕方を学んだ。理由は明白であって、隣国の問題解決の仕方を眼の当りにすること、すなわち相互に刺激し合うことができたからである。多くの場合、亡命者が現場で技術的な問題を解決した。最近の研究が確認しているように、少なくとも初期の段階では、技術伝播は熟練技術者の実際の移動と密接に関係している。

人間を追放することによって被る経済的な損失は、そうした場合にしばしば行われる財産の没収がもたらす損失よりも大きいということはなかったであろう。倫理的観点からすれば不愉快なことであるが、国民の大部分、あるいは彼らの暗黙の了解のもとに、支配者が誰が見てもそれとわかる少数派集団の財産を没収しても、経済全体には損失を与えないということがありうる（Bronfenbrenner 1964）。追放や財産没収が、経済成長を止めるということはなかった。新たに移入した人々が、追放された人々の地位を襲った場合、経済成長率が下がることは稀であったであろう。女王イサベラの金庫は、没収したユダヤ人の財産で一杯であり、彼女はそれを使ってコロンブスの遠征に資金援助したのである（Birmingham 1972: 36）。勿論、こうした事実があったとしても、追放や没収が正当化される訳ではない。しかし、経済的な差し引き勘定でいえば、深刻な損失がもたらされることが少なかったことは明らかである。こうした見方は、いってみれば超然とした冷静さで歴史を眺め、疲労困憊した人間が蠅の動きを虚ろな眼で追うのと同じように、もがき苦しみながら歴史を生きている個人を冷淡に眺める立場であることは疑いない。しかし、歴史を生きた個人の数は無数にあり、自叙伝のように詳細に、それぞれについてまともな歴史を書くことなどできはしない。「偉人史観」でさえも、事態が変化している渦中で個人が果たす役割を正当に評価してはいないし、選ばれる個人も、恣意的にならざるをえない。経済史の目的は、木を見て森を見ることであって、全体の姿を見失わないことである。超長期の視点で経済制度全体がどのように発展して来たのかを理解しようと思えば、距離を置いて、冷静な立場に立って対象を見なければならない。顕微鏡的史観に立てば、他の史観では見えなかったことも見えて来るであろうが、われわれが掲げている目的からすれば、大所高所に立った望遠鏡的史観がふさわしいのである。

全体としていえることとは、諸国家併存体制がもっている国家相互の競争と「本来的な多様性」という性質のおかげで、最良の技術や制度が普及したということである。その場合、倫理的には当然代償を支払うべき事態があっただろうが、実際には、そうしたこともなかった。最良の技術や制度の普及は、自発的、ないし非自発的な資本と労働の移動によって行われた。例を挙げれば、イタリアの都市国家・アントワープ・アムステルダム、そしてロンドンの文化・科学・技術・商業慣習は、それぞれの場所に次々に伝播し、さらに自力ではとてもそうした水準に達することができなかった農業的・後進的な経済地域に普及して行った。ガリレオの実験は、イタリアの科学者を沈黙させるに十分であったが、「科学革命」は新教徒が支配する地域で次々と進展して行った。焚書や教会による科学者の査問、暴徒による機械打ち壊し、企業家の追放、政府による投資家財産の徴発はあったかもしれないが、ヨーロッパが全体として技術の後退を経験することはなかった。多数の細胞から構成される諸国家併存体制には、個々の細胞の損失を補完する能力が組込まれていたのであり、その結果、活力に満ちた再結合、再成長、あるいは代替効果が期待できたのである。この体制は、それ自身固有の性格を有しており、単なる部分の寄せ集め以上の特徴を備えていた。

諸国家併存体制と経済発展との関係について、次のように考えることもできる。すなわち諸国家併存体制は、経済発展の原因ではなく、この体制と不可分の関係にある戦争があったにもかかわらず、経済発展は起こったという考え方である。戦争の有無とは関係なく、諸国家併存体制は実際の経済発展のあり方を規定する上でなければならない要因であったが、それがあるだけで経済発展が可能になるということはなかった。戦争は、その手段は受け入れがたいが、外交の延長である。しかし、その経済効果がまったくマイナスであったかどうかは議論の余地がある。未利用資源が豊富な経済においては、戦争や戦争の準備は短期的には生産を上向かせる。しかし、長期的には戦争は資源を浪費し、健全な精神を不健全なものに変えてしまう。戦争にともなう技術革新は、イギリスの内乱期に一時的に追放された人々によってなされた農産物収量の増加や、一般に用いられている馬よりも重い余剰軍馬の払い下げのように、どちらかといえば間接的なものであった（Jones 1974a; Piggott 1976: 115）。今までの歴史を振り返ってみると、軍需生産から新しい技術という副産物が生まれることは稀であった（Kahan 1967: 19; Mokyr 1976: 28–9）。長期間にわたって、諸国家併存体制下の戦争がもたらす被害を食い止めていたのは、地域的な自給経済であった。ネフ（1968: 104）が指摘しているように、一六・一七世紀のフランスで起きた宗教戦争によって、フランス全土は壊滅の瀬戸際まで行ったが、紛争地域以外の場所は半ば孤立して、生産・消費活動に勤しむことに慣れていたので、実際には崩壊を免れた。この時代には、戦争はいずれにしても総力戦という形を取らず、経済活動は国際貿易ですら、平常通りに行われた。

ときの経過につれて、諸国家併存体制も発展する。国民経済と体制全体の統合が進み、戦争の規模も拡大した。広い範囲にわたって、崩壊が起きる可能性が徐々に高まって行った。しかし、ヨーロッパの奇跡の核心に迫る理由によって――はっきりとはわからないが、ヨーロッパの奇跡を生み出した究極的な理由とおぼろげながら考えられるのは、勢力の均衡が奇跡的に保たれたことである――、生産の増加は著しく、危機を回避するに十分であった。ヨーロッパは、国王たちの野心や特定地域に広がるゲルマン的な熱狂、そのときどきに流行するさまざまな宗教的信条――オルテリウスのいう「カトリック病・プロテスタント熱・ユグノー赤痢」といったものによって、ひどく汚染された（Stechow 出版年不明：22, 25）。しかし、ヨーロッパの諸国家併存体制がもっている創造的な作用によって、このような苦渋に満ちた闘技場の内部で均衡が維持されたのである。宗教戦争の時代が終わり、王朝同士の抗争の時代がやって来るのははっきりしているが、このような勢力の均衡の維持が何によってもたらされたのかを推論しうる理論が果たしてあるのかどうかは、控えめにいっても、疑わしいといわざるをえない。国家間の戦争は、信仰や理念をめぐる抗争よりも残忍ではなく、戦争遂行資金の制約からその範囲と継続期間は幾分か限定されたものであった。したがって、こうしたことのために、結果はどちらかといえばうまく行ったのではないであろうか。実際、勢力の均衡は一枚岩の帝国の興隆を阻止し、国民国家同士の戦争による消耗を幾分か和らげもした。脆いものではあったが、規則にしたがって戦争を遂行するという事態の到来は、真の前進を象徴するものであった。ヨーロッパの奇跡の真髄は、どうやらこの辺にあるのであって、経済の領域ではなく、政治の領域に横たわっている。

ネフ（1968: 250）は次のように述べている。一八世紀のヨーロッパにおいて、自分たちの文明圏が、共通の文化・活況を呈する商工業・平和の到来といった特色をもつ単一の共同体に統合されつつあると人々によって半ば期待され、半ば信じられたとしても、それはまったく荒唐無稽なことではなかった。市場の統一、国際法の発達、大使の交換、これらすべてのことがヨーロッパを一つのまとまった共同体に統合する手助けとなった。モデルスキー（1978: 234）が示唆しているように、覇権をめぐる少数の有力な国家間の競争、「寡占的」競争の結果として、既存の国民国家は新たな同盟を強化するようになった。このような競争はまた、すべての面で刺激に敏感に反応するナショナリズムの台頭に寄与した。モデルスキーが言及しているのは、ヨーロッパの諸国家併存体制が世界全体の政治地図に与えた影響についてであるが、こうした統合化の過程は、ヨーロッパ内部で、政治単位としては小規模であるが指導的な国家の動きに促されて始まった。固有の地理的条件のために、同盟の相手として、あるいは連帯の一端を担う構成員として、これらの国家は利用されやすかったからである。このように、力の均衡が果たした潜在的な役割は、諸国家併存体制を強化し、体制内部に自律的な成長を引き起こすことであった。通商の役割についていえば、接合剤という側面の方がはるかに強かった。貿易は、同盟関係の枠を越えて広がる傾向があったからである。交易の発展にともなって、新たな階層の人々が登場した。彼らは、国際的な関係・増大する政治的な影響力を身につけ、通商戦争から得られる危険な報酬よりも、おそらくは平和的な取引により強い関心を示す階層の人々であった。貿易は、比較優位に基づく地域的な特化を促した。その結果、今度は相互依存関係が促進されることになった。ジョゼフ・プリーストリー（1965: 276）が一七九二年に、「現在の英仏通商条約や、かつては敵対していた国々の間で現在結ばれている通商条約は、人類が戦争の愚かさに気付き始めていることを物語るものであって、世界全般の状況、少なくともヨーロッパの状況に、新しい、重要な時代がやって来つつあることを示しているように思われる」と述べたとき、彼の楽観的な見通しは、実際にはあまりに早く打ち砕かれてしまったとはいえ、決して実体のないものではなかった。フランス革命戦争とナポレオン戦争が終わると、予想された長期の平和、通商の拡大、貿易の自由化の進展、一九世紀の長期にわたる物価下落が実際にやって来た。諸国家併存体制がもっている自己調整的ないし自動調節的な特質が、再び現れ始めたのである。後には世界大戦の緊張と恐ろしい崩壊がやって来るが、J・S・ミルがこの体制を賞賛し、先行きに楽観的になる理由は、一八四〇年代にはまだ十分にあった（1965 vol. III: 706-7, 799-804）。この体制は脆いものではあったが、将来有望な進路とミルが考えた道を進んでいた。ミルの考えによれば、文明国は自然に対する支配を拡大し続けることが可能であり、その他の国も「その後にしたがって同じ道を歩むようになるであろう」。その結果、成長の進行は極めて自動的なものに見えるようになった。ヨーロッパで最も後進的な地域の人々でさえ、他の地域の人々に比べれば、世代を経るごとに犯罪から守られるようになって行ったし、特権階級による略奪行為から保護され、さらに「統治者の恣意的な権力の行使」から免れていたから、生命と財産の保証は引き続き改良されて行くであろうと、ミルは考えたのである。ミルによれば、ヨーロッパのどの国の政府も近代化し、しかも他の地域の政府よりも苛酷な課税はしなかった。彼は、ヨーロッパには自然災害の衝撃を和らげ、それを補償するような装置が存在していたと考えている。彼によれば、戦争が起きる地域も、中心から遠く隔たった、ヨーロッパの未開な植民地にかぎられていたということになる。しかし、ヨーロッパの人々が中世に生きていたときには、ミルの自己満足に彩られた賛歌の幾つかは当てはまらなかったであろうが、ヴィクトリア朝ではそうではなかったのである。

第7章　国民国家

ヨーロッパもまた極く自然に生まれたのである。その誕生の状況は決して特異なものではなかったし、ヨーロッパよりも後に誕生した新しい国家のそれよりもずっと模範的なものであった。

——ベンジャミン・バーバー

現在では、国民国家を単位として物事を扱うことは当然のことであると考えられている。しかし、国民国家は純粋にヨーロッパ的な政治支配の形態であって、それまで種族組織しか知らなかった世界の各地に輸出されたのである。われわれは、国民所得計算が極く自然かつ正当な範疇で事象を分析していると考えているが、国民国家は天与のものではない。封建時代が終わった後に、ヨーロッパで作り出されたものなのである。一七世紀後半に政治算術学者たちが経済活動を分析し始めた頃には、国民国家は政策の有力な伝達手段であり、数量データを括る場合に最も便利な単位となっていた。かつて国家は地方の連合体あるいは合成体であり、各地方は中央の要求を自分なりに解釈して中央からの指令を修正していた。しかし、この時期までに、ヨーロッパの大部分は中央集権的な国民国家に編成されるようになっていた。これらの国民国家は、政治的な手段で、そして、あくまでも政治的な目的のためにではあったが、近代化に力を注ぎ、市場制度を拡大していた。

最も古いヨーロッパの国家は、戦士集団の指導者による王朝支配の産物であった。彼らは、同じ民族的起源、慣習、言語、あるいは方言をもった一群の従者を集め、平定して行った。政治支配の範囲が拡大し、同質的ではない人々を引き入れるようになると、異質な人々を同化させるために共通の組織を作り、それに頼る必要が出て来る（Strayer 1966; 1970）。しかし、農業を中心とする経済では、各地域は多くの場合、自給自足しており、中央に対する経済的な結びつきは少なかった。また、地域を代表して統治者を支える人々は、絶えず離反の誘惑に駆られていた。中世の歴史は鷹と烏のもの悲しい争いの物語であるとするミルトンの格言は、農民から貢租を取上げる権利を手に入れるために他の者と争うこと位しか生きる道が残されていなかったのだと指摘している点で、説得的である。中央集権的な支配の正当性の根拠は、わずかな生産物の余剰の分け前に与る見返りに、支配者が正義を実行することであった。手当り次第の暴力を抑え、支配者の潜在的な競争相手である貴族が自分たちの係争を王の裁判所で解決するように義務付けることによって、国王は最も有効に忠誠を繋ぎ止め、中央からの離反の動きを抑えることができた。王の臣民が不当な扱いを受けないようにすれば、王の裁判所は貴族による反乱資金の蓄積を未然に防ぐことに手を貸しているということになるであろう。国王たちが法を独占し、彼らに従属した、一団の信頼できる裁判官からなる永続的な法制度を施行しようとしたのは、このような理由による。初期のこうした社会契約について、その長所を最大限認めていえることは、他のほとんどの地域の庶民よりもヨーロッパの人々は恵まれた条件を享受していたということである。その差は非常に大きいとはいえないが、ヨーロッパの人々の生活に著しい特徴を与えるには十分だったであろう。

ヨーロッパにおける中央集権的国家体制の進化の過程は、ほぼ規則的な循環を経験したように見える。人口増加と経済的膨張の時期には、国家は拡大し、地位を強化することができたであろう。他方、収縮の局面では、ほとんど前進することはできなかったであろう。進化は階段状の過程をたどったのである。成功の時期と思われるのは、一一世紀から一三世紀の間であった。一五世紀後半から一六世紀を通じても、またそうであろう。そして、一八世紀の後半以降に再び成功の時期が現れる。黒死病蔓延以後と一七世紀の「全般的危機」の時代には、後退、暴動の頻発、崩壊の徴候が他の時期よりもはっきりと現れている。国民国家体制強化の最終局面では、多くの国家は自らを近代化するという仕事に忙殺されていた。しかし、この近代化という点で諸国家が何をなし遂げることができたかを検討する前に、国家形成の過程と周期をもう少し詳しく見てみよう。

経済が成長し、人口が増加している時期には、買い手と売り手の数が増え、従って、取引回数が増える。また、こうした時期には、以前よりも多くの人々が競って保有地を求めようとする。その結果、土地所有階級は、以前よりも多くの市場税や取引税、以前よりも高い地代を手に入れることができるようになり、収入が増えるという見通しをもつようになった。中世盛期において、このような機会を利用する一つの方法は、イングランド・ウェールズ・ガスコーニュ、その他の農村にバスティドと呼ばれる新しい市場町を建設することであった（Beresford 1967）。国王、司教、世俗領主たちは皆、すでに人々が定住している場所の間隙に点在する荒蕪地を切り取り、開墾して市街地を建設し、長方形の市街地保有地として、それらを貸し出した。現在でも、碁盤目状の市街地跡が地上にはっきりと残っている。新たに建設されたこれらの都市のなかには、失敗した例もある。しかし、多くは成功し、都市建設を計画した人々が当時の市場活動活発化の分け前に与ることが可能になった。市場活発化がこうした形で利益をもたらしたこと、さらに稀少な生産要素である土地を所有することが利益をもたらしたこと、これらのことが貴族の気持ちを和らげた。国王もまた繁栄の分け前に与り、下位の領主からひどく抵抗されることもなく、国家建設に邁進することができた。

収縮の局面では、分け前は少なかった。国家と国家の間で、また国家の内部で、繁栄の時期よりも不和が増大した。貴族は王の裁判権に抵抗するようになり、彼らも王もともに相手の所有物に手を出す機会が多くなった。全体として、現状維持、あるいは低下する総所得の分け前をめぐって、「分捕り」合戦が、他の時期に比べて多くなったように思われる。この時代の歴史を細かく見れば、その多くは軋轢に関わるものである。人々は決まり切った行動様式に慣れ、土地保有や地域的な慣習という形のさまざまな制約に取囲まれながら、経済活動の大きなうねりに適応して行かなければならなかった。こうした短期の出来事に深入りすることは止めよう。しかし、特定の争い（例えば、農民一揆）が、きめ細かく見れば、経済に起こりつつある事態を正確に反映するものであったと解釈することは正しいであろう。ここでは、中央集権国家の建設が緩んだり、進んだりする際の大きな振幅だけを取扱っているのである。分析の水準が違うにすぎず、一方が他方よりも基本的に正しいということはない。

一三世紀には、国家論の出現に助けられて、中央集権化は一段と進んだが、拡大傾向が弱まった次の世紀には、その動きは押し止められた。国王裁判所による裁判に関して、有力な領主から同意を得ることは次第に困難になって行った。黒死病後の人口激減、地代の伸び悩み、市場の収縮は、領主たちによる以前よりも激しい資源獲得競争を誘発した。「庶子封建制」（bastard feudalism）と呼ばれる貴族勢力の巻き返しが現れた。国王たちも互いに争って領土を獲得し、収入を増加させたり、内紛を外に逸らそうとした。以前よりも大規模な政治単位の形成へ向かう傾向は押し止められた。しかし、以前にはなかった徴候であるが、国内的には一層中央集権化が進展する兆しが存在した。これは人口増加と国家形成の進展との間に見られるはっきりとした整合性と矛盾するものではない。実際に起こったことは、労働力の減少に直面した中央の統治機構が労働市場に介入し始め、賃金の上限を設定し、この時代に顕著になった労働力の移動を抑制しようとしたことである。こうした動きは、一四世紀の後半にフランスとイギリスで起こり、同じ理由で一五世紀にドイツ騎士団国家領プロシャで起こっている（Rosenberg 1958: 9）。おそらく、当時発生し始めつつあった事態とは、次のようなものであったと思われる。つまり、経済拡張期における領土の拡大と中央統制の強化は、国家の取りうる最も一般的な対応であったが、逆に多分収縮期にも、不均衡を乗り切る方策として、実際は官僚機構の機能の一部が確実に拡大したということである。珊瑚のように、官僚制が絶えず肥大化し始めたのかもしれない。いずれにせよ、社会現象に自然法というものがあるとすれば、それは、官僚の数は仕事の量に関係なく一定の率で増加するというパーキンソンの法則である。

これまでに刊行された文献を見ても、国家形成の周期について、最終的な判断を下すことはできない。実際、一五世紀に進展した国家形成の最も活発な局面についても、結論的なことは何もいえない。これは、中央政府に好都合に展開した軍事技術の変化（Bean 1973）のせいである。この変化は、一五世紀の半ばにおける大砲の急速な進歩とともに始まる決定的な事件であった。一五世紀の後半から人口と市場は再び成長し始めるが、このことも有利に作用した。しかし、主要なテーマは、軍事技術の変化が国家の最適規模の範囲を拡大し、一五〇〇年頃には、国民国家を誕生させたことである。これは、以前に存在したよりも大規模な単位であった。ヨーロッパに関していえば、大砲に関する最初の言及は、一三三八年のサウサンプトン湾攻略の際、フランス艦隊に付き添っていたジェノヴァの船に搭載されていたこの武器に関する記録、あるいは多分一三二六年のそれであるといわれている。クレシーの戦いの頃には、英軍の射手のなかには、「馬を脅かすために火薬で小さな鉄球を投げる」小規模な射石砲を多数所持する者がいた（Green 1888: 226; Gimpel 1977: 228を参照）。一世紀後には、大砲は単に馬を脅かす以上の罪を犯すことができるようになった。大砲の改良によって、砦の安全性が失われた。領主たちは最早自分達の隠れ家や要塞から国王に挑戦し、一国を支配することができなくなった。一五二〇年代になると、築城技術が進み、厳しい砲撃に何とか耐えられるようになっていたが、以前よりも大規模で、費用がかかる城の建設が必要となった。城の建設に費用がかかるようになると、それを賄うために大規模な所領が必要になる。したがって、より大きな政治単位、そしてほとんどの場合に、国王に有利に事態は展開した。その結果、過剰であった独立・半独立の公国や王族公領が少なくなり、一四五〇年から一五五〇年迄の間に、中央政府の権力が強まった。領主たちは城を建設することをあきらめ、それに代えて、農村に防塞を施さない、開放的な館や邸宅を建設するようになった。このことは、資本が築城という非生産的な目的から解放されたことを意味する。

こうした説明の背後にある考え方は、それぞれの国家が企業と同じものであるとする会社企業の理論である。ひとまとまりの統一体であること、そして、その内部で生じる専門化・分業のおかげで、大規模な国家は、規模の経済を手に入れることができる。国家の規模が大きくなれば、自由貿易が実施される面積はそれだけ広くなる訳であるし、一人当りの防衛費は低くなる。国土の増加にともなって、国境線が長くなる訳ではないからである。しかし、その他の費用、例えば、制圧した少数派集団を同化させなければならないような場所で必要になる行政費用は、一定の規模を越えて上昇する。したがって、長期の平均国家運営費用曲線は、U字型であった。つまり、規模の経済が発生しているところでは、費用はある範囲までずっと低下し、次いで規模の不経済が出て来ると再び上昇する。企業と同じように、最適規模の範囲を越えている国家は、多くの場合、競争によって選別され、小規模な国家は吸収され、大規模な国家は解体した。大砲や軍事技術上の他の変化が現れてから起きつつあったと思われる事態は、最適規模の範囲が拡大し、それにともなって、国民国家が生まれたということである。

一六世紀の後半には、おそらくもう少し緩やかな拡大があったと考えられる。人口が非常に急速に増加し、市場が大規模になり、以前よりも頻繁に取引が行われるようになった結果、多分取引費用は低下したであろう。収入を得ようとする激しい争いは緩和し、国王裁判所の裁定に同意させることは以前よりも容易になったに違いない。実際、ビーン（Bean 1973）もわれわれと同意見であり、火器や銃砲類の変化に加えて、輸送手段の改良や都市の成長といった要因が、国家の最適規模を拡大させる手助けとなりつつあったと考えている。その後、再び人口と経済活動の収縮局面が、一七世紀と一八世紀の前半のいわゆる「全般的危機」（General Crisis）の時代に現れる。これは、大規模な国家に最初に最も大きな打撃を与えたように思われる（Braudel, Wallerstein 1974: 32注61から引用）。しかし、最終的には中央集権国家はかつて見なかったほど強力な存在として登場することになる。考えられる理由は、一八世紀初頭までに、もう一つの軍事的発展、すなわち、軍隊の規模が極めて大きくなったことに求められるであろう。ルイ一四世が公言し、また自分自身で納得したように、「結局、最終的に勝利を収めるのは、ルイ金貨の力である」（Green 1888: 673）。

絶対王政国家の君主と貴族の間にあった昔からの不協和音は、暫くの間、中断した。この中断は、長期にわたる移行過程の第二段階に当っていた。すなわち、王国が国王の所有物であるという暗い陰の状態から抜け出して、社会一般の利益のために設定される公共信託としての政府（まだ国王のもとで、国王の名において、存在を許されているにすぎないが、最早個人的な支配ではない）の出現という段階を経て、官僚制に基づく寡頭政治という木洩れ陽がさす状態へ移行する過程の第二段階に当っていた。一八世紀中に、この第二の移行はヨーロッパ大陸の主要な国で始まっていた。この移行は、先行するいずれの段階よりも明らかに柔軟性に富んだ体制への移行であった。国王にとって、農民は担税力の源であったから、彼らは土地所有階級による収奪から農民を守り続けようとした。マルク・ブロックが注目しているように、フランスの州長官は「豊かな果実をもたらす課税対象としての農村共同体が、彼らの領主から不当に搾取されないように保護する」ことを期待されていたのである（Brenner 1976: 71から引用）。これは、国家が取得する租税と領主が収取する地代との戦いであった。

こうした争点をめぐって、絶対王政国家は辛うじて平衡を保っていたが、一八世紀半ばにおける人口急増と穀物価格の急上昇によって、均衡状態は崩れ去った。土地所有者は、土地および土地から挙がる収益の分け前を以前よりも多くする誘惑に駆られた。例えば、東ドイツのユンカーは七年戦争以後、農民を土地から追放し始めた。ユンカーたちは直営農場を拡大し、王室の穀倉に納めるよりも多くの穀物をイギリスに輸出した。一八〇〇年には、彼らは年一五万トンの穀物をイギリスに送っている。このユンカー経営によって、一七三〇年代に父王によって体系化された社会秩序が混乱させられているという状況を改善すべく、フリードリッヒ大王は奮闘した（Tipon 1974: 957）。大部分の絶対王政君主は、自由保有権を与えることによって、農民を保護しようとしたが、これは領主権力を弱める結果をもたらした。国王たちのこうした試みは、必ずしも一様ではなかったが、しばしば成功を収めた。しかし、そのことが今度は農業の生産性上昇を後らせる一因となってしまった(Jones: 近刊)。この点で、絶対王政は彼らの近代化および工業化政策が目標としていた経済全般にわたる成長を後らせたことになる。彼らの農業政策は、一面では君主制的な性格を帯び、他面で国民国家の利益を追求しようとしていた。そのため、彼らの政策は、包括的な「均等発展を促進する経済成長」を実現するものとはならなかった。彼らは、小土地所有制度の成立を促進する一方で、経済成長を実現しようとしていたからである。近代化という点で彼らが大いに前進したことは事実であり、この点については、後に見るであろう。しかし、こうした統治機構のもとで、完全に首尾一貫した政策が追求されたと考えることは妥当ではないであろう。

絶対王政が農民を保護しようとした動機の一つは、彼らが兵隊の主要な供給源であったことである。ベイコンがかつてイギリスに関して述べたように、「もし、国家が貴族やジェントルマンを厚遇し、農民や耕夫を単なる職人・労働者としてしか扱わないならば、……立派な騎士をもつことはできるが、健康で、堅固な歩兵隊をもつことはできないであろう」(Ashley 1913: 177-8)。彼らイギリスの農民兵士が、トラファルガー岬の泡立つ海と炎の中で、そしてアルブエラ平原で戦い、みすみす捕虜になってしまったことを考えると、間違っていたことが明らかになったとはいえ、農民保護が大事であるということがヨーロッパ中で信じられていた。農民保護政策、ドイツ語でいう Bauernschutz (農民庇護) は、こうした信念に基づくものであった。国民国家はなお進化し続け、強化されつつあった。アーデント (1975) が指摘するように、一層の進化と強化を可能にした要因は、一八世紀の「農業革命」による健全な財政収入であった。財政収入の出所は農民であり、彼らの所得は、国王が地主階級による収奪を抑えることによって、保護されていたのである。

農業部門で達成された技術進歩の大部分は、——一八世紀のヨーロッパ大陸では、これはどちらかといえば、かぎられた範囲でしか行われなかったが——地主階級による努力の結果であった。彼らは、この分野に関する国際的な知識の宝庫に最も容易に近づくことができる階級であった。彼らのなかでも活動的な地主は、自分たちの州に農業協会を設立し、イギリス式農法を広めた。彼らを勢いづかせたのは、穀物価格の上昇とそれにともなう地代収入の増加であった。他方、大陸の貴族は、伝統的に投機色が強く、危険率の高い経済活動分野に身を置いていた。そこでは、流動性選好が高く、逆に生産的投資という点では疑問に思われるような活動が好まれていた。彼らは絶対王政の宮廷で、無為と虚飾に満ちた生活を送っていた。理由の一つは、主君である国王が身近で彼らを監視するのに好都合であったこと、彼らが自身の所領に蟄居するのを防ぎ、高額の支出をさせることであった。また、名目だけで実務のない官職や宮廷官吏の職は、最良の収入源であったことも理由の一つであった (Blum 1978)。緩慢にしか成長していない経済では、彼らの努力に対して最も高い限界収益をもたらす場所が宮廷だったのである。しかし、人口増加と穀物価格の高騰が事態を変化させ、相対的な収益のあり方を変えて、積極的な土地経営を有利なものにした。以前よりも優れた農法が伝播し始めた。絶対王政国家内部の勢力関係がきしみ、変化し始めたのである。

前工業化時代後期の経済発展を議論する場合、低地地方、あるいはイギリスよりも規制の強い、窮屈な国々にそれがどのように広まって行くかを解明することの方が、低地地方やイギリスのように自由な経済内部で経済発展が進行して行く過程を説明するよりも難しい。絶対王政国家が行ったのは、理性的な色彩を帯びた重商主義という体系に合わせて、前向きの政策を策定し始めたことである。私人としての市民が、ほとんど国民経済計画といいうるような目的意識的な「経済成長計画」を奨励する書物を刊行するようになった。一例を挙げれば、フィリップ・フォン・ヘルニックの『その意志さえあれば、オーストリアは世界を凌ぐことができる』(*Austria Over all, If She Only Will*, 1684) である。コルベールのフランスは重商主義的な中央集権国家の典型であり、おそらくは地方的利害がもう少し強く残る自由放任主義のイギリスは、それでも「議会コルベール主義」(Parliamentary Colbertism) というレッテルを張られるだけの近代化政策、中央集権主義政策を採用した。航海条例のもとで追求されたイギリスの貿易保護は、こうした政策の例である。ファン・クラーフェレン (1968) が主張するように、(財政政策とは異なるものとしての) 重商主義政策は、実際のところ、コルベール時代のフランスを除くヨーロッパ大陸のどの国よりもイギリスにおいて強く推進された。政策遂行に関心をもつロンドン商人が、議会を通じて政治的影響力を行使したからである。大陸では、官吏の腐敗は野放しのままであったが、ロンドン商人は、圧力をかけて、腐敗官吏を裁く裁判所の設置を促すことができた。植民地産品に関するかぎり、イギリスの政策はウィリアム三世治世にはっきりと保護主義的となった。その結果、事実上、麻織物工業と絹織物工業は幼弱な産業として、保護の対象となった (Davis 1965)。

重商主義政策は、あらゆる要素を含むものであり、時期によってその内容も変わって行った。したがって、政策遂行手段がときによって互いに矛盾するのもやむをえなかった。典型的な重商主義研究は政策の意図を推量することに意を用いているが、本当に興味があるのは現実の働きである。他の問題については見解を異にしているが、この点に関して、最近の研究者のうち何人かは次のような見解を表明している。少なくとも、国家の政策が遂行される過程で生じた副次的な事態が、積極的かつ近代化を促進する効果を発揮したということである (Anderson 1975; Landes 1969; Rostow 1975; Tilly 1975; この点に関して、最も懐疑的な見解をもっているのは、ヴァン・クラヴェレン 1969 である。しかし、Brofenbrenner 1964: 363; および Tilly 1975: 73 も併せて参照せよ)。政策のなかには、明らかに産業基盤の整備を目的にしたものがあった。「敏感なナショナリズム」(Reactive nationalism) ともいうべきものを重商主義政策の目的のなかに見出すこともできるであろう。例えば、一七五〇年代のマリア・テレジアの政策がそうであった。一七四二年にプロシャに占領されたシレジアにかつてもっていた市場に、ボヘミアは最早依存すべきではないという政策である。当時、きめの細かい経済政策を遂行できる能力をもった官僚機構は、まだ形成途中であった。官吏の不足と腐敗の蔓延によって、規制の実施は容易ではなかった。例えば、主な政策手段の一つであった輸入規制は、密輸によってしばしば有名無実なものとなった。絶対王政国家が強いか弱いかは、軍事力によって決まった。実際、プロシャは軍隊をもった国家というよりも、国家をもった軍隊として知られていた。警察・税官吏・消防士・緊急事故処理班の不足を補うために、軍隊が広範に利用された。対外的には、軍事力は単なる手段ではなく、最終目的であった。経済が緩慢にしか成長しない時代においては、領土獲得のための戦争は当然のことであるともいえた。倫理的な反対はともかくとして、工業化以降の社会に生きるわれわれの感性がこうした現実を直視しないようになり、もっぱら戦争のおぞましい非合理性に注意を向けるようになった原因は、経済成長率が高くなり、所得も増加し、平和な時期が続き、近代においてはさまざまな地域の経済制度が相互に関連し合うようになったからである。

栄光を手に入れるために戦争準備に駆り立てられていた支配層は、積極的に経済的な基盤を強化することによって、軍事力を強化し始めた。さらに、「中産」階級や商人階級のなかには、近代化を強く望む者がいた。彼らが願ったのは、公共秩序が以前よりも安定し、経済活動に対する障害が少なくなることであった。これには、生産要素の移動に対する法律や慣習による制限の撤廃から、都市の市門の狭さや市壁の高さといった不便さの解消までが含まれていた。彼らは、契約締結の自由、交通運輸手段の改良、市場を統一するためのあらゆる方策を法律で実施することを望んだ。こうして、支配層と興隆しつつあった階層の願望が多くの点で一致した。制度的・物理的な国内取引に対する障害がともに取除かれ始めた。国内工業は関税で守られるようになり、輸入代替工業を刺激した。政府の事業として、繊維工場、製鉄所、兵器工場が設立された。多くの工場が、腐敗と経営の失敗から挫折したが、訓練学校としての役割を果たしたし、民間部門に対して「デモンストレーション効果」を発揮した。ロダンソン（1978: 136および注54）の言葉を借りれば、こうした政策は、「教育的国家」のそれであった。こうした政策が実質的に後世に残したもの、すなわち、役人の多さに対して、今日われわれは身震いするほどの不愉快さを感じている。しかし、歴史的にはそうした政策は必要であった。最低限の社会的機能を果たすために必要な知識をもった行政担当者が非常に不足していたからである。

重商主義的な絶対王政統治の功績のなかには、新種作物、特に馬鈴薯の導入があった。また、こうした統治機構のもとでは、新しい土地への定住が奨励された。法の制定、標準的な度量衡の整備、貨幣の統一のためにさまざまな方策が採られた。一七九二年に、ジョゼフ・プリーストリーはなお次のように述べることができた。「度量衡の統一は、貨幣の統一と同様、商業一般の発展に大いに寄与するであろう。ヨーロッパ全域にわたって、これを実施することは不可能であろうが、特定の王国でこれを実施することに極めて大きな困難があるとは思えない」。しかし、整備には時間がかかる。イギリスにおける標準化の試みは、エドガーの度量衡の統一やアテルスタンの単一貨幣の制定に遡る（Blair 1959: 295-6）。また、イングランドとスコットランドの連合ははるか一七〇七年の昔に実現しているが、法定通貨ではないスコットランドの銀行券は今なお発行されている。しかし、このような過去の経緯が不便さを引き起こすことはあっても、前工業化時代後期にすでに事態は進展していた。

国民国家が中世的な世界から脱却する機会は、実はこうした進歩の過程のなかにあった。この場合、文化的な同質性が存在したことは望ましいことであったように思われる。文化的同質性が、王にたいする忠誠を強め、行政機構・租税制度・商業取引を簡素化し、地方色は一部失われたかもしれないが、すべての人々の経済状態を同じように改善したからである。国家が統一されている場合には、一つの地方で成功した政策は、そうでない場合よりも簡単に、あらゆる場所に拡大して行ったであろう。中央集権化を進めつつある当事者は、聖界出身の有力な知識人官僚に助けられた。また、王の裁判所が最高権威を有するものであるという中世的な概念にも助けられた。さらに、民族を越えてラテン語が一般的に使われていたという状況が崩壊し、代わって、多くの場合、人々を自国の文化に以前よりも強く結びつける国民文字言語が登場したこと（Tilly 1975: 597を参照）、これらによって、彼らは助けられた。彼らは骨の折れる戦いを強いられたが、中世を経験したことから生まれたこうしたさまざまな要素が、近代国家を誕生させる際に重要な意味を帯びることになったのである。地域主義や過去からもち越された変則的な事態は、平均化され、単に文化的な個性に変えられる必要があった。ヨーロッパは、周知のような地理的な多様さの上に、同じように多様な民族的・言語的な斑模様がかぶさっていたから、全過程は遅々としたものであった。イギリスの上流階級は一三世紀の末期には、大体において、フランス語を話すことを止めていたし、一三四九年には学校に英語が導入され、一三六二年には議会の開催は英語でなされたが、ノルマン征服後五世紀もたった修道院解散の時期に、ウィルトシャーのラコック修道院の尼僧たちはまだノルマン・フランス語を話していた（Morris 1966: 43; Russell 1979: 31）。この種の古風な習慣（同じものは現在でもなお見受けられる）は、進歩に対する障害を示すものであった。文化の同質性は、近代化の十分条件ではなかったし、ときには独裁政治に容易に道を開くことさえあった（例えば、中国には紀元前二〇〇年以来ずっと同質的な文化が存在していた）。しかし、いずれにせよ、ヨーロッパの極端な多様性はならされる必要があった。

この過程で重要な意味をもつ要素は、国内における平和の維持と植民であった。地方における暴力の鎮圧と中央政府勢力による分割統治が、非市場的な手段を用いて市場を拡大させるもう一つの方法であった。さらに、一六世紀後半から一八世紀の後半にかけて、中世においてすでに行われていた後背地への植民という動きを再開する試みが現れた。当時、ヨーロッパではまだ測量されていない場所があった。特に、スコットランド高地は製鉄工場を建設するために測量しようとした技師たちにとっては、難題であった。動機の一つは原料の国内供給を確保することであった。リンネによるラップランド紀行のような当時行われた科学的探索は、多くの場合、科学的な動機と同じ位資源の査定を目的とするものであった。ときには、集約的ではない放牧の代わりに耕作地を新たに探し出して占拠することが植民の動機であることもあった。「イングランドのいわゆる荒蕪地の開墾の目撃者は、『このようにして、名誉革命以降のどの戦争によって獲得されたものよりも有用な領土が、個人の犠牲において、帝国に付け加えられた』と述べている」（Ashton 1948: 7より引用）。アルプス以北のヨーロッパには開放耕地の休閑地という形で、まだ土地の蓄えがあった。しかし、従来よりも優れた作物輪作方式が導入され、休閑地も連作耕地となった。さらに、この時代の植民活動には、前の時代の目的とは違ったもう一つの動機があった。文化的・政治的な国民意識に沿って、国家と市場を統一し、発展させることである。古い階層秩序が支配していた時代の地域主義が攻撃の対象となった。多くの場合、地域主義は、地方貴族の利害を代弁する略奪制度の運営に他ならなかったからである（Rosenberg 1958: 55）。しかし、もう一つの動機は、山賊やゲリラの拠点をたたくことであった。外国からの侵略者が彼らを利用しやすい場所では、特にそうであった。したがって、動機と過程は、状況に応じて多様であったが、それらはすべて国民国家全域への定住と入植、そして統一国家形成へと連なるものであった。

国内の植民は、比較的円滑に進み、低湿地や砂質の荒野を越えて、拡大した。オランダの土木技術者が沼沢地を干拓し、その範囲はイタリアからイギリス、さらにポーランドにまでおよんだ。プロシャのフリードリッヒ大王は、一七五三年の巨大干拓事業完成に際して、「平時に一つの州を征服した」として大いに喜んでいる。彼は、一二〇〇もの新たな農業村落と細村の建設と三〇万人以上の人々の植民を含む「かつて試みられることがなかったほど大規模な国内植民政策を推進した」（Henderson 1963: 127, 163）。他方、森林や山岳地域の斜面への植民は低地よりも多大の労力を必要とし、帰属意識の強い少数派集団によって占有されている土地への植民は最も困難であった。地理的に孤立している地域は、自我を育み、自分たちよりも大きな集団による侵入に抵抗する傾向があった。こうしたことが、民族的・言語的伝統の名残りと複雑に絡み合い、新たな孤立化の再生産という現象をもたらしたのである。こうした傾向が、パリから百マイルも離れていないリゾート地のモルヴァン地方で、現在もなおいかに根強く残っているかを考えてみれば、事態をよく理解できるであろう。モルヴァン地方独特の主要な役割は「乳母」、つまり、女性たちがパリに出掛けて行くか、モルヴァンに連れて来て乳児に授乳する乳母地域であった。その意味で、全国市場にある程度は組み入れられていた。また、木材も河川でパリに運ばれ、家畜も肥育のために低地に送られ、男たちはバゾア平野やオソワ平野まで働きに出掛けた。しかし、こうした全国市場への組み入れは、一九世紀になって初めて行われたのであり、多くのケルト民族の拠点における事態と同様に、今日においても地方的な気質は生き続けている。

高地地域が開発から取残された主な理由は、農地が痩せていたからである。土壌がもっと肥沃であれば、最初から多数の人々によって入植され、人口密度も高くなっていたであろう。実際には土地は肥沃ではなく、技術の変化や需要の増加によって、高地地方の価値が見直されることはあったが、特に人を引きつけるということもなかった。また、高地地方の社会よりも規模の大きな社会集団がそこに侵入した理由が経済的なものであるというのは、誇張である。力ずくで国内の植民を遂行する場合の動機は、軍事的な戦略に基づくものの方が多かった。スコットランド高地の歴史がその例である。一見すると、一七四五年におけるジャコバイトの乱以後における高地地方併呑の時期は、工業化しつつあったイングランドおよびスコットランド低地地方の経済的な利害と見事に一致するように見える。高地地方の人々は、徒歩で南下し、ランカシャーの工場で働いた。荒地はそのまま残され、工業人口に供給する肉と羊毛を育てるために、北に移動する国境地帯の羊を受け入れたのである。しかし、ジャコバイトの乱の鎮圧は、こうした目的のために意図されたのではない。欲求不満に陥ったプロテスタントの国王による政治的な行動であった。彼は、スコットランド高地の氏族がもっているステュアート王家への共感によって度々裏切られていた。高地地方の資源は、単にそれだけでは十分なものではなく、現に注意は向けられているが、それに値するほどのものではなかったであろう。また、一七世紀の初頭には、スコットランド低地の人々の多くは、ポーランド・プロシャ・東部ポメラニアの農場への移動の方が実際にはましな選択であることを知っていた。要するに、スコットランド高地への植民は、政治的な干渉とそれに関連する政府の投資との偶然の産物であった。一七一五年蜂起と一七一九年の警告以後、そしてウェイド将軍が二五〇マイルの新しい道路と四〇の橋梁を建設した一七二五年から一七三七年の間に、人々はようやくこの地域に入ることができるようになった。そのときでも、ジャコバイトの乱以後に建設された八〇〇マイルにおよぶ道路と一〇〇〇の橋梁は、一八〇三年のトマス・テルフォードの報告によれば、極めて不揃いで、勾配が急であり、非軍事的目的のためにはほとんど利用できなかった。主要な運河建設計画が活発に行われるようになったのは、ナポレオン戦争中に軍事的な配慮によって促進されてからであり、その後は再び下火になってしまった（Hamilton 1963: 230–2, 242–5）。しかし、羊は相変わらず「徒歩で」北部のスコットランド高地に移され、再び南下して市場に連れて来られた。こうしたことが可能であったから、高地地方の放牧地、そしてまた小作人の耕作地の併合が価値あるものになったのである。スコットランド高地における極くありふれた資源を敢えて急いで開発する必要はなかったし、実際に行われたことは、政治的・軍事的に必要と思われるものに付随するものとして実施されたにすぎなかった。ヨーロッパ中の山岳地帯の多くは、同じような政治的・軍事的必要性という刺激を受けることなく、国内開発によって影響されずに衰え続けた。山岳地帯は、いかに活気に満ちたヨーロッパ大陸でも、これを利用して経済的利益を挙げることは困難であり、その水準を下回っていた。ただし、ヨーロッパが海外に「影響力を行使しうる植民地などの潜在的な領土」をもっていなかったならば、事態は異なったものになっていたであろう。

中央政府がもっている経済的な影響がどの程度のものであるかが最もはっきりと現れる場所は、政策の失敗の報いが最も深刻になる領域である。災害管理という領域に、このことが当てはまる（Cipolla 1976b; Dorwart 1971; Jones 1977b, 1978; McCloy 1946; Meuvret 1965; Rosen 1953; Solvi 1976; Usher 1973）。国民国家が丹念に作り上げてきた危機に対処する系統的な方策の例は、中世後期にイタリアの都市国家が払っていた努力を見れば、多分はっきりするであろう。ヨーロッパの他の場所における都市もこうした方策をまねし始め、近代初頭ともなれば、ときには独自のものを作り上げ始めた。国民国家はこれを継承し、一般化したのである。その結果、国家が果たすべき諸機能の地平が拡がって行った。国民国家とは共生関係にある官僚機構もまた、災害管理をめぐるさまざまな用益が提供されるであろうという予測の高まりに駆り立てられて、成長して行った。危機管理と近代化一般との間には、密接な関係があった。ポルトガルがその例である。ここでは、ポンバルが一七五五年のリスボン震災直後の復興のために自分に与えられた権力を足場にして、ほとんど独裁政権ともいうべき地位を築き上げている（Boxer 1955）。「死者を埋葬し、生存者を救助されよ」。ポンバルは国王に助言し、国王は彼にこれを実行する権限を与えている。この成功によって、ポンバルの地位は強固なものとなり、その後の彼の政策はポルトガルの近代化をある程度押し進める方向で行われた――例えば、植民地における人種差別障壁の除去、反ユダヤ主義を禁ずる法の制定、コインブラ大学のカリキュラム改革、リスボンにおける商業大学の設置などである。こうした決然とした（その他の点では、不愉快な）独裁は、明らかにリスボン震災が与えた直接的・間接的衝撃から生まれたものである。

震災よりも一般的な危機は、伝染病の流行であった。ペスト蔓延という恐慌状態の発生に迫られて、一四世紀のイタリア都市は、これを締め出すためにすでに検疫制度を導入していた。近東における流行中心地から腺ペストが船舶を経由して伝染するということは、地中海地方で行われていたまったく行き当りばったりの監視でも明らかになっていたからである。ペストの蔓延が確実な場所に非常線を張ったり、癩病家族を隔離する規則も数多く作られた。こうした方法は一四世紀の後半以降に、ヨーロッパの北部や西部に広がって行った。この問題を処理する責任の主体は、次第に上位の機構に移行して行き、最後に国全体に関わる国家に行き着いた。一八世紀になると、国全体を対象とする規約は何処でも同じようなものになり、これに違反する者は厳しく処罰されるようになった。プロシャ王国の一州であったブランデンブルクとフランスでは、陸の国境線が長く、非常線を張ることは極めて高価なものであったにもかかわらず、すでに一七世紀に、非常時検疫制度ないし防疫線の設置という方法が採られていた。ハプスブルク家は、オスマン帝国内に流行していたペストを締め出す目的で、一六世紀にできた軍事境界線に沿って、アドリア海からトランシルヴァニア地方にまで広がる一〇〇〇マイルもの長さの防疫線を設置している。一七七〇年以降になると、軍事境界線は、互いにマスケット銃が届く範囲に見張り所をずらりと並べて置くという形を取った。それぞれの見張り所では、衛兵が巡回し、許可なく防疫線を越えて行ったり来たりする者に対して、発砲するよう命じられていた。通行が許されたのは、検疫所だけであった。そこでは、荷物は消毒され、手紙は針で穴を開けられて燻蒸消毒され、貨幣は酢の容器に浸された。東欧では、ポーランドがこうした点の組織化で後れを取っていたが、ロシアの統治機構は、一八世紀に「南の遮蔽線」を設置している。これは、南部国境を越えたり、南部の海港に入る人と物を絶えず監視する機関である。ただし、一〇〇〇マイルにもおよぶ距離にたった二二カ所の検疫事務所と監視所しかなかったから、これが完全な密閉の機能を果たしたかどうかは明らかではない（Kahan 1979: 263-4）。

これらわずかな例を見ても、危機管理の努力が広く行われていたことがわかる。それでは、こうした試みは、果たしてどの程度効果的であったのだろうか。規則に違反した事例を一つ挙げておこう。この例は普通は記録されない種類のものである（Poynter 1963: 70, 75）。一六六四年にニューファウンドランドを出航してスペイン経由ジェノヴァに向かう、クエーカー教徒が船長であった幸運なロバート号（*Robert Bonadventure*）に乗船していたプリマスの外科医ジェイムズ・ヨングは、偽の入港許可証、あるいは健康証明書を書いたと後に認めている。「私は知恵を絞って、ニューファウンドランド総督から許可証が下りたことにして、それをでっち上げ、自分が総督書記官であると偽って署名した。……これは正真正銘の許可書として通用した」。一六六五年に船がジェノヴァからメッシナに到着したとき、「われわれがジェノヴァからもって来た健康証明書を点検した年配の係官は、皿のように大きな眼鏡をかけ、股の付け根と腋の下を乗組員各自に出させて、覗き込み、棒でつついた。そして、何も異常がないことが解ると入港許可が下りた」。この検査のやり方は、信用のおけないものであることが解った。乗組員の一人はジェノヴァを出航するときに横痃に罹っていたが、ヨング自身はそれを治療したといい張り、ただ「毛がない」ことだけがその病気に罹ったことを示すにすぎないと主張していたからである。

こうした欺瞞は一般的だったのであろうか。捏造や腐敗、ごまかしがなかったと考えるのは、人が善すぎるであろう。しかし、注目すべきは、ヨングの詐術がヨーロッパにおける最後のペスト流行期になされていることである。ジェノヴァの人々がこの欺瞞的方法を見抜けなかったという事実は、イタリアにおける公衆衛生当局の記録と矛盾する。チポラ（1976: 56）にいわせれば、イタリアの公衆衛生当局は、「非常に優れた効率的な機関であった」。係官たちがペスト流行時にその職務を投げ出したりはしなかったという心温まる証言を含む詳細な証拠が、チポラの評価の正当性を物語っている。暫く後になるが、マルセイユでも、到着する船舶は沖の島で停泊し、乗組員の健康精密検査を受けなければならなかった。船長は、小舟を漕いで、港の入り口にある健康調査係官事務所に行き、病気が伝染しない十分な距離から、航海の詳細を報告しなければならなかった。彼は自分の船に関するさまざまな書類と健康証明書を提出しなければならなかった。書類は長い鋏で摘まれ、読む前に酢に浸された。それから、船と荷は提出された情報に基づいて、検疫を受けた。ところで、マルセイユは確かに一七二〇年に恐ろしいペストの流行を経験している。そして、この事実は検疫が当てにならないことを示しているようにも見える。しかし、マルセイユにおけるこのペスト流行は、最後の文字通りの大流行であり、西ヨーロッパにおける深刻なペスト蔓延のほぼ最後のものであった。船員が密輸品の衣類を売ったことがペスト流行の原因であることが解った。その後、取締まりは以前よりも厳しくなり、確実に実行されたようである。マルセイユの検疫係官と助手は、当初は恐慌状態に陥ったが、その後、ペスト流行の期間を通じて、職業上死亡率が恐ろしいまでに高かったにもかかわらず、完璧に職務を遂行したのである。彼らの奮闘とフランス政府が提供した援助と指示のおかげで、この事件はヨーロッパが災害に対処する際の決意を示す一つの好例となっている。

ペストの保菌者・保菌物の多くが、ヨーロッパに入り込むのを阻止されている。この点に関していえば、ヨーロッパにおける組織のあり方、自己中心的ではないこと、取締まりに進んで従う態度、これらが重要である。ずっと後になるが、アジアでは民衆の抵抗と忌避が見られたという記録があり、ヨーロッパにおけるこれらの要因は、それに比べると、非常に有利なものであった（Jones 1977b）。労働者が生きるか死ぬかの瀬戸際にかぎりなく近いところで生活し、商業取引が途絶する傾向が非常に強かった時代には、ペストの除去は厳しい状況のもとに置かれていたが、長期的に見れば、大きな利点があった。とりあえず軍事境界線による非常線設置が効果的であったという一応の証拠はある。一八三九年にある医者が述懐しているように、「単純な事実は、近隣諸国では非常にしばしばペストが猛威を振るっていたが、国境の整備が完了していたために、ハンガリーにはペストが一度も侵入できなかったということである」(Rothenberg 973: 22)。統治機構は、ペストの流行が確実になると、その処理という厄介な仕事に直面した。カハン（1968: 365–6）が注意深く指摘しているように、ロシアで飢饉が起きると人口移動が始まり、国内の非常線が破られ、移動がなければペストの流行は局地的なものにすぎなかったのに、全国的な流行になってしまうことがあった。彼が指摘した事実は、飢饉をもたらすような種類の災害とペストとの間には強い関係があったことを示唆している。しかし、飢饉が起きると必ずペストが流行するという訳ではなかったし、検疫と非常線の設置が、緊張に満ちた飢饉の最中にもペストを制御するのにある程度成功したと結論しても構わないであろう。ロシア政府は、次第に民間の医療機関に依存するようになったが、発生したペストを隔離するために、陸軍衛生部隊を使っている。いずれにせよ、全体としていえることは、しばしば人々を村の中に封じ込めてしまったり、人間や鼠・蚤を運ぶ荷物の動きを止めたりする検疫制度や居住地への非常線設置は、ヨーロッパからペストを排除したという栄誉を与えられるのに最もふさわしい要因である。これがなし遂げられたのは、工業化時代前夜であり、密集と病気に罹りやすい都市人口が、まさに雨後の筍のように増え始めようとしていた時期であった。

国民国家はまた、動物の流行病に対しても意識的に取組んでいた。家畜の流行病は、経済的に深刻な脅威であった。家畜から生産されるものが失われるのは勿論であるが、それとはまったく別に、牡牛は犁を牽引する主要な動力源であったし、収穫がそれにかかっていたからである。一七〇九年から一六年にかけて、一連の家畜流行病の最初の波に見舞われたイギリスは、罹病した家畜を殺す政策を採用した。そして、政策の実施を容易にするために、また、畜殺の補償として、政府が奨励金を出すことにした。一七一四年になると、フランスはロンドンに代理人を常駐させ、家畜流行病の発生に対するイギリス政府の措置を報告させている。フランスの場合、最初は農民の抵抗があり、自分たちの家畜を殺して補償金をもらうという政策は成功しなかった。壊滅的な打撃を受けた地域に対して、翌年の収穫のために耕地を犁き起こす牽引用の家畜を十分補給するべく、州長官は必死であった。一七四〇年代の家畜流行病の発生に際して、フランスは国境沿いに軍隊を駐留させ、家畜防疫線を敷いた。流行病発生に関する細かい取締規則が守られているかどうかを監視するために軍隊が使われた。殺された家畜の価値の三分の一という破格の補償金と家畜所有者に対する税の減額措置にもかかわらず、農民は相変わらず腹立たしくなるほど非協力的であったが、一七七〇年代における家畜流行病の取扱いは、熟練に基づいて、細心に、しかも徹底して行われた。

プロシャの一州であったブランデンブルクでは、一七一一年の流行期に、八日の間、家畜を国境で検疫するという制度が確立した。ここでは、他の国と同じように——例えば、ローマ法王の切なる願いによってイタリアで始められたように——病気の科学的研究が始められた。当時の獣医学では、家畜の病気治療は不可能であったとされているが、補償金を払って罹病した家畜を殺させるという政策を厳しく実行すれば、病気蔓延の阻止はある程度成功するチャンスがあったと考えてもよいであろう。中央権力が脆弱であったオランダ連邦共和国が一七九九年に至るまでそのような政策を一致して採用できなかったという事実が、この点に関する国民国家の役割をはっきりと示している。二回の最も深刻な家畜の流行病のうち、オランダでは、それぞれ四〇パーセントから七〇パーセントの家畜が犠牲になった（van der Wee および van Cauwenberghe 1978: 174–5）。これに対して、イギリスではわずかに年二ないし三パーセントの家畜が死んだにすぎない。

プロシャの一州であったブランデンブルクは、もう一つの種類の災害、すなわち住民居住地の火事に対して、国家が取組んだという点で先駆者であった。具体的な方策には、暖炉と産業用の火の検査があったし、新しく屋根を葺く場合に、そのすべてについてタイルの仕様が規定されていた。不幸なことに、屋根葺きに関する勅令に対しては、消極的な抵抗があり、大火が引き続き発生した。ときには村全体が消失して何年も再建されないような農村地帯で、特にそうであった。これは、おそらく貧困の悪循環ともいうべきものに非常に近い状態であり、長期的な安全性という点から見れば望ましいことであるにもかかわらず、個人が現在の所得を犠牲にすることができないか、そうしたくない場合に陥る罠であった。最小限できることは、都市人口に対する消火栓の比率を高くするよう執拗に命令することであった。しかし、フリードリッヒ一世は、一七〇五年に火災保険の国家による独占制度を確立したが、一七〇八年にオーデル河畔のクロッセンの町が大火でほとんど灰燼に帰したとき、国庫が空であること（公金私消のために）が判明し、計画は放棄されざるをえなかった。一七一八年にベルリンに住む有産階級の人々は、相互火災損害補償計画の立案を要求し、彼らのために、非常に個性的な強制加入協会が形成された。この後、他の協会がシュテティン、ブランデンブルク州、東プロシャ州で設立され、成功を収めた。

フランス政府が最初に火災対策を経験したのは、一八世紀におけるレンヌの陥落である。ここでは、鎮火を目的に州長官が召集した兵隊達が、一斉に略奪行為に走ってしまった。政府の援助にもかかわらず、レンヌは三〇年以上たっても完全には復興しなかった。後になると、日常的な消火活動のための軍隊の配備は、以前よりもうまく行くようになり、州長官を通じて、政府は食糧・衣類・仕事道具という形で、火災被害者に緊急援助を行った。援助一般、特に消火設備の支給は、半ばブランデンブルク式に、すなわち中央指令、あるいは強制で行われ、半ばイギリス方式、すなわち地方的、あるいは任意で行われた。イギリスでは、火災後に藁で屋根を葺き直すことを禁じる地域的個別法律を自治都市が独自に議会に提案することが可能であった。さらに、フランス政府はまた、洪水の被害者の家を再建することもあったと付け加えておくべきであろう（McCloy 1938: 528–9）。

こうして、国民国家は災害による犠牲を最小限にするために、あるいは軽減するために、以前から地方では行われていた方策を法典化し、改良し始めた。動機は、租税収入と兵員調達が滞ることを恐れたからである。そして、一七五〇年以前には、国家の野心に反して、人口増加が緩慢で、芳しくなかったから、おそらくそうした政策を遂行する動機はそれだけ強かったであろう。災害管理の不十分さ、公金私消、失敗を挙げることはたやすいが、それでは歴史の潮流を公正に描くことにはならないであろう。実際、この政策に対して、かつて例を見ないほどに広範で、力強い反応があった。これは、行き当りばったりで、局地的な、自由意思に任された方策からの大いなる前進であった。あるいは、災害に対する単なる無策という状態からすれば、大きな飛躍であった。行政当局の取組みは、食糧供給や人員、資本設備の損失を減少させ、経済効率の増加に独自の役割を果たしたと考えられる。国によって時期が異なっていたという事実よりも、ヨーロッパ諸国の間で、政策が同一であったことの方が注目に値する。統治機構は、「善行奨励」方式に対して、好意をもっていた。また、秩序と品位（そして、商業取引が途絶することなく継続すること）を重んじ、仲間にとって何が最善の策であるかについて見通しをもっている中間階層の人々の想像力を開発することに熱心であった。ヨーロッパ大陸を西から東に進むにつれて、秩序という要素が強まり、上品さが少なくなって、国家の露骨な軍事的野心が目立って来る。しかし、ヨーロッパを全体として見れば、統治機構がこうした問題に積極的に取組むという姿勢は共通して存在したのである。これは民主主義とも違っていた。おそらくは、国王の野心とブルジョアジーが進化を信奉していたという事実が結びついた結果にすぎなかったのであろう。しかし、かつて社会的な予防手段が不十分で、その結果、大規模な厄災に見舞われていたところでは、それを除去すべく、あらゆる努力が払われたであろう。ストレイヤー（1970: 106）が述べているように、ヨーロッパでは行政機構が硬直的ではなかったという事実そのものが、次のような事態を可能にしたのである。すなわち、古いタイプの官僚は、型にはまった手口で決まり切った仕事をせっせとこなし、他方で、政策立案者はより大きな計画を練り上げることが可能であった。「実際に何がなされたかということよりも大事なのは、多数の人間が政治過程に参加したということである。……古い支配階級は、あらゆる仕事を実行するに十分な数の人間を集めることはできなかったのである」。

一般に、フランスの旧体制（アンシアン・レジーム）は、行政的には極めて無能であって、たとえその意志はあったとしても、国民の生命と福祉を守ることができなかったといわれている。確かに、ここでわれわれが社会的予防手段と呼んでいる領域でよりも、災害後の社会的救援と呼ぶべき領域で、旧体制は極めて見劣りがする。しかし、災害に対する旧体制の対応は、実際には、精力的であった。危機が発生する度に、旧体制は全力を挙げてこれに対処しようとしたが、行政のできることは不十分であった。しかし、ストレイヤー（1970: 105）の言葉を借りれば、「しかしながら、不十分であるということは、何もできないということとはまったく違うのである」。さらに、ストレイヤーは、インドや東インド地方、アフリカ、あるいはアメリカには、ヨーロッパの国家がもっている持続性と凝集力はまったく見当らないと述べている。そして、オスマン・トルコ、中国、日本の国家は一八世紀までは、ヨーロッパの国家と比肩される持続性と凝集力をもっていたが、西欧の統治機構が管理装置を充実しつつあったまさにその時期に、これらの国家は衰え始めたのである。

当時の資源と科学的知識だけでは、ペストと飢饉がはらむすべての問題を解決できなかったであろうということを想起しなければならない。明らかに、われわれが見て来たように、事態は一部改善されたが、それは災害がもたらす衝撃の受け止め方を和らげる経済成長のおかげであった。しかしながら、行政当局の努力が実質的な改善をもたらしたのである。一つだけ例を挙げておこう。ルイ一五世治下のフランスでは、穀物を余剰地域から不足地域へ分配する試みがある程度成功している。穀物供給の面で不利な条件のもとにある地域や都市のなかで、国全体がもっているのと同じ程度の穀物供給能力をもっている場所はなかった。内国関税や通行税制度が存在していたために、穀物がある地域から特定の場所に自由に運ばれ、しかもその価格が購入可能なものである場合が少なくなっていた。こうした障壁は、それぞれの都市や地方ではなく、一国の政府によって、除去され始めた。個々の都市が穀物の供給を訴えても、無視され、失敗に終わるという例はよく知られているが、国家はそれぞれの地域をある程度統率しえたし、外国の穀物商人を相手にする場合には、国内の商人に対する場合よりも強い交渉力をもって臨んだ。地域間の穀物取引に対する統制は、セーヌ盆地のような、西ヨーロッパのなかでも最も肥沃な地域で始まったといわれている（Usher 1973: 362）。そして統制は後になって、肥沃ではない穀物不足地域に拡大し、遂に国家が全体的な指令を行使する権限をもつに至った。このような傾向が生まれた理由の一つは、通常は肥沃な「中核地帯」の真ん中に位置していた首都への食糧供給を確保することであったと思われる。ヨーロッパの政府は、何処の政府よりも干渉主義的になりつつあったし、多くの場合、工業化が始まるまでそうであった。そしてアダム・スミスは、これに対して、干渉しない方が事態がよい方向へ進むことを理論的に説明しようとしたのである。カーン（1968: 363）も指摘しているように、ロシア政府は一五世紀以来、飢饉に際して、修道院が穀物の蓄えを放出して販売するよう指令しているし、輸出を止め、租税減免措置を講じ、救済策として公共事業を実施するという方策を採用している。したがって、ロシアでさえヨーロッパ式のやり方で取組んでいたのである。ロシア社会が「ヨーロッパ」であるかどうかという古くからある論争において、ヨーロッパではないとする論拠の一部は、ロシアが一四〇〇年から一七〇〇年の間に、文化的な意味で、大陸の他の地域から遠く隔たって行ったという事実である。そして、他の地域から離れて行った理由は、多分、タタール人による都市の破壊のせいであろう（Holborn 1951: 9ff.）。しかし、ピョートル大帝によるヨーロッパへの大使節団派遣以前のこの時期に、西欧から制度の借用があったことは明らかであり、国家管理の方法という点では、一八世紀に「ヨーロッパ」式の行動様式が存在したという証拠がある。アッシャー（1973: 230, 261）がヨーロッパ的な行動様式について結論しているように、「度重なる危機に対処する方法を何とかして見出そうと努めること、このことが、中世社会を近代社会に変えるのである」が、「東洋における度重なる飢饉は、社会を一向に変えていない……もし、ヨーロッパにこうした行動様式が行きわたらなかったら、西洋文明の近代的構造は一つとして出現しなかったであろう」。

国家が災害に取組むことによって、国家よりも小規模な政治単位では到達不可能であった規模の経済が実現した（Jones 1978）。この点は、現在では承認されつつある。これは、ビラバンの主要な業績、『人と鼠』（*Les Hommes et la Peste*）の中心的なテーマである。フリン（1979: 142-3）もある書評論文のなかで、もし、ペスト撲滅策が地方の主導に委ねられたままであったら、致命的な弱点が残ったに違いないという点については、これを認めている。彼はビラバンの論点に同意して、次のように述べている。災害に対する取組みを国家的、あるいは国際的な規模にまで高めることが、この特殊な厄災の根絶には不可欠であった。今日でも、大小さまざまな国家の規模が、災害からの回復力という点で、重要な意味をもっているとされている（1972: 119）。先ず、次のような一般的な論点を強調しておく必要がある。基本的には地方分権的なヨーロッパの行政機構のもとでは実現不可能であったと思われる、規模の経済の利益をヨーロッパが自らのものにしえたのは、責任の主体を国家や諸国家併存体制（国家間の災害に関する情報交換は次第に増加しつつあった）にまで高めることができたからである。

経済的危機に対処する責任の分担の水準を従来よりも高めたこと、このことは、一つには、広い範囲にわたって、さまざまな機能を再分割することを意味していた。以前は集団によって統制されていた生産活動が、私的な統制のもとに置かれるようになった。これは教科書の常套句である。しかし、ヨーロッパが、ギルドの統制や共同耕地の制約から解放されて、自由放任体制に移行したというのは、事態の一面だけを見ているにすぎない。見逃されているもう一つの側面は、生産が完全に私的に編成されつつあったまさにその時期に、さまざまな行政サーヴィスが従来にも増して集団的な利害を考慮するようになりつつあったということである。あるいは、行政サーヴィスが、すでに集団の利害によって左右されている領域では、政府の介入が目立って来るのである。しかし、このことは、近代的な意味における災害後の社会的救援や所得補助といった福祉政策が追求されていたということを示しているのではない。前工業化時代後期に初めて新しい責任分担機関の多くが登場したのは、直接的というよりもむしろ間接的な、社会的基盤の領域においてであった。この時代に、国民国家は、租税の一部見返りとして、多数の社会的間接資本を提供するサーヴィス提供国家になりつつあった。中央政府が全面的に責任を負うという体制が作り上げられたが、それ以外にも、行政サーヴィスの責任分担を上位の組織に拡大するということが行われた。例えば、一八世紀イギリスの都市では、都市自治体が街路の清掃や照明、舗装の義務を個々の世帯主から引き継いだ結果、治安および商業取引環境が改善された。従来、それぞれの世帯主はこの種の責任を不完全にしか果たしていなかった。しかし、これらの作業が税金で賄われるようになると、以前よりも系統的に運営されるようになった（Jones and Falkus 1979）。都市の消防用ポンプも税金で賄われるようになり始めた。サマセット州カスル・ケアリーの教区司祭、ウッドフォードは一七六二年の日記に次のように書いている。「火が広がるのを防ぐ消防用ポンプの備え付けに関して、公共の福祉が私的利害に優先するよう、牧師補であるホルテンは教区主任司祭のペニー氏に代わって、祈った」（Beresford 1978: 11）。

変化は、私的個人から都市へ、都市から国家へという方向をとった。例えば、灯台は、近くの港を利用する船舶から料金を取る権利をもつことによって費用を取戻していた私的な企業家の手から国家機関の手へ移り、その費用も国家の一般歳入が負担する制度に変わって行った（Stevenson 1959; Beaver 1971）。古い形式による手数料収入で、巨大な私的財産が形成されていたが、サーヴィスの質を維持する適切な保証はなかった。ノーフォークのケスター灯台は、灯台守が数マイル先に住んでいて、出て来るのをいやがったために、一七世紀初頭の三〇年間というもの、悪天候の場合に燈が灯されることがなかった。トリニティ・ハウス（水先案内協会）のような公的機関の方が、ずっと信頼できる団体であった。国家は、単に教会がし残した福祉の真空状態を埋めつつあったのだと主張する（灯台の場合でも、聖カテリナ教会付属礼拝堂の幾つかは、聖職禄のなかから、沖を行く船乗りを照らす灯火の費用を捻出していた）こともできるであろうが、実際には中央政府の方がはるかに大きな役割を担っていた。中央政府がもっている行政能力・強制力・財政資金の方が大規模であり、以前にはとても組織化されなかったようなサーヴィスを政府は提供することができたのである。

ただ一つの基本的変化が、すでに述べたようなさまざまな機能の全面的な移管をもたらしたのであろうか。究極の要因があるとすれば、それは先ず、市場の成長と結びついた絶え間ない技術的・制度的変化の組み合わせのなかにあったといってよいであろう。次いで、市場がさらに連続して突発的な成長を遂げ、技術や制度の持続的な変化と結びついて、究極的な要因を形成した。技術進歩と輸送および情報費用の低減は、古い制度のもとにある諸形式を圧迫し始めた。新しい生産方法、生産様式が出て来ると、ギルド規制や共同耕地制度の慣行を実施することがいかに費用のかかるものであるかが解って来る。そうした慣行の実施を回避するか、あるいは廃れて行くままにしておくという誘惑が高まって行った。生産性が上昇し、商業取引および市場が成長すると、公共財を提供する場合に必要な一人当りの負担が低減した。それはまさに国民国家が政治的な目標を実現するために、従来よりも強く干渉主義を掲げつつあった時期であった。一七世紀後半から一八世紀前半に実に多くの政府干渉が始まるが、この時期には、人口増加は一時的に緩慢になり、そのために政府の介入という点で、すべての局面にややためらいが見られるようになった。その結果、一人一人の市民の価値は暗黙のうちに高まって行った。例えば、国民国家は精力的に災害管理を実施することによって、国民の生命の維持に向かうようになる。ヨーロッパは、全体として、当時の諸条件が可能にした生産と行政サーヴィスの以前よりも効率的な組み合わせを内容とするような体制に転換して行った。引き金はただ一つではなかったし、ロンドン大火やペストが大流行した一六六六年のような驚くべき年があったから事態が変化したのでもない。変化の一般的な説明は、技術の変化が市場の規模を拡大したこと、国民国家体制がもっていた野心、この両者が交差した辺りにある。これを他の観点から見れば、ヨーロッパの経験は「重商主義」と自由放任との単なる対抗や「資本主義の興隆」といった言葉では正しく捉えられないということになる。こうした言葉が曖昧であるからという訳ではない。国民国家の台頭とその行政サーヴィス計画がともに極めて重要であったからである。マックス・ヴェーバーのいう「合理的な」西欧国家は、商業と営利がすでに十分に行きわたった中世末期になって初めて登場したのである。そして、ロダンソン（1978: 104）にしたがえば、国民国家は資本主義成立の原因とはなりえないということになる。国民国家の興隆が原因となって生まれて来ると考えられるもの、それは安定した諸条件が整備されることである。そして、経済発展と成長が一層進展すること、技術と商業の最も優れた方法が伝播すること、さらに幾つかの国については、手工業しかなかった場所に実際に工場が建設されること、これらすべてを実現するためには、こうした安定した諸条件が整備されることが必要であった。少なくとも、北西ヨーロッパのなかで権威主義的な傾向が弱かった場所では、大方の現象は市場諸力の自力推進という事実によって説明される。新しい世界が広がって行くことを完全に説明するためには、国民国家の存在というものもまた考察の対象としなければならない。

世界

第8章　非ヨーロッパ世界

> 過去一万年の人間の歴史を客観的に振り返ると、その大半の時期において、北ヨーロッパの人々は、劣等で野蛮な人種であり、惨めで無知蒙昧な状況の中に生き、文化的な革新をほとんど生まなかったことが明らかになる。
>
> ——ピーター・ファーブ

他の文明との比較や対照は、ヨーロッパの進歩の程度を計る上で重要である。それをしなければ、ヨーロッパに関する数々の歴史書の分析に基づく仮説が、収拾のつかないものになる。確かに、内的な首尾一貫性や史実との整合性によって試すことはできるかもしれないが、超長期の経済変動を説明する、一般的に受け入れられるような理論が存在しない以上、選択された説明のための要因を適切に点検することはできない。経済理論は、あまりにも一九世紀や二〇世紀の工業化の経験に頼りすぎていて、先進世界が生まれてきた長期の過程を説明することができない。それは中期の過程には役に立つが、超長期の時間の経過とともに、経済理論が与件として考えてきた要因は、変化しつつ確たるものではなくなり、変数と化してしまう。他の事情が同じならばという条件が当てはまらない場合には、比較の方法が重要性を試す残された唯一の希望を与えてくれるのである。

もし、われわれが他の大陸や諸文化をヨーロッパの経験と比較・対照する場合、最初にアフリカを選ぶならば、発展の一般的水準や人口の規模および密度において、歴史時代に入るとすでに大きく立ち後れていたことが明らかになる。アフリカの魅力は、その存在自体の中にある。アフリカは、おそらく奴隷の供給源であったことを除けば、他の大陸に重大な直接的影響を与えていない。確かに、すべてが野蛮状態であった訳ではない。西アフリカにはある程度の規模の町が、またジンバブエにはかなり熟練した石造りの建築が、そして南アフリカには数々の城塞があった。歴史のときどきに、大規模な国家が生まれた。例えば、一五世紀のコンゴ帝国、ニジェール川の湾曲部に興亡した古代ガーナ、マリ、ソンガイの各帝国である。イフェやベニンの真鍮製品には、偉大な芸術の存在を見ることができる。しかし、車輪や犂は存在しなかったし、アラブやヨーロッパの奴隷商人に対抗して共同戦線を張る諸勢力の安定した連合もなかった。

アフリカでは、人間が自然に適応した。狩猟民たちは自らを生態系の一部として感じて来たので、その外部に不思議を見ることもないし、明らかにそれを超えるものを見ることもない。何といっても、人間を獲物として求める大型の肉食動物が存在した。この生態系の統一性をイメージとして喚起する、最も象徴的な事例は、おそらく人間と共生する鳥であるミツオシエ（*Indicator*）であろう。ミツオシエは、狩猟民たちの一団を先導しつつ声高にさえずりながら飛行した後、狩猟民を四分の一マイルほど離れた野生のミツバチの巣へと案内する。人間がミツバチの巣を壊して蜜を取去った後に、ミツオシエは蜜蠟を食べることになる。

この問題をあらゆる角度から議論している少数のアフリカ研究者の意見は、環境の適応しやすさを強調するか、適応しにくさを強調するかで二つに分かれる（Davidson *et al.* 1966; Goody 1971; Hopkins 1973; Richards 1973; Turnbull 1976）。おそらくこの食い違いは、湿潤アフリカと乾燥アフリカというマイケル・ハビンデンによって提起された非常に便利な説明によって折り合いがつくかもしれない。湿潤アフリカ、特に西アフリカでは、生活はしやすいが、乳児死亡率がおそろしく高かった。他方、乾燥アフリカでは、狩猟と採集は必ずしも実りのないものではないが、農業生産性は世界的水準から見ても決して高くない。土壌は古くて痩せており、生産は低水準で止まっていた。降水量は広い地域にわたって十分にあるが、常に乾期がともなっている。何世紀にもわたる移動耕作が、至る所で森林地域の生産性を低下させてきた可能性がある。広大な森林地域の地層は泥炭と過去の移動耕作民の残した陶器の残骸によって覆われている。火災と放牧の圧力が、好ましくない低木の茂みを叢生させることに繋がっている。実際のところ近代が始まる迄に、アフリカにはすでに熱帯原生林は残されていなかった。

確かに、紀元前二〇〇年頃という早い時期にアジアの食糧作物（ヤムイモ、バナナ、米）が導入されたことによって、アフリカの生産性は引き上げられた。一五世紀をすぎると、キャッサバやトウモロコシというアメリカ大陸の食糧作物も導入された。しかし、キャッサバは移動耕作の生産を維持するのに使われた。間違いなく、このやり方は人口の稀少なところでは十分に効率的である。しかし、定着耕作ほど物量的に生産性が高いとは決していえない。それほど人口密度の高くないところでも、土地は十分な休耕期間を与えられていない。生産は新作物導入の結果として増加したが、どこの地域でも代替食糧が容易に入手できたことと、高い輸送費用のために、食糧の交易の誘因は弱かった。

バントゥー語を話す黒色人種（ネグロイド）の人々は、鉄器時代の農業技術をもっていた。彼らは、西暦紀元の初頭以来その数を増加させ、一八三〇年代にボーア人たちがケープ植民地から北に向かってグレート・トレックを開始したときに、ピグミーやブッシュマンたちが住む地域へ向かって、依然として東方および南方への移動を続けていた。しかしながら、アフリカの人口は、農業には不向きなさまざまな条件と病気のために抑制され、ユーラシア大陸の基準からすれば低いままに止まっていた。西暦一五〇〇年頃に四六〇〇万人程度の人々が広大なアフリカ大陸に居住していたにすぎなかったし、一八〇〇年頃にはわずか七〇〇〇万人程度にすぎなかったのである。このように、紀元前一万年頃までさかのぼれば、世界人口のおよそ三〇%を占めていた大陸の人口は当然予想されるほどには増加しなかった。西暦五〇〇年頃にはすでに世界人口の一〇%に下がり、その一千年後にもほぼ同じ比率であったし、一八〇〇年頃までにはその比率はわずか八%にまで落ち込んでしまった。

アフリカ大陸のなかでも比較的人口密度の高いところでは、人々は、長距離の陸上交通にたよるだけであった。そのため輸送費用が商品の最終価格の大半を占めることになった。これは、市場の拡大を制約した。土地は、一般に稀少な資源でも、あるいはまた豊富な資源でもなかった。したがって、発展や革新の誘因や圧力にも乏しかった。車輪さえ導入されなかったのだが、アフリカが、小規模で分散した市場の問題を解決するためには、単に車輪を必要としただけではなく、おそらく自動車さえも必要としたであろう。労働の稀少性から生じるいかなる圧力も、生産手段の改良ではなく、奴隷の使用によって解決された。部族の首長が搾取した交易の利潤や農業余剰は、奴隷所有に投資される傾向があった。奴隷は、自分たちが歩かされて移動するので、輸送費用を必要としないという利点があった。その代わり、富は少量で高い価値を持つ奢侈品に投じられた。この方法は、距離と輸送がはらむ諸問題に適応したものであったが、大規模な交易が可能にした社会の変化を惹起することはなかった。利潤を獲得しうるようなその他の投資機会は存在しなかった。大規模な農業余剰が存在しないので、土地に対する私的所有権を発展させる誘因は存在しないし、幾層かへの社会の階層化や資本蓄積、あるいは経済機能の専門化への誘因も存在しなかった。こうしたことすべての根本に、次のような事実があったように思われる。第一に、土壌が劣っていたこと。第二に、ポルトガル人が来る以前に、既に紛争と奴隷狩りの帰結として治安の悪化が進んでいたこと(人口の拡散が終わりつつあった頃、ようやくコンゴ盆地に農業が定着し始めていた。ポルトガル人たちはそれを手に入れるために侵入したのかもしれない)。第三は、人間と動物に苛烈な病気をもたらす熱帯の環境であり、これは人口、市場の規模、牽引用の動物の増加や拡大を抑えたのである。こうした説明は、環境決定論のように見えるかもしれない。環境の有する欠陥が経済生活の中心を圧迫していたので、内発的な発展が果たして可能であったかどうかは不明である。全体として明らかなのは、ヨーロッパの中世とその後に見られたものに匹敵するような、いかなる経済発展もアフリカには存在しなかったということである。

アメリカ大陸に目を向けてみると、ここでもまた明らかになるのが、人口が稀少なことと、ユーラシア大陸の知識の宝庫から隔絶してしまっていたことである。農業とアステカやインカといった国家は出現していたが、コロンブスがアメリカ大陸にたどり着いた頃に、人口はようやく数百万人に達していたにすぎない。車輪はすでに発明されていたが、その使用は玩具と陶器づくりに限定されていた。玩具としての犬引き車は発見されたが、本物の犬引き車は発見されなかった。もし本物であれば、今日考えられる以上に、馬による輸送のより現実的な代替物であったかもしれない（事実、一九世紀のヨーロッパではかなり使われていた）。こうして、車輪を使用した滑車や歯車などの装置が威力を発揮する筈の、持ち上げたり、運んだり、挽臼を回したり、物を作ったりする点で新世界は大きく後れを取ってしまった。ハリス（1978: 39）によると、新世界において動物資源が乏しかったことが、発展の速度の違いを説明することになる。したがって、「コロンブスがアメリカを『発見』したのであって、パウハタンはヨーロッパを『発見』しはしなかった」し、「コルテスがモクテズマを征服したのであって、その逆ではなかった」。この大胆な解釈にいかなる評価が下されようと、あるいは犬の「潜在的」な牽引能力がこうした解釈に幾分か疑問を投げかけようと、アメリカ大陸において、コロンブスが到着する以前に、ヨーロッパと同程度の発展水準が実現しえなかったことは事実なのである。

こうなると、ユーラシア大陸以外で人間が居住できる残された唯一の大陸はオセアニアである。ここには、クック船長が現れたときにわずか二五〇万人程度の人口しかいなかった。歴史時代における人口成長のほとんどは、ハワイやニュージーランドにまで広がった島々へのポリネシア人による植民活動の一環としてなされた。わずか二五万人がオーストラリアに居住していたにすぎず、マケヴディとジョーンズ（1978: 322）はそれを「不変の旧石器時代的停滞」と表現した。勿論、実際には完全な不変ではなかったが、変化したものは、環境の変動に対応した原住民社会の微々たる適応にすぎなかった。オーストラリアは明らかに旧石器段階にあったので、ヨーロッパ人の植民者にとっては半ば真空地帯であったし、彼らに対抗するような経済力や技術力を自生的に生み出す可能性が最も薄い地域であった。

超長期の世界経済史は、やはりユーラシア大陸を舞台とせざるをえない。その場合にも、ヨーロッパとアジアを比較・対照する際には、小規模で例外的な日本経済史の事例は、後の時期における発展がいかに興味深くとも、比較の対象からあえて外しておくことにする。日本の事例は、ヨーロッパとの対照的な差異というよりも、むしろ比較の対象を提供してくれるという点で非常に興味深い。日本の歴史上中世の時点まで、日本列島が大陸アジアからの疫病の襲来に対して不完全にしか守られていないという脆弱性のために、人口は低いままに抑えられて来た。また、火山国として、日本は地球物理学的な意味における災害にひどく苦しめられて来た。顕著な都市化、貨幣経済化、国内商業（その多くは、沿岸交易であった）の展開、農業生産性の上昇、地域的特色をもつ農村工業の成立といった経済構造の出現にもかかわらず、徳川時代の後期には依然として日本は大飢饉に襲われがちであった。こうしたことは、産業革命直前のイギリスの状況と大体において類似しているという点で注目すべきである。しかし、ヨーロッパとの間には、とるに足らない日蘭貿易と半ば秘密裏に学ばれていた蘭学を通じて、ほんのわずかな繋がりしかなかったのである。外国との交渉は厳しく禁じられていたが、大型船舶の操舵が脆弱であったことも災いしていた。それにもかかわらず、非常に優れた沿岸漁業と捕鯨漁が存在した。

一七世紀と一八世紀の日本の発展は、「封建」諸侯に対する一種の絶対主義権力による勝利の意図せざる結果であった。徳川将軍は、侍たちが城下町に定着することを要求し、参勤交代制度のもと、領主である大名に一年の半分を江戸（東京）ですごすことを命じた。これは、「封建制」の退化をもたらすことになった。また、強制された都市の成長は、市場の拡大を生んだ。政府の恣意的な行為にもかかわらず、民間部門は平和のもたらす諸機会によって育まれて行った。日本の事例は、政治的自由と経済的な進歩を等置するという、ヨーロッパ史の事例に基づく思い込みに警告を与えている。

徳川時代初期における農業の共同的な大経営から核家族型小経営への移行が、ある種の人口と環境との関係を日本においても生むことになったと想像される。この関係は、ヨーロッパに関してすでに述べたものと同じであり、大陸アジアの大規模な国家では存在しなかったものである。さらに、日本では広く嬰児殺しが実施されていた。一七〇〇年から一八二五年にかけて、人口はほとんど増加しなかった。その結果、一八五四年にペリー准将が開国させる以前に、多くの基本構造を近代化するだけの資本蓄積がもたらされた（McEvedy and Jones 1978: 179; Jones 1974a: Hanley and Yamamura 1972: 485-6）。ヨーロッパが、工業化以前に同様の近代化を遂行していたことは、すでに見たとおりである。

しかし、日本は諸国家併存体制の一員ではなかった。隣国との関係は非常に薄かったし、外国貿易と対外的接触はほとんど禁止されていたも同然であった。北海道の資源が調査されたにもかかわらず、変化が起こることとアイヌ住民との対立を怖れる政府が、それを封じ込めてしまったという経緯が、何よりも象徴的である。全体としての市場の規模はかぎられていた。発展の萌芽が、摘み取られてしまったのである。それにもかかわらず、ジェイコブズ（1958: 216）は、次のように主張している。もし、ペリーの来航によって実験が中断されなかったならば、日本において資本主義は自生的に出現したであろうと。地域的な不均等発展の結果、「外様大名」のうちで進歩的な大名は、すでに経済的にも政治的にも力をつけていた。おそらく、強い外国の介入がなくても、こうした大名は目的意識の明白な政府をつくり、天皇を復位させた上で、工業化を先導したであろう。明治維新以前の技術導入に関する散発的な記録は、これらの大名が自発的に西洋諸国との接触を開始した可能性を示唆している。

一九五〇年代のアメリカの社会学者は、次のような操作によって、学生の先入観をひっくり返したものだった。それは、郊外に住むある弁護士について、彼のミドルクラスとしての特徴を並べ上げた上で、教室の学生が具体的な像を作り上げた後に、「ところで、彼は黒人だよ」と付け加えるというやり方であった。ほぼそれと同じように、あたかもヨーロッパのある国のことを話しているかのようにして、徳川時代の経済の諸特徴を並べ上げ、最後になって「ところで、これは日本のことだよ」と付け加えることは可能である。経済的諸特徴と社会構造の根本的なところで、日本は驚くほど「西欧的」な国である。ジェイコブズ（1958）は、日本と西ヨーロッパは、共通の文化的伝統をもたないにもかかわらず、共通の社会的伝統を有しているが、日本と中国は共通の文化的伝統をもっているのに、共通の社会的伝統をもたないことを強調している。ジェイコブズの著作は、日本と中国の価値観について一つ一つ対比させ、他方で日本と西ヨーロッパの価値観の共通性を前提にした比較を行っている。実際、日本は、あたかもワイト島の沖合に曳航されて来て投錨した島であるかのように、いくつかの点で「西欧的」なのである。

しかし、こうした推論はこの辺で終わりにしよう。残された紙幅を使って、大陸アジアの大規模な文明の経済史を検討し、ヨーロッパと比較・対照されるべき基準を提供することに専念しなければならない。ヨーロッパの経験と比較されるべき適切な「基準」は、中国、インド、イスラムである。二種類の検討が可能である。第一に、ヨーロッパ、中国、インドはいずれも、世界のなかでも大規模で人口稠密な文化のなかに入るが、ヨーロッパはそのうちの逸脱したメンバーであると見ることができる。一五世紀に、中国は約一億―一億三〇〇〇万人、インドは一億―一億二千万人、ヨーロッパは七〇〇〇万―七五〇〇万人の人口を有していた。すべてを合計すると、一五〇〇年の時点で世界人口の約八〇%、一八〇〇年では約八五%を占めていたことになる。マッキンダー（1962: 83ページと図の16）は、ヨーロッパとモンスーン・アジアの沿海地域の総人口を比較しているが、マケヴディとジョーンズ（1978; McEvedy 1972: 8）の最近の推計を使って、彼の数値を修正してみると、ユーラシアの沿海地域は一四〇〇年に全世界の人口の七五%を有し、一八〇〇年では八二%を有することになる（ついでながら、一九七五年の時点でなお六五%を有する）。これらの人々の歴史は、世界史における最大の部分のそれである。

第二に、中国、インド、オスマン帝国は、すべて軍事的な専制国家であったが、そうした政治的事実が、これら帝国の経済発展の展望にいかなる影響を与えたかを見ることが可能である。この場合、ヨーロッパは、世界における四つの強力無比な帝国のうちの逸脱者ということになる。勿論、人口の規模からいえばオスマン帝国は小規模なものにすぎない。近東全体で、一五世紀にわずか二〇〇〇万―三〇〇〇万人の人口しかいなかったし、そのうち一〇%は遊牧民であった。一八〇〇年頃まで、事実上人口増加はなかった。この時期は、ヨーロッパが工業化を準備しつつあったという意味で、私たちにとって特に興味深い時期である。それにもかかわらず、大規模な人口は、精神的および物質的な財の生産にとって一見すると重要であり、それらに対する潜在的な市場を意味するが、それだけで市場の変化や市場への影響をもたらすものではない。文化的な意味で、イスラムは第一義的な重要性をもつし、政治的な意味では、オスマン帝国は前近代の侵略的専制国家においては発展が阻害されるという事実を解明するのに役立つだけではなく、ヨーロッパと常に冷戦および熱戦状態にあり、ヨーロッパに影響をおよぼしたのである。イスラムとオスマン帝国は、人口における比重が意味するもの以上に歴史的意義があるが、人口が小さかったにせよ、近東はそれでもなお世界で四番目に人口稠密な地域であった。したがって、はじめにアジアにおける経済変動に影響をおよぼした一般的要因について考察し、次いで植民地期以前のオスマン帝国、インド、中国に関する別々の章で、検討を進めていくことにしよう。

近年、何人かの論者がヨーロッパの経済史と他の諸文化の経済史との比較について、嘲笑的な発言をしている。彼らは、非常に短期的な見方をしており、反論の根拠として、次の三つの論点を合成したものを掲げている。第一に、彼らは、工業化につながる経済発展が、本質的にはめったに起こるものではなく、それは唯一ヨーロッパ文明においてのみ、しかも純粋に偶然の産物として起こったと主張する。しかし、この立場は、中国における経験的事実によって、大きく揺さぶられてしまう。一四世紀に中国には、わずかながらではあるが、工業化の可能性があった。第二に、この第一の立場を幾分従来よりも一般的に表明したものとして、それぞれの国の有する歴史的因果系列が、独自なものであることがしばしばいわれてきた。この言説は、文化の全体性、出来事の複雑な因果系列に関して、歴史の予言的な理論を避けるという意味では正しいかもしれないが、この見解がもし規則性をすべて無視するようなところまで行き過ぎると、社会科学の可能性自体を否定し、歴史家をさまよい歩く吟遊詩人といった存在に引き下げてしまう。第三に、非ヨーロッパ人は物質的なもの以外の価値を最大化することに熱心であると主張する論者がいるが、その含意は、物質的なもの以外の価値の方がより重要であるというところにある。そのような立場は、人種差別的である。いい換えれば、特に非ヨーロッパ世界の貧しい地域における物質的貧困との闘いについて、あまりにも無知であるということができる。非ヨーロッパ文化の細部が何であれ、彼らもまたヨーロッパの人々と同じように、物質的進歩を最大化するように努力しているのにもかかわらず、きびしい制約条件によって阻まれているという方が、最も説得的な仮定である。

世界のいかなる場所においても、また大陸アジアにおいてさえも、物質的に生産性の高い灌漑農業、巨大で稠密な人口、驚くべき手工業技術、蓄積された財宝などを有する古い文化のなかから、ヨーロッパにおける前工業化期後半の時期にあったような、生産性の急激な高まりが実際に見られることはなかった。キアナン（1965: 20）がかつていったように、「すべての人間は平等である。しかし、偽の平等主義は、偉大な歴史的進歩において地球上のすべての地域が、どのように貢献したかを単純に同等なものとしてしまう」のである。本書でわれわれが明らかにしたいと願っていること、すなわち、ヨーロッパが他の地域に比べて大きな成功を自らのものにした背景を探ることは、非ヨーロッパ人の個人的（あるいは「人種的」）能力を低く見ることとはまったく異なる。ヨーロッパは、アジアから多くのものを借りて来た。ヨーロッパが未だに森林地帯の辺境にすぎなかったときに、アジアにおいて達成した個々の成果は目覚ましいものであった。真の違いは、非ヨーロッパの人々が厳しい不利な条件の中で苦闘して来たという点にある。以下、アジア経済史の探究で、これらの点を明らかにするつもりである。

近東のオスマン帝国、インドのムガル帝国、中国の満州帝国（清朝）、これらはすべて侵略に起源を発する軍事的専制国家である。しかしながら、政治的な体制を別にすれば、アジアの諸文化の間にほとんど類似性はなかった。汎アジア的な、文化、宗教、あるいは人種に共通の実体はない。アジアは、それぞれが別々のいくつかの亜大陸の集成にすぎない。ヨーロッパ人以上に、その内部において人種的、民族的な違いが大きい。宗教的差異もまた、大きい。仏教、ヒンドゥー教、儒教、イスラム教のなかにも、それぞれいくつかの宗派がある。アジアの貧困をアジアの宗教のせいにするような因果論（その逆ではない）は、ヨーロッパ人の苦し紛れの確信にすぎない。そういうやり方は、あたかも、ヨーロッパの経済成長の原因をキリスト教の愛や慈善や謙遜などの教えに求めるようなものである。しかし、実際にはそれらの教えは、ヨーロッパの運命を決定した真の要因の働きを抑えて来たのである。好意的な観察者は、アジアの諸宗教に見られる宿命論的な要素が、克服し難いほどの悲惨な境遇を反映したものであると見做している。いずれにしても、実際には、宿命論はその特徴でも何でもないかもしれない。例えば、儒教思想は自然災害の原因を悪政にもとめたが、これは少しも宿命論的ではない。イスラム教は宿命論的な宗教であるという非難は、彼らが常にアッラーに関与を求めて祈るということからも、否定されるべきである。

もし、東洋の思想家たちが共通の要素をもつとするならば、それは、情念や価値観そして宇宙論への傾倒と、ギリシャ―ユダヤ教―キリスト教の伝統に見られるような経験主義的な探究と批判が相対的に欠如していることなどであるといわれてきた（Fraser 1975: 39）。ただし、事実の問題として、こうした西洋的伝統は部分的にはアラブ起源であった。単一のアジアという概念や、ヨーロッパ人がアジア人の態度について共通にもっている見方に対しては、断固として否定的である中村（Iyer 1965から引用）にしても、アジア宗教の中に共通の宗教的妥協という特徴を認めている。この場合も、キリスト教やユダヤ教と攻撃性という点で共通したものが存在するイスラム教をそのなかに含めるかどうかははっきりとしないという但し書き付きである。異端に対する寛容や、論理的な議論に対する厳密性の欠如は、中国やインドの科学が発展しなかった根本的理由として挙げられて来た。それらの国の思想家にとって、自然解釈の点で考え方が一致するなどということは、馬鹿げたものにしか見えなかったかもしれない（Ziman 1968: 22）。

いずれにしても、アジア人ほど経済機会に聡い人々はいないことは明らかである。この点で、歴史文書の広範で緻密な調査に基づいた、モアランド（1972）の結論以上のものはない。彼の結論は、経済人類学者たちによる経済動機についての「実体主義・形式主義」論争における推測的な議論よりもはるかに堅固なものであった。モアランド（1972: 145）が明言しているように、「その当時の商業関係の記録を少しでも読んでみれば、一七世紀のインドを牧歌的な理想郷と見なす傾向のある人々は幻滅することになろう。買い手と売り手は、本質的な点で現代の買い手と売り手にそっくりである。インド商人の商才は、彼らと取引をした外国人たちのそれに決して劣っていなかった」。市場価格が成立していたし、競争は激しかった。専門化した仲買人と注目すべき信用・為替・保険の機構が存在した。ただし、モアランドは、二つの留保条件を付けている。それらは、動機付けに関するものではなく、インドとアジアの市場における諸問題を示唆するものである。第一に、輸送費用が非常に高くつくため、市場が極めて局地的になる。食用穀物の市場は特にそうであった。沿海地域においてのみ、海上輸送が価格の平準化をもたらした。それがなければ、近隣地域の収穫状況に左右されて格差が開いていた筈である。第二に、地方の支配者が、何時でも市場を閉鎖したり、自分自身や自らの支配領域の利益を目的として、穀物までも強権を使って独占的に買い占めてしまう可能性があった。

供給過剰、不足、専制的な介入をともなうこれらの事情は、商業を投機へと変えてしまった。政府が総生産物の主要な取分を収奪したため、生産者は種子を確保する以外には、生存ぎりぎりの状況を強いられていた。雨が降れば、モンスーン農業は生産的であるが、雨は当てにできるものではなかった。ひどい飢饉が何度も繰り返された。ここでは、自然による赤字の会計報告というヘクシャーの有名な表現が、ヨーロッパ以上に当てはまる。モアランド（1972: 233）は、インドについて次のように書いている。「非生産者階級のエネルギーが、可能なかぎり最大の取分を確保するための闘争に投じられ」、生産的な領域から逃避していると。財産を没収するというのがふさわしいほど租税は高く、自らが生み出した生産物の増加分に執着する者はほとんどいなかった。才能のあるインド人は、分配上の取分をいかに他人より多く確保するかにその努力を傾注した。その取分は、すばやく売れる生産物や、隠蔽が容易か即座に消費できる商品に再投資された。

ほとんど同じ状況が、アジアの至る所で見られた。生産的な努力が、政治的な体制によって大きく減殺された。一八六〇年代に、ウイリアム・ダンピアが、フィリピンのミンダナオ島について、次のように述べている。「これらの人々の怠慢は、自然的な性向から生まれたというよりも、彼らが戴く君主（イスラムのサルタン）の苛酷さから生じたものである。人々は、君主を怖れていた。なぜならば、君主は人々を極めて恣意的に取扱い、彼らから取れるだけのものを奪ったが、このことは人々の勤勉を損なった。その結果、彼らは糊口をしのぐよりほかに何かを得るための努力を決してしなかったのである」（Purves

1880: 205)。

交易は、政治的な性格を有していたが、このことは市場の拡大を妨げることになった。主要産品の取引はかぎられていた。特に、遠隔地貿易、外国貿易においてそのことは当てはまる。幾つかの注目すべき例外として、一四世紀のイスラム支配下のマラッカ王国の交易が挙げられる。マラッカは、マレーシアとスマトラの間にある海峡の最も細いところに位置し、そこでは、季節風に応じてインド向けと中国向けの船舶が入れ替わり立ち替わり入港した。マラッカは、ジャワから米を輸入しつつ、香辛料を取引する一大貨物集散都市となった。この交易は、イスラムの勢力を拡大する牽引車となったが、マジャハイト王国にあったかつての東西交易の中心地を凋落させることになった (Pearn 1963: 30-5)。この商業に加えて、主として必需品の取引であった小規模な近距離交易が存在した。米が「定期的に」南インドからセイロンへ、ビルマからベンガルへ、そしてベトナムから中国南部へ送られた。しかし、その意義はむしろ間接的なものであった。すなわち、有益な作物の普及に貢献したという意味である。中国は、中東地域から二九の作物を導入したが、それらは経済的には意義の小さい野菜や果物でしかなかった。

そうした外国交易のほとんどは奢侈品であったが、そのなかでも装飾品やジャングルにおける狩猟の産物である媚薬のようなものが代表的であった。これは、ときには遠隔地間の交易として行われた。かつて、ローマは、インドから奢侈品を獲得したと同時に、中国と並ぶほどにインドネシアから香辛料を輸入した。これと交換に輸出された製造品は、主として装飾品であった。後になると、アジアにおける貿易で取扱われたのは、インドや中国の手工業品、すなわち絹、木綿、磁器などの多種少量生産品であった。しかし、シムキン (1968: 255) は、これらを列挙した後に、「アジアの交易が奢侈品のみによって占められていると考えるのは誤りであろう」と補足している。彼は、長距離交易においては奢侈品が支配的で、それが、カワセミの羽や宝石や今日の薬局では見られない薬など自然界から得た雑多な品々を富裕階級に提供していたことを認めていた。しかし、普通の人々の必要が交易を促していたことも、彼は指摘していた。ただし、彼が例として挙げるのは、インドの女性が身につけたり蓄えたりする貴金属の装身具類、芳香薬、薬、そして食事の貧しさをごまかすための香辛料といったものであった。これらの品目の多くは、生物界から得たガラクタにすぎず、そのような交易の成長可能性は取るに足らないものであった。少量の商品は、小さな船舶を必要とするだけであった。中国への朝貢品である米や中国内部にかぎられたその他の商品を別にすれば、造船、港湾施設、倉庫などの発展を促すようなかさ高の船荷は存在しなかった。ヨーロッパにおいて、ワイン、塩、毛織物、鱈、材木、鉄、穀物などの大量の貨物輸送によって生み出されたような刺激が、アジアでは欠けていた。

商業の政治的性格は、大きな限界であった。例えば、マラヤでは王室が交易を独占していたが、これは内陸への唯一可能なルートである河川の河口を、彼らが容易に封鎖することができることによって可能となっていた。このために、独立した商人が資本を蓄積することは不可能であったし、厳しい奢侈禁止法が市場の規模を制限していた。個人商人を保護する独立の法体系が、一般的に欠如していた。一四世紀のペゴロッティの商業手引書によると、タタール人の平和が、クリミアから北京までの交易ルートを「昼であろうと夜であろうとまったく安全なものにして来た」が、もし商人が旅の途上で死ぬような不運があった場合には、「彼の所有するものはすべて、彼が死んだ土地の支配者に帰属する」ことになっていた（Simkin 1968: 135）。商人は、社会に対してわずかな影響をおよぼすことしか許されていなかったのだが、そこを支配する独裁者は、個人的利益のために交易を独占することを願ったか（交易の規模が小さく、価値の高い商品が取引されていたところでは、これは非常に簡単なことであった）、租税負担者である農民の伝統的慣習を浸食するようなことを許さなかった。農村経済は、多くの場合、このような局限された取るに足らない商業部門によって、結びつけられ潤っていたにすぎない。アジア経済の根幹における経済的刺激への感応性は、鈍かった。自然的かつ社会的なリスクの大きなところでは、どうしても流動性選好が強まり、貨幣の退蔵を招く。リーデ（1925: 108）は、アジアの状況を、「財産が安全ではない」という言葉で総括していた。この一句の中に、アジアの全歴史が込められている。

伝統的なアジア社会においても、ある程度の都市化は存在したが、近代化には繋がらなかった。一八〇〇年までの約二千年の間、人口一万人以上の都市に住んでいた世界人口の約四％にあたる人々のうち、その三分の一から半分は中国人であった。「前近代の世界都市史というものがあるとするならば、主として中国についての物語であった」（Stover and Stover 1976: 86）。ヨーロッパの都市と同じ位の長い歴史をもち、比肩しうるような港と市場機能を持つ都市が数多く存在したのは、アジアの中では、航行可能な大河川を有する中国だけであった。しかし、ヨーロッパの都市とは異なって、中央政府からいかなる自治機能も許されていなかった（Zinkin 1951: 10）。アジアの他の地域では、首都は、宮廷に依存し、主として王室の随員のために奉仕する職人と商店主が住むところであった。いかなる理由であれ、主権者が宮廷を他の場所に移すことを決めたときには、全人口がその土地を離れ、移動しなくてはならなかった。都市の改良が施されることはなかった。例えば、一七世紀のハノイは、市のたつ日には百万人の人口を有するといわれたにもかかわらず、極端に強欲な官僚が支配する、草葺きの小屋と泥まみれの路地しかない都市であった。

ヴェーバー（1927: 353-4）の見解では、「人口の成長も貴金属の輸入も資本主義を生み出すことはなかった」。資本主義の発展に寄与した外的な条件は、むしろ第一に地理的なものである。最近、ウエッソン（1978: 111）は、「基本的な原因は、地理的なものであるように思われる」と論じた。アジアは、地理的な意味で、不利な条件のもとにあったのであろうか。ウエッソンは、モンテスキューの『法の精神』に立ち戻りながら、次のようにいっている。「アジアには、常に大帝国が存在したが、ヨーロッパにおいてはこれらは存在しなかった。アジアには広大な平原が存在した。それは、山脈と海によってはるかに広大な範囲で区切られていた。……ヨーロッパでは、自然の区画は、中規模の範囲の数多くの民族を形成していて、そこでは法による支配が、国家の存続と矛盾することはなかった。自由な気風を形成し、どの地域であろうと外国の勢力による支配と従属を極端に困難にしたのは、この地理的条件である。……アジアにおいては、服従的な気風が行きわたっている」。

前近代社会についてのモンテスキューの地理学的な理論をどのように解釈しようとも、「服従的気風」という点に関しては、一片の真実が含まれている。極端な富と権力の集中と、実質的な法的保護の欠如は、このような習性を招くことになったのである。東ヨーロッパでは、明らかに服従的心性が存在した。それは、農奴制によって生み出されたものである。西ヨーロッパでは、「服従するかいなかを決する議決」という習慣が、目に見えるような階級的差異の存在とともに、今日まで消え去ることがなかった。違いは、程度の違いかもしれない。しかし、前工業化期後半の時期におけるイギリスやオランダの中産階級的な商人や専門家層に見られたような矜持と独立心が、アジアには欠けていた。それ以上に重要なことは、上司を尊敬しつつ自らの威厳をうまく示すことのできる上層労働者階級のなかの職長層や、軍隊のなかの下士官層が、存在しなかったことである。大砲を操作し、戦争を指揮することのできる不屈かつ有能な下士官層が存在しなかったことが、アジア社会における根本的な欠陥であった（Parkinson 1963）。

モンテスキューは、中国を念頭においていた。東南アジアのより不安定な地域では、中核地域や「生態的に恵まれた地域」は大規模であったが、国家間の争いが行われていたのは、広大かつ不毛な無法地帯によって互いに隔てられているような環境のもとにおいてであった。高収量の地域は数多く、ときにはヨーロッパの中核地域よりも広大であった。ブキャナン（1967）が作成した「生態的に恵まれた地域」を示す地図によると、メコン川下流地域、フィリピン・ルソン島の半分、ジャワ島の全域など三〇以上の地域が示されている。これらは、比較的新しい沖積層から形成された低地地域である。土壌、降水量、そして天水利用の灌漑システムを構築できる可能性が、何世紀にもわたる期間に、これらの地域を農業、特に水田耕作に適した地域として来た。政治的脆弱性は、これらの地域が広範に散らばっており、しかも互いに十分な文化的交換を行うこともなく、広大な係争地域によって相互に隔てられているという事実から生じてきたようである。これらの国家のいずれもが、近隣地域に半恒久的な主権をおよぼすということはなかった。それらの間に存在する領域は、係争の原因であり続けたのである。インドシナは、最も重要な例である。大河川の流域やデルタ地帯のそれぞれにおいて、古い王国の核が生まれていたが、それらの間に広がったビルマからラオスにかけての高原地帯には、ビルマ、タイ王国、安南に服属するたくさんの準封建的国家が点在していた。自然的境界がないために、一七世紀に、南ベトナムは北方に対して二つの巨大な防御壁を造った（Spate and Learmonth 1967: 177-8; Honey 1968）。画定された国境という概念は、国民国家からなるヨーロッパによって、アジアにも持ち込まれた異質なものである。この地域の伝統的な考え方では、境界領域とは遅れた部族民が居住し、王国や帝国に統治された経験のない地域であった。ビルマ・雲南地域に関するフィッツジェラルド（1973）の記述によると、ジャングル、山岳地帯、荒々しい河川、高温多湿でマラリアに浸潤された低地地帯などの存在が、この地域に外部からやって来て支配し定住しようとする勢力にとって不利な条件となっていた。モンゴル人がこの地域から退却した後に、小さな部族や王国が混ざりあいつつ残された。「国境を画定していたのは、常に、為政者の行動であるよりは自然であった」（Fitzgerald 1973: 54-5）。だが、自然は、国境というよりも不安点な境界を画定していたにすぎなかった。

際限のない争いが、アジアの政治的単位の内部で、そして相互の間で続いていた。しかし、王座を誰が継承もしくは簒奪するのか、問題になっている領域を誰が手に入れるのか、あるいは誰が他国の領土を略奪するかなど、資源をめぐるこれらの争いは、アジアの外部にまでおよぶことはなかった。既存の資源基盤に追加されるような、海外のいかなる「潜在的領土」もなかった。日本のケースを除いて、アジア内部での海洋漁業は、大航海時代のヨーロッパ人が行っていたものに比べると、劣ったものであった（Dobby 1966 参照）。太平洋の北西海域においてさえ、ニューファウンドランドの浅瀬に匹敵するような単一種の獲物がいる豊かな漁場は存在しなかった。遠く離れたアフリカの近海において、ソマリ海流が流れ込む大陸棚が、ようやく一九六〇年代（不詳）に国際科学調査隊によって発見されたにすぎなかった。インド洋は、一般的には狭小な大陸棚をもつにすぎず、今日でさえ世界の漁獲高のわずか五%を占めるだけである。ここでは、見るべき漁業はない。燐酸塩と豊かな栄養分そして、豊かな魚群は、年間を通して深海の海水が湧き出る所にだけ存在する。また、こうした魚の豊富な海域が大陸と接する部分においてのみ、魚が押し上げられて容易に捕獲されうる。「結局のところ、捕鯨は別にして、漁業の歴史的な重要性を考慮に入れるとき、海洋の巨大さについて普通いわれる議論は当てはまらないであろう」（Graham 1956: 495）。アジア人は、ヨーロッパ人に与えられた北海や大西洋の反対側におけるような、良い海洋の漁場を与えられていなかった。

マレーシアとボルネオの間に挟まれたスンダ大陸棚のような、アジアの海域のなかで海水魚が豊富に見られる海域において、魚群は、食用には不都合な種も入り混じった状態で生態している。これは、有用な漁獲のために必要な努力を倍増させるし、食用には適さない魚を動物の飼料として使用するために必要な冷凍手段が存在しなかった過去の時代においては、なおさらそうである。熱帯の魚は、温帯の魚に比べると、肉も少ないし、食糧としての価値も小さい。しかも、幾つかの熱帯の魚は、有毒でさえある。釣り漁法は、釣りかかった魚を補食性の魚に横取されるので、あまり益の多いものではない。漁師たちにとって、遠洋漁業のための船舶や漁網に必要な資本を蓄積することは困難なことであった。遠洋漁業の実施は魅力的なものではなかった。その結果、ヨーロッパ人が遠洋の漁業や航海によって獲得して来た航法や商業的知識という副産物が生まれることもなかった。興味深いことに、ヨーロッパ人たちは貨物の輸送を肩代わりすることによって、アジアとの貿易収支の均衡を図ったが、漁業の産物をアジアの市場に対して売り込むことはしなかった。ヨーロッパ人の技術は大したものではなかったし、(中国人たちは阿片を買うだけの金はもっていたが)アジアに大衆的な購買力はなかった。一七七八年に、ヨーロッパ人たちが、中国に対して海産物供給を開始したとき、それはあくまで奢侈品としてのアザラシ(海豹)の毛皮にすぎなかった。

中国人たちが太平洋の北東海域に達することは、技術的に十分可能であった。しかし、彼らはそれを選択しなかった。彼らが、一四八〇年にそれまでの広域にわたった海洋航海を再開することを自らに禁じた海禁策を打ち出したのは、ちょうどポルトガル人が喜望峰を経由しつつ、ヨーロッパの影響を東方の諸地域におよぼそうとしていたときであった。フェリス号の船長、ジョン・メアレスがアメリカ北東部から中国に向けて木材の最初の貨物を運んだのは、一七九八年のことであった。

アジアは、自らの栄養摂取源に閉じ込められていたともいえるし、自らを閉じ込めていたともいえる。モンスーン地帯の沿岸地域──「定住農耕地帯」──におけるいかなる権力も、ステップ地帯の戦士的遊牧民たちを一歩も押し返すことはできなかった。アジアの多くの地域にとって、資源の限界、特に蛋白質の不足は不利な条件であった。しかし、他の大陸からの孤立は、ヨーロッパがそうである場合に比べると、おそらくダメージはより小さかった。池や水田における淡水魚の養殖は、困難ではなかった。また、中国は、アジアの他の地域とは違って、その内部に土地の余剰があった。そのため、人口は増え続けたのである。海洋探検がなかったことは、それ自身決定的な制約条件ではなかったが、そのために、食糧、原料、植民地、そして(単なる拡大ではなく成長にとって最も重要だった)商業機会といった、ヨーロッパ人たちが享受した、思いがけない天恵がアジアには存在しなかった。アジアは、増大する人口を養うために内的な資源を消費し続け、既存の社会と経済の構造を単純に再生産するだけに終わったのである。

それどころか、平和と拡張の後には、急激な人口成長、農業における収穫逓減、支配者による過剰な収奪、ますます腐敗して行く官僚、膨大な代価を払う戦争とその失敗といった事態が続く、ある種の循環が繰り返されたようである。技術変化は、成長を支えるほど十分なものではなかった。イブン・ハルドゥーンは、『歴史序説』(*The Muqaddimah*)のなかで、アラブ世界においては、このタイプの循環的な歴史があることを示唆していた。問題の核心は、戦利品獲得の政治とでもいうべきものにあった。支配者は、近代の人間であれば、宣戦の口実とは認められない理由で、戦利品を得るまでは見境なく戦争を続けたのである（Moreland 1972: 2-3）。強力な支配者のもとでは偉大な繁栄の時期があったが、その後継をめぐる絶え間ない闘争や支配者による抑制のない権力行使が、遅かれ早かれ、社会を戦争の淵に突き落とした。支配者の人格が大きな意味をもつ体制において、若死が連続したことは、社会を荒廃させることにもなった（一六世紀の神宗 Cheng-te で終わる六人の中国の皇帝は、次々に四十歳未満の年齢で亡くなった）。中国への最初のイギリス大使であったマッカートニー卿は、次のようにそれを評している。「未熟な人間が船を操舵するようなことになると、その船の規律と安全は失われてしまう」（Dawson 1972: 344; 275 も参照）と。中華帝国は、この時期を通じてなんとか一つのまとまった帝国であったが、アジアにおけるその他の諸帝国は兄弟殺しの内紛に明け暮れていた。国民総動員戦争は破壊の程度を甚しくした。水田の水路は非常に脆弱だったので、たとえ有利な気候のおかげで、壊された水路が修復された後すぐに農業生産が回復したとしても、破壊によって起こる飢饉の被害はぞっとするようなものであった。経済行動は、絶え間ない不安感によって歪められていた。こうして、スリランカの乾燥地帯における灌漑農業の崩壊と首都アニュラドハピラの衰亡、アンコールワット周辺のクメール王国における灌漑農業の衰微に見られるように、拡大と秩序の時代の後には、喪失の時代が続いたのである。

没収、戦争、自然災害によって常に脅かされていた経済では、平和の継続によって生じる人口成長に見合うような技術進歩を促進することは当然のことながら困難であった。歴史を推進する三つのタイプの力をはっきりと区別しておく必要がある。第一に、強者の支配による擬似的な安定の後に、浪費と抑圧と無秩序の時代が続くという、すでに述べたような循環的変動が存在した。第二に、こうした循環的変動と実質的な発展の不在にもかかわらず、底流には顕著な人口成長の趨勢が存在した。このことは、将来、余剰地がなくなり、よりよい作物の品種が普及する可能性が枯渇することを不吉にも知らせる兆候であった。第三に、アジアはヨーロッパ人の進出以前に、強いていえば、至る所で同時進行する衰亡の過程に入りつつあったという、有力な考え方がある。シムキン（1968: 258-9）によると、アジアの交易は一般に収縮しつつあった。イスラム世界の多くは、初期の質素な時代から、奢侈を愛好する時代に変わりつつあったが、商人階級はサルタンによってその富を略奪されていた。イスラム諸国は、相互に争いを始めていた。中国は、内向きな時代に突入し、海外への進出と海上交易全体を放棄するに至った。ムガル期のインド、インドネシア、ビルマは、すべて分裂の過程にあり、間もなく弱小国家に分裂する運命にあった。滅び行くクメール帝国は、侵略的なタイ人たちによって打ち倒されつつあった。ヴェンカタチャール（Iyer 1965: 38-9）によると、ヒンドゥー教徒も中国人も、海洋を放棄したのである。これよりも小さなアジアの諸社会は、殻に閉じこもた偏狭な存在へと後退して行った。

おそらく、有力な研究者のすべてが、このような陰鬱な解釈の羅列に同意することはないであろう。ヴァン・ルール(Frank 1978: 138-9より引用)は、いかに多くのアジア諸国が一八世紀末まで無傷であったか、そしてヨーロッパ人の進出によっていかに干渉されることがなかったかという点を強調している。しかし、そのことは、広範に見られた内向化を否定することにはならないし、次第に静止して行く社会が、「珍奇な体験」をしたというヴェンカタチャールの見解を覆しはしない。現実に起こったのは、ヨーロッパの創造力に満ちた成長の勢いがアジアをただ一時的に圧倒しただけであるとホーン(1964: 115)は主張したが、この見解は、中国の科学はルネサンス後のヨーロッパにおける科学の急激な進歩の速度に比べると、単にゆっくりとしたペースで発展したにすぎないというグラハムの断定と極めて似通ったものである。また、銃砲や航海といった領域でヨーロッパに後れを取っていたにせよ、中国やその他のアジア諸国は自らの技術を向上し続けたというマケヴディとジョーンズの見解とも一脈相通ずるところがある。しかし、この見解でさえ、中国は初期の技術的達成から後退して行ったという、エルビン(1973)が描いた事態とは異なっている。

これでは、高く買いかぶりすぎている。一五世紀以降に中国人によってなされた技術変化は、米の早稲種とその普及、さらにポルトガル人によってもたらされた乾地作物の普及に尽きる。これは、ヨーロッパにおける技術の達成の記録とは比較にならない。その進歩がいかに目覚ましいものであったにせよ、ヨーロッパにおける農業の改良についてここで改めて言及する必要はないであろう。ある側面では進歩の徴候が確かにあったが、植民地化される直前のアジアに関して、全般的な印象は次のようなものである。ある社会は混沌に向かって滑り落ちて行き、別の社会は内向的になり、また他方では政治的弱体化が進んだり、発展のない盛衰が見られた。そして、地平線の彼方には、今はまだ人間の手のひら位の大きさであるが、いずれは過剰人口という大問題になる暗雲が現れていたのである。(Strayer 1970: 105もまた参照せよ)。オスマン・トルコ、ムガル、清朝という当時のアジアの三帝国は、決して際限なく続く専制国家であった訳ではない。これら三帝国は、大草原地帯から出現した征服国家であり、新しい土地と戦利品を確保しないかぎり効率的に生き残ることはできず、発展というものを極度に阻害する体制であった。アダム・スミスはその帰結を次のように書きとめている。「それらの不幸な国々では、人々は支配者の暴力に常に怯えているために、共通の貯えの多くの部分をしばしば隠蔽してしまう。それは、トルコ、インドスタン、そして思うにその他のアジアの諸政府でも共通に見られることである」(Smith 1884: 115)。

アジア

第9章　イスラムとオスマン帝国

私がいえることは、疫病が今なお帝国の内部で荒れ狂っており、帝国を滅ぼすに違いないということである。

――トーマス・ロー卿

近東や北アフリカのイスラム世界の有利な点は、スペインからアジアにかけて居住する多様な人々を、一つの信仰、一つの文化、アラビア語という一つの言語に統一し、規模の経済を獲得した点にあった。ある時代には、この文化は、ローマ帝国よりも広大な地域を占有しつつ、最も革新的であった。インドからの作物をスペインという西方にまでもたらした「アラブの農業革命」は、広域にわたる文化の接触と旅行の産物であった(Watson 1974: 17-8)。あらゆる人々が生涯のうちで少なくとも一度は巡礼をしたいという野心をもっていたから、こうした世俗的な好結果が得られたのであった。思想や観念もまた、中世初期のキリスト教世界が想像もしなかった規模で広い範囲に普及した。イスラム教勢力下のスペインの街灯に照らされた大都市は、大学と規模の大きい図書館をもち、ピレネー山脈以北の軍隊の野営や質素で素朴な修道院とは対照的な様相を呈していた。一三世紀まで、疫病も飢饉もなしに数世代が生きていたといわれている(Goiten 1973: 221)。

イスラム世界は、科学や技術上の知識をインドや中国から吸収し、ある点ではそれを一層発展させた。かなり後の時期になっても、ヨーロッパにとってイスラムから学ぶべきものが数多く存在した。一五五〇年にはボスポラス海峡にヨーロッパのものよりもはるかに優れた灯台があった。それは、百二十段の高さで、有鉛ガラスの窓を備え、油の入った皿に二十の灯心が浮かぶような巨大なガラス製の灯室をもっていた(Beaver 1971: 15)。「東方産」のサラブレッドが東ヨーロッパや中央ヨーロッパに伝わったのは、一六世紀のトルコの侵攻にともなってのことであったし、それが一七世紀の後半になって、以前よりも馬体の大きな改良種が生まれる一つの要因となった。この改良種は、西はイングランドにまでまたがる内陸輸送の成長にとって不可欠であった(Piggot 1976: 115)。トマス・ジェファソンが、オリヴァー・エヴァンズの自動製粉機に特許を与えるべきか否かを考えたときに、彼はバーナード・ショーの『エジプトおよびバーバリー海岸への旅』という旅行記を調べることになった。というのは、ショーは、その本の中でそれらの地域で類似の機械が使われているのを記録していたからである(Martin 1961: 31)。それは、技術の進歩どころか衰亡の渦中にあると、キリスト教徒が考えていた文化なのであった。

近東の経済生活における弱点は、人口が、中国、インド、ヨーロッパに比べて低い水準に止まっていたことにあった。一六〇〇年という、オスマン帝国の最高の時点においてさえ、わずか二八〇〇万人にすぎなかった。潜在的な市場はかぎられていたし、広い地域に散在していた。政治的および宗教的な統一性は、文化の統一性ほどは長くは続かなかった。カリフ制の分裂が、イスラムの最初の勝利に満ちた拡張のすぐ後に、バグダードからの離反をもたらした。内紛の繰り返しと、モンゴルの遊牧民による侵攻で頂点に達する外からの攻撃が、多大の損害を与えたことは確かであった。イスラムという言葉もまた服従ということを意味し、西欧の観察者たちはイスラムを本来的に専制政治に無抵抗なものと見做して来たのである。革新を嫌がり、異教徒から何かを拝借することを嫌悪する保守的な宗派が、自らの知的独占を押しつけようと苦心し、それが成功した場合には、それ以前の時代に生まれたよい知恵を廃棄してしまうという危険が確かに存在したように思われる。しかし、純粋な権力闘争の影響とは別に、イスラムの思想の退嬰的な傾向が、統一の崩壊に対していかなる役割を果たしたのかは明らかでない。

イスラム世界における資源の賦存状況は、バランスのとれたものではなかった。このことが、ときには発展を妨げたに違いない。イスラム世界における資源は、実際には相互に補完関係があったにもかかわらず、利用されなかった。すなわち、ある地域では原料が不足したままであったのに、別の地域ではヨーロッパの富裕な購買者に向けてそれを輸出していた。北アフリカは、近代初期のヨーロッパに、工業製品の輸入と引き替えに、金属・小麦・トウモロコシのみならず、羊毛と生糸を輸出したが、特に羊毛と生糸の輸出は「後進性の明らかな徴（しるし）」（van Klaveren 1969: 50）であった。バーバリー海岸では木材の不足が甚しかった。他のヨーロッパ諸国の船を略奪し続けるために必要な手段として、海賊船は、オランダ商人から常に弾薬と船体用の木材を徴発するという方法を採った。一六三一年に、アイルランドのコークに拠点を置くボルティモア会社号を攻撃したアルジェリアの海賊船は、オランダ製あるいはフラマン製の船舶を使っていた（Barnby 1970: 27-31）。

インド洋を航海し、布教に成功したことによって、イスラム勢力は、インドネシアにおける幾つかの侯国と、東アフリカ海岸南部における交易拠点を獲得した。これらの場所は、ヨーロッパ人が両アメリカ大陸で獲得した人口稀薄で資源豊富な空間とはまったく異なっており、経済的な影響も異なっていた。交易は、奢侈品中心であり、したがって、近東における木材不足のような、実質的な資源の不足を補填することはなかった。数世紀にわたって、木に恵まれないアラビアの海岸で使用するために、ダウ船がザンジバル南部の広大なルフィージー・デルタから、マングローブの柱を運んだ。しかし、それは北西ヨーロッパにおける大規模で種類の多い木材輸入に比較すると、かぎられた運搬量でしかなかった。実際、キリスト教勢力は、イスラムの資源不足という弱点に気付き、鉄や木材、ときには食糧の輸出を禁止しており、このことはイスラム教徒の海軍を弱体化させることになった（Strayer 1974: 403-4）。一貫した政策は採れず、北アフリカ（良質の硬質小麦が穫れる）やオスマン帝国さえ、最終的には西欧諸国の資源植民地になった。巧妙な灌漑が実施されている所もあったが、イスラムの農業と居住様式は、大半の地域でオアシスに拘束され続けた。放牧の方法、特に雑食性の山羊の放牧は、近東や北アフリカにおいて砂漠を拡大させることになった。アラブの人々は、オリーブ栽培の北限を越える地域からは退却をしたと思われるが（Glick 1974: 77）、この生態的な適合性の欠如のために、ヨーロッパに対する北方侵略を思い止まった訳ではない。彼らが恒久的に定住していた所では、牧畜生産が飼料の欠乏によって制限されていた。アラビアは、飼い葉があまりに不足していたため、大量のマグロが家畜の飼料とされた。逆境の御利益とは素晴らしいものである。皮革が不足していたために、紙が羊皮紙の代わりとなった。紙の製法はすでに、八世紀に俘虜の中国人から学んでいた。紙は、初期イスラムの交易において重要な品目であった。ヨーロッパでは、皮革はもっと豊富であり、紙の使用は羊皮紙の存在によって妨げられた（Goitein 1973: 20）。

ヨーロッパとの交流や比較という観点からすると、イスラムの領域内において最も重要であったのはオスマン帝国である。ここは資源に恵まれていた。すなわち、トルコ人は西方に進出して、ダーダネルス海峡を略取することによって、黒海の木材・穀物・魚を首都コンスタンティノープルへ運ぶことができた。彼らは、アドリア海に面したイタリア人の商人植民都市であったラグーザ（ドゥブロブニク）を通して、バルカン半島とヨーロッパとの間の交易を支配することができた。トルコ人は、そこを包囲しつつ、免税品の売買を許可したのである。しかしながら、この始まりのなかに、オスマン帝国の弱点の萌芽を見ることができる。この弱点は後になっても決して克服されることがなかった。彼らは、すべての貿易を自ら管理することができなかったし、その気もなかったために、ラグーザ人が関税吏や収税吏となったのである（Coles 1968: 110-1）。

最初に急激な成長の局面があった。オスマン・トルコは、近東に待望の秩序を打ち立てた。彼らは、肥沃な三角地帯を横切る大陸間交易ルートの安全を回復した。オスマン・トルコは、エジプトの獲得によって、マムルーク朝との抗争を終了させた。帝都コンスタンティノープルの人口は、一四五三年の一〇万人弱から一六〇〇年の五〇万人以上、おそらく八〇万人近くまで増加した。コンスタンティノープルはその当時のヨーロッパにおける都市の規模を上回り、大規模な市場を提供した。オスマン・トルコ人は、バルカン人にとって解放者のごとくやって来た上に、見事なほど決然たる独裁体制の一形態をもたらした。それは、たとえていえば、汽車を定刻通り走らせることを可能にしたのである。キリスト教徒の農民たちは、公的な秩序が改善され、税金が安かったため、キリスト教徒の抑圧的な地主よりもオスマン・トルコ人を好んだ。マルティン・ルッターは、「ドイツの地には、皇帝や諸侯の統治下にあるよりも、トルコ人の支配に服するのを望む者がいる」と記している。また、バルバロスは、北アフリカの海賊とともにオスマン帝国の海軍に加わったが、彼がイタリアの海岸を襲うときにはいつも彼の側に味方する反乱が起こっている（Stavrianos 1966: 125; Braudel 1972 vol. 2: 663, 778-9）。

この帝国は、ヨーロッパと隣合わせにあるだけに、ヨーロッパと交易を行い、初期にはヨーロッパから技術者を受け入れた。彼らの多くは、後にイスラムに改宗するほどよい条件で受け入れられた。一六世紀の初頭には、宝庫のなかに財宝が山積みされていたし、首都も急速に拡大していた。オスマン・トルコ人は、イスラムの他の同胞よりも文化的に劣る辺境のトルコ人にすぎなかったとしても、イスラムの遺産は彼ら自身のものになっていた。ヨーロッパが発展するにつれて、ヨーロッパからもその気になれば学ぶこともできた。実際には、その機会を拒否してしまい、間もなく彼らは恐怖感を抱くようになった。イギリスの教区委員会計簿の施しの欄は、身代金を払ってトルコ軍から捕虜を解放するように要請した請願に満ちている。マルタに対するオスマン帝国の包囲は、地中海をトルコ人の内海としてしまうほどに、キリスト教文明全体にとっては危機であり、ソールズベリーのプロテスタント主教が、マルタのカトリック教徒を救った聖ヨハネ騎士団を誉め讃えるほどであった。しかし、結局のところ、トルコ人は西欧から撃退された。今度は東方に向かったが、そこでも前進することはできなかった。直接的な帰結として、経済は勢いを失い、その減速の徴候と原因は、オスマン帝国の発展がなぜ起こらなかったかを十分に説明している。

それが原因であるか結果であるかは検討を要するとはいえ、技術の停滞と知的な退嬰がトルコ人の野心を挫折させた。帝国の初期には、隣接したヨーロッパ文明から切り離されてもいなかったし、孤立もしていなかった。このことは、彼らが「新大陸の発見」のニュースをすぐに学び知ったことから明らかである。一五一三年にトルコ人の地図作成者によって作られた地図は、南北アメリカの大西洋海岸を示しており、ポルトガル人の海図およびコロンブスによって作られた海図の複製から得たものであった。しかし、トルコ人はこの宝の分け前に近づくことも、与えられることもなかった。さらに悪いことに、インドや香料諸島への独占ルートが崩されてしまった。一六世紀のオスマン帝国によるエジプトの支配は、香辛料の陸上交易を再開させ、小さな船を使って香辛料を喜望峰沖経由でゆっくりと運搬するよりも、隊商によって運ぶ方が安くなった。しかし、しばらくすると通行料そのものが再び低下し始めた。アンソニー・ウッドが、今ではめったに香辛料が肉に使われることがないと一六七四年に書き留めたとき（Ogg 1934 vol. 1: 68-9）、彼はヨーロッパの最先進地帯における飼料革命の影響を見ていた。より新鮮な肉が一年を通じて手に入るようになり、熟しすぎた肉の臭みを消すものとしての香辛料はもはや不可欠なものではなくなった。香辛料貿易にはすでに引導が渡されていた。

「この科学（地図作成学）を学ぶ必要性について、完全で説得力のある証明は、次の事実にあった。異教徒たちは、この学問の応用と尊重によって、新世界を発見したし、インドの市場では他を圧倒した」（Stavrianos 1966: 132-3 から引用）。一六五六年に、トルコ人の百科全書派であるカティブ・チェレビがこのように書いたときには、すでに遅すぎた。ライコウト（1668: 32）は、トルコ人が良い地図を作ったのを見たためしはないと述べていた。船と航海術については、オスマン・トルコ人は当初の段階で借用技術によってあまりにも成功したため、変化の必要性に気付くことがなかった。一五七一年のレパント沖の海戦の後ですら、同じ旧式のガレー船を建造し、一五七四年にはチュニスにあったスペインの要塞を襲撃した。彼らは大規模な海軍を作ることによって、黒海および東地中海を制覇し、エジプトを略取した。これは、遠洋航海や海戦においては時代遅れの技術となるものを何時迄も後生大事にすることに繋がった。アデンやバスラから出陣したオスマン帝国のガレー艦隊は、ポルトガルの帆船に比べて、機動性と攻撃力の点で劣っていた（Hess 1970; Braudel 1972 vol. 2: 1174-5）。ヨーロッパは商業革命に乗り出したが、オスマン帝国は陸上に閉じ込められたのである。

英国、オランダ、特にフランスのレヴァント艦隊は、免税と治外法権の特権を受けて、オスマン帝国と交易をしていた。これは、専制政治下の価値ある特権であって、早くも一五三五年にはフランスに与えられていた。彼らは、食糧と原料を運び出し、自国の植民地からの商品と金塊をもち込んだ。かってアラブの農業革命によってヨーロッパに導入されていた米と砂糖は、今や大西洋に存在するヨーロッパの植民地から輸入された。金塊はトルコ人の手元に留まらず、香辛料と高級な織物の購買のために、さらに東方へと流出して行った。戦略的に重要な財のヨーロッパへの輸出禁止を、堕落した官僚たちが課すことはなかったし、オスマン帝国は軍需品や軍隊に必要な食糧を買い上げることすら不可能になっていた。ヨーロッパからの織物製品の浸透を喰い止めるような（しかも、視野狭窄的でない）重商主義政策は採られなかった。しかし、もし行われたとしても、官僚の腐敗がこれを台無しにしたであろう。

ヨーロッパにおける国民国家の組織とそれが強制しうる忠誠心に比肩できるようないかなる政治的統合もなかった。この帝国は、相互に敵対し、それぞれ別種の忠誠心をもつ人々からなる寄せ木細工であった。イスラム教への改宗は歓迎されたが、帝国は彼らのエネルギーを完全に利用することができなかった。近代初期のヨーロッパ人が過大に賞賛した体制は、一世紀以上後には自らの資源を有効に活用しえなかったのである。安楽な状況は、いつしか困難な状況になっていた。エリートでさえ、資源のうちの大きな取分を取込んだり、浪費する傾向がなくなっていたのであるから、一般の人々が投資のために十分な貯えを生み出すほど豊かではありえなかった。あきらめの気分が充満していた。体制があまりにも抑圧的になったので、地方では人口減少が起こっていた。ヨーロッパ人の観察者は、バルカン半島における廃領地や廃村について書きとめている。一六七五年にトラキア地方の三分の二以上が荒れ果て、耕作されないままになっていた。農民が都市に移住することを禁ずる布告が発令された。農村地域における搾取のもとで移住が続いたにもかかわらず、一六〇〇年以降は都市人口も減少し始めた。帝国に内在する弱点が露わになるにつれて、ヨーロッパは近東に対して植民地化を開始した。不成功に終わったが、この植民地化は、まことに忌まわしいナポレオンのエジプト侵攻によって始まった。エジプトについては、キアナン（1978: 218）が「オスマン帝国の柔い下腹部」と表現している。

　自信に満ちた軍事独裁の初期にありがちな寛容の時代をすぎると、トルコ人は反啓蒙主義を積極的に奨励するようになって行った。このことは、西洋の技術の借用と自前の発明という両方に対して不利に作用した。多分、一層深刻なことは、ペストに対していかなる用心もなされなかったことである。ヨーロッパでも、病気を神の意志に任せるという自由放任的態度はときどき存在したが、それは僻地の農民や聖職者に見られたのであって、政治当局が示すことはなかったし、カトリックの教会権力ですらそのようなことはなかった。それとは反対に、ヨーロッパでペストが消滅しつつあったまさにそのときに、オスマン帝国の反啓蒙主義が意味したのは、ペストが風土病となってしまったということである。したがって、国全体を網羅する政策という恩恵は得られなかった。理由は、『コーラン』が災害の犠牲者の救済を命令していたにもかかわらず、救済は地方で組織されるのみで、より積極的な手段は認められなかったからである。数年に一度、ペストは疫病と化して燃え上がった。一七七〇年にはコンスタンティノープルで四万人が亡くなった。サロニカは、一七二三年から一七四一年にかけて、「幾度にもわたって破滅的な疫病」に襲われ、一七四一年から一七七七年にかけて、人口のかなりの部分を失った。一八一二年から一八一四年にかけて、ブカレストとベオグラードの人口の三分の一が死んだ。この時期になっても、最悪の年にはペストは十五万人近くの人を死に追いやり、貿易見本市を閉鎖させ、農地の収穫を不可能にさせ、家畜を飢え死にさせたりした。地域によっては、再び人が住むことはほとんどなかったのである (Stavrianos 1966: 134-5; McNeill 1976: 188-9; Zakythinos 1976: 59)。こうして、市場と労働供給はともに沈滞したが、投資の安全が保障されず、しかも新しい方法に対して好意的ではない環境においては、稀少化した労働が労働節約的な技術革新を導くということもなかった。こうして、非合理主義が支配するようになった。イナルシク（1973）は、「狂信主義の勝利」と題された章において、一六世紀末期の科学に対する反動について実例を挙げている。最も示唆的なのは次の例である。天文学の観察がペストの原因になっているとして、一五八〇年にイエニチェリが天文台を破壊してしまったという事例である。

　病気に直面した時の消極性には、一つの大きな例外があった。トルコに在住したギリシア人の臣民は、当時の西欧では知られていなかった天然痘に対する治療法を知っていた。これは、老女によって行われる人痘法であった。これら伝統医学の医師がオスマン帝国政府に対してもっていた関係には、不明瞭な点があった。おそらく、彼らの医療行為は干渉されなかったが、著名な個人あるいは政府によってなされる目立った医療行為は、宗教的な指導者の非難を招くことになったのであろう。一七二〇年代に、レイディ・メアリー・ウォートレー・モンタギューが人痘法の技術をイングランドに持ち込んだのは、コンスタンティノープルからであった。最初は失敗したが、一八世紀の中頃に人痘法は復活し、イギリス、ヨーロッパ、そしてアメリカ植民地で広範に採用された。その後、一七九六年のエドワード・ジェンナーによる種痘の開発が人痘法に取って代わり、興味本位にレイディ・メアリーについて言及されるのを除けば、それは全く歴史書から抹殺されてしまった。ジェンナーが子供の頃、ウットン・アンダー・エッジにおける天然痘流行の際に、人痘法を受けたということは考えられることである。

このように、「トルコ」の人痘法は、一八世紀のヨーロッパで知られるようになった。それは、ある書物の中でオーストリアの外交官によって記述された。ギリシア再興運動の知識人の一人であったイアコヴロス・ピラリノスは、ティモネスと呼ばれていたキオスの医者と共同で、この治療法を宣伝した。ピラリノスは、彼の実験について博物学者のシェラールに手紙を書いている。シェラールは、一七一二年から一七一八年にかけて、ピラリノスがスミルナでヴェネチアの領事をしていたときに、そこに住んでいたのである。ティモネスも彼の実験について、オックスフォードのウッドワード宛に手紙を書いている。ピラリノスは、一七一五年にヴェニスで、また一七二一年にはライデンで、ラテン語による人痘法について本を出版している(Zakythinos 1976: 109n. 44)。この主題は、非常に重要なものであった。疫病対策は、(行政改革と技術革新とともに)一八世紀のヨーロッパの発展をもたらした強力な三点セットの一つをなしていた。もちろん、天然痘とペストの根絶のどちらを選ぶかと問われれば、ペスト対策が選ばれなければならないであろう。それは大規模な経済への衝撃を和らげたし、ヨーロッパが最初に取組んだものであった。しかし、オスマン帝国は一八四一年までペスト対策のための規制を採用しなかった。他方、一八世紀のヨーロッパは、疫病対策の手段の中に人痘法を加えるほど十分に敏感であったから、二つの世界の最良のものを手に入れたのである。

それにもかかわらず、このエピソードは、文化の総体について一般化することがいかに難しいかを考えさせるという意味で、有益である。確かに、オスマン帝国はひどい後進性の淵に落ち込んでしまったが、それにもかかわらず散発的にそれを挽回するような特徴ももち合わせていた。超長期的な比較あるいは諸大陸を比較する場合には、一般化は避けられない。また、われわれもそれを意図しているし、その意味で、適切なものである。われわれは、先行研究によっては支持されない結論を採用しないようにするだけである。しかし、経済制度の表面下の深層には、歴史的個性の豊かな層、登場人物、反主流的傾向が隠されている。それらについて、故意に無視している訳ではなく、より大きな目的のために不問に付しているだけである。ペスト対策やその他多くの価値観の革新を禁じた反啓蒙主義的思考の霞が、オスマン帝国衰退の根本的原因であったと主張するつもりはまったくない。イスラム教のなかに、経済発展を妨げるようなものがあるとは思われない。ロダンソン（1978）は、まさにそのことを立証するための一書を著したのである。そのときどきの特定の政治体制とは別に、イスラム教教主（Sheikh）や宗法解釈官がスルタンの行為さえ宗教的に受け入れがたいと宣言できるような（Kiernan 1978: 214）、トルコの強力なイスラム教協会（Muslim Institution）は、新しいものや西欧の影響を拒絶したのである。しかしながら、経済的衰退はそれとは独立に始まったと考えられる。宗派上の変化はそれらの原因であるよりは、それへの対応であったであろう。興味深いことに、イスラムにおける神学上の異端は、通常「右寄り」となり、保守主義、厳格な戒律主義、精神的な正統主義などの方向へ向かう傾向があった。これは、ランデス（1969: 30）によっても指摘された点である。経済的に発展途上にあったキリスト教ヨーロッパでは、分離主義的運動は既存の教会からの「左寄り」への方向性をもち、世俗への傾斜に向かう傾向があった。

　旧世界の偉大な文化のすべてを継承した最高の文明としてのイスラム世界の一部であったオスマン帝国を、知的な後進性が覆っていた。マイアーホフ（Arnold から引用 1961: 354）の見事な隠喩によると、イスラムの科学者たちは、全盛期を過ぎたギリシアの太陽の光を反射しながら、あたかも月のごとくに闇のなかのヨーロッパ中世を照らし出し、その他の明るい星たちを発光させたが、ルネサンスの時代には消え失せてしまったのである。セリム一世やスレイマン大帝のもとにいた厳格な聖職者たちは、創造性を摘み取ってしまった。トルコ人は、想像力に富んだ語彙に満ちたアラビア語の使用を嫌った（Kiernan 1978: 209）。彼らは、アラブ人の心のなかに、「受身の心理」を植付けた。地中海東部の周辺に住むトルコ人支配のもとにある人々が軛を脱することに失敗したことについては、これが十分であるかないかは別として、一定の説明が必要であろう。内向的になることがトルコ人自身にとって危険であることは、一六五七年にチェレビによって予言されていたのだが、その後無視されてしまった。「今後、人々は雄牛の眼で宇宙を見ることになるであろう」（Stavrianos 1966: 133）。積極的な政策提言は影をひそめ、ギボンがいうところの「新しい敵と新しい臣民」（Coles 1968: 77, 163）を求めて探し続けること以外にさしたる目的がなくなってしまった。ムラト四世（一六二三―四〇）は、衰退の原因について覚書を書くことを命じた。提出されたものは症状の一覧表にすぎず、伝統的な慣習のうちの最も純粋なものに復帰すべきことを忠告しているにすぎないものであった。地理的な基礎的事実に対するオスマン帝国の公式の理解は、すでに一七世紀中葉には貧弱なものになっていたが（Rycaut 1668: 32）、一八世紀の末には現実離れしたものになり、いくつかの外国政府はその地政学的な行動に対して、非常識で、あきれるような抗議を受けていた。異教徒とその作品は、あからさまな軽蔑の対象となっていた。オスマン帝国の社会は、不識字が支配的で、印刷機の導入も（当初の若干の成功以後は）、国家に危険な思想を流布する可能性があるという理由で、長らく禁止された。国家は書き言葉によって統治されていたが、書き言葉は変えることのできない先例となってしまった。

ヨーロッパ人の立場からすると、オスマン帝国の衰退は事実だとしても、その速度があまりにも早すぎるように思えた。オスマン帝国は、ヨーロッパの脅威ではなくなっていた。オスマン帝国によって一五二九年に攻囲されたウィーンも、一五六五年に「大攻囲」されたマルタも降伏しなかった。一七世紀後半にヨーロッパが配備していたはるかに大規模な軍隊は手強かったので、トルコ軍は一六八三年にウィーン郊外で再び敗退した。この敗退に責任のあった首相は、スルタンの命令で絞首刑になったが、オスマン帝国は莫大な出費をした上に、ドナウ川以西の領土を失うというカルロヴィッツ条約（一六九九年）の履行を免れることはできなかった。軍事的には、トルコはヨーロッパ人を威圧することは最早なかった。イエニチェリが、自らの既存の軍事的技術を守るのに汲々として、他国の技術を借用したり、応用したりすることができなかったこともまた不利に作用した。コンスタンティノープルの武器庫を見学したある人は、火器がうず高く積まれているのを確認しているが、すべては戦利品として獲得されたものであった。帝国には火器の製造能力がなかったようであるし、計画に沿って購入することもなかったようである（Braudel 1972 vol. 2: 802, 1166–7）。この帝国は、勝ち続けることに依存していたので、その戦略には三年以上にわたって戦争を継続することは含まれていなかったが、さりとて「勝利による戦利品の獲得が戦費を上回るまで」はその期間内に和議を結ぶこともなかった（Rycaut, Stavrianos 1966: 136から引用）。トーマス・ロー卿がいったように、わずかな戦利品と高い戦費は「破滅」を意味した。

オスマン帝国は、自らを活気づけるほどの利益を得て、将校階級に報酬を与えるために、戦利品や土地を必要とするような略奪本位の組織であった。東方に向かう戦争（紅海沿いの南下政策）は、ヨーロッパ遠征が失敗したのとまさに同じように、望ましい獲得物を提供するには至らなかった。ペルシャに対する戦争も消耗戦になっていた。トルコ人は、これらの敵に対して幾らかは技術的な優位を誇っていたが、兵站上の問題、遼遠な距離、厳寒の冬などの理由のために、戦線は泥沼化した。また、彼らは中央アジアへのルートを制圧し、グルジアの征服から得られる奴隷と税金を確保することを狙っていた節がある。しかし、結果は失望に満ちたものであった。グルジアは属国となったが、兵士に分け与えるべき封土という点では、得るところは少なかった（Coles 1968: 166, 191）。

軍事的な拡張が停まったときに、体制は厳しい緊張状態に陥った。財政収入は落ち込み、陸軍と海軍は最早適切な維持がなされず、軍事的な選択の可能性は狭まった。体制は、なりふり構わず自らを食いつぶし始めた。租税額は、人口減少を招くほどに引き上げられた。やがて、官僚や軍人にとって、個人が富裕になる道は、官職を売買したり食い物にすることであると見做されるようになった。腐敗が進行し始めたのは一六世紀中葉のことであったが、当時スレイマン大帝が、官職の売買、そして宮廷の官僚制内部のエリート集団である「統治体制」の成員たちによる私財の蓄積を許すようになったのである。このつけは、すべてが農民によって支払われなければならなかったので、彼らの市場における購買力は減退せざるをえなかった。イエニチェリの将校たちに対する徴税免除は、共謀による政治的脅威を未然に防ぐために、スルタンが行った買収行為に他ならなかった。このような無制限な横領行為は、旧制度（アンシャン・レジーム）下のヨーロッパにおける官物私用や無任有給聖職の比ではなかった。

　事態を悪化させたのは、無能なスルタンが嘆かわしいほどに幾代も続いたことである。相続法が変更されたこともあって、スルタンは、宮殿や後宮における「閨房政治」のふやけた雰囲気のなかで、堕落した人々に囲まれて育てられることになった。コールス（1968: 162）は、スルタンが宮廷の取巻きや後宮の囚われ人からなる奇怪な一座のあたかも興行主のような者に次第になり下がっていったと述べているが、いいえて妙である。女性に対するエリートのトルコ人の態度は、ケマル・アタチュルクの言葉に示されている。すなわち、女性の魅力に関して最も重要なことは何かと問われたとき、彼は「自分の欲望を充たすために直ぐ間に合う」ことと答えたといわれている。一五六六年から一七〇三年にかけて続いた一三人の無能なスルタンには、一〇三人の子供の父であったムラト三世のような好色家（ただし、八八八人の子供をつくった一八世紀のモロッコ皇帝、モーレイ・イスマイルには負けている）、飲んだくれセリムといわれた大酒飲み、ムスタファのような白痴的な行動のために二度も退位させられた精神障害者が含まれている。ときどき、スルタンが強力な政策を試みることはあったであろうが、自らの治世期間においてさえ継続性を欠いていた。一人の人間による支配がはらむ問題は、独裁制に見られるように、継続性を欠くという点にあったのかもしれない（Coles 1968: 40; Farb 1978: 261; Kiernan 1978: 215-6; Stavrianos 1966: 117ff.）。

　いったん新たな資源の供給が枯渇し始めると、体制の内部における競争が激しくなった。キリスト教徒の臣民は、チフリク（*chiflik*）と呼ばれる永続的な負債によって土地に緊縛されるようになったが、このような状態は弱体化した国家によって若干は緩和された（Stavrianos 1966: 138-42）。かつては低額の支払いや戦争の際の軍事的奉仕の見返りに付与された保有地（*timar*）は、取上げられ、譲渡可能なものとなった。ここでもまた理由は、政府が弱体化して最初の取決めを守ることができなくなったためである。兵士たちもキリスト教徒の農民を搾取するようになった。特に、一七世紀末にドナウ川以西の領土を喪失した後に多くの兵士や役人が帰還し、バルカン半島に居住しようと試み始めてからはその傾向が強かった。土地保有の平均規模が引き下げられた。かつて強力であったオスマン・トルコの兵士は、地主的不労所得によって惰眠の中に落ち込んでいった。職人たちは、都市人口と市場の収縮によって都市から押し出されたが、彼らは農民を追い立てた。皮肉なことに、押し出された農民の多くが都市に向かおうとした。その他の者は大規模な山賊行為を行うようになった。

租税収入と政治的立場を心配した帝国政府は、特定商品の取引権を特許商人に譲り渡した。イスラムの歴史を遡ると、古くは、コルドヴァの判事が大臣とカリフの恣意から私有財産を保護していた（Wesson 1978: 95）。中世におけるイスラムの政権は商業的財産を恣意的に没収するということはほとんどなかった（Goiten 1967: 268-9）。中世初期のイスラム商業の突出は、早くも八世紀以来散発的に採用されていた柔軟な商業手段と慣行によって強化され、またそれに基づいていた。これらが、ヨーロッパで採用されたのは数世紀後のことであった（Udovitch 1979: 261）。オスマン帝国は今、こうした事績をすべて継承していたにもかかわらず、むしろ没収や略奪など、生命と財産の意図的な不安定性に基づく経済システムを営んでいた。一七世紀のライコウト（1668: 71）の記述によれば、重臣に対してさえ、「彼らの勢力を殺ぐことに意が用いられた」のであった。大君主（グランド・シニョール）と呼ばれたスルタンは、彼の臣下が亡くなった際に領地を没収し、彼の家族にその一部だけを返しただけであった。確かに貴族は存在したが、世襲的な貴族となると国家の原理に反していた。国家は、恐ろしい手本を示して、故意に将校たちを任命しては追い落とし始めたのである。イブン・ハルドゥーンははるか昔に、飢饉は土地の生産力が需要の増加に追いつかないことによって、生じるのではなく、没落しつつある国家を襲った政治的混乱と物質的な苦難からの帰結であるという見解を述べていた（Cassen 1978: 256）。オスマン・トルコは、このモデルにぴたりと当てはまっていた。しかしながら、その体制は純粋に農本的な専制政治ではなかった。そこには、利潤極大化を目指す活動的な商業部門が存在した。ロダンソン（1978: 28）は、イスラムが生まれたメッカを称して、ポランニーの「埋め込まれていない」という表現を明確に使用した。もともとイスラム世界では、氏族のような社会的関係が利潤追求の活動を妨げるようなことはなかった。原始的な社会形態が、オスマン帝国支配下の商人の目標を邪魔するようなことはなかったが、経済が政治に埋め込まれていたということにも言及しておくべきであろう。いかなる経済的な意思決定も政治権力への怖れの影響を受けないということはなかった。

ジョン・ロックの時代以来、ヨーロッパ人はトルコ人の圧制を軽蔑して来た。トルコの貧困は、司法と行政が行われるときに、没収ともいえるほどの徴税をしたり、賄賂を要求したりという点に起因していた（Fusfeld 1968: 21）。ツァーの統治下に出版されたモスクワの一雑誌は、一八〇五年に次のように書いている。オスマン帝国では、「生命と財産が安全でなかったことから、工場を建設するような刺激を欠いていた。……彼らは、約束手形をまったく理解していなかった。……［借り手］は、三〇%から四〇%を支払わなければならない」うえに、さらにへり下った態度でそれを行った（Stavrianos）。いうまでもなく、基本的な政府の機能はほとんど果たされなかった。道路の補修はなされず、山賊が跋扈し、チフリク制度からの逃散が相次いだ。権限を金で買い取った将校たちは、兵員不足の軍隊を戦場へ送り出した。商業や高利貸し業においては莫大な富が形成されたが、「政府による没収の対象となった」（Inalcik 1969: 136）。投資資金は、商店・隊商宿・浴場などに流れた。これらは、まったく安全という訳ではないにせよ、没収する価値のないものであった。また多くの資金は、退蔵された。多額の資金が、アフメト三世の「チューリップ時代」における衝動的な「チューリップ祭り」に費消された。それは、「実際に国家の事業にも差し障るとともに、国の資源を流出させ始めた」(Sitwell 1948: 119)。チューリップ熱は、投資機会の欠如を意味していた。同じようなチューリップ熱がオランダで起こり、アフメト三世の「花名鑑」にある一三二三種類の花のうちの幾種類かはそこから来た。しかし、オランダでは、オスマン帝国のように資金の有利な捌け口が見つからないというような状態は続かなかった。バルカン諸州の東側では、没収の対象になるであろう商品の在庫を保持して生産することを投資家は避けていた。相続制度の特質と、永続的な法人という法的擬制を確立する手段を欠いていたこと、これらのことが資金を生産の現場から別の場所に追いやることになった。

オスマン帝国の軍事組織に対する、ヨーロッパ人とペルシャ人、さらに紅海においてはアラブ人によって行われた妨害のために、こうした国内における獲物の野蛮な獲得競争は一層激化した。民衆には、法的な保護は一切なかった。略奪政策は、既存の権力構造を維持しようとする創始者にとっては、有利なものと映った。国家の官吏および軍人は、階級全体が買収されていたので、いかなる個人も安全ではなかった。略奪は、経済に対するガーズィー（Ghazi）的方法（ガーズィーはイスラムの国境侵略者であった）ともいわれたが、それはオスマン帝国の指導層に魅力あるものであった。その哲学は、結構なことに、直接的に「隣人の富をいただく」（Kortepeter 1973: 242）というものであった。軍事的な手詰まりが、国庫の財政収入を圧迫し始めたときに、略奪という手段がほとんど自動的に使われるようになった。しかし、解決策として、その方法は欠陥をもっていた。というのは、それは内紛を生み出し、国家経営を暗礁に乗り上げさせてしまうからである。ヨーロッパの主権が司法のサーヴィスを提供して自らの地位を安定化させたのにほぼ相当するような制度は存在しなかったし、その他の社会的な公共サーヴィスをオスマン国家が提供することはほとんどなかった。オスマン国家を襲った衰退は、ヨーロッパとの間の技術的・軍事的格差を広げただけである。オスマンの領土に対するナポレオンの侵攻は失敗であったにもかかわらず、ヨーロッパの国家は、やがて貿易上の譲歩を露骨な植民地支配に転化させることができたのである。

世の中は悪いことばかりではない。オスマン帝国領バルカンのキリスト教徒地域において、それまでの不運な状態から彼らが抜け出すという明るい話題があった。ヨーロッパへの輸出貿易が伸びたのである。これは、第一に玉蜀黍の取引であった。それは、一六世紀に作物として栽培されたのであるが、イタリアよりもその栽培は早かった。そして、綿花も取引された。玉蜀黍と綿花に対するヨーロッパの需要は、キリスト教徒の農民の権利を踏みにじり、彼らの土地を手に入れ、輸出用にこうした作物の栽培を強要する誘因を生み出した。束縛のない山岳地帯の農村を除けば、農民は蜀黍（sorghum）を主食として生活していた。輸出貿易を運営するために、キリスト教徒の商人、職人、船乗り、船主などが一つの階級として現れた。この階級は、トルコ人の支配に対する究極の反対者であり、特にギリシャでは事実上の自治政府をもつようになっていた。おそらく、英領のアメリカ植民地の影響もあったであろう。ギリシャ人所有の商船隊の規模が大きくなって行ったのは、英仏間の戦争がバルカン半島の港に根拠地をもっていたヨーロッパ人商人の没落を招いたことによる。ドナウ川流域地帯を通って中央ヨーロッパへ向かう内陸貿易は、カルロヴィッツ条約後に開放されたが、この種の貿易の多くを取扱ったギリシャ人とマケドニア人が富裕化した。彼らは、何とかトルコ人による略奪を免れたのである。

これらの商人は工業への投資を開始した。職人たちがトルコ人の介入を最小限に抑えて仕事をすることができるような孤立した山岳地帯を注意深く選ぶことによって、これらの商人は工業への投資を開始した。ギリシャやブルガリアの農村の職人たちは、大量の繊維品を生産した。これらの地域的・職業的な特化は、他の誰かが食糧を供給してくれること、すなわち、国家やチフリク所有者の要求で増産を強いられていた低地における農業生産の増加に依存していた。前工業化期の後期における農村家内工業地域と穀類生産地域への分岐（Jones 1974a）の典型的な事例の始まりがここで見られる。低地の玉蜀黍地帯における穀類生産の増加は、高地農村の穀物市場への参入を断念させ、農村家内工業への転換を促した。工業生産はヨーロッパの水準に達することはなかったが、一八世紀に急激に増加した。ヨーロッパ人の領事の精力的な反対にもかかわらず、工業製品の一部は中央ヨーロッパへ輸出された。プロト工業化が起こった農村の一つである東部テッサリアのオッサ山麓にあるアンベラキアは、一八〇〇年以前にすでに「トルコの村というよりもオランダの自治都市のようである」と記述されるまでになっていた（Zakythinos 1976: 61）。一七八〇年にアンベラキアで設立され、その経営の誠実さで知られていた織物・染色を営む少なくとも一つの大規模な協同組合方式の株式会社もこうした発展の一部である。この地域がトルコ人による苛斂誅求のみならず、トルコ政府が山賊から橋や道路を守るために使っていた「地方貴族」の強制的な徴発によっても搾取されていたことを考慮に入れると、そのような工業や商業の勃興は、注目に値するものであった。

ヨーロッパからの需要に対するこの強い反応の原因は、明らかではない。ザキシノス（1976: 111）は、このことを認めつつも、一世紀前には見捨てられていた農地が一八世紀に耕作されるようになった原因を、支配を受けていた住民の人口が増加し、その地域のイスラム教の人口が減少したことに求めている。これは、オスマン帝国体制の弱点を反映しており、帝国は地方において採用されたキリスト教徒の行政官に依存せざるをえなかったのである。いずれにしても、バルカン半島における発展は、トルコと近東を後方に置き去りにした。マグレブや東南ヨーロッパにおける諸州の分離と自らの実質的な縮小の結果として、帝国の人口は、一六〇〇年の二八〇〇万人のピークから一八〇〇年の二四〇〇万人へと落ち込んだ。一四％の落ち込みであった。他方で、同時期にギリシャとブルガリアでは、五五％の増加があった。これらは、オスマン帝国というしぼみつつある気球の内部で、唯一膨らんでいた部分であった。

第10章　インドとムガル帝国

私が厳密に経済学者の観点からさまざまな政府について評価をして得た結論は、一七世紀のインドは大衆にとって地獄のような所であったに違いないという、かなり否定的なものであった。

——W・H・モアランド

インド経済は、村落における農業に基づいていた。他方、インド亜大陸の歴史は、盛衰の激しい不安定なものであったが、「これらのすべての変化の中で、都市だけは無傷のまま破壊されない原子であり、最も版図を拡大したインドの帝国は、これらの都市から構成されている」といわれて来た（M・エルフィンストン、Day 1949：120 から引用）。コバーン（1944：125）によると、「インドでは、言語、人種、共通の文明、政治的統一の伝統といった、中国の統一に一役買っていた要因が欠けていた」。この原子化された都市の集合に形を与えていたのが、あらゆる人に対して場所と役割を確実に与える非常に固定化した宗教的な階層制であった。ここでわれわれの念頭に浮かぶ疑問は、一六世紀から一八世紀まで続いたムガル帝国固有の欠陥とは別に、根元的なインドの状況が経済発展を阻害していたのか否かという点である。

インドでは、カースト制度という伝統的な特質によって、争い事はそれが現実に起こる前に解決されてしまう。カースト制度は、一般的記述が示唆するものよりもはるかに柔軟であったが、それでも人の一生の間に大きく変化するようなことはなかった。カーストは、人々に職業と倫理的な規制を課すが、それによって最高位のカーストは、生産という汚れに携わることをまったく回避することができた。これが労働市場における強い硬直性の原因であるとするような、価値観についての憶測に基づく議論にここで立ち入る必要はない。価値観が明らかに影響をおよぼしていることは、ネズミや昆虫を殺すことがヒンドゥー教においてタブーになっていることに現れている。作物の三分の一近くが、貯蔵中に失われてしまうという近年の推計からみても、このことは重視されなければならない。ヒンドゥー教がゴミや排泄物に触れることを嫌悪することは、不潔な状態を生むことに繋がったであろうし、ペストの感染源を温存することになったかもしれない。こうしたタブーは、短期的には個人にとって意味があったかもしれないが、社会全体にとっては機能不全を結果したのである。

これらの制度は、第一に社会環境が生産に不利に作用したこと、第二に生産要素の有効な結合によって可能となるものよりはるかに低い生産水準で、資源が使用されることを意味していた。収益率が低く抑えられ、貯蓄水準がどのようなものであれ、投資誘因と成長率が押し下げられてしまうことになる（Farb 1978; Morris 1967; Maddison 1971）。不可触民が煉瓦造りの家を自分で作ることができないという規制から生じる、個人的および社会的帰結がどのようなものであるかを考えてみればよい。切りがないほどにその種の厳格な規制が存在したが、それらはカーストごとに異なっており、ヒエラルキーの最底辺に位置する不可触民にかぎられたものではない。この非常に複雑な人間関係の様式は、次のような結果を生んだ。すなわち、低カーストの生活水準をおそらく労働能力さえ低下させる水準にまで切り下げ、社会的機能を適性によってではなく世襲によって配分し、労働のなかに儀礼的な態度を浸透させ、あるいはカーストごとに規定された倫理的規制によって市場を制限し、社会を分裂させつつバラモンに村落内部での特権的地位を与えて、搾取に対する共同の離脱や抵抗を困難にしたのである。確かにカースト制度は仕事の保障とある種の保険を提供したといえるかもしれないが、その代償は大きかった。また、すべての人々を範疇別に区分して社会の緊張を緩和したかもしれないが、範疇外の人々は非人間とされたのである。多分、これは短期的にはよい面もあったであろう。しかし、これが永久のものとして受け入れられるようになると、人々の間に人為的な「距離」を作り出すことが、ヨーロッパの場合には明らかに活気を生んでいる社会的な交流や競争を抑制することにもなった。カースト制度が経済発展を阻害することに加えて、インドの合同家族制度のもとでは、個人が自分自身あるいは最も近い親族のための利益を確保できないため、貯蓄や出生制限の誘因は減殺された。

インド村落の「破壊することのできない原子」の層の上に、非常に長い期間にわたって、くり返し消えては現れる政治単位の枠組みが存在した。これら「中核地域」についての地図は、デイ（1949）およびシュペートとリアマンス（1967）の著作に示されている。政治的境界のうち、あいまいな中間地域をともないつつも、北インドと南インドとの間に基本的な分割線が存在する。インドにおける軍事的な戦略の要諦は、中間地域を掌握して、インド・ガンジス平原とカーヴェリー平原という南インドの低地および南インドの交易港を統合することにある。成功例は、史上三回しかない。紀元前三世紀のアショーカ王による統一、一六世紀におけるムガル朝の皇帝アクバル、そして一八世紀のイギリスの三回である。統一を維持するのは困難なことであった。アショーカ王の仏教帝国は、彼の死とともに二つに分かれ、さらに四分五裂した。「ある種の地政学的な断裂は、インド北西部のインダス川水系と中央地域のガンジス川水系との間にも存在したかもしれない」（Tinker 1966: 15）。ムガル帝国は、北インドと南インドとの間の深い溝によって引き裂かれていた。

インド史は、北西部の峠を越えてやって来る侵略にいつも脅かされてきたが、他方で亜大陸を統一しようとするほとんど不可能な課題に悩まされて来た。アーリア人の時代から英領期にニューデリーが造られるに至る迄、ガンジス川とジャムナー川に挟まれた台地で、ドアーブ（Doab）と呼ばれたインド文化と政治の中心地であった都市盛衰の古戦場ともいうべき場所で、七つの都市が造られたり壊されたりした。この国はちょっと触れただけでバラバラになってしまいそうであった。当時の交通手段や軍事技術では、複数の中核地域の忠誠を維持するのは困難であった。これらの中核地域は、広い帯状の砂漠・山岳・ジャングルによって相互に隔てられていた。軍事的に克服するのは困難であった。また、砂漠・山岳・ジャングルのおかげで、ある中核地域が別の中核地域を支配するのは困難であった。さらに、主要な北部地域と南部地域は、二つの極を形成した。それぞれの周りには、権力の集団が形成され、互いに牽制し合う傾向が生れた。

特に、同じ政治的境界線が歴史を通じて繰り返し現れているところをみると、インドにおける中核地域や自然の障害の有り様は、ヨーロッパの状況を思い起こさせる。したがって、ヨーロッパと同じように、亜大陸全体を統一した帝国として統治しようとすることは、明らかに高くつくことになる。しかし、同じく相互に競い合う政治的単位という要素があったにもかかわらず、なぜ諸国家併存体制が成立しなかったのであろうか。壺は存在したが、歴史によって酒は注がれなかった。中核地域という枠組みの意義は、次のような点からしてたぶん割り引かれることになる。すなわち、（北インドに拠点のある）ムガル帝国の破産の直接的帰結として、南インドにおけるヒンドゥーのマラーター「国家」は、デカン高原の「不毛地帯」を切り開いて生まれたという点である（Wolpert 1965: 61-3）。マラーター同盟は、豊かな中核地域を拠点としていなかった。中核地域の間に存する空間は広大なものであって、ヨーロッパの場合に比べて反乱軍にはよりよい根拠地を提供したと推測しても構わないであろう。いずれにしても、その結果、インドはあるときは強力な統治をし、多くの場合に収奪的である諸国家よりなっていたが、それらの国家は、目的をもつ政府と生産的な投資および持続的な技術進歩を促進するほどには長期にわたって安定的なものではなかった。

「インドは、社会構造の強固さと、その政治および国際関係システムの流動性との間に鋭い対照性があるという意味で、研究者にとって一つの逆説である」（Modelski 1964: 559）。モデルスキーの説明は、カースト制度とバラモン権力が小王国の無力さを必要とし、またその原因となっていたというものである。すべての行為に対して宗教的承認を得る必要が太古の昔から決められて来たため、バラモンの聖職者は、君主たちの上位に立っていた。しかし、この点についてのバラモンの主導権は、政治的な不安定という代価によって購われたものであった。君主間の協力は、独立したさまざまな宗教的助言者によって妨げられていたのである。そうした助言が、悪意のあるものであったか、あるいはでたらめであったかどうかは明らかではない。そのどちらをも少しずつ含んでいた場合には、政治は不安定なものになったであろう。この説明は、完全に説得的であるという訳ではないし、同種の説明はロダンソン（1978: 208）によっても批判された。その根拠は、宗教と政治が一致した社会も、長期間分裂したままということがありうるということである。政治と宗教の一致はおそらく経済発展を保障もしないし抑止もしないと考えるのが自然であろう。しかしながら、政治と宗教の一致の欠如は、致命的な欠陥ではなかったかもしれないが、一致の欠如が生む政治的不安定が、投資を阻害したことは確かであろう。しかし、国家内部および国家間の境界がほとんど完全に「自然によって」決まって来るとするティンカー（1966: 34）の仮説には依拠できないとするならば、その説明が必要である。

モリス（1967: 594）の考えでは、インドが近代初期のヨーロッパや中国と異なっていたのは、政治的・経済的な分裂が甚しかったことと地域間の交通手段が著しく不十分であったという点である。これは、中核地域の間に存在する中間地域の広大さおよびその扱いの難しさと、航行可能な河川が存在しないことを反映しているといえるであろう。説明されなければならないのは、一つはティンカーの逆説とでもいえるものである。すなわち、なぜ自然的な境界の存在が安定的な国家の出現に繋がらなかったのかという点である。また、同じくターパル（1966: 238）の謎といえるものもある。なぜインドの統治者は北西部の峠の防衛のために協力しつつ、要塞の構築をしなかったのか。中国北部の広大に拡がった辺境と比較するならば、インドの場合の課題は容易であった。峠を封鎖するのに万里の長城は必要なかったからである。欠けていたのは、政治的な独創性であった。結論としていえるのは、インド社会の構造が政治的安定を妨げ、さらに政治的安定の欠如が経済発展を妨げていたということである。こうした状況のなかで、当初ムガルの侵略者たちが課した秩序は、インドにとって天の恵みであったかもしれないが、後に述べるように、ムガルはすぐにオスマン帝国と同じように抑圧的となり、その帝国は急激に崩壊してしまった。

ムガル朝インドのスケールの大きさ、手工芸品の見事な技術、奢侈品を輸出する商人たち、亜大陸を縦横に送金することが可能な銀行制度、華麗かつ初期には才気煥発でコスモポリタンで、しかも宗教的に寛容だった宮廷。こうした事実のいずれをもってしても、惨憺たる経済的現実を覆い隠すことはできないであろう。ムガル朝インドは、威圧的な異邦人の政府と温存された土着の諸侯たちによって利己的に統治されていた。これらの人々は、城、水生庭園、後宮、奴隷と従者、宝石で詰まった宝物庫、豪勢な衣装室、珍しい動物の群、スポーツとしての戦争などに贅を尽くすばかりで、全く生産に従事しなかった。抑圧された農民たちが、すべての労働を行ったのである。

ムガルの征服者たちは、村落というインドの細胞には一指もふれなかった。彼らは、この社会から収奪はしたが、一六世紀から一八世紀の支配の期間、基本的に寄生的な戦士階級を温存した。皇帝アウラングゼーブ（一六五九―一七〇七）の宮廷で十二年間にわたってインドに滞在した医師ベルニエからコルベールへの手紙は、そのような体制がいかに不安定性を醸成するかを如実に示している。アウラングゼーブは、オスマン・トルコのスルタンと同じ程度に、独創的な思考を断固として弾圧することに努めた。寺院を破壊したり、租税制度を利用し尽くした。そのため、ベルニエによると、財産の所有者たちは没収を怖れて、家の前の溝を浚ったり、家の修繕をすることさえやらなくなってしまったのである。

後世の歴史家の間では、ムガル政府や土着の君主たちの快楽的自己中心性と顕示的な浪費については見解が一致している。バローダのガーエクワールについての記録（Lord 1972: 138）によると、「マハラジャがあくびをするとき、そこに居合わせた者たちは皆、蠅を追い払うためにパチンと指を鳴らさなければならなかった」。これは、まだ利己主義の程度が弱い方の例にすぎないが、絶対的な権力は絶対的な堕落を招いた。富める者と貧しい者の格差はまったく埋められることがなかった。こうして、フランシスコ・ペルサールは、一六二〇年代のアーグラでの七年間について、「著しく贅沢な生活に浸る絶対的な権力をもつ富める者と、極度の屈従と貧困に苦しむ普通の人々が存在する」と書いている（Maddison 1971: 18）。モアランド（1972: 302-3 注1）は、彼が「寄生者」と名付けた階級と警察官によって、一体どの程度の「搾取」が行われているかを計算している。彼の計算では、この階級の一般に推測されている規模を前提にすると、所得分布を平等にするためには、生産者は所得の六分の一を差し出さなければならなかったであろう。シャー・ジャハーン皇帝の租税制度では、実際に所得の半分を差し出さなければならなかったから、寄生者や警察官の平均所得は、生産者の約五倍ということになる。しかし、ほとんどの寄生者は農民とそれほど異なる生活をしていた訳ではなかったので、全所得のかなりの部分が非生産者のうちの一握りのエリート層によって確保されてしまっていたのである。この仮定では、人口のうち一六〜一七％は非生産者である。一九一一年センサスの時点で、モアランドはその比率を一〇％と考えていた。

租税は、豊凶の如何にかかわらず徴収され、農民は窮乏に喘いでいた。彼らは、自然災害に直面しても何ら実質的な救済を受けることがなかったが、これら災害の頻度は高かったのである（例えば、帝国が平和を維持していた一五四〇年から一六七〇年にかけて、飢饉が打ち続いた）。成文化された法典は存在しなかったし、支配者によって下された相互に矛盾する数々の命令を調整するどのような機構もなかった。支配者がうまく統治するかどうかは、主として彼の性格にかかっていた。もし彼がうまく統治できなかった場合、権力は官吏の手元に移行し、彼らの貪欲さを抑える法的な装置は存在しなかった。この体制はまた不安定でもあった。なぜならば、皇帝の座をめぐり、定期的に後継者争いがあったからである。例えば、アウラングゼーブが亡くなった一七〇七年に、息子たちは互いに争ったし、その勝者となったバハードゥル・シャーが亡くなった一七一二年には、この息子たちもまた、『オックスフォード・インド史』(Smith 1958: 433)が「後継者の地位をめぐる慣例となった戦い」と名付けた争いに巻き込まれて行った。帝国がバラバラに壊れたときに、首都では絶え間ない陰謀と反逆が渦巻いていた。『オックスフォード・インド史』はこれらの事件が「記録や記憶に値しない」と片づけている。個別には、それらは程度の低い蒙昧な出来事である。しかし、全体としていえるのは、安定的に共同して農民を収奪するということすらできない、政治的な想像力の欠如である。飽くことを知らない抑圧は農民を窮乏化させ、国家を財政的な破産に追い込んだ。モアランド(1972)の判断では、さまざまな国から来た当時の旅行者や商人の記録からすると、一七世紀のムガル帝国の状態は、トルコ人の支配下にあったオスマン帝国の窮状や東南アジアの貧困地域よりはましで、ペルシャや日本のレベルとほぼ同等であった。マディソン(1971)が示唆するところでは、その最盛期において一人当りの所得は、エリザベス女王時代のイングランドとほぼ同じであった。一八世紀の中葉までに一人当りの所得は低下し、イングランドのわずか三分の二になっていた可能性がある。平均余命はヨーロッパよりも短く、衛生状態はより劣悪であった。その理由として、食事が貧しかったこと、ヨーロッパよりも苛酷な気候条件、熱帯の疾病環境および温帯につきものの疾病に悩まされていたことなどが挙げられる。教育施設は不十分で、その内容はルネッサンス以後のものというよりも中世のヨーロッパの教育に似ていた。

マディソン(1971)の見解では、国家の全租税収入は、国民所得の一五〜一八％であり、主として地租として徴収された。これは、ヨーロッパのそれに関する推計と直接比較することはできない。というのは、すべてが政府の支出として使われたのではなく、支配階級の消費のためにも使用されたので、租税には部分的に地代所得も含まれているからである。租税制度は、この時期のヨーロッパに現れつつあったサーヴィス国家の諸機能に相当するものを果たしてはいなかった。また、インドではインフラストラクチャーを提供するための支出はほとんどなかった。租税のほとんどは、エリートを支えるために使われたのである。ムガル朝の支配者たちは、穀物にまでおよぶ国家独占から多大の収入を得ていた。また、独占の請負も行われていた。租税は、スリランカやビルマでそうであったように、「飲食」として理解されていた。支配者の社会への貢献といえるものは、国防と公的秩序の維持にあると考えられていたが、そういう表現をすると間違ってルソーの社会契約の概念を想起させてしまうかもしれない。秩序の維持といっても、支配者自身の利益のためのものであった。何らかの係争の当事者は、支配者に裁きの対価として支払いをした。一方は、罰金を支払い、他方はまさにお礼をしたのである。したがって、パンジャーブ地方のことわざに当をえたものがある。「馬の後ろと官吏の前には絶対に立つな」と。いささか驚かざるをえないのは、農民は国家とできるだけ関わろうとしないで、慣習と自然が支配する自律的な世界に生きようとし、支払う租税を通してだけ政府と接したことである。わずかながら公共的な灌漑施設が造られたが、おそらく耕地面積の五%程度を占めたにすぎない。イギリスが統治を開始する迄に、極めて古い時代のものを含む、ほとんどすべての灌漑事業は放棄されたままになっていた（Davis 1951: 40）。牡牛や駱駝の力を利用して、連鎖状の水瓶を引き上げる手段としてこの時期に出現した「ペルシャ式井戸」を別にすると、技術はほとんど停滞的であった。他に何も外国から技術が導入されることはなかった。

雨さえ降れば二期作の可能性があったが、農業の生産性は、アジアのもう一つの帝国である中国と比べても低かった。平均的な収量が低いし、灌漑面積の割合もはるかに低かった。しかし、総面積のうちの耕地面積の割合は高く、このことは人口密度の高い地域では放牧のために使える土地がまったくないことを意味していた。牽引用の家畜には通常は穀物が用意されてはいなかったので、家畜は生存のために残飯あさりをせざるをえなかった（Harris 1978: 168-9）。馬は、放牧地の不足と高温の気候によって飼育が困難なために、輸入される贅沢品であった。

経済は以前よりも多様性をもつようになっていたが、これ迄簡単に素描して来たもの以上に効率的なものではなかった。例えば、活動的な商人階級は存在した。また、造船業が見られたし、遠隔地向けの輸出も行われていた。しかし、交易に従事する外国人たちは大目に見てもらっていたにすぎず、法律ではなく慣習によって保護されていただけである。交易品の多くは奢侈品であり、食糧穀物のような主要品はほとんど交易の対象とならなかった。交通手段の不備は、インドを多くの分割されたに等しい市場に分断してしまい、市場間の競争は陸上輸送費が高く、阻害された。航行可能な河川は少なく、沿岸航路は周辺部を相互に結びつけるのみで、それも戦争や海賊行為の合間にようやく可能となっていただけであった。交易活動によって大規模な都市が生まれることはなかった。概して、都市は宮廷や行政の中心にすぎなかったからである。ただし、一七世紀のアーグラは約五〇～六〇万人の人口を抱えていたらしいし、都市人口がその地域の人口の一〇%に達していた可能性がある。モアランド（1972: 304）によると、都市は、「補助金を受けている」のと同じであった。農民は租税納入のために収穫後に大急ぎで穀物の大半を売らなければならず、貨幣を手にしている商人に買い叩かれたからである。もしそうだとすると、都市部門の大きさは、都市が果たしていた実際の経済的な貢献度を反映していないことになる。

都市の製造業、すなわち手工業生産は、世襲的なギルドという形で組織されていた。商人の役割を果たすことを願っていた職人たちの前には、商人カーストが立ちはだかっていた。その商人たち自身も、同じように倫理的な規制によって、都市に大きな家を建てたり土地を取得することを禁じられていたし、一つの階級として政治的な影響力を振るう望みはまったくなかった。遠距離間に驚くべき相互信頼を維持し、多種類の硬貨を使用する複雑な貨幣市場の扱いにも練達した銀行や金貸し業者が存在した。しかし、このことは金融投機が蔓延することを意味するにすぎなかった。商人と同じく、銀行家も政治的な影響力をもつことはできず、分配や交換をめぐる諸条件の改善を迫るどのような圧力もかけることができなかった。

　中産階級が自らの富を官吏の目から覆い隠すことに汲々とせざるをえなかったために、市場はその発展を抑えられていた。貧困からの脱出の道は、「消費増加のあらゆる徴候をとらえて、それを新たな収奪の機会として利用しようとする行政の手によって見事に阻まれていた」(Moreland 1972: 305)。ムガルの体制がもっと継続していたならば、資本形成率は実際はマイナスになっていたかもしれない。マディソン(1971)は、それがほとんどゼロにまで落ち込んでいたと結論している。真の土地所有者階級ではなかった貴族は、農民を生存維持水準に追い込むまで収奪し、自らは飽くことなく消費し、借金を背負ったまま死ぬというようなことが当り前で、そうしたことを避けようとする気はまったくなかった。貴族は、ジャーギール(*jagir*)と呼ばれる一群の村落を与えられ、そこから自らのために所得を引き出すとともに、中央の財政と軍隊の維持のための収入を捻出したのである。貴族は、一つのジャーギールから別のジャーギールへ所替えをさせられ、死んだ場合にはその所領は王室によって没収された。しかし、ムガル朝の末期に中央の権力が衰微したときに、貴族のうちの一部は子孫に土地を遺すことができた。また、世襲的な支配を自らの村落におよぼしていたヒンドゥーの貴族たちが存在したし、ムガル帝国の内部には自律的な国家をもつ驚くほど多数のヒンドゥーの諸侯がいたのである。ジャーギールダールと同様に、彼らもまったく生産に従事しなかった。たとえ従属的であったにせよ、彼らが十分な収入を得て生き残っていたことは、ムガルの体制のなかで行政を行う人材が不足していたことを反映している。ムガル権力は、あらゆるレベルで行政を自ら引き受ける政治的コストが能力を超えるものであると考えたであろう。しかし、それにもかかわらず、彼らは全面的支配を確保しようとした。ヒンドゥーの諸侯たちの行ったことは、富を集積し、先祖の貯えた貴金属や宝石を一指もふれずに保つことであった。こうして、彼らは、鉱産物の多くと輸出貿易から挙がる利益の大部分を自らのものとした。貨幣や財の退蔵は、あらゆる集団の経済行動に共通に見られる特徴であった。それは、危険回避の行為であった。人口が停滞したり、低下した時期もあったが、ムガル期の大半を通じて人口は増え続けたことを付け加えなくてはならない。生存数の増加は所得が増えたことの結果ではなかった。ティンカー(1966: 46)の言葉にしたがえば、ムガルによる支配はインド人の経済生活を発展させたのではなく、単に拡張しただけであった。

　一つの興味深い問題は、ムガル帝国がオスマン帝国と同じように、解体の種子をその内部に抱えていたのかどうかということがある。ムガル解体の直接的原因は、アフガニスタンにおける徒労ともいえる戦争にかけた過剰な費用とマラーターの反乱を鎮圧するためにアウラングゼーブ帝が行った二五年にもわたる終わりのない戦いであった。大規模かつ長期の戦争は、租税行政そのものを破壊してしまい、マラーターはムガルの「化けの皮を剝いでしまう」ことになった。この体制には、安定した制度も人民の支持もなかった。アジアに通常見られる宗教的寛容とは異なる宗教的熱狂のために、ヒンドゥーの人心は離れて行った。生産者を鼓舞する体制であれば、もうちょっとうまく行ったかもしれない。しかし、実際には、「歴史について少々まともな知識がある学生が驚くのは、帝国が突然崩壊した理由よりも、むしろなぜあのように長く続いたかであった」(Smith 1958: 442)。一七〇七年のアウラングゼーブの死後、ヒンドゥーの権力は強大になった。マラーターは北インドへ進出して行った。しかし、これらの将軍たちは、伝統的なやり方に則りつつ、自ら王国をつくることに精を出した。このような不毛な解決方法の基底には、社会内部の敵対関係に対するインド独特の妥協の様式がある。すなわち、ある種の相互の離間と政治的意志の分裂を代価として、宗教的な承認を獲得するというやり方である。

第11章　中国と明清帝国

一六、一七世紀にヨーロッパで起こった「奇跡」を十分に理解するためには、中国の官僚制的社会と西欧社会の比較をすればよい。ヨーロッパで資本主義を生み、全世界に工業化をもたらした因果の連鎖は、この比較のなかで考えるならば、運命の気まぐれであり、歴史の特別な出来事の一つということになるが、これはアジアの小さな半島にすぎないヨーロッパにだけ起こった出来事であった。

——エティエンヌ・バラズ

中国の独自性は、測り知れないほどの時間にわたって、一つの帝国と文化を維持して来たことにある。その文明の注目すべき長命さは、祖先が宋の皇帝仁宗から公爵位を得た孔家の第七七代目が一九七〇年に至るまで、台湾に存命していたということに象徴されている。この家族の家系記録は、間違いなく世界のどの地域においてもこれまで存在しなかった本物の貴族の最長記録といえるであろう（Stover 1974: 229）。

しかし、その文明の不変の諸側面を過度に強調すると、その強固さをいいすぎることになる。一四世紀までに、中国では工業化がありそうもなかったという通説を疑わしくするほど、一連の技術進歩と経済発展が起こっていた（Graham 1973; Cipolla 1967: 101-2を参照）。その発展のなかには、一七〇〇年の時点におけるヨーロッパのどの機械にも劣らないほど進歩していた水力の麻糸紡績機が含まれる。一一世紀末の中国における鉄の総生産量もまた印象的である。一五万トンという生産のピークは、およそ一七〇〇年のヨーロッパにおける総生産量に匹敵する（Harrison 1972: 290）。時間的に五世紀ほど先に進んでいた上に、一人当りの生産量でも中国の方が五、六倍ほど多かったであろう。われわれは、ヨーロッパの経験からして、技術に関するかぎり、樫の木は小さな団栗からしか生育しないという思考に慣れているので、このような規模で工業的な変化が起こりながら、その後に後退したというエピソードは、大きな謎のように見える（Hartwell 1966; Elvin 1973も参照）。しかしながら、明朝（一三六八—一六四四）は機械仕掛けの装置を嫌悪していたため、一〇九〇年に製作された天文時計を実際に破壊してしまった。イエズス会士マテオ・リッチは、一六〇〇年の時点で、中国においてそれ以前に機械仕掛けの時計が存在したという証拠を見出すことはなかった（Gimpel 1977: 152）。明朝は、中国の活力を、国家的な理由のために農本主義の方向に後退させてしまった。そして、初期における海軍の拡張の後は、それが荒廃するにまかせ、海から後退すると同時に、内向して行ったのである (Eberhard 1960: 342, 二五〇頁に関連する注：Filesi 1972: 32-3, 69, 71)。

中国において、なぜ静態的な経済システムが続いたのか、あるいはなぜ「産業革命」が存在しなかったのかを説明することを、ここでの課題とすべきではない。これは、例えばウィットフォーゲル (1957) のような中国史家の仕事であった。確かに、幾つかの制度的要因は長期にわたって変化がなかった。大規模な人口の増加はあったが、一人当りの所得の顕著な変化をともなったり、そうした変化が後に続くということはなかった。しかし、科学と技術の初期的な発展と、鉄と繊維の製造方法における大きな改善は起こった。しかしながら、中国はその後それから後退して行ったのである。

この撤退の現象は、海洋探検の領域において一層顕著である。歴史時代の初期において、中国の東アフリカとの遠距離留易は、かなり規模の大きいものであった。しかし、これは要するに、大帝国は小さなポルトガルよりも、船隊を動員するのに有利であったことによる。しかし、輸入品 (サイの角、象牙、真珠を含む) は生産に対していかなる意義ももっていなかったし、輸出品 (例えば、磁器) は産業の機械化を導くには不十分であった。中国人たちは、航海者として、また旅商人としてのみ旅行をしたのである。一五世紀初頭の宦官出身の大提督であった鄭和は、ただ「後宮の妻妾を求める旅に出た」だけであった (Duyvendak, Filesi 1972: 34 から引用)。中国の官僚制の構造とそれに基づく需要の奢侈的性質は、交易が本来ならもたらした筈の影響を消し去ってしまった。それにもかかわらず、三万七千人の兵士を運ぶ六二隻からなる七つのジャンク船隊が、一四〇五年から一四三〇年の期間に、カムチャッカからザンジバルにかけて、二十カ国以上の国々を訪問した。外交使節の行き先はメッカにまでおよんでいた。鄭和は、遠隔の地を中国の影響下に置き、皇帝のために貢ぎ物を受け取るとともに、歓迎の姿勢を示さない「夷狄の王」には容赦なく対応した。セイロンの王と南スマトラのパレンバンの王は、捕らえられた上、中国に連行された。また、東アフリカのキリンを含む珍しい品々が収集された。

しかし、これらをなし遂げた中国の能力、すなわち、中国における技術の「歴史的事実」といわれて来たものは、この際それほど重要ではない。一四三〇年以降に、「まったく説明のつかない撤退」が起こったのである。この理由のなかには、宦官勢力が権力の基盤を作り上げるのを防止する動きも含まれていた。大遠征を始めた永楽帝は、死んでしまった。交易の条件は、すでに中国に不利となっていた。確かに、永楽帝は、朝貢品と呼ばれた輸入品 (馬、銅、木材、皮、薬、香辛料、金、銀、米) が獲得に値するものであることを知っていたから、見返りとして、絹・陶器・茶に加えて、実質的な価値よりも威信的な価値のある物産を送った。ただし、たまたま遠征隊が訪れたとき、東アフリカは干ばつの影響を受けていたことから、中国への貢ぎ物には将来性がないと考えられたことは確かであった。

いずれにしても、明朝は財政的ならびに軍事的な困難に陥っていた。中国は、一四二八年に安南（皮肉にも、安南とは「平定された南」という意味である）において軍事的な敗北を喫し、平凡な日常性へと退行して行った。その帰結として生じた国際的な威信の低下の結果、中国は、外国からの使節の朝貢品の見返りとして、実質的な価値のある品々を与えることを余儀なくされた。そのため、遠距離航海は割の合わないものとなっていたのである。

さらに、民間の交易が成長しつつあったので、このこともまたその後に宮廷が貿易から手を引く理由となったかもしれない。しかし、その後まもなくすべての海上貿易は非合法とされてしまった。これには、奇妙な理由が存在した。その当時は未だ中央集権化されていなかった日本から、複数の使節が中国へ派遣された。すなわち、個々の大名が、自ら朝貢使節を派遣していると信じつつ、それを行っていたのであった。中華思想のために、それら使節のただ一つにだけ公式の使節としての資格が与えられた。こうして、一つの使節だけが選ばれ、その他は送り返された。失望したその他の使節は、手ぶらで領主のもとに帰るのを避けるために、すぐに密貿易、海賊、中国の商人たちへの賄賂などの手段に訴えた。明が海上におけるすべての交易を禁止するに至ったのは、このようなことから帰結した混乱を抑えるためであった。その後の満州王朝（一六四四―一九一一）も、同じく「沿岸防衛、ただし、海戦回避」という政策を採用した。台湾の海賊、国姓爺（鄭成功）に対する補給品の供給を絶つために、広東・福建・浙江にかけて約七〇〇マイルにわたって、海岸から約八～三〇マイルの幅の地帯においては、住民が追い払われ、村々は焼き払われた。商人たちは、遠距離交易に従事していると思われることを怖れて、大型の船舶を建造しようとはしなかった。その当時まだ不安定だったフィリピンにおける征服地は放棄され、さらに遠距離の夷狄の地に関しては、皇帝はダチョウやキリンがなくても何ら支障がないことに気づいたのである（Purcell 1965: 24; Fitzgerald 1972: 106–12）。

一四八〇年に航海の再開が画策されたが、即座に否定された。これは、宦官とその政敵との間の半永続的抗争における一つのエピソードにすぎない。兵部尚書と兵部侍郎が、宦官出身の監軍の計画をつぶすために、過去の航海の記録をすべて廃棄しようと共謀した。彼らは、これらの記録を安南への渡航計画と結びつけようとしたのである。一五五三年までに、大きな船舶を建造する技術は、すでに忘れ去られてしまったことがはっきりしていた。海事活動に反対する党派が主張した論拠は、次のようなものであった。遠征は、もの珍しい品々に対する宮廷の女たちの欲望によって生み出された高価な余興であり、儒教の理想にしたがえば、交易そのものが皇帝の品位を下げることになるのであった。これら二つの論拠には、一定の真実があった。明朝がその当時採用していた儒教の学派は、空虚な文化的優越性を強め、天朝（中華帝国）という自己陶酔を正当化したようである。他方、これも当時主張されていたことであるが、使用された船舶の費用は中国の当時の予算からすればそれほど高くはなかったことは確かである。

ヨーロッパの状況との重要は違いは、次のような点にあった。中国社会は、世界史の脈絡では事の成り行きを左右することはないと判断されるような争いを黙認してしまう組織であった。異なった決断を下すような独立した権力の基盤や代わりとなる国家は、存在しなかった。しかし、後に見るように、この種の中央集権的特質にもかかわらず、中国を指令経済と呼ぶことはできない。もう一つの違いは、ヨーロッパにおいてはまったく考えられない規模で、国内の植民地化が可能であったという点である。稲作が、南方の新しい土地へ移って行き、一六世紀にポルトガル人によってアメリカ大陸から乾地作物が導入されたとき、中国の土地資源は再び強化され、海外の領土を求める意欲はまったく衰えてしまった。

独裁的な中央集権制というよりも、共謀が中国の体制の特質であった。オスマン帝国やムガル帝国と同様に、中国の宮廷は行政上の諸問題を地方の郷紳官僚たちに任せていた。細かい問題に関しては、行政は実質的に不在というに等しかった。村落は、自警団によって守られ、農民の羨望と猜疑心のエネルギーがこうして活用された。洪水管理と灌漑は、通常は緊急の対策としてなされただけである。帝国は、一体性という仮面に隠されたアジア的な租税吸い上げ装置であった。皇帝が国民生産の分け前に預かった見返りに、物質的な恩恵を提供するといった暗黙の社会契約の存在を云々することは、見当違いも甚しい。これからこの奇妙な共謀の統治をさらに検討する必要があろうし、このありうるはずもない継続と成功の理由を明らかにしなければならない。というのは、ウィットフォーゲル（1957）が考えた種類の東洋的専制主義が見つからないとするならば、帝国の存続の基盤も脆弱な筈だからである。

「世俗的な官僚が政治的な秩序体系における神官であった。この秩序体系は、西欧的な基準では支配とはいえなかった。それは、むしろローマ帝国の政府よりも、帝国崩壊後にローマから受け継いだ遺産であったカトリック教会に類似していた」(Stover and Stover 1976: 135, 186)。ストーヴァー夫妻によれば、「西欧の観察者は、中国の帝国的政体のなかに、西欧の国家における政府のそれと類似した実質的な行政が存在すると頑なに信じていた。そして、権力者が宗教や高級な文化といった見込みのない材料で大陸的な規模の政治的領域を形作るとは思ってもみなかった」のである。文治主義は、すべての場合における行為の規範（および正しい「貢物」とは何であるか）を定めていた。帝国の権威に逆らうことは考えることもできなかったが、ヨーロッパ人（あるいは日本人）の支配者とは異なって、皇帝は安易に手放せるような、いかなる実質的権利ももっていなかった（Jacobs 1958: 104）。ノースとトマス（1973）が、君主が収入の保証と引き換えに取引の権利を売り渡したヨーロッパの事例をもとに考えたような、徴税権の売買の結果として、民間部門が拡大するというようなことはここでは望むべくもなかった。

中国の体制は、力で押さえつけるというよりも、真綿で首を絞めるように社会を統治していた。このことは、明の光武帝のもとで、暴政をあてこすったと見做されることを怖れて自然災害について書かなかった詩人たちや、宮廷における謁見に向かう前に毎朝家族に永久の別れを告げるといった用心をしていた官僚たちのように、皇帝の気まぐれに翻弄されていた人々には、そうは見えなかったかもしれない（Dawson 1972: 240）。いかなる官僚や商人といえども、いつでも引きずり降ろされる可能性があった。乾隆帝のお気に入りだった和珅は、一五億米ドル（一九五〇年代初頭の米ドルで換算）に相当する報酬を得ていたが、次の皇帝のもとでは死に追いやられた（Murphey 1954: 357）。しかしながら、郷紳階級のすべてを恐れ入らせることは、皇帝の権力をはるかに超えていた。皇帝もエリートも、お互いに必要に迫られて結びついていたのである。農民や都市居住者の日常生活を支配できるような専制主義的機構は存在しなかった。彼らが搾取され、ないがしろにされたことは事実であるが、組織的に抑圧されていた訳ではなかった（Moore 1967: 173）。人民を威圧すること、地方の反乱を鎮圧すること、そして自らの官僚を拷問・処刑・迫害することは可能であったが、こうした帝国の体制は大規模な反抗に出会うと弱さをさらけ出した。「拝啓　母上様。どうか私のことは心配しないで下さい。古ぼけた茶筒のような、とるに足らないものと戦っている場合と同じくらい私は今安全です」と、一八五五年にイギリス海軍の少尉候補生は中国から手紙を送っている（Hibbert 1970: 212）。

内陸アジアに対する防御は別にして、皇帝は軍隊を基本的に自らの利益を守る任務につかせていた。例えば、軍隊は、皇帝の独占的な所有物であり、貢租の穀物が北京の宮廷へ届くための動脈であった「大運河」の防御の任務についていた。皇帝は、決して軍事的に帝国全体を支配している訳ではなかった。そのため、皇帝は、ヨーロッパの専制政府がもつよりも少ない軍事的予算しか必要としなかった。したがって、彼は、自分の野心のために商人階級から資金を調達する必要もなかったし、彼らにいかなる譲歩をする必要もなかったといわれている（Murphey 1954: 358）。これは、ノースとトマスが描くヨーロッパの事例とは明らかに対照的である（1973）。中央政府は、予算のうちの高い割合を軍隊に投じていたが、その全予算の額自体は決して大きいものではなかった。一九世紀の末で、それは国民総生産のわずか一〜二％にすぎなかった（Perkins 1967: 487）。軍事・司法・民政への支出割合は、二五対七対一（Stover and Stover 1976: 113）であったから、インフラストラクチャーへわずかな投資しかしていなかったことは歴然としている。すなわち、国民総生産の〇・〇三〜〇・〇六％でしかなかった。仮に、サーヴィス国家などという当時では夢想もされなかった考え方に皇帝がとりつかれたとしても、帝国の財政状況はそれを許すのに十分なものではなかった。また、皇帝は追加的な徴税の要求もしなかった。そうした要求は、エリートとの利害の調整の場、すなわち社会の上層との間の社会契約のなかには、存在しえなかった。「行政政府は、人民に途方もない要求を迫るどころか、その必要を通常の租税収入に合わせなければならなかった」と、一八〇五年にバロウ（Barrow）が書き留めている（Stover and Stover 1976: 90-1 から引用）。

ウィットフォーゲルが描いた巨大な水力社会的専制政府という概念とは違って、ほとんどの灌漑施設は、農民の受益者のために、郷紳の監督のもとで小さな規模で造られたにすぎない。このような施設の幾つかは、皇帝の穀倉への貢租をさらに増やす目的で、北京からの指示で運営されていた。しかし、通常は、官僚はいかなるサーヴィスも提供しなかった。彼らは、「取分」を皇帝に引き渡す役目をする役人の任命を監視するだけであった。その職務自体が、利益の源泉だったので、これらの役人は無給であった。

中央政府が中国の人民に対して強制力を誇示することがなかったという事実（中国成立以前の部族民、あるいは外国人とは対照的に）は、農民から収奪する権利を配分する体制が、エリートにとって都合のよいものであることをある程度は示していた。ストーヴァーの喩えでは、エリートたちは、袋の大きさに制限を付け、入場料の支払いをしただけで、狩猟権を得ているようなものであった。黙従と自己利益が結びついていた。国家の政治的・宗教的権威が正当性を与えていた気配があることは確かであったようだが、この体制の根底には農業の余剰を暗黙のうちに配分するという制度があったことは疑いを入れない。この体制は、早い時代から受け入れられていた。五世紀から一〇世紀迄に、数度にわたって皇帝による仏教僧院の破壊とその財産の没収および奴隷の解放（農民という租税支払い人にすること）に対する名ばかりの抵抗があったにすぎない（Jacobs 1958: 187）。こうした場合に見られた世俗の人々の従順さは、おそらくイギリスにおける「修道院解散」をめぐる状況とある程度似ていたであろう。

したがって、文治主義の体制は、ヨーロッパの君主によって提供された、領主間の争いを裁く裁判機能の代替物であった。皇帝は、そのような裁判機能を果たす基盤を欠いていた。皇帝は絶対的存在として高められるところまで高められていたが、収奪する権利を省の巡撫に渡してしまい、巡撫から「贈り物」を受け取ると、それで終わりであり、ほとんどすべての重要な目的の遂行から排除されていた。彼の役割は、典礼を行うことであり、エリートにふさわしい、しかも体制を正当化するような儀式を提供することであった。彼の役割はブローカーとしてのものであった。わずかばかりの割合の租税（もちろん絶対額では決して小さなものではなかった）が、この体制を通して天帝の玉座にまで吸い上げられた。明朝は確かにその徴税機構を通して農村に十分に浸透することができず、その弱体な皇帝のもとで、郷紳たちは北京に向かう筈の資金を掠め取ることができた（Dawson 1972: 287）。実際、徴税機構のあらゆる段階における「おこぼれ」が、エリートたちが帝国体制を支持する物質的な基盤となっていた（Moore 1967: 172-3）。郷紳にまで、勅語（権力関係を象徴し、分け前に対する同意を意味していた）の前でひれ伏す義務、およびそれを行うことができる許可証、科挙に受験者を送り出すこと、農民に道徳的模範を示す義務などが課せられた。この最後のものは、エリートの重要な役割であると考えられていた。

人民にとって、この取引は不利なものであった。中国の人々は、国防と灌漑調整および洪水防御などのサーヴィスと引換えに、国民総生産の二四％を人口の二％にあたる人たちに支払っていた。警察を含めて、その他の重要なサーヴィスはまったく提供されなかった。村落は、自ら自警団をもたなければならなかった。人口が稠密な所では、朝になるとたくさんの労働力が働きに出なければならないのと同じように、夕闇の迫る頃になると子供を含む多数の人々が穀物を守るために村から出て行った。特に、玉蜀黍や雑穀の穂が最もたやすく引きちぎられる可能性があった。開放耕地における保有地は個々ばらばらに村のあちこちに点在していたので、監視は「作物監視組」を作ることによって、ようやく果たすことができた。監視の費用は、それぞれの保有面積に比例して決められた。同様の措置のために隣接した村々が会合したかもしれないが、これらの制度的な措置は農民自身によってやりくりされなければならなかった (Sorokin *et al.* 1931: 158-9)。

権力は富をもたらした。ストーヴァー (1974) によると、多様な生産活動に投資すること (また相互の取引) から生じる利益をめぐって、人々が相互に競争したり、あるいは政府と競合したりするような利害の多様性は存在しなかったため、富は権力から生じる他はなかったのである。当然のことながら、旧体制 (アンシャン・レジーム) 下のヨーロッパにおいても、富は官職や宮廷内の職務につくことから生じたが、その他の富の源泉も存在した。ヨーロッパに関して数字を得ることはできないが、寄生的階層の規模は中国史の場合の方が大きいように思われる。インドの場合以上に、農民層内部における分裂が、寄生階層に対する抵抗の意志を弱めていた。ある農家の一挙手一投足は、隣の農家に知られるところとなっていた。わずかな所得の違いが地位の違いを意味し、簡素ではあるがそれなりの安楽を得るか、土地無しの不運な身分に零落するかの違いを生んだ。さらに、インドの場合以上に、村落は「破壊することができない原子」であった。中国における村落の景観は、容易には変化しないものであった。エリートと農民の間には、地質学でいうところの断層に相当するものが存在した。「北京の城壁から視界に入るところに位置する農村は、一千マイル以上離れた地方にある農村と、エリートたちの政治活動から遠いという点ではほとんど変わりがなかった」(Stover 1974: 26)。

パーキンス (1969: 174) は、権力の分布については確信をもっていた。すなわち、「中国では、前近代における経済的な諸力は、中央の権力よりも地方の権力を有利にするように働いた。……経済以外の条件がかろうじてその解体を防いでいたのである」と述べている。地方の経済的な力は、実際にときとともに成長して行ったが、それは広範に、しかも均等に分布していたため、中央政府は経済が機能する上で不可欠な存在ではなかった。これは、「東洋的専制政治」の不在を意味している。西欧の観察者たちは、富、顕示的な展示品、叩頭のような恭順を示す象徴的行為、巨大な河川事業、無数の下級労働者などを目の当りにした。これらに強い印象を受けない者がいるであろうか。その規模の大きさは、ヨーロッパ人を圧倒した。一八世紀末のマッカートニー卿のような最も鋭敏な観察者も、不本意ながら強い印象を受けた。しかし、マッカートニーは同時に、技術的な後進性、富者と貧者の間の巨大なギャップ、弱体な皇帝ならば体制が崩壊することを防ぎえないような不安定性などを見抜いていた（Fitzgerald 1972: 87）。

権力の空間的な配置の状況は、このような体制がどのように機能し、また生き延びるかを理解する上で、興味深いものである。中国は、平行して走る山脈が交錯することによって生じる碁盤の目のような地域区分によって分割して表示されうるが（Fairbank *et al.* 1973: 9）、それぞれの単位は分離主義的な国家の基盤とはならなかった。チー（1963）の研究は、中国には多数の中核地域が存在するのではなく、四つの大規模な「基軸的経済地域」が存在すること、そのうち二つが他を圧倒していることを示すことによって、このことを明らかにした。これらの基軸地域のうち最も大規模で生産的な二つの地域は、黄河と揚子江の流域に位置し、相互に大運河によって結び付けられていた。この二大河川の連結以降、両地域が全中国を支配し、また帝国の覇権を確かなものにして、政治体制が多極化する可能性を封じたと考えてもよかろう。このことは、灌漑稲作地帯の景観が人工的なものであることによって、一層明らかとなるであろう。いわゆる「基軸的経済地域」（Chi 1963: 1-2, 11n. 1）やウィットフォーゲルがかつて「経済的・政治的な核心地域」と名付けた所を「建設・維持する目的で、その他の地域を犠牲にしつつ」、灌漑用水路・ため池・排水路・洪水防御用水路・運河などの一大体系が、特定の地域に造られた。そして、中国史における初期の分裂時代に示されるように、これらが造りうるものであるならば、破壊しうるものでもあった。闘争における最初の全体的勝利者による専制政治（とその地理的位置）の持続は、確定したもののように見えた。

基軸的経済地域の位置は、このようにどちらかといえば政治的な選択の問題であり、その土地本来の肥沃度の問題ではなかった。他方、ヨーロッパの中核地域の場合には、少なくとも農業革命によって、肥沃度の低い、水はけのよい砂質土壌地が見直されるまでは、どちらかといえば、肥沃度が問題であった。ヨーロッパにおける中核地域の配置にも人為的操作が加わる局面があった。放牧や羊の囲い飼いによって肥沃度を変更することができた。そのため、教会は「人為」によって肥沃にされた土地に立ち、教区の周辺部分はイングランドの「痩せた子牛」（Starvealls）や「飢えた羊」（Hunger Downs）のような地名が見出される地域となる傾向があった。しかし、これらは中国の灌漑に見られる景観の人工性に比べると問題にもならなかった。「基軸的経済地域」のうちの二大地域は、ヨーロッパの中核地域に比べるとはるかに規模が大きかった。これらのことが示唆しているのは、分権化の傾向が弱いことであり、ごく少数の大地域が中国全体を政治的に支配するという傾向が進んで行くことであった。

しかし、パーキンス（1969: 175）が述べるように、もしある地域の担税力だけが軍事的な強弱を決定するとするならば、基軸的経済地域は中国全体を支配していたであろう。しかし、そうはならなかった。一四世紀以来、中国は最貧地域の一つである、河北地方の北京によって支配されて来たからである。北京は、防御されてはいるが攻撃されやすい命綱であった大運河を通して運ばれる貢納の穀物によって、外部から食糧を補給されていた。この変則的事態をうまく説明するためには、チーのモデルに「基軸的戦略地域」という概念を補足する必要がある。北京の地理的な位置は、帝国政府が北の草原地帯からの脅威に直接備える必要性があったこと、および自らの軍隊の騎兵が使う馬を養うために、万里の長城の外側に十分な牧草地を確保しておく必要性があったことによって決まっていた。稲作地帯の地理的景観は、極端に変化の少ないものであった。灌漑稲作への過度の集中の弱点は、ヨーロッパにおいては大量の実用的な財が多角的に取引されることを促した地域的な分業が、ここでは栄えなかったことである。地域の生産者が相互に補完的であるよりは、類似しているような所では、米の貢納交易以外のものが大きく発展することはなかった。自給自足の程度、および栄養を供給する能力が散在している点から示唆されるように、一つの帝国として中国が存在していることを説明するには、基軸的な地域による支配という以外の要因が必要である。この説明は、文治主義に求められて来た。しかし、皇帝の権力が有力な地方の権力に基づいていないことを考えると、皇帝とエリートの盟約がこのように長期にわたって続いて来たことは驚くべきことである。このシステムの存続を可能にしたものは一体何であったのだろうか。

中国の人口は、同時代のヨーロッパの人口を上回っていた。定住地域における人口密度は比較にもならなかった。中国の総人口の九六％は、総面積の二五％以下に居住していたからである。人口密度の違いは、帝国の威風堂々とした体裁と同じく、人々を誤った結論に導いてしまう可能性をもっていた。中国における極端な過密とそれから帰結する居住条件の悪化についての報告の多くは、帝国というシステムがもっている同じように活力に満ちた諸側面からわれわれの目をそらすものであるが、それらは稲作地域もしくは歴史上の最近の時期のどちらか、あるいはその両者に関して言及されたものである。例えば、トーニー（1932: 27）は一九二〇年代に、炉にくべる枯れ草を鋏で切る光景に印象づけられて、派手な表現をしがちな所で、決して陳腐な言い回しをせずに、「暖を取るための資源は、鉱山からではなく農地から得られた」と書いている。彼は、人口が過密で土地が稀少であるために、飼料と肥料の主要な源泉が煙となって消えていったことに注目していた。いかなる社会、正確には工業化以前のいかなる社会も、大量の薪の遠隔地交易を行うことはできなかった。その熱効率と価格を考えると、木材はあまりにもかさばりすぎて河川から離れた所に運ぶのには無理がある。燃料が非常に不足していたので、農村では温水を専門に売る者も出てきたし、中国の家々はあまりにも寒冷なため、貧しい人々は分厚く綿入れした衣服を、富裕な人々は毛皮の裏打ちした衣服を着ていたのである。木材の不足のために貧しい人々は、またときには富裕な人々も、家具をまったくもたなかった。古くからの定住地域では、人口が過密であったため、その土地の多くを稲作に回さなければならなかったので、燃料用木材、建築用資材、飼料、肥料などがみな同じように著しく稀少であった。

こうしたことは、移住への誘因となったようである。中国は、フロンティアに関する歴史をもっている。一般的にいわれて来たのは、南方への移動よりも北方の境界線の方が、中国史に与えた影響力が大きかったというものである。しかし、ワイマンとクローバー（1965: 96）が論ずるように、フロンティアは「一般に動かなかったので……人々に新しい機会を与える土地を提供することはなかった」。このように外部のフロンティアにのみ目を向けることは、誤解を招く。中国におけるフロンティアの歴史の隠された一章は、四川盆地と南に広がる森林地帯への長期にわたる移動に関するものであることが明らかとなっている。それらの地域で、森林が伐採され、人々が波のように押し寄せる迄、中国人たちは敵対的な原住民と奇妙な植物相や動物相との接触にさらされて行ったのである（森林は、アメリカのジョージアにおけるそれと非常に類似していた）。生態的な意味における愚かさという点で、人類史において最も酷いともいえる行為によって、六億七千万エーカーが伐採された（Borgstrom 1972a: 106）。中国全土の表面積の二八％に当る。間違いなく、それは生態的な意味における一方通行であって、一時的利益の結果は、土壌浸食、雨裂、沈泥、洪水などであった。「中国南部の高原や山脈は、一九世紀初頭よりも二〇世紀において、少ない人口しか扶養できなかった」のであって、実際に一八六四年以降、山岳地帯から渓谷に向けて人口のはね返りがあった（Tuan 1970: 144, 168 Ho からの引用）。数世紀にわたって、人口は南方へ向かって押し寄せて行ったが、古い稲作地域における人口圧を絶対的な意味で緩和することはなかった。しかし、人口移動が人口圧力を減ずる安全弁として実際には弱かったとしても、内部のフロンティアがなかった場合に、古くからの定住地域で人口密度がどれほど高いものにならざるをえなかったかを考えてみるべきであろう。

中国人の植民者が南方へ溢れ出て、雲南西部の苗族（Miao）のような焼畑農業を行う部族民の土地へ進出して行き、低地の森林を伐採して、稲を栽培するために、灌漑用水や階段状の水田を造った。苗族が――移民の波に抗して――これらの地域を再び支配したときには、彼らがかつてそれを失ったときに存在した景観とはまったく異なるものをそこに見出している。「覆水盆に返らず。原生林が再び戻ることはない。苗族は、中国人から取り戻した土地で中国人と同じように生活した」（Stover 1974: 74）。明朝は、「営」と呼ばれる軍事的植民制度を利用した。それは、兵士が働く国営農場であり、部族民地域あるいは無人の地を占領するための制度として、紀元前二世紀に作られたものである。明の時代に、中国中部や沿海部から広東省や湖南省に向けて絶えず移民の流れが続いた。原住民との間に数知れない衝突を繰り返し、一時的な揺り戻しはあったものの、流れは継続した。中国中部からフロンティアの駐屯部隊に穀物を運んだ商人たちが、フロンティアの土地に投資をして、自らの故郷から農民を呼び寄せ、小作人として定着させようとした(Dawson 1972: 251; Eberhard 1960: 248)。

中国史には、成都平野に灌漑用水を導くことによってそれを「陸上の海」に変えた秦の蜀守（蜀郡の守）のような人物がたくさんいる（Stover 1974: 154)。この喩えは、満々と水をたたえた水田に太陽光線がキラキラと反射する様子を、またこの水田が同時に巨大な養魚場となったことを表している。唐の時代（六一八―九〇四）に、鯉に加えて、四種類の川魚が養殖魚の仲間に加わった。魚は、蚊の幼虫を食し、その関係は理解されていなかったにしても、マラリアの抑制に役立ち、中国南部の広大な地域を居住可能な地域に変えた。魚は肥料として米の栽培に使われ、大量の動物性蛋白源を提供した（Tuan 1970; Eberhard 1960: 249)。魚の養殖は、内陸部には海洋漁業の恩恵がおよばないという限界を補完し、灌漑稲作がもたらしつつあった中国内陸部の再評価に寄与した。

灌漑不能な南部における高山森林地帯は、ポルトガル人によって導入されたアメリカ大陸起源の乾地作物によって耕地化された。中国北部からの小麦、大麦、雑穀の導入もまた役立った。落花生は、一五一六年迄に広東地方で栽培されるようになっていた。一七〇〇年迄は、落花生はまだ珍味にすぎなかったが、その後は稲作に不向きな砂地に作付けされるようになった。甘藷は、一五六〇年代に雲南に達し、一七世紀により広い地域に拡大し、次の世紀の後半には実に広い範囲にわたって普及した。馬鈴薯は、一七〇〇年までに福建に伝わった。玉蜀黍は、海上経由のみならず、インドおよびビルマ・雲南ルートで陸上を経由して到来したが、甘藷よりもその普及の速度は緩慢であり、一七〇〇年以後になってようやく拡がった。その後、一八世紀になって、これらすべての作物は砂質土壌地および中国南部のかつて森林であった人口希薄な高地地域にも普及した（Tuan 1970: 140)。もっと低い推計もあるが、ストーヴァー夫妻（1976: 115）によると、玉蜀黍は全食糧生産の二〇%を供給するようになった。

過密さやあちこちで起こる飢饉についての記述にもかかわらず、過去一千年における中国の平均的な食糧事情は、ヨーロッパに比べて良好であったといわれている。農法は、初期の時代においては、進んでいたと考えられている。このことは、中国では犂耕に鉄を使用したが、その頃ヨーロッパでは木製の犂を使っていたことを示している（Dawson 1972: 280-1; Ho 1956-57; Tang 1979)。この説明には一定の真実がある。ただし、土壌浸食の歴史について適切な注意が払われていないし、真の謎は、ヨーロッパが鋼製の犁の使用に移行したときに、なぜ中国は鉄製の犁を使い続けたのかである。米は主要な穀物であり続け、一七世紀に全食糧生産の七〇%を占めていた。早稲種は、人口の成長を支えた。インドシナから導入されたチャンパ米は、強靱で、干ばつに強く、在来種が六カ月あるいは九カ月掛かったのに対して、三カ月間で生育した。生育期間は、二カ月に短縮され、さらに一八世紀には四十日にまで縮まった。早稲種は、在来種よりも水の必要量が少なかったし、台地にある高い土地においても生育可能であった。インドで使用される以前に、明の時代にもち込まれたペルシャ式井戸は、灌漑問題の解決に役立った。早稲種が、宋の時代に品種改良が起こった揚子江下流域から、明の時代に稲作地帯の全域、特に湖北や湖南に広がって行った。そして、この地方に稲作の重心が移って行ったのである。

ブローデルの言葉を使えば、水稲の耕作が、その扶養能力と労働の必要量という点で、中国を「巨大な未開拓空間」(Chaunu 1979: 286-8 から引用)にした。さらに、乾地作物は、「中国の定義でいうところの耕作可能地を数百万エーカーも拡大する効果」(Stover and Stover 1976: 114)をもった。これは、こうした高密度の人口の歴史における予想もしないエピソードであった。一人当り産出量を維持するという意味で、こうした農業生産システムを継続させて行くには、常に新しい土地を耕地にして行かなければならなかった(Perkins 1969: 189)。人口は増加していたのであるから、現状を維持するということそのものが一つの達成であった。国家は、耕作者が土地に対する税を支払った後は、その法的な所有者になることを認めることによって、開墾を奨励した。耕作可能地の余剰が不足し始めた一八世紀の中葉以降、実際、商人は外国の米の輸入を奨励されるようになったし、玉蜀黍や馬鈴薯の栽培を国家が奨励した。その時代迄に、中国は、洪亮吉という中国のマルサスともいうべき人物を生み出していた。彼は、人口成長は必ず生産を上回るに違いないと考えた(Elvin 1973: 308)。しかし、投資は、技術革新ではなく、既知の技術を温存したままで耕作地を拡大する方向に向けられた。

壮大な拡大の跡は、その時代迄に明白になっていた。清朝は、チベット、ネパール(一八世紀中葉と末にチベットの反乱軍を援助した)、ビルマを侵略した。清朝は、また中央アジアへの中国人の移住を奨励した。実際にはその周辺部分では部分的なものでしかなかったにせよ、清朝の支配は朝鮮からビルマ国境まで、そしてアジアの内陸部にまでおよんでいた。一七五九年に、清朝は征服地域を新領土、すなわち新疆として組織した。しかし、これは中国のシベリアか、あるいはニュー・サウスウェールズとでもいうべき荒れ果てた所で、流刑者にふさわしいところであった(Jackson 1968: 45; Harrison 1972: 345-7)。したがって、これを断念し、数世紀の間中国内陸部を探し求めた後、中国南部の客家が内陸へ移住する可能性が尽き果てたところで、移民たちは海を渡り始めたのである。一八世紀の末頃から、ある程度の数の中国人が海を越えてタイに定住した(Fitzgerald 1973: 61)。

内陸への植民活動においては、幾つかの動きが組み合わさっていた。中国北部では一六世紀に大量の森林伐採が行われ、明朝は一五八〇年に過剰な伐採を禁止し、森林は再び山岳部において復活した。しかし、一六八三年における伐採木材搬出の禁止にもかかわらず、清朝の時代に再び森林伐採が繰り返された。孤立した水田稲作地帯である四川地域では、明朝の時代に移民によって人口が増加したが、その増加分は一七世紀の第二四半期における大規模な農民反乱によってほとんど消え去ってしまった。そして、この地域は一六五〇年から一八五〇年にかけて、移民の最大の受け入れ先となったのである。有能な皇帝であった乾隆帝（一七三六―九五）のもとで、「貧困地域」から四川、河北、湖南といった地域への移民が奨励された（Harrison 1972: 326, 333）。一八世紀の初め迄は、南部高地の多くは森林によって覆われていた。一七〇〇年において、湖北の南西部のような中心部の地域はまだまだ部族民の住む地域であった。その後、水稲耕作が南部の河川流域や標高の高くない丘陵地帯の重い土壌の土地に導入され、中国人が大量に移住して来るようになった。当初は丘陵地帯で栽培された玉蜀黍や馬鈴薯から高い収量を得ることができ、さらに一八〇〇年迄にもっと傾斜のきつい山岳の斜面で播種された馬鈴薯からも相当の収量を得ることができた。その代価は、すでに述べたように、峡谷ができるほどの深刻な土壌浸食であった。こうしたことは、かつて森林だった揚子江上流の山岳地帯や、歴然とした隠しおおせない低地における沈泥現象や洪水の発生に見られるように、一八世紀の第三四半期には明らかとなっていた（Tuan 1970: 141-4; Dawson 1972: 334）。

古くからの定住地域における人口圧力は、内陸のフロンティアへの移住によって絶対的に緩和された訳でもなかったし、そこでは平均的な所得も上昇しなかった。拡大はあったけれども、成長はなかった。しかし、何百万の小規模な農家の増殖や農民を犠牲にしてエリートが成長するという意味で、拡大はあった。植民の可能性は、オスマン帝国やムガル帝国に開かれていた可能性よりも大きかった。中国の帝国という体制は生き残ることができた。エリートにとって直接的な利益は、農民の競争によって地代がつり上がるというよりも、地代が引き出される単位の数が増えたこと、および新しい領土の形成にともなって官職の数が増加したことであった（Moore 1967: 168, 170も参照）。中国人の移民は押し出し型の現象であって、大西洋移民のような引き寄せ型のものではなく、疫病や飢饉による人口抑制の代替物以外のものではなかったといわれている（Tang 1979: 18-22）。中国農業の物的生産性の高さや新しい作物の導入、そして新しく人が住むようになった土地の増加が実際にあったことを考えると、所得は増加してもよい筈である。しかし、予想に反して、成長したのは人口だけであった。資源をめぐるエリート内部の競争を避けるという強みは確かに存在したが、一体なぜ農民の選択があのようなものでしかなかったのか。新しい土地への入植に際してのみ最も強く現れるのであるが、生産や所得が上昇するとときとして人口増加を抑制することがありうる。しかし、そうした抑制効果よりも子供をたくさん産んで、家名を守る願いの方が強かったというだけで十分であろうか（Tang 1979: 18）。このようないわゆる生活水準効果と呼ばれるものは、前近代の中国では弱かったかもしれないが、大量消費の時代に所得を工業製品購入に充てることが子供をたくさん産むことに代わるまでは、他の地域でも同じようなものだったであろう。なぜ、人口再生産の極大化ではなくて、石器時代の豊かさ［「牧歌的繁栄」（ジョーンズ近刊）］の農民版とでも呼ぶべきものが選択されなかったのかについて知る必要がある。おそらく、災害が頻発するような環境の不安定性が、生産における平均的水準の高さを台無しにしたため、危険に対する保険として、労働供給を目的とする子沢山という結果が生じたのであろう。要するに、極端に年齢の低い子供の労働でさえ価値あるものだったのである（Farb 1978: 143–4 も参照）。

ヨーロッパ人の植民とは対照的に、中国人の内陸への移住は最終的には成長をともなわない拡大以上のものとはならなかった。こうした点から見ると、ヨーロッパが海外への拡張の成果の大部分を自らのものにし、人口の大幅な増加を招くことなしに、資源の大量の流入・補給と大規模な市場を確保しえたことは、経済史における奇跡であった。ヨーロッパとその領土は、歴史における型通りの関係とでもいうべきもの、すなわち人口増加と生産の増加との間の抜き差しならぬ関係を打ち壊した。植民地アメリカにおける家族の急激な増加とヨーロッパが獲得した潜在的領土へのアフリカ人の強制的な移住によっても、人口と土地の比率がヨーロッパにおけるコロンブスの発見以前の水準に近づくことはなかった。ヨーロッパ農法は、新世界において、異常なほどの収量を実現した。再三再四、ヨーロッパからの旅行者たちは、アメリカの農民が肥料を浪費していると批判していた。厩肥を山のように積み上げたものが、ドイツ・ライン地方のデザインをまねたパラティネート風の赤い納屋の高さを超えるほどになっているという光景が植民地アメリカでよく見受けられた。それらはなぜ農地に散布されなかったのか。そのような不満は、労働の節約よりも土地の肥沃さの維持がより重要だと感じている者の発言であった。このヨーロッパの海外付属地において、生産は、自然の肥沃さ、冬季の降雪、夏季の極度の高温多湿、さらにアメリカ入植者の創意工夫などのおかげで増加したのである。あるいは、南部の植民地や西インド諸島における亜熱帯的条件と黒人の苦汗労働によって増加したのであって、多産な農民の労苦によって得られたものではなかった。アメリカ植民地では、生産はヨーロッパの基準からしても少数の人々によって、実際に行われたのであり、その成果を自らのものにした人々の数も少数であった。ヨーロッパ内部では、病気やその他の人口抑制要素が人口の増加を制御していたが、ヨーロッパが獲得した潜在的領土は、病気・その他で失われた人口よりも、最低に見積もってもさらに多くの人口を養ったであろう。

しかし、中国の植民は、原生林の腐植土を利用して当初の一時的な収量の増加を獲得した後は、一人当りの生産量を以前のつつましい水準に戻してしまった。農民のエネルギーは、より多い消費を獲得するとか、あるいは新しい土地を確保してより多くの人口を生み出すという選択に向けられなかった。地代や租税を支払う農民は、必要とされていた。したがって、土地は彼らに与えられていた。「いわば、中国における主要作物は、農業人口そのものであった」(Stover 1974: 68)。中国全土および揚子江流域や南部稲作地帯における人口数量を見てみると、すでに漢帝国の時代に大量の人口移動があったことがわかる。現在入手しうる数量データは稲作地帯以外の新旧定住地域ごとの数字を示していないので、後の明清の時代における移住については不明である。しかし、一八世紀の「黄金時代」における早稲種と二期作の広範な採用によって可能となった水田稲作における生産性の継続的な増加によって、稲作地帯の人口が全体に占める比率は、明清時代においてもほとんど維持されたと見ることができる。

宮廷政治においては、さまざまな事件が起きたが、中国の体制は無傷のまま生き残り、同時に内向きのまま終始した。その理由を系統的に考えてみると、内陸にフロンティアが存在したことにあることが解る。このことは、先行研究の中では明らかにされて来なかった。宋代における農業革命は、高く評価されている。実際、エルヴィン（1973: 211）は、中国南部の資源を利用することによって生じた推進力が、中世以降に弱まり消滅したと論じている。彼がいおうとしているのは、牛産性の上昇が人口増加と歩調を合わせる以上のことはできなかったということである。確かに、食糧作物を犠牲にして綿花栽培に土地が当てられるということはなかったので、工業化の機会は制限されたかもしれない。しかし、帝国は生き残り、土地と人口の絶対量は増え続けた。言葉の上では緊密であるという印象を与える中央集権の実体は、緩く編成されていたにすぎなかったが、それを壊したかもしれない内部の緊張状態は、一九世紀半ばの太平天国の乱（二五〇〇万人が死んだ?）が起こるまでは回避された。太平天国の乱は、おそらく歴史上最大のマルサス的危機と呼ばれうるものであった（Ho 1962: 220)。

内部における真空地帯は、中国の安全弁であった。政府は、特に一八世紀後半における苗族の反乱のように、部族民による反乱を容赦なく鎮圧し、強制退去させ、舗装された道路と鉄製の橋を南西部に向かって建設して行った。領土の拡張は、自分の土地を離れることなど考えもしなかった農民、郷紳、省の巡撫――かつて巡撫は併合された諸王国の支配者であった――にとって、現に存在している社会構造の内部における空白地帯を提供したのであった。これが、帝国に統一をもたらす文治主義の中味であった。それは、ヨーロッパでいえば国家の規模に相当する省を巡撫が国王のように日々実際に支配するのを可能にしていた体制の基本的な特質であった。いい換えれば、巡撫は、皇帝からの期限付きの任命に服した国王のようなものであった。ムガル朝インドの長官のように、清代中国の巡撫は、彼らが権力の基盤を確固としたものにする機会を減じる目的で交替させられた。インドの長官が「州を食い物にしている」の

表11-1　中国における人口の地域分布と増加（2-1770年）

	稲作地帯		残りの地域		稲作地帯の比率（%）
	人口（100万）	変化率（%）	人口（100万）	変化率（%）	
西暦2年	15	−	43	−	26
700年	25	+67	25	−42	50
1300-50年頃[1]	74	+196	16	−36	約82
1395-1400年[2]	45	−39	25	+36	64
1760-70年[3]	170	+278	100	+300	63

注1：モンゴル帝国による絶滅政策以前のピーク時の数字。「稲作地帯の五分の四以上」をここでは約82%とし，それにしたがって人口分布を計算した。
　2：モンゴル以後。
　3：清朝初期に平均余命が上昇した。1726年に150万人が70歳を越えていたと伝えられている（Dawson 1972: 331）。

出所：Grigg（1974: 84-9），これはPerkins（1969）の推計に基づいたもの；McEvedy and Jones（1978）。通常はマケヴディとジョーンズに依拠したが，数値に齟齬がある場合は、より詳しいパーキンス-グリッグのものを使った。国内移住に関する地図と議論に関しては，次を参照。Elvin（1973: 204-15）。

と同じように、中国のエリートたちは民衆のことを自分たちの「肉であり魚である」と呼んでいたのであり、これは暗示的である（Stover 1974: 68）。

パーキンス（1969: 176）によると、戦術、組織、指導力、規律などの経済外的なすべての要因によって、わずか四百万人の満州人が、一八世紀前半に四億にも達していた中国人を圧倒することができた。地方の勢力が、大運河を封鎖することによって、北京政府を窒息させることもできたであろう。マーフィー（1954: 358 注⒁）にとって、「地域的多様性の大きさにもかかわらず、中国が持続的に統一されていたのは、ある種の謎である」。最近の研究者たちは多様性については意見が一致しないが、いずれにしてもパーキンス（1969: 180）は、「驚くべきことは、中国がまとまっていることである」と述べて、明白な統一性について異を唱えない。パーキンス（Ho 1976を参照）が挙げている理由は、儒教イデオロギーの統合力、軍事的技術、郷紳の行政手腕、中国文化の伝統的な力などである。

文治主義と行政的な才腕、すなわち「経済外的」な要因によって、前工業化社会最後期の最も成功した帝国を満州人が経営することができるようになったかどうかは疑わしい。経済的な状況もまた特別に有利なものであった。有利な状況とは、清朝が次のような特徴を備えた一大文明であったことである。すなわち、人口圧力を緩和するのに役立ち（Harrison 1972: 320）、同時に満州人が領土を併合する上で支持を必要とした中国人エリートに対して利便を供する際に重宝であった、大規模かつ最良の耕地余剰を有した大文明であったことである。一八五〇—六五年における太平天国の乱は、二五〇〇万人の犠牲をともない、それ自身が安全弁となったが、その後清朝は一八六〇年に黄河下流域の人口過密地域からの移住者に満州を開放した。一六四四年以来、満州人たちは満州を自民族のためにのみ確保し、満州南部の中国人居住地域の成長を制限し、「自らの故地を人間の特別保護区」にしていた（McEvedy and Jones 1978: 168）。最終的に、次の段階における中華帝国の領土的拡大を可能にするためには、この洪水防止門を開けなければならなかった。

南部の森林地帯が古くから機会を提供して来たことが、宋代の技術革新から企業家精神を奪ってしまい、明清中国を静的な拡大の路線に進ませることになった。しかし、結局は、教養ある中国人に適した保守的な儒教を保護したことによって、満州人たちは体制の変革の必要性から目を逸されたのと同様に、土壌浸食という開墾にともなうコストにも目を閉ざされてしまった。彼らは農業中心主義を奉ぜざるをえなかった。したがって、長期にわたって、この体制は商業や金貸しで利潤を得た者にたえず次のような誘因を与え続けた。すなわち、正当性を獲得する（官位を買う）こと、他の収入の道よりは生産的であるか、あるいはともかくもリスクが無限に小さかった農業地代という「正道」を選ぶように仕向けたのである。一八世紀において、官職を得る上で決定的な段階へ進む免許を与えられた「生員」が、百万人近くもいた。こうした免許のおよそ三分の一は、これ以上収奪されることから身を守るために、一般庶民のうちの上層の部分が買い取ったのである（Stover 1974: 119–20）。

朝貢を除けば、外国貿易は建前として非合法であったので、現実には行われていたが、いかなる権力の基盤も貿易に依拠することはできなかった。ヨーロッパにおいて貿易を力強い成長のエンジンにしていた政治的な影響力や継続性が、中国では存在しなかった。ハリソンによると（1972: 159-60 J. Levenson にこれは依拠している）、ヨーロッパでは、民間貿易部門は暗黒時代に中央権力の崩壊のなかから生まれて来た。すでに見たように、そこでは、初期の小規模な政府が、貿易部門が即座に提供してくれる収入を当てにして貿易と結びついた。中国、そして一般的にアジアでは、民間部門は政府のお目こぼしによって、やっと生まれて来るにすぎなかった。それを保護するためのいかなる個別法も制定されなかった。契約の法的保護が、国家統制的な道徳に代わることはなかった。それにもかかわらず、中国の体制は発展の徴候を示したが、国内植民の行き詰まりによって方向を逸されてしまった。その代価は、構造的な停滞であり、土壌浸食であり、さらに最終的にはやはりマルサス的な状況であった。

ユーラシア

第12章　要約と比較

根本的な変化が何も起こらなかったことは、おそらく何ら特別な説明を要しないが、ヨーロッパの奇跡についてだけは説明を必要とする。
——アーネスト・ゲルナー

ヨーロッパは、革新的であり、非中央集権的であるが、しかし、一面では安定した変種であった。われわれの目標は、超長期の経済的変化を引き起こしたものが何であったか、生産力に満ち、当初は未来を約束されていた筈のアジアにおける変化を歪めて行ったものは何であったのかを理解しようとする点にあった。これは、抽象的で大雑把な目標に見えるかもしれないが、順番に一つずつ片づけることによって答えることができるであろう。われわれは、比較という方法を使うことによって、方法に関わる問題に取組んだ。どの時代を一つのまとまりとして考えるのかという問題、すなわち何時から始まったのかという問題を解決するために、中石器時代まで遡ったが、より重点を置いた時期は、西暦一四〇〇年から一八〇〇年迄である。この時期は、ヨーロッパが、工業世界の生誕の地となる上で大きな意味をもった政治的・技術的・地理的大変動が起こった時代であった。

この目標は、工業化のための特定のきっかけを探すことではなかった。工業化は、突然に上空からやって来る雷雨のようなものではなく、過去に深く根ざした成長であった。工業化の開始を分析するためには、一国および地域的な経済史を描き、農業部門における家内工業の成長とその後の家内工業部門における工場制工業の成長を論じなければならなかったであろう(Jones 1982)。しかし、これは、本書の目標ではない。本書の目標は、相互関連の問題、すなわち環境と政治活動が市場システムの生成と拡大にいかに影響したのかを明らかにすることである。工業化は、生産物のみならず生産要素が自由に売買される市場経済において最も早く出現した。そうした世界は、アダム・スミス的というよりは、デイヴィッド・リカード的な世界であったが、近代の経済学的な分析が最初に適用可能な場所であり、また実際に成立した場所であった。そうした分析をもっと以前の時期に適用することはいくらでも可能である。最も刺激的なのは、分析が、既存の限界を超えて、これまで歴史家によって個々の問題に即して説明されてきた制度(例えば、開放耕地制農法)の成立に際してどのような意思決定がなされたかを説明する必要がある場合である。自由市場的分析が産婆役として適切かどうかは、別の問題である。近代的な経済の生成を説明するためには、価格理論に加えて、政治権力を組み入れる必要があるし、普通は不変の与件として扱われている多様な人間の行動や選択の多くを考慮に入れる必要があるであろう。

　超長期の経済的変化を説明するためにはまた、マルクスが述べたように、それ自らは生産されることのないさまざまな生産の初期条件の影響をはっきりと考慮に入れるべきである。ヨーロッパは、そのような特別の立地条件や資源賦存状況をもっていたのであるから、私たちは環境要因によって説明するという困難な課題を引き受けなければならない。有利な政治体制、資本蓄積、貿易などはすべて、部分的にはヨーロッパ固有の立地条件や資源賦存状況に適応したものとして説明されうる。大規模な沖積デルタや河川流域が少ないこと、そして作物の生育期における相対的に低い気温は、農業生産性が東洋に比べて低いことを意味していた。低い人口密度は、政治的な中央集権による歪みを回避することに役立ったであろう。肥沃で平坦な土地は、ヨーロッパ全体にわたって散らばっていた。これら生産性の高い地域は、最も成功した政治的単位の中核地域を形成し、そのうちで最も成功したものは、国民国家の戦略的な中心地となった。大陸の地形的な構造、すなわち山脈、海岸線、大きな湿地帯などは、中核地域を起点として拡大する国家が互いにぶつかり合い、立ち止まる境界線を形成した。これらの自然的境界線が、ヨーロッパ人を構成していたさまざまな民族的・言語的な集団を繋ぎ止める役割を果たしていた。自然的境界線は、それによって造り上げられた鋳型を満たす国民国家を区分けするのに役立った。そして、自然の障害を越えることは高くついたから、隣接する国家間の対立を緩和するのにも多少は効果があった。

　一人当りの所得がアジアよりもヨーロッパの方が高かったのは、自然災害の頻度が少なかったことにもよっている。回復期における家族労働を確保するために、できるだけ多くの男児を産もうとするアジア人特有の強制は、ヨーロッパ人には少なかった。ヨーロッパでは、結婚年齢の上昇や有配偶率の低下を手段とする自由意志に基づく出生率の抑制がより安全な選択肢であった。結婚年齢の上昇によって、家族規模がわずかでも縮小すれば、それは、個人への投資の増加、すなわち人的資本の質の向上を可能にした。民衆のための作物の極大化ではなく、他の地域よりも広い面積の土地が家畜や木炭鉄などの生産財の生産に使われた。さらに、資本の蓄積は、マイナスの経済的ショックによる打撃のあり方の違いから、他の地域よりも少しだけ容易に行われた。社会的な災害を含むあらゆる種類の災害の影響は、一見すると、「資本」の破壊よりも人命、つまり「労働」という生産要素の破壊に偏っていた。この影響は、初期の技術変化が労働節約的であるよりも、資本節約的であることによって強められた。建設資材の技術革新や木製犁の鉄の部分の改良が、資本財をより効率的にしたのである。

　ヨーロッパでは、地質学的・気候的・地誌的な意味における多様性が非常に大きかったので、各資源の賦存状況は分散化していた。このことが、かさ高で重い実用品の長距離かつ多角的な貿易をもたらした。これらの貨物に課税する方が、略奪するよりも利益が大きかった。かさ高で重い商品の取引は、陸上面積に対して航行可能な輸送路の比率が例外的に高いことからもまた促進された。これは、鋸状の海岸線が続くことと、航行可能な河川が数多く存在することの恩恵である。広範な交易から、重要な政治的諸結果、したがって、最終的には市場の勃興が発生した。

同じように、ヨーロッパは立地条件においても、数々の利点をもっていた。中央アジアのステップ地帯からかなり離れていたことは、騎馬遊牧民の最悪の破壊から免れることをある程度可能にした。遊牧民は、アジアの主要な農業文明を折にふれて破壊もしくは侵略したのである。しかし、東方の文化の一つであり、自身がインドや中国の技術や思想の借用者であったイスラムがヨーロッパに近接していたことは、プラスの外部性であった。ヨーロッパは、非常に発明の才に恵まれた社会であったが、このような価値ある技術移転がなければ、経済発展にはもっと時間がかかっていたに違いない。その後、数多くの重要な領域で、ヨーロッパはかつての師匠を後方に置き去りにした。ロイターによると、中国は、一二四七年以来出版したことのない法医学の教科書を一九八〇年になって、ようやく出版しつつある。最後に、ヨーロッパがもっている大西洋沿岸の海岸線のおかげで、航路発見以後、次のようなことが可能となることがわかった。すなわち、アメリカおよび大西洋の豊かで利用可能な資源と大規模な外部の市場に、比較的安価に近づけるようになったのである。歴史のいかなる時代においても、人間が新しい地域にまとまって移民をすることで、入手可能な資源の可能性がこれほど急速かつ大規模に増加した例はない。初期の海洋における移民の例として、北大西洋のヴァイキング、マダガスカルのマレー人、太平洋のポリネシア人などがあるが、彼らはそれほど規模の大きい交易を行わなかったので、故国との接触を維持することも、故国に影響を与えることもできなかった。この意味で、ヨーロッパの地理上の発見の画期性は、ヨーロッパの交易がそのときすでに十分に高度化していたために、巨大な資源を利用し、結果として発展させることが可能であったという点にある。

場所や立地という特徴は、歴史の進路までは決定しなかった。例えば、労働節約的な機械の発明を次のように捉えるのは、あまりにも単純すぎる。すなわち、特定の環境がもっている生産要素の賦存状況に応じて、労働節約的な機械の発明が行われると考える立場である。つまり、資本蓄積に有利で、災害が資本の限界単位よりも労働の限界単位の方をひどく破壊するような環境のもとにおいて、労働節約的な機械が発明されるという見解である。この種のモデルを定式化することの困難さは、やる気のある研究者には抑止作用をもたないけれども、超長期のパラメーターを推計することはおそらく最も勇敢な者すらたじろがせるであろう。しかし、これらの問題を不問にしたとしても、発明の才というもののあり方は、そんなに単純な形で決定されはしない。ヨーロッパ社会には、創造的な才能を生産手段の改善に向ける個人が常に存在していた。彼らの才能の供給は、物質的な報酬に対して非弾力的であった。つまり、才能の供給は彼らの趣味かあるいは強迫観念のようなものであった。これは、根の深い文化的な現象であり、ヴェルナー・ゾンバルトが才能を獲得する能力と呼び、ゼロから再建する能力を指していたドイツ人の才に関係している。政治的な混沌は、この動因を無にしてしまう筈であった。無にしなかったことが、ヨーロッパの奇跡の一部分であった。

　社会的過程は自らの論理をもっていた。しかし、だからといって、マーストン・ベイツのいう自然の経済を無視するべきではない。真実は、社会的過程とそれを取巻く自然環境とが交錯するところに存在する。環境的な要因の役割は、人間の行為が最低の費用で行いうる経路を指し示すところにある。他の事情が等しいならば、それらの経路をたどることができるであろう。相対的に資本が安価であるという環境は、技術革新の頻度に影響を与えたかもしれない。費用の最小化を可能にするこの特別の機会は、ヨーロッパの経験に個性的な色合いを与えたのである。

　ユーラシアには、一六世紀から一八世紀にかけて、四つの大規模な政治経済システムが存在していた。これらは、近東のオスマン帝国、インドのムガル帝国、中国の明・清帝国、そしてヨーロッパの諸国家併存体制である。オスマン帝国、ムガル帝国、清朝は、すべて外部からの征服による軍事的専制支配であり、租税を吸い上げるポンプのような体制であった。これらの体制は、従属民がもっていた発展の可能性を台無しにした元凶であった。見通しはすでに暗かった。ヨーロッパが一九世紀にそれらの地域に進出したときに課した植民地主義、条約港、不平等条約、賠償はこれとは別の問題である。

　西暦一〇〇〇年から一五〇〇年にかけて、ユーラシアの歴史（経済史を意味している）は、ステップから溢れ出てくるトルコ人とモンゴル人によって圧倒され、彼らは、はるかな辺境の西ヨーロッパと日本を除く「沿岸地帯」の文明に浸透し、それを征服して行った。ユーラシアにおける東西の民族的・言語的な濃淡を決定した、「ステップの最奥部から周辺へ」と動く、この時期のこうした人の移動は、紀元前一八世紀から紀元前一五世紀にかけて起こった青銅器時代の騎馬民族による征服が唯一比肩できるにすぎないほどの大動乱であった（Coles 1968: 11）。その一つは、一三世紀初頭におけるモンゴルの侵攻であった。それによって中国は人口の三分の一（約三千五百万人）を失って征服されたし、ペルシャの灌漑農業地帯は砂漠同然に帰し、それがおよぶところは何処でも人々の集落は倒壊し尽くされた。ポーランドとハンガリーの西側のヨーロッパは、モンゴル人内部の継承をめぐる内紛のおかげで、破壊を免れた。こうした内紛は、軍事的な遊牧民や専制政治が陥りやすいものであった。ステップ地帯東部のその後の歴史は、満州人による中国への侵略によって始まる。その当時、満州人は、歴史上かつて見ない規模の戦争によって、明朝中国人の定住地を放牧地帯に押し戻し、さらに中国の人口の六分の一（すなわち二五〇〇万人）

を殺戮したのである。

混乱を経験したステップのある部分は、近東や中東地域に吸収され、イスラム化し、新たに方向付けられたが、そのなかから、ムガルによるインドの征服とトルコ人によるオスマン帝国の成立という事態が生まれた。支配した地域では何処でも、ステップの遊牧民戦士たちが、征服された農業文明のエリート、あるいは上層のエリートになった。彼らの本来の動機を想起するのは無益ではなかろう。それは、次のようなチンギス・ハーンの言葉のなかに示されている。「最大の喜びは、敵を打ち破って追いつめ、彼らの富を奪い、そして彼らにとって最愛の人々を涙の海に沈め、彼らの馬に乗り、彼らの妻と娘を抱きしめることにある」と（Chambers 1979: 6）。この最後の表現は、あからさまな表現を避けたいわゆる意訳である。これらの豹たちは、体表の斑点を変えたのであろうか。この種の軍事的な略奪集団機構は、大規模な農民社会の中心的組織原理として、どのように作用したのであろうか。

オスマン帝国がどのように当初の略奪の成果から生まれ、富をめぐる内紛の中で腐敗・堕落して行ったか、いかにムガル帝国がマラータ－の反乱の渦中で座礁したか、そして満州人の帝国だけが、最後には大規模な争いに巻き込まれたにもかかわらず、満州人自らの故地における「人間の特別保護区」さえも最終的に引き入れた国内における植民地化によって人口圧力に対処しながら、いかに生き残ったのかを、これまで論じて来た。これらすべての体制において、軍事的な征服者によって当初保たれた秩序が、初期には、生産力の上昇を可能にしたかもしれない。しかし、自らの性質からして、ちょっとした躓きか、弱々しい統治者によって、エリート間の資源をめぐる強度の競争が生まれ、途方もない抑圧、そしてそれにともなう投資の減退が帰結した。こうした帝国は戦争に負けることはなかったが、平和と共存することもできなかった。なぜならば、平和は人々の間に急速な人口増加をもたらす傾向があったからである。洗練された儀式や建造物の陰で、林檎の中にウジ虫が湧いていたのである。

こうしたシステムが効率的に機能したのは、狭い最適性の範囲内においてだけであった。この体制は、実質所得を持続的に増加させたり、発展のためのインフラストラクチャーを創出したりすることはできなかったように思われる。それらの体制では、人口の増加が土地資源の増加を上回ったが、それと同時に人口増加率がヨーロッパのそれを下回ったという意味で、二つの面、すなわち、人口増加率と土地資源の増加率の双方において、最低の結果を甘受しなければならなかったようである。一六五〇年から一八五〇年にかけて、ヨーロッパの人口は、一五二％も増加したが、それには海外のヨーロッパ人の人口は入っていない。植民地主義の影響を最も受けていなかったオスマン帝国の人口は、一一％も低下した。しかし、インド亜大陸の人口は五三％も増加し、中国という人口史上の怪物は二二三％の増加を記録したが、太平天国の乱が犠牲者をもたらしたことによって増加の時期を終えた。これら三つの東方の体制を合わせると、一一九％の増加であるが、それはヨーロッパ内部における増加分の七八％程度にすぎず、しかも所得における同程度の増加がなかったのである。

これら植民地化以前の体制が、よくて所得と生物量の停滞、悪い場合にはマルサス的な危機に向かっていたという考え方は、あくまでも仮説であり、事実に反する命題を設定する歴史の方法である。ヨーロッパの侵入は、この実験を不可能にした。しかし、この理由に基づく否定は、いささか厳密すぎるように思われる。最も冷めた経済的評価は、予測の要素を含まざるをえない。ここでの予測は、植民地化直前の時期に関する史料に照らしても無理がなく、ムーア（1967: 169）による中国の状況についての分析とも一致しているように思われる。恒常性を維持する自動調整システムや「中国式の同じことの繰り返し」について述べても意味がない。人口成長の趨勢とその逆数（一人当りの可耕地）が、その繰り返しの議論に加味されなければならない。イブン・ハルドゥーンからW・W・ロストウまで、ギリシア・ローマの古典古代や東方の経済がさまざまな型の均衡の罠から脱するのに失敗したことについて一群の文献が存在し、それらはそれなりに筋が通っている。戦争の失敗や長期の平和が過去における発展の不毛性を白日のもとに曝したとき、分け前を争う闘争が常に起こっている。しかし、植民地化される直前のアジアの根底にある趨勢が明らかにするのは、前近代における人口の最大値の限界付近で循環がやがて起こるというものである。土地の入手量と前工業化社会における農業技術の双方の限界が近づいていた。コロンブス以後の作物の交換は、わずか一度だけの僥倖にすぎず、最良の方法の普及もやがて緩慢になって行った。ヨーロッパは、大規模な海外移民という選択肢をすでに打ち切りにしていたが、アジアはまだこれからその方向性へ進もうとしていたのであった。

ヨーロッパがまだ未開な時代にも、創造性の高まりが強く見られたのに反して、専制的なアジアの諸制度は、創造性を圧殺し、官能的な奢侈を作り出す方向へと迂回させてしまった。内部における政治闘争が生み出したものは、宮廷革命だけであった。何らかの「珍奇な体験」が続いて内向きの姿勢が生まれたのかもしれない。しかし、それは、ヨーロッパ人の到来の直前のことであり（van Leur, Frank 1978: 138-9から引用）、彼らの実質的な浸透は一九世紀のことであった。略奪のシステムは、略奪品がなくなってしまえば役に立たなかった。早晩発生するに違いないことは、平均所得の低下、ストーヴァーが「死者のたまり場」と名づけた土地なし層の拡大、ムガル帝国とマラーターとの激しい闘争、オスマン帝国の略奪的行為、大規模な太平天国の乱などに見られた大激動であった。

植民地化以前のアジアが人口学的な意味で袋小路に向かっていたと主張することは、後の植民地主義擁護を意図するものでもないし、実際それと内容的に同じということはないであろう。近代以前の諸国家併存体制が帝国よりも順応性の高いものであったと主張することは、世界政府が今日の遠距離通信の時代にあっても依然として諸国家併存体制よりも効率的ではない

表12-1　主要なユーラシアの政治経済システムにおける人口密度（1平方キロメートル当り）(1500年および1800年)

年	インド	中　国	オスマン帝国（アナトリアのみ）	ヨーロッパと海外領土
1500	23	25	8	8
1800	42	80	12	3

出所：Webb (1952) と McEvedy and Jones (1978) のデータから再計算した。

というのと同じである。また、国民国家がヨーロッパに行政や公衆衛生の点で利益をもたらしたと指摘するのは、それ自体としては、ナショナリズムを擁護することにはならないであろう。秩序と行政は、ポルトガルにおけるポンバルの独裁政治のような、他の点では唾棄すべき政治体制によっても提供されうる。しかし、動機と手段が何であれ、国民国家は善きものを提供したし、これらの善きものはヨーロッパらしさの一部を構成するようになって来たのである。ローゼンバーグ（1958: 231）は、「気まぐれな反乱がなかった訳でもないが、興奮と暴力でなく、理性と秩序が旧体制の強力な警察国家における支柱であった」と結論している。相対的な意味でいえば、国民国家以前の世界には、弁護の余地はない。ここでは、鳥瞰的な見通しを明示することが重要なのである。これによって、混沌とした過去の出来事や動機のなかに有意義な要因を探し出すことができる。とりあえず問題ではない。ヨーロッパ史における酷薄さや浪費については、もう少し長く活躍していれば、もし、ウインウッド・リードが、彼の著書『人間の苦難』（*The Martyrdom of Man*）というタイトルが要約のすべてを語り尽くすことになるであろう。しかし、一人の人間の苦難は、広い視野から見た歴史の全体的発展や帝国・諸国家併存体制のそれぞれが示す超長期的足跡、あるいはそれぞれの体制を比較して明らかとなる個性を研究する場合、関心の焦点とはならない。ヘロドトス以降の歴史はすべて、残酷さに満ちている。しかし、大事なことは、重要性の程度を秤量しうる統計的な感覚を保持しておく必要があるということである。ヨーロッパは、「普通の人々にとっては地獄」であったとモアランドが描いたインドほど危険な場所である確率は少なかった。

発展を歴史的に考える場合に問題となるのは、過去には、すべての経済は政治に埋め込まれていたという点である。文化的な長所はともあれ、アジアの帝国は、最上層部が禁止的な意思決定しかしないという傾向、権力をもつ者が生産的なものを何一つ発明したり革新したりする誘因を欠いていたこと、また権力をもたない者が生産的な設備を建てるリスクを負わないことなどの点を長らく克服することができなかった。平均余命が低いところでは、計画の時間的な長さは短いものになった。技術的および組織上の問題は、即決する訳には行かないものなので、いかなる文明においても、発展を遂げるためには、長期の懐妊期間は極めて重要である。しかし、アジアでは、政治的な理由で、長期の、平穏無事な懐妊に必要な休息は稀であった。

他方、ヨーロッパは略奪集団の攻撃を免れて来た。一〇世紀の侵略は撃退され、一三世紀のモンゴル人の侵略計画も放棄され、さらに一六、一七世紀にはトルコ人への抵抗も成功した。アジアはおそらく「街道」(Landstrasse) から始まるのであろうが、獅子心王リチャードの身代金で建てられたウィーンの城壁は、一六八三年のトルコ人による最後の攻城をも守り抜いた。慎重に間を置いて、一八六〇年代に城壁は撤去された。シュトラウスは、ヨーロッパに対する東方の脅威が終わったことを祝福するために、「ウィーンの城壁爆砕ポルカ」を作曲した。

ヨーロッパの政治形態は、封建制の内部において特定の要素が勝利を収めたことを意味していたのであって、侵略者による専制政治の強制を反映してはいなかった。しかし、ヨーロッパ人は自らの支配者の苛酷な搾取からいかに逃れることができたのであろうか。危険はいかに縮小され、投資に対する抑制要因はいかに取除かれたのか。その答えは、いくつかの成り行きの複合的結果であるが、明らかなことは、相対的に小規模なヨーロッパの国家の支配者は、秩序を維持し、係争を調停する司法の機能を果たせば、最高の租税支払い能力のある有権者——臣民は、ある意味では自分の選挙区の有権者であると考えなければならない——を引きつけて、自分の手元においておくことができるということを知ったことである。どの国家の内部においても、国王の税金に関する利害と貴族の地代への強い関心との間に対立があった。それは王室の利害が結果的に農民にささやかな保護と正義を提供することになるような決着のつかない競争であった。国家間の競争は、その後多様なサーヴィスの提供に繋がることになった。ここでもまた、環境の要因が存在した。というのは、国家の中核地域がもっと大きく豊かであれば、国王が租税の見返りに何かを提供しようとする誘因は小さくなる(事実それは小さかった。しかし、超長期的にはヨーロッパ史を特殊なものにするのに十分であった)からである。

ヨーロッパの国王は、彼らが望んでいたほど絶対的ではなかった。大土地所有者の間に散在した権力が、国王に対する牽制となった。それはちょうど、勃興する市場の権力が果たした役割と同じであり、国王は、規則的に課税するために市場を奨励したのであった。これは、国王による最悪の恣意的な権力行使を防いだのである。また、諸貴族の間に挟まれてその権力を牽制されたことは、国王自身の利益にもなった。貨幣の退蔵をやめて生産的な投資をしても、以前と比べて損失が多くなることは少なくなった。市場は、地域的特化に力を得て、拡大した。利潤の機会が増加し、ウォルター・バジョットのいう「慣習を守ることによって生じる利得」を凌駕するようになった。また、特殊利害に沿って制定された法律の副作用の結果、生産要素の移動に新たな障害が発生していたが、利潤機会はこの障害をも蚕食して行った。発展は、累積的であった。長期的な発展は、ヨーロッパ人にとって、歴史の正常な条件であるように思えたであろう。しかし、それが必然的なものであったと仮定するのは危険である。その他の地域における前近代世界の惨憺たる歴史が示しているように、目的意識をもった政府、規則的な技術変化、所得の増加を食いつぶす人口増加の阻止などは、人類社会に常に存在する属性ではなくて、それぞれが説明を必要とする固有の事態の進展なのである。この点については、もう一度次の事実を指摘しておきたい。進歩についてのヨーロッパ人の楽観主義は、一八世紀の末頃やヴィクトリア時代には、それほど荒唐無稽なものではなかった。ヨーロッパ大陸の多くの地域で、生活は、以前より安全なものとなっており、技術的にも組織的にも能率的になっていた。ナポレオン戦争の終末を告げる一八一五年のワーテルローにおけるナポレオンの敗北以後、戦争は地球上のうち、植民地が存在する地域に押しやられて行った。発展とは何時迄も続くものだという見方は、単にイギリス的、ホイッグ党的な歴史解釈ではなかったし、一八五九年の『種の起源』(*Origin of Species*) においてチャールズ・ダーウィンによって提起された進化の理論が影響を与える以前に支配的となっていたのである。ミルは、一八四〇年代に変化の勢いをはっきりと感じていたし、プリーストリーは、一七九〇年代初頭にすでにそれを感じていた。彼らの予測は、商業の力が国家間の平和を維持するという議論などのように、幾つかの重要な点で誤っていた。しかし、彼らは決して愚かではなかった。衰退論者は、経済構造における累積的な向上というミルの見解を前にすると、自らの立場を維持するのは困難であったろう。ミルの見解は、公正さの改善というよりも効率性の改善であったにしても、明らかに向上が存在したというものである。少なくとも表面的には、歴史は、進歩主義思想に味方した。

われわれの議論の基本的な趣旨は、超長期の成長が、成長を促進する諸力の合成の結果というよりも、成長に対する障害物を取除くことによって可能となったとする考え方である。例によって、適切にこの点に言及した文献がある。アダム・スミスは一七七五年の講義の中で、「最低の野蛮状態から最高の富裕の状態に至るためには、平和、軽い租税、適切な司法以外のものはさして必要ではない。後は自然の成り行きに任せればよい」といっている。このような考え方をすれば、サーヴィスに対する需要の存在に依存する銀行のような第二次的な制度は、たとえ非常に早い時期から発生していたとしても、蒸気機関、コークス精錬の鉄、蕪菁（ターニップ）などのような使い古された、その場しのぎの説明要因（ギリシア劇に登場する機械仕掛けの神のように急場凌ぎの解決策）と比べても、成長を説明する要因としては決して有力ではない。むしろもっと重要なことは、企業家が利潤を極大化するだけでなく、それを維持することができるように、暴力や危険といったものを少なくすることである。かつては、資金投下先として、最も危険の少ない部門を探すことが投資決定に際して重要であったが、利子率が下がるにつれて、投資は市場が欲するものが何かを決定する技術的な仕事となった。経済は、政治的な意思決定よりも経済的な意思決定によって規制されるようになった。気まぐれ、暴力、慣習、古い社会統制などの解消に専念することによって、古い秩序を直接攻撃する必要はなくなった。このことは、おそらく正しいであろう。ブルジョアジーは自らの利害を押し通したが、農民や手工業者が支配的な大陸において、労働者階級には成功のチャンスはなかった。いずれにしても、財産の保護が心許ないような社会では、労働者階級は自分が持っているものを失うのを恐れて、リスクの大きな資本主義を推し進めようなどとは考えないであろうが、それは至極当然のことであった。

早くも一〇世紀に、ヨーロッパはその破局から急速に回復した。このことは、かなりの経済的な回復を暗示している。災害の後の急速な回復は、ヨーロッパに独自なものではなかった。中国における洪水の後の特徴でなかったことは確かだが、急速な回復は、インドにおけるペストや飢饉の直後の特徴であった（Davis 1951: 41）。しかしながら、ヨーロッパは戦争による被害を小さくするために特別の努力を払った。一五八一年にトゥルネで最初の協定が結ばれて以来、傷病者の人道的取扱いのために、三百にも上る協定が結ばれた。そのなかには、一六八三年にフランスとスペイン、一七四三年にイギリスとフランスとの間で結ばれた広範囲の内容をもつ条約も含まれる（Magill 1926: 10）。さらに注目すべきは、戦争が終わる度に、再建と新しい発展が勢いを増したことである。

回復力と進歩のほかに、ヨーロッパの大部分の場所において発展の形態が類似していたという点は注目に値する。これ迄の研究において、「テイクオフ（離陸）」から持続的な成長への転化の仮説や国際的な経済的リーダーシップの転換については語り尽くされてきたが、工業化以前のヨーロッパにおいて、進歩がすでにどの位普遍的で、広範囲に存在したのかを軽視する傾向があった。交易の拡大、手動の道具の革命（糸巻きから紡ぎ車へ、鎌から大鎌へ）、農村家内工業の地域的特化に見られるように、発展は当り前の事になっていた（Jones 1974a; 1977a）。イギリスから大陸の多くの地域へ、工場と蒸気機関による工業化が急速に伝播したことは、次のような事実を示している。すなわち、ヨーロッパの経済的基盤が相互に非常に似通っていたこと、そして非常に効率的な代替が可能であったという事実である。過去を振り返ってみると、非常に早い時期に、工業化への準備過程が現れている。例えば、累積的な技術進歩と政治形態の変化である。しかし、これらがどの方向へ発展するのか、また、累積的な技術進歩と政治形態が、生産的かつ近代的な工業と国民国家に変化して行くのかどうかを予測するのは困難なことであったであろう。突然変異を予測することが困難であるのと同じように、技術進歩と政治形態が共働して同じ方向に進むかどうかを予測することは困難であったであろう。

商業と製造業の進歩は、初期には、イタリアの交易都市、オランダ、イギリス、「ベルギー」、ボヘミア、そして幾つかの他の地域で目覚ましかった（Barkhausen 1974）。これらの中心地は、市場が生み出したものである。さらに、諸国家併存体制と国民国家のなかにヨーロッパが見出したのは、どの部門に機能不全が発生しても、分権化がそれを補うことのできる枠組みであった。しかし、その枠組みの内部では、ノウハウと生産要素の競争的な交換が、統一性を作り出していたのである。それは、少々荒っぽく、手っ取早いものであった。例えば、思想の伝播の多くは、亡命者たちの移動によって裏口からなされたものであり、この難民の移動は、マルクスやウェーバーの家族を含むヨーロッパの多くの家族に精神的な傷を与えたものである（アダム・スミスさえ、子供の頃にシンティ・ロマにさらわれた）。はっきりいってしまえば、国民国家内部では、政府直営の工業企業の多くは実際には潰れた。恵み深い経営者としての国家という観念は、ヨーロッパの概念というよりもイギリスの概念と思われるが、おそらくはそうではないであろう。中央ヨーロッパの政府は、他の何処よりも効果的に生活の細部を監視していた。

官僚制がそれ自身の軌道に乗り始めて以降、意図せざる結果が出現した。例えば、官僚が排水路について取扱うとき、彼らは役に立っている。さらに、彼らが飲み水の供給を計画するところまで手を伸ばすときは、それは思いがけない贈り物ということになる。私たちが扱ってきた時期には、数多くのこうした平凡な課題が存在したし、それらは皆重要な課題であった。官僚制がパーキンソンの法則のようになるというのは、この時期にはまだ杞憂であった。旧体制（アンシャン・レジーム）下の国家目的は支配者の利害を覆い隠す口実でしかなかったとか、将来を見越した政策の効果を成長それ自身の効果から区別するのは困難であるとか、危険を小さくする手段が今日の基準からして弱かったとか、人的資本の育成といっても人民を納税者もしくは大砲の餌食となるだけの兵士としてしか見ていなかったとか、富の分配と社会関係が途方もなく不平等であったとか、という問題は当然あった訳で、改めて付け加える必要もないであろう。しかし、これらすべてを留保したとしても、国家の行為が近代化をもたらしたことは明白である。結果は、意図したものをはるかに上回っていた。国家の無意識の機能は、市場が国家の助けを借りずにそれ自身の明らかな魅力によって拡大する以上に、市場をより広範囲に、また、より急速に拡大することにあった。

一方で生産が私的に組織され、他方でサーヴィスが多少とも公共化されるという鋏状の運動は、効率性と安定性の利益の双方を与えてくれた。生命・財産・投資の保証は、雇用・所得・健康の保証を意味しなかった。しかし、それらは、発展にとって不可欠であり続けたし、生命・財産・投資の保証そのものが、発展の定義の一部を構成していたのである。カニンガム（1896: 167）は、個人主義は、「商業・工業・農業において段々と、そして少しずつ広がって行った」と断言している。この時代には、イギリス人も、公共のサーヴィスを当然のものと考えるようになっていた。しかし、それ以前あるいは他の何処に比べても、ヨーロッパ全体がはるかに効率的な実施機関の複合体を整備するようになる迄、公共サーヴィスも、少しずつしか広がって行かなかったのである。経済成長にとって最低限必要な安全性の確保がなされたのは、先進世界において、はるか昔のことであったので、今日ではそれは当然のことと思われている。しかし、産業革命史の中心的な主題である運河や綿織物工場の歴史よりも、この種のサーヴィスの提供の歴史の方が、おそらく間違いなく、今日の発展途上国にとっては重要である。ヨーロッパあるいは西欧において、人々は彼らの祖先である中世に生きた人々や他の地域の人類が夢にも思わなかった生命・財産、投資の保証、秩序、公共サーヴィスを期待しうるようになっていた。一層成長を押し進めるか、それとも社会正義の強化か、あるいは双方の組み合わせを求めるかは、生命・財産・投資の保証や社会的予防措置が事実上実現されて初めて求められるのである。こうした行政革命の成果は外部にも輸出された。骨肉の戦争、気まぐれ、病気、最悪の災害のショックなどが徐々に鎮静しつつあった植民地帝国において、急速な人口成長が始まったことがその証拠である。残念ながら、植民地や植民地以後の経験が示すように、サーヴィス国家は、急速な所得増加の十分条件ではないかもしれないが、必要条件ではあるだろう。

現在の知識水準からすると、単純なモデルが発展過程のすべてを説明しうるとする考えには抵抗しなければならない。つまり、発展過程のすべてを、例えば、次のような生産関数としてモデル化することはできない。すなわち、歴史の複雑さを考慮に入れながら、同時に近代化や一八世紀の工業化、そして実質的所得の持続的上昇を一握りのお決まりの変数の投入の結果であるとするような生産関数で発展過程のすべてを説明することはできないのである。あまりにも多くのパラメーターが変化し、消え去るために、超長期の経済変化は、経済過程というもののありきたりの概念をはるかに超えた過程であった。この考察の結果が含意するモデルは、巨大な合わせ錠に似ている。これを解く鍵は一つではない。各々の部分は互いに調和して十分うまく作用しているが、おそらくそれは唯一無二の組み合わせではないであろう。システムの許容範囲がどのくらいであったかを後から推測するのは困難である。問題は、従来の経済史が一八世紀末と一九世紀という最も目立つ時期のなかに、しかもかぎられた範囲の変数のなかだけにその原因を探索するので、発展過程を解明するすべての手がかりをそこからは見出すことができないことにある。全体を研究する方法は数多くある。というのは、「一般性、現実性、正確さを同時に極大化させることは不可能だ」(Levins 1968: 7) からである。当面は、自ら苦労をして、自ら選択するしかない。ヨーロッパの超長期の発展は、奇跡的であったように思われる。アジアにおいて同様の発展が可能であったとしても、それは奇跡以上のものでなければならなかった。

訳者あとがき

一九九三年度のノーベル経済学賞がアメリカの二人の経済史家、フォーゲル（R. W. Fogel）とノース（D. C. North）に与えられたのを機に、最近における経済史研究の潮流を回顧したイェール大学のW・N・パーカーは、本書の著者エリック・ライオネル・ジョーンズの原著初版（一九八一年）を評して、「（何故西欧が豊かになったのかという問いに答えようとしたあまたの歴史書の中で）、この著書は、ノーベル経済学賞が対象とするような『経済学』という学問領域の狭い枠内には容易に収まりきらないが、社会科学としての歴史研究という点では、その視野の広さと分析の深さの双方において、第一級の作品であると思う」と述べている（W. N. Parker 1993）。

一九七〇年代の半ばまで、堅実な実証主義に基づいて近代イギリス農業史の詳細な研究に没頭し、本書のなかの表現を借りるならば、狭い領域に沈潜して学問的な課題を追い求めるハリネズミ型の研究態度を崩さなかったジョーンズは、その後、研究方法上の通過儀礼（広大な野原を駆けめぐって対象を探し求めるキツネ型のそれへの転換）を経験する。その最初の刻印が、本書である。

『ヨーロッパの奇跡』（以下、『奇跡』）で、ジョーンズが何を、どのような方法で明らかにしようとしたのか、かいつまんで述べておこう。アジアではなく、南北アメリカ、あるいはアフリカ、オセアニアでもなく、ユーラシア大陸の一角を占めるヨーロッパ（正確には西北ヨーロッパ）が、歴史のある時点で、なぜ、一人当り実質所得の持続的上昇、すなわち、物質的な豊かさを自らのものにしえたのか。繰り返し問い直されて来た、そして現在もなお問い続けられているこの歴史の謎（conundrum）は、ヨーロッパの、しかも近代だけを見つめるだけでは到底解きえない。短期ではなく、数世紀におよぶ超長期（一四〇〇―一八〇〇年）の変化に目を向け、世界の他の地域のそれとの比較を通じてしか、この問に対する答は出て来ないのである。

ただ一つの要因や関係が経済発展に対して、比類なく強力な影響をおよぼしたと考えることは尚更できない。環境や政治的要因（政治権力のあり方）は、さまざまな経路を通じて、経済発展の道筋を決定する。いうまでもなく、地質学的・気候的・地誌的環境の多様性は、資源賦存状況の偏差を発生させ、交換と市場経済の浸透の程度を左右する。それだけではない。環境要因は、疾病の種類やそれに対する抵抗力、災害の質の違いを通じて、人的・物的資源への投資のあり方をも規定する。例えば、ヨーロッパにおける深刻な災害が、人的資源の損傷を特徴とする疫病であるのに対して、アジアのそれは地震・洪水・火山爆発であり、物的資源により多くの打撃を与える。固有の家族制度・結婚慣習（European Marriage Pattern）によって、出生力が結婚年齢と有配偶率を通じて調整され、社会的に制御されていたヨーロッパでは、古くから人口増加率は相対的に低く抑えられていたが、疫病による人的資源への打撃は、一層労働節約に対する要請を強めた。長期的に見た場合、こうした環境要因の特質は、資本蓄積という観点から考えれば、ヨーロッパに有利に作用したであろう。

政治権力のあり方が、経済の動向に強い影響を与えるという考え方は、「ヨーロッパの奇跡の真髄は、経済ではなく、政治の領域のどこかに横たわっている」とするジョーンズの言葉が端的に示すように、彼の歴史観の大きな柱である。一六世紀から一八世紀のユーラシア大陸における四大政治経済システムは、近東のオスマン帝国、インドのムガル帝国、中国の明・清帝国、それにヨーロッパの諸国家併存体制（states system）であった。このうち、西欧以外の政治権力である帝国は、一〇〇〇年から一五〇〇年に中央アジアのステップ遊牧民によって征服され、形成された軍事的専制支配のもとにあった。日本とヨーロッパを除くユーラシア大陸は、トルコ人・モンゴル人の遊牧民の戦士が、征服された農業文明の上層のエリートとなる三つの帝国に区分けされていた。

帝国という支配形態の経済的な含意は、民政へ租税・貢納が還元されにくいということである。帝国の統治機構は、超長期的に見れば経済発展や一人当り実質所得の上昇を結果するであろう広義の社会的基盤の整備に対して、ヨーロッパの諸国家併存体制がもっていたような強い内的誘因をもたなかった。一つの権力を牽制する他の権力の不在は、経済発展を阻害する状況を醸成した。例えば、恣意的な権力行使は、予測不可能性という、投資・経済発展にとっては好ましくない条件を生み出したのである。

他方、ステップ遊牧民の軍事的な征服を免れたヨーロッパでは、森林に囲まれた豊かな農業地域を中核にして、多数の「国民国家」が徐々に形成されつつあった。形成期の「国民国家」は、それぞれ封建制度を経験する過程で、租税と地代獲得をめぐる国王と大土地所有者である貴族との競争・牽制を通じて、多かれ少なかれ農民保護を打ち出さざるをえなかった。貴族権力のなかに国王が存在するという状況は、王権を牽制し、国王は財政的基盤を強化するために、市場を奨励し、課税源としてその力を積極的に利用した。このような支配形態をもつ国民国家が多数併存し、それぞれがまた互いに競合・牽制しつつあった「諸国家併存体制」は、同時代のユーラシアに存在したオスマン・ムガル・中国の帝国とは違った、権力の分散・力の均衡を特徴とするヨーロッパに固有の政治経済システムであった。

それぞれの国民国家は、自国の権益の擁護という観点からだけでも、恣意的ではない、したがって諸集団の一定の合意に基づく、効率的な課税制度を確立し、軍事力の強化を図らなければならなかった。同時に、国民国家は所有権の明確化と法的整備、契約の遵守、不法行為の制裁や賠償制度をはじめとする司法制度の整備、貨幣制度・度量衡の整備、市場確保と商業利害の援護のための軍事力の増強、災害・疫病に対する予防措置や事後処理、国民の健康・生命の維持への配慮といった広い意味における社会的な基盤の整備に意を用いざるをえなかった。外国の最新技術の導入を容易にするために、政治的・宗教的亡命者を優遇する施策もこの文脈で考えれば、理解することができる。ヨーロッパにおける「諸国家併存体制」がもつこうした成長促進的、あるいは成長阻害要因除去という側面が、秩序ある、制度としての市場の発展に寄与したといえるであろう。ヨーロッパでは、その実現を通じて、経済的な豊かさが例外的に達成されたのである。これが、『奇跡』の内容である。

ヨーロッパの奇跡を生んだもう一つの無視しえない要因は、技術の性格である。技術進歩の程度からいえば、ヨーロッパは確かに後進地域であった。例えば、宋時代の中国における技術は、目を見張るばかりの発展を遂げた。また、ヨーロッパはイスラムを通じて、遠くインドや中国からさまざまな技術的知識を借用した。ヨーロッパにおける技術の特徴は、草創期においては他の地域に比べてひどく低位であったとはいえ、技術的な知識が中断なく蓄積され、革新が突発的ではなく、絶えず、継続的に行われたという点である。さらに重要なことは、ヨーロッパが文化的に相互に連携し合う単一の均質的な社会であり、こうした要因に加えて、諸国家併存体制がもっている国家間の競合という特質が、ヨーロッパ内部における継続的な技術の借り入れと刺激の伝播を奨励し、全体の技術水準を引き上げたことである。ヨーロッパのある地域に起きた技術革新は、瞬く間に他の地域に連鎖反応を引き起こす傾向があったのである。

ヨーロッパ近代の成長を、「地球大の歴史」(グローバル・ヒストリー)の中で捉えようとするジョーンズの挑戦は、個性豊かな視点と構想の雄大さ、陰影に富む歴史解釈で、八〇年代初頭におけるヨーロッパの歴史学界、特に同じような問題関心を抱く歴史家たちに衝撃を与えた。数多くの好意的な書評(例えば、A. W. Coates 1982)、あるいは書評論文の他、一九八七年にオックスフォード大学で開かれたセミナー「地球大の比較史、『ヨーロッパの奇跡』を考える」(Comparative history on a global scale: reflections and criticisms of E. L. Jones, *The European Miracle*)、一九八五年のケンブリッジ大学における研究会、あるいは一九九六年のロンドン大学「歴史研究所」(Institute of Historical Research) グローバル・ヒストリー・セミナーにおける議論は、反響の大きさを物語っている。印象深いのは、ヨーロッパ圏の歴史家であるジョーンズが、オスマン・トルコ、インド、中国に関する英文文献を広く渉猟し、それぞれ深い分析に達しえたことであろう。

環境・経済・政治の諸領域を視野に入れて、四〇〇年、場合によってはさらに長い射程で、世界のほぼ全域の歴史と比較しながら、ヨーロッパの成長を説明しようとしたジョーンズの野心的な試みには、しかしながら、当然、多方面から批判・反論が寄せられた。興味深いことに、ジョーンズが努めて避けようとした歴史の経済学的解釈を旨とする経済史家からは、総じて好意的な評価(例えば、J. Mokyr 1984)が下されたの対して、他の領域からは、手厳しい批判が続出している。例えば、環境史、特に気候史の立場からするプライア（F. L. Pryor 1985）の批判は、災害に対する農民の経済的・人口学的反応が合理的な選択の結果であるとするジョーンズの前提の妥当性を衝いたものであったし、ヨーロッパとアジアにおける環境因子はジョーンズが想定するほど異なったものではないとしている。

従属理論の立場からブロート（J. M. Blaut 1992）が批判するのは、アジアとヨーロッパにおける災害の質の違いが、一方では多産を、他方では蓄積を結果したとするような議論（ブロートにいわせれば、西欧マルサス主義＝Euro-Malthusianism）である。ブロートはまた、ジョーンズ仮説の根幹に関わる、西欧（諸国家併存体制）、アジア（帝国）という政治支配形態の相違とその経済的帰結の対比にも懐疑的である。ジョーンズの政治的要因重視という立場に対しては、ヨーロッパ以外の地域の帝国形成における「ステップ帝国主義」の役割について、ロバーツ（J. M. Roberts 1989）が疑問を投げかけている。彼はまた、ヨーロッパとオスマン・ムガル・中華帝国における技術進歩のあり方の違いが何処から来るのかという点に関しても、ジョーンズの分析のあいまいさを指摘している。

われわれにとって重要なのは、アジア史、特にわが国のアジア史研究者から提起されているジョーンズ仮説に対する根本的な批判である。杉原薫は、近年のわが国におけるアジア交易圏論の成果に基づいて、ジョーンズを含む欧米の歴史家たちの「西欧中心主義的《ユーロセントリック》」な歴史観を修正する必要を説いている。一五〇〇—一九〇〇年の東アジアには、中国を中心とした交易圏と国際秩序が存在し、そこでは、ヨーロッパの経済発展とは質を異にした「きびしい資源の制約の下で、教育水準を落とさず、社会の崩壊も招かないで世界人口の大半を養う」（杉原薫 1997）東アジア型経済発展が展開した。中国との交易によって刺激を受けた日本の近世における経済発展も東アジア経済の一部であった。機能的にはヨーロッパの諸国家併存体制と変わらない、例えば日本と中国からなる東アジアの多極的政治体制すら想定することが可能である（Kaoru Sugihara 1998）。

これらの疑問・反論に対して、ジョーンズは本書が依拠した第二版（一九八七年）においては、冒頭、『第二版への序文』において、二〇数頁を費やして、比較史の方法、地理上の発見とヨーロッパが獲得した潜在的な領土の意味、イギリスの位置、帝国の権力の特質など、幾つかの点で追加・補正を施したほかは初版に一切変更を加えていない。その後、ジョーンズは、一九八八年に刊行された『繰り返し発生する成長』（*Growth Recurring, Economic Change in World History*, 1988）（以下、『成長』）において、『奇跡』の議論を一層展開させた。幾つか新しい論点を挙げれば、次の通りである。

先ず、ジョーンズは、分析の枠組みとして、ヨーロッパが最終的に達成した産業革命＝工業化と「成長」そのものとを分けて考えるべきであると主張する。工業化は「成長」の単なる一形態であり、一八・一九世紀ヨーロッパにおいては、「成長」が工業化という形態をとったにすぎない。また、「成長」にも二つの範疇があると考えるべきである。経済構造・制度・所得分布等の変化を含めた一人当り実質平均所得の上昇を内容とする内包的成長（*intensive growth*）と総量の増大を内容とする規模の成長、外包的成長（*extensive growth*）である。実際、歴史の綾を解きほぐすには、工業化、資本主義、近代経済成長、内包的成長と規模の成長、そして経済発展のそれぞれを区別する必要がある。

ヨーロッパ、アジアを問わず、いずれの地域でも内包的成長の芽は遍在した。しかし、多くの場合、「成長」を阻害するさまざまな経済的・政治的・文化的要因の存在がその芽を摘んでしまうのである。したがって、物質的豊かさの指標である内包的な成長がどのように始まるのかを分析する場合、レーザー光線のような強力な成長促進要因よりも成長を阻害する障害物を探し出すことの方が実り多い結果を生むであろう。

『成長』におけるジョーンズの方法は、『奇跡』の基本的な枠組みに変更を加えることなく、批判や疑問を考慮して、精緻化したものである。モデルは柔軟なものとなり、説明力を増したということができるであろう。例えば、『奇跡』において、ほんのわずかしか触れられなかった日本の経験が、『成長』では独立の一章を与えられ、かなりの紙幅を費やして説明されている。勿論、日本の経済発展への注目の背後に、少なくとも八〇年代までのアジア、特に日本の目覚ましい成長があったことは疑いえない。しかし、ジョーンズがヨーロッパとともに「ダーク・ホース」と呼んだ日本の近世における経済発展を、多少なりとも整合的に説明するためには、『奇跡』におけるモデルを、より柔軟にする必要があったであろう。

『成長』では、ヨーロッパの影響からは独立して成長を達成した日本の近世における経済発展が、次のように説明されている。日本の徳川幕藩体制（一六〇〇—一八六八年）下の農業生産性の高さが可能にした都市化の進展、地域的分業の展開、経済構造の変化、生活水準の上昇、農村工業の発展は、内包的成長を促したに違いないし、幕府と藩権力、あるいは各藩同士の拮抗・牽制・競合という幕藩体制のもとにおける権力のあり方は、ヨーロッパの諸国家併存体制に類似した権力の分散、一種の力の均衡をもたらし、成長阻害要因を弱めた筈であると。

原著初版刊行以来、すでに二〇年近い歳月が経過した。この間、一九八四年にはイタリア語訳、一九八七年にはポルトガル語訳、一九九〇年にはスペイン語訳、そして一九九一年にはドイツ語訳が出版されている。ジョーンズ自身も『成長』刊行五年後の一九九三年に『一巡する成長——環太平洋経済史』(*Coming full circle: an economic history of the Pacific Rim*) を上梓している。ヨーロッパの歴史学界を中心に強い衝撃を与えた『奇跡』の邦訳は、遅きに失したかもしれない。しかしながら、わが国においては、例えば、ジョーンズ・モデルの主要な構成要素の一つである「諸国家併存体制」と「帝国」の対比という比較史の視座は、まだ定着しているとはいえない。また、グローバル・ヒストリー、環境史／歴史生態学、あるいは比較史の観点からする研究が最近着実に増加している。こうした領域への関心の高まりと注目すべき多数の著作の出版（例えば、

Donald Worster 1971; W. H. Mcneill 1976; Rondo Cameron 1989; M. Livi-Bacci 1992; Alfred W. Crosby 1986; David Arnold 1996; David S. Landes 1998; Kent G. Deng 2000）を考えると、早い時期に問題状況を先取りし、大胆かつ緻密な分析で『ヨーロッパの奇跡』を明らかにしようとしたジョーンズの試みは、現在においてもなお少なからぬ意味をもっていると思われる。わが国においても、本書で展開されているジョーンズの所論を積極的に受け止め、ヨーロッパ史の理解を深めようとする試みが出始めている（篠塚信義 1998）。邦訳がこうした潮流に棹さす一助になれば幸いである。

なお、邦訳に当って、「前書きと謝辞」・「第二版への序文」、第一章―第七章は安元が、第八章―第一二章、「原注と参考文献」・「文献目録および追加文献案内」・索引作成は脇村が担当した。本書には、非英語圏に生活するわれわれにとって手強い表現・修辞・隠喩が少なからずあった。この点に関しては、著者ジョーンズとの数回のやりとりのほか、エセックス大学歴史学部のマシュウー・ウラード、マーク・アレンの両氏（Matthew Woollard & Mark Allen）、および駒澤大学文学部のレナード・P・サンダース教授（Professor Lennard P. Sanders）のお世話になった。記して御礼申し上げる。

二〇〇〇年八月二日

安元　稔

参考文献

Arnold, D. 1996. *The Problem of Nature*, Cambridge Mass. & Oxford: Blackwell Publishers.（飯島昇蔵他訳『環境と人間の歴史——自然、文化、ヨーロッパの世界的拡張——』新評論 一九九九年）

Blaut, J. M. 1992. 'VI. Response to comments by Frank, Amin, Dodgshon and Palan', *Political Geography*, Vol. 11, No. 4.

Cameron, Rondo. 1989. *A Concise Economic History of the World, from Paleolithic Times to the Present*, Oxford: Oxford University Press.

Coates, A. W. 1982. 'E. L. Jones, The European Miracle: Environments, Economies, and Geopolitics in the History of Europe and Asia', *Econ. Hist. Rev.*, 2nd ser., Vol. XXXV, No. 2.

Crosby, A. W. 1986. *Ecological Imperialism, The Biological Expansion of Europe, 900-1900*.（佐々木昭夫訳『ヨーロッパ帝国主義の謎——エコロジーから見た一〇～二〇世紀——』岩波書店 一九九八年）

Deng, Kent G., 'A critical survey of recent research in Chinese economic history', *Econ. Hist. Rev.*, Vol. LIII, No. 1, 2000.

Jones, E. L. 1988. *Growth Recurring, Economic Change in World History*, Oxford: Oxford University Press.

Jones, E. L., Frost, L. and White, C. 1993. *Coming full circle: an economic history of the Pacific Rim*, Oxford: Westview Press.

Landes, David S. 1998. *The Wealth and Poverty of Nations, Why Some Are So Rich and Some So Poor*, London: Little,

Brown and Company（竹中平蔵訳『「強国」論』三笠書房 二〇〇〇年）

Livi-Bacci, M. 1992. *A Concise History of World Population*, Cambridge Mass. & Oxford: Blackwell Publishers.

Mcneill, W. H. 1976. *Plagues and Peoples*, Garden City: Anchor Press.（佐々木昭夫訳『疫病と世界史』新潮社 一九八五年）

Mokyr, J. 1984. 'Disparities, Gaps, and Abysses', *Economic Development and Cultural Change*, Vol. 33, No. 1.

Parker, W. N. 1993. 'A "New" Business History ? A Commentary on the 1993 Nobel Prize in Economics', *Business History Review*, Vol. 67, No. 4.

Pomeranz, K. 2000. *The Great Divergense, Europe, Caina, and the Making of the Modern World Economy,* Princeton: Princeton University Press.

Pryor, F. L. 1985. 'Climatic Fluctuations as a Cause of the Differential Economic Growth of the Orient and Occident: A Comment', *Journal of Econ. Hist.*, Vol. XLV, No. 3.

Roberts, J. M. 1989. 'The European Miracle', *The Historical Journal*, Vol. 32, No. 4.

篠塚信義「地域工業化の政治的・制度的枠組――ヨーロッパ・中国・日本――」『社会経済史学』第六四巻一号 一九九八年。

Sugihara, Kaoru. 'The European Miracle and the East Asian Miracle — Towards a New Global Economic History', 奈良産業大学『産業と経済』第一一巻三号 一九九六年。

杉原薫「世界史のなかの［東アジアの奇跡］」『季刊アステイオン』No. 45 一九九七年。

Worster, D. 1985. *Nature's Economy, A History of Ecological Ideas*, Cambridge: Cambridge University Press.（中山茂他訳『ネイチャーズ・エコノミー――エコロジー思想史――』リブロポート 一九八九年）

《訳者紹介》

安元《やすもと》　稔《みのる》

1941年　大連市に生まれる
1970年　慶応義塾大学大学院経済学研究科博士課程単位取得退学
現　在　駒澤大学経済学部教授
著　書　『イギリスの人口と経済発展—歴史人口学的接近—』(ミネルヴァ書房，1982年)
Industrialisation, Urbanisation and Demographic Change in England（名古屋大学出版会，1994年）

脇村孝平《わきむらこうへい》

1954年　西宮市に生まれる
1990年　大阪市立大学大学院経済学研究科後期博士課程単位取得退学
現　在　大阪市立大学大学院経済学研究科教授
著　書　『飢饉・疫病・植民地統治—開発の中の英領インド—』(名古屋大学出版会，2002年)

ヨーロッパの奇跡

2000 年 9 月 30 日　初版第 1 刷発行
2008 年 5 月 20 日　初版第 4 刷発行

定価はカバーに
表示しています

訳　者　安　元　　稔
　　　　脇　村　孝　平

発行者　金　井　雄　一

発行所　財団法人　名古屋大学出版会
〒 464-0814　名古屋市千種区不老町 1 名古屋大学構内
電話(052)781-5027/FAX(052)781-0697

印刷・製本 ㈱クイックス　　Printed in Japan
乱丁・落丁はお取替えいたします。　　ISBN978-4-8158-0389-6

索　引

ア　行

カ　行

サ　行

タ　行

ナ　行

ハ　行

マ　行

ヤ・ラ行

超長期ユーラシア経済史に関する参考文献および注

多方面にわたる読書によって，ようやく本書で扱われたような広範な主題を包含するさまざまなアイデアを獲得することができる。本書では一度しか引用されないものも数多く含むような，400冊にもおよぶ参考書の完全なリストは，おそらく参考文献案内として決して役立つものではなかろう。したがって，ここに含まれているのは，最も得るところが大きかったものにかぎられている。この参考文献案内ですら誤解の余地を残している。というのは，鈍感な人は，一定の分野の問題だけから発想を得てしまうであろうから。しかし，ある人の知的発想の触媒となったものは，別の準備と目標を有する人には役立たない可能性がある。わたくし個人は，純粋な歴史や経済史よりも，自然史，生態学，生物学，科学史により魅力を感じる。だが，ここでは，代表的な考えを提示した（かなり）標準的な歴史著作と，最少限の記述的文献および論文を紹介するに止めた。

紹介した文献は英語にかぎられている。アジアの言語を含む他の言語を学ぶ機会費用は，あまりにも高価である。英語文献ですら完璧ではないし，ほとんど切りがない。しかし，「巨編」の歴史を描いた先行の一連の大著について，そのどれもが著者にとっては力作であるが，超長期かつ大陸規模もしくは世界規模の経済的変化を説明するのには決して成功していないとする，スタン・エンガーマンのコメントは，わたくしを慰めるに十分であった。これは，わたくし自身の文献渉猟の感想とも一致していたので，次のように考えるようになった。より多くの知識を得ることは明らかに有益ではあるが，説明能力を強化するという点では，収穫逓減の法則が間もなく作用し始めるであろうと。したがって，当面の結論は，自分の資料を集め，自分の考えをまとめ，自分のいうべきことをいうこと。後は，他の人に任せたらよいと。

ノースとトマスの『西欧世界の勃興』（*The Rise of the Western World*）についての書評（‘Institutional determinism and the rise of the western world’, *Economic Inquiry* 12 (1974), pp. 114-24）を書いた後，自らの小論（‘A new essay on western civilization in its economic aspects’, *Australian Economic History Review*, 16 (1976), pp. 95-109）を書いていたときに解ったことであるが，この種の仕事は，訓示や批評と実践との間に，よくあるように大きな溝が存在する領域であり，ここでは一旦考えが固まると，その後に記述的な歴史を読んでも考えは簡単には変わらないものである。

第1章　環境および社会仮説

超長期の経済史が流行するというようなことはかつて一度もなかったが，最近になって注目されるようになって来た。わたくしが入門的知識を得た一般的な文献は，第12章で挙げられている。ヨーロッパにおける超長期の人口と資源のバランスの問題は，それ自体として取組まれたことはほとんどない。しかし，同様の問題について，一般的知識は，次の文献によって得られる。Marvin Harris, *Cannibals and Kings: the origins of cultures* (London: Collins/Fontana, 1978) ［M・ハリス（鈴木洋一訳）『ヒトはなぜヒトを食べたか：生態人類学から見た文化の起源』早川書房，1990年］。コリン・マケヴディの次に掲げる三つの地図集成は，人口史についての概要を十分に示してくれる。Colin McEvedy, *Penguin Atlas of Ancient*

History; Penguin Atlas of Medieval History; Penguin Atlas of Modern History to 1815 (Harmondsworth, Middlesex: Penguin Books)。さらに，彼とリチャード・ジョーンズとの共著は，必携である。Colin McEvedy and Richard Jones, *Atlas of World Population History* (Harmondsworth, Middlesex: Penguin Books, 1978)。いささか古い論文であるが，ヨーロッパのその後の人口史を扱ったものとして，A. P. Usher, 'The history of population and settlement in Eurasia', *Geographical Review*, 20 (1930), pp. 110-32 がある。また，次も参照されたい。W. M. S. Russell, 'To seek a fortune', *The Listener*, 80, No. 2060, 19, September, 1968, pp. 365-7; S. C. Gilfillan, 'The coldward course of progress', *Political Science Quarterly*, 35 (1920), pp. 393-410。

ヨーロッパ人口の調整メカニズムは，以下の五人の著者によって描かれている。J. Hajnal, 'European marriage patterns in perspective', in David Glass and D. E. C. Eversley (eds), *Population in History* (London: Edward Arnold, 1965), pp. 101-43（これは古典的論文である）; John T. Krause, 'Some implications of recent work in historical demography', in Michael Drake (ed), *Applied Historical Studies* (London: Methuen, 1973, pp. 155-83); Alan Macfarlane, 'Modes of reproduction', in Geoffrey Hawthorn (ed), *Population and Development* (London: Frank Cass, 1978); R. S. Schofield, 'The relationship between demographic structure and the environment in pre-industrial western Europe', in *Sozialgeschichte der Familie in der Neuzeit Europas: Neue Forschungen Herausgegeben von Werner Conze* (Stuttgart: Klett, 1976, pp. 147-60); E. A. Wrigley, 'Family limitation in pre-industrial England', *Economic History Review*, 2 Ser. 19 (1966), pp. 82-109。

ヨーロッパ社会の初期における構造は，Grahame Clark and Stuart Piggott, *Prehistoric Societies* (London: Hutchinson, 1965) に描かれている。David Kaplan, 'Man, monuments and political systems', *South-western Journal of Anthropology* 19 (1963), pp. 397-410 は，古代帝国の記念碑建造に結びつけられることの多い，堅固無比な専制主義というイメージに疑問を投げかけている。資源と環境の変容過程については，W. L. Thomas (ed), *Man's Role in Changing the Face of the Earth* (Chicago: University of Chicago Press, 1956, 二巻) は今日も有益であるし，R. E. Baldwin, 'Patterns of development in newly-settled regions', from *Manchester School of Economic and Social Studies*, 1956 は，さまざまな自然環境における生産可能性や経済制度について示唆的である。この論文は，Carl Eicher and Lawrence Witt (eds), *Agriculture in Economic Development* (New York: McGraw-Hill, 1964), pp. 238-51 に再録されている。

第 2 章　災害と資本蓄積

自然災害やその他の災害などについては，かなり多くの文献がある。一覧的な情報として，C. Walford, 'Famines of the world: past and present', *Journal of the Statistical Society*, 41 (1878), pp. 433-535, 42 (1879), pp. 79-275 と A. Keys *et al.*, *The Biology of Human Starvation* (Minneapolis: University of Minnesota Press, 1950, vol. 2, pp. 1247-52.「歴史上の著名な飢饉」) がある。最も包括的なものの一つとして，J. H. Latter, 'Natural disasters', *The Advancement of Science*, 25 (1968-9), pp. 362-80。こうした研究の最近の例として，エンサイクロペディア・ブリタニカの編者による，*Disasters ! When Nature Strikes Back* (New York: Bantam Books, 1978) と James Cornell, *The Great International Disaster Book* (New York: Pocket Books, 1979) があり，すべての人にとって最も有益である。歴史上の災害，もしくは最近の災害の経済的意味に関して，適当な一般的解説はない。大きな

ショックは，あたかも小さなショックを大規模にしたものとして取扱われる傾向がある。新古典派経済学の立場に立てば，こうした考え方によって，大規模なショックが生み出した混乱の本質は把握できる。しかし，それでは極めて抽象的な平均水準からの頻繁な逸脱からなり立っている過去というものを平板なものにしてしまう。残念だが，このことは，過去に対する認識を曇らせてしまうことになるであろう。理論的な予想からはずれる諸事例は，経済理論家にとっても明らかに興味深い事柄の筈である。

歴史学の文献において，史的変容過程に影響を与える要因として災害が取挙げられるようになったのは，次の文献の出現によってであるが，その後こうした方面への関心は急速に廃れてしまった。Henry T. Backle, *History of Civilization in England* (London: O. U. P. 1903. 初版は，1857-61 年。第 1 巻の第 2 章)。さまざまな災害が地球上でどのように分布しているかを明らかにする試みが，次の研究のなかにある。Raoul Montandon, ‘A propos du projet Ciraolo: Une carte mondiale de distribution géographique des calamités’, *Revue Internationale de la Croix-Rouge*, 5 (1923), pp. 271-344。最近，災害に関する研究は増加しているが，方法的にあまりにも静態的かつ横断的であるため，この主題が約束するような刺激的なものになっていない。しかし，おそらくこの傾向は変わるだろう。

疫病が歴史の極めて重要な要因である点に関する最近の研究として，W. H. McNeill, *Plagues and Peoples* (Garden City, N. Y.: Anchor Press/Doubleday, 1976) [W・H・マクニール（佐々木昭夫訳）『疫病と世界史』新潮社，1985 年] があり，この種の研究の今後における隆盛を予感させる。世紀ごとにイタリアにおける疫病死者数を推測した独創的な業績として，Del Panta and M. Livi Bacci, ‘Chronologie intensité et diffusion des crises de mortalité en Italie, 1600-1850’, *Population*, Numéro Spécial, 32e année (1979), pp. 401-46 がある。わたくしは，次の論文の中で，ヨーロッパとアジアを襲ったショックに対し，それぞれ異なった対応があったという可能性を示唆した。E. L. Jones, ‘The environment and the economy’ in Peter Burke (ed), *The New Cambridge Modern History, XIII Companion Volume* (Cambridge: Cambridge University Press, 1979), pp. 15-42。その考えを，本書において発展させたということになる。

第 3 章　技術進歩の流れ

歴史家や経済学者が災害や超長期の変化に向けてきた関心の度合いは，驚くほどわずかなものであった。そして，技術は，無視されて来たもう一つの領域である。まず，適当な概説書が見当らない。経済学者は，技術変化をあまりにも捨象して来た（ただし，ネィサン・ローゼンバーグ（Nathan Rosenberg）の作品は名誉ある例外であろう。*Perspectives on Technology*, C. U. P., 1976)。また，R. J. Forbes, *The Conquest of Nature. Technology and its Consequences* (New York: Praeger, 1968) とリン・ホワイトが執筆した次の研究は，手始めに読む文献として適切である。Lynn White, ‘The expansion of technology 500-1500’ in Carlo M. Cipolla (ed), *The Fontana Economic History of Europe: The Middle Ages* (London: Collins/Fontana, 1972)。リン・ホワイトの *Medieval Technology and Social Change* (Oxford: Clarendon Press, 1962) は，次の研究によって手酷く批判された。R. H. Hilton and P. H. Sawyer, ‘Technical determinism: the stirrup and the plough’, *Past and Present*, 24 (1963), pp. 90-100。しかし，生態学の専門家であるルーミスが，ホワイトの考えを真剣に受けとめているのは興味深い（R. S. Loomis, ‘Ecological dimensions of medieval agrarian systems: An ecologist responds’, *Agricultural History*, 52 (1978), pp. 478-83)。

J. P. M. Pannell, *An Illustrated History of Civil Engineering* (London: Thames and

Hudson, 1964）は，魅力的である。

環境の制御について，S. F. Markham, *Climate and the Energy of Nations*（London: O. U. P. 1947）は少し説得力に欠けるが，示唆に富んでいる。

科学史の領域では，中国とヨーロッパの比較に関して，ジョセフ・ニーダムが他の追随を許さない。特に，彼の J. Needham, 'The roles of Europe and China in the evolution of oecumenical science', *The Advancement of Science*, 24 (1967), pp. 83–98 を見よ。W・P・D・ワイトマンは，簡潔で，ときにぶっきらぼうであるが，ヨーロッパの側から刺激的な解説を書いている。W. P. D. Wightman, *Science in a Renaissance Society*（London: Hutchinson University Library, 1972)。次の研究も，特に地理上の発見に関する部分は興味深い。Kurt Mendelssohn, *Science and Western Domination*（London: Thames and Hudson, 1976)。Jacob Bronowski, *The Ascent of Man*（London: B. B. C. Publications, 1975）も勿論興味深い。

第 4 章　地理上の発見と潜在的な領土

地理上の発見について最も包括的な著作は，Pierre Chaunu, *European Expansion in the Later Middle Ages*（Kate Bertram の翻訳）（Amsterdam: North-Holland Publishing Company, 1979）である。

以下の諸研究のなかにもまことに興味深い題材がある。Carl O. Sauer, *Northern Mists*（San Francisco: Turtle Island Foundation, 1973)；R. L. Reynolds, 'The Mediterranean frontier, 1000–1400', in W. D. Wyman and C. B. Kroeber (eds), *The Frontier in Perspective*（Madison: Wisconsin University Press, 1965)；Carlo Cipolla, *Guns and Sails in the Early Phase of European Expansion 1400–1700*（London: Collins, 1965）［C・M・チポラ（大谷隆昶訳）『大砲と帆船：ヨーロッパの世界制覇と技術革新』平凡社，1996 年］. Christopher Bell, *Portugal and the Quest for the Indies*（London: Constable, 1974）は興味深いし，K. G. Macintyre, *The Secret Discovery of Australia: Portuguese Ventures 200 Years Before Captain Cook*（Mendindie, S. A: Souvenir Press, 1977）は，上出来のスリラー小説として読むことができる。

「潜在的な領土」の概念は，次の研究のなかに見られる。Georg Borgstrom, e. g. *The Hungry Planet*（New York: Collier Books, 改訂版，1972 年)。軽視されてきた主題である，海洋における資源の獲得については，C. L. Cutting, 'Historical aspects of fish' in G. Borgstrom (ed), *Fish as Food*（New York: Academic Press, 1961–65)；Michael Graham, 'Harvest of the seas' in W. L. Thomas (ed), *Man's Role in Changing the Face of the Earth*（Chicago: University of Chicago Press, 1956, vol. 2)；Gordon Jackson, *The British Whaling Trade*（London: Adam and Charles Black, 1978）が挙げられる。

地理上の発見がヨーロッパに与えた影響については，標準的著作は，W. P. Webb, *The Great Frontier*（Boston, Mass.: Houghton Mifflin, 1952）である。同じく独創性をもつ最近の著作として，Alfred Crosby, *The Columbian Exchange*（Westport, Conn.: Greenwood, 1972）がある。

定住植民地と貿易を目的とする植民地の類型を設定した最初の文献は，D. W. Meinig, 'A macrogeography of western imperialism: Some morphologies of moving frontiers of political control', in Fay Gayle and G. H. Lawton (eds), *Settlement and Encounter*（Melbourne: O. U. P., 1969）である。

第5章　市場経済

驚いたことに，最も古い文献（第12章に挙げるサー・ジョン・ヒックスの著作と，ノースとトーマスの著作を参照）を除くと，市場の勃興について直接論じたものはほとんどない。社会的な騒擾と農業社会以外で発生する成長を推計したものとして，Norman Cohn, *The Pursuit of the Millennium*（London: Paladin, 1970）が，また，封建的ではなかったオランダの発展については，Jan de Vries, 'On the modernity of the Dutch Republic', *Journal of Economic History*, 33 (1973), pp. 191-202 が，重要な側面について光を当てている。カール・ポランニーの作品は今日も人気がある。ダグラス・ノースの，'Markets and other allocative systems in history: The challenge of Karl Polanyi', *Journal of European Economic History*, 6 (1977), pp. 703-16 は，ポランニーの正当な評価を行っている。専制的権力の没落については，Albert O. Hirschman, *The Passions and the Interests: Political Arguments for Capitalism before its Triumph*（Princeton, N. J.: Princeton University Press, 1977）[A. O. ハーシュマン（佐々木毅，旦祐介訳）『情念の政治経済学』法政大学出版局，1985年］が，思索に富んだ魅力的な考察を通して，この問題に迫っている。ギルドや奢侈禁止法といった諸規制の崩壊の問題は，経済史では今は流行らないが，最近，N. B. Harte, 'State control of dress and social change in pre-industrial England', in D. C. Coleman and A. H. John (eds), *Trude, Government and Economy in Pre-industrial England*（London: Weidenfield and Nicolson, 1976）によって，この分野の一部に再び関心が戻って来ている。

ヨーロッパの景観のうち「中核地域」がもっている特徴と，それが交易に対してもつ意味については，次を参照。N. J. G. Pounds and S. S. Ball, 'Core-areas and the development of the European states-system', *Annals, Association of American Geographers*, 54 (1964), pp. 24-40。

第6章　諸国家併存体制

ロバート・ウエッソンは，諸国家併存体制についての近代主義的な擁護論者であり，帝国システムの特質と弱点についても記述している。Robert Wesson, *The Imperial Order*（Berkeley: University of California Press, 1967）; do., *States-Systems*（New York: The Free Press, 1978）. 既述（第5章）のパウンズとボールの研究は，ヨーロッパ（政治的単位が一見したところ「自然的」単位とは一致しないインドと中国とは対照的であった）における多元的な政体の環境的基礎について示唆してくれるであろう。ヨーロッパのシステムの不安定性に関する手がかりは，以下の諸研究から得られる。Ludwig Dehio, *The Precarious Balance: Four Centuries of the European Power Struggle*（New York: Vintage Books, 1965）; Hajo Holborn, *The Political Collapse of Europe*（New York: Knopf, 1951）; T. K. Rabb, *The Struggle for Stability in Early Modern Europe*（New York: O. U. P., 1975）.

ヨーロッパの発展にとって，16世紀における帝国への回帰の失敗が決定的であり，その発展は，国家の枠組みを超えた経済システムによって規定されたという見解は，Immanuel Wallerstein, *The Modern World System: Capitalist Agriculture and the Origins of the European World-Economy in the Sixteenth Century*（New York: Academic Press, 1974）[I. ウォーラーステイン（川北稔訳）『近代世界システム：農業資本主義とヨーロッパ世界経済の成立』岩波書店，1981年，二巻］の主題である。ウォーラーステインの議論の核心は，次の論文の中で展開されている。do., 'Three paths of national development in the sixteenth century', *Studies in Comparative International Development*, 7 (1972), pp. 95-101. この影響力の大きい作品に対する最も有効な批判は，A. Dodgshon, 'The modern world system: A

spatial perspective', *Peasant Studies*, 6 (1977), pp. 8-19 のなかに見出される。

亡命者の経済的役割について示唆的なものとして，否応なく亡命を必要とした二つの集団の研究が挙げられる。James Parkes, *A History of the Jewish People* (Harmondsworth, Middlesex: Penguin Books, 1964); W. C. Scoville, 'The Huguenots and the diffusion of technology', *Journal of Political Economy*, 60 (1952), pp. 392-411。

第 7 章　国民国家

国民国家の生誕は以下の二人によって，異なった形で説明されている。R. T. Bean, 'War and the birth of the nation state', *Journal of Economic History*, 33 (1973), pp. 203-21; Joseph R. Strayer, *On the Medieval Origins of the Modern State* (Princeton, N. J.: Princeton University Press, 1970; do., 'The historical experience of nation building in Europe' in Karl W. Deutsch and W. J. Foltz (eds), *Nation Building* (New York: Atherton, 1966). もう少し概説的な説明として，J. H. Shennan, *Origins of the Modern European State 1450-1725* (London: Hutchinson, 1974) があり，他の大方の論文集よりも優れた編集による論文集として，Charles Tilly (ed), *The Formation of National States in Western Europe* (Princeton, N. J.: Princeton University Press, 1975) がある。

この問題に関する興味深い論考として，David R. Friedman, 'A theory of the size and shape of nations', *Journal of Political Economy*, 85 (1977), pp. 59-77 がある。国民国家の内的な仕組みについては，絶対主義を取扱ったウォーラーステインの著作（第 6 章で挙げた）およびペリー・アンダーソンの二番目の著作（第 12 章で挙げる）のなかで論じられている。ウォーラーステインとアンダーソンについての書評論文である，Keith Thomas, 'Jumbo history', *The New York Review of Books*, 17, April, 1975, pp. 26-8 が，洞察に満ちている。システムの限界とヨーロッパ大陸の土地所有者の行動様式への影響については，J. Blum, *The End of the Old Order in Rural Europe* (Princeton, N. J.: Princeton University Press, 1978) のなかで特に強調されている。この見解は，Nathan Rosenberg, 'Capital formation in under-developed countries', *American Economic Review*, 50, (1960), pp. 706-15 の流動性選好についての見解によって補強されている。サービス国家については，特に，R. A. Dorwart, *The Prussian Welfare State before 1740* (Cambridge, Mass.: Harvard University Press, 1971) が，また，災害管理については，以下の文献がある。Carlo Cipolla, *Public Health and the Medical Profession in the Renaissance* (Cambridge: Cambridge University Press, 1976) [C・チポラ（日野秀逸訳）『ペストと都市国家：ルネサンスの公衆衛生と医師』平凡社，1988 年]; Shelby T. McCloy, *Government Assistance in Eighteenth-Century France* (Durham, N. C.: Duke University Press, 1946). また，筆者自身による次の二つの論文もある。後者は，前者を膨せたものであり，参考文献を付してある。E. L. Jones, 'Disaster management and resource saving in Europe, 1400-1800', in Michael Flinn (ed), *Proceedings of the Seventh International Economic History Congress* (Edinburgh: Edinburgh University Press, 1978), vol. 1 and in Antoni Maczak and William N. Parker (eds), *Natural Resources in European History* (Washington, D. C.: Resources for the Future, 1978). 経済政策一般については，エリ・ヘクシャー（Eli Heckscher）の重商主義に関する著作が標準的な文献であるが，その他にも多くの研究書がある。次の文献は特に面白く，通説破壊的であるように見える。Jacob van Klaveren, *General Economic History, 100-1760* (München: Gërhard Kieckens, 1969)。国内植民については，その展開過程であれ，政策であれ，概説書はないが，次のものは興味深い。W. C. Macleod, 'Celt and Indian: Britain's old world frontier in relation to the new'

in Paul Bohannon and Fred Plog (eds), *Beyond the Frontier* (Garden City, N. Y.: The Natural History Press, 1967).

第8章　非ヨーロッパ世界

驚くべきことに，ヨーロッパとアジアの発展について，比較を試みた研究はほとんどない。少し以前に，第三世界の経済史に関する一連の論文に言及しながら，ヘンリー・ロゾフスキーは，かつては技術的に劣位であったヨーロッパがアジアを追い抜いて行くという謎に満ちた事実について論評している。「大きな問いは，何が起こったのか，および第三世界の多くはなぜ立ち後れたのかである。そして，興味深いことに，これらの論文の著者たちはこの問題をまったく顧慮していない」(*Journal of Economic History*, 31 (1971), p. 255) のである。

名誉ある例外も存在する。それぞれ正当に評価すべきであろう。まず，極く一般的な水準では，ハルフォード・マッキンダーがその一人である。Halford Mackinder, *Democratic Ideals and Reality* (New York: Norton and Co., 1962, 初版, 1942年)［H・J・マッキンダー（曽村保信訳）『デモクラシーの理想と現実』原書房，1985年］。C. N. Parkinson, *East and West* (London: John Murray, 1963) は，適当な出発点となろうし，Raghavan Iyer (ed), *The Glass Curtain between Asia and Europe* (London: O. U. P., 1965) は，アジアから見た比較の諸問題を論じている。Max Weber, *General Economic History* (translated by Frank H. Knight)［マックス・ウェーバー（黒正巌・青山秀夫訳）『一般社会経済史要論』上・下，岩波書店，初版1927年，1954年］は，もちろんこの問題を論じているが，近年における歴史文献の一般的氾濫を考慮に入れると，そこまで遡って読むにはおよばない。私の参照した書物の82%が1958年以降に出版されたものであり，雑誌論文の場合はさらに新しいものであるが，この奔流のような印刷物が最も重要な話題を取挙げているとはかぎらないのである。

J. R. Levenson (ed), *European Expansion and the Counter-Example of Asia 1300–1600* (Englewood Cliffs, N. J.: Prentice-Hall, 1967) は，鋭い比較論であるが，Maurice Zinkin, *Asia and the West* (London: Chatto and Windus, 1951) もまた同様の試みである。Karl Bekker, ‘Historical patterns of culture contact in southern Asia’, in Bohannon and Plog (eds), *Beyond the Frontier* (Garden City, N. Y.: The Natural History Press, 1967); B. R. Pearn, *An Introduction to the History of South-East Asia* (Kuala Lumpur: Longmans of Malaysia, 1963); C. G. F. Simkin, *The Traditional Trade of Asia* (London: O. U. P., 1968) は，すべて有益である。

第9章　イスラムとオスマン帝国

ヨーロッパの発展にとって，イスラムとオスマン帝国が重要な役割を果たしたことを考えると，両帝国に関する研究は，英語で書かれた経済史研究において驚くほど小さな部分しか占めていない。このことを考えると，Paul Colesの *The Ottoman Impact on Europe* (London: Thames and Hudson, 1968) は非常に注目すべき研究である。コールスは，決して少なくない学問的業績を残しているが，その後ヨーロッパの海外進出に関する研究が優勢になるにつれて，このテーマは学問の主流から消え去っていった。もちろん，アラブの事物に対する関心が石油輸出国機構（OPEC）の台頭とともに強まることによって，イスラムへの関心は再度高まるであろう。今日の地政学にしたがって，強調点に一定の変化が起こることを予想することは決して非現実的ではないが，これが歴史上の意義を明らかにする適切な道ではないことも確かである。イスラムの研究は，最初から教育課程のなかに含められるべきであったし，地政学的な意味で流行しているか否かは別にして，歴史の要因のなかで他にも軽視されて来たものがあ

ることを考えるべきである。イスラムとオスマン帝国に関する適当な著作として，最近刊行された Paul Rycaut, *The Present State of the Ottoman Empire* (1668) の Gregg International Publishers による複写本がある。その他に，L. S. Stavrianos, *The Balkans since 1453* (New York: Holt, Rinehart and Winston, 1966); Halil Inalcik, 'Capital formation in the Ottoman Empire', *Journal of Economic History*, 29 (1969), pp. 97-140; do., *The Ottoman Empire: The Classical Age 1300-1600* (Norman Itzkowitz と Colin Imber による翻訳) (London: Weidenfeld and Nicolson, 1973) が挙げられる。また，Maxime Rodinson, *Islam and Capitalism* (Austin, Texas: University of Texas Press, 1978) [M・ロダンソン（山内昶訳）『イスラームと資本主義』岩波書店，1978 年] は，筆者が折にふれて行った批判的な論評が示唆するよりはもっと陰影に富んだ内容をもつ書物である。A. M. Watson, 'The Arab agricultural revolution and its diffusion, 700-1100', *Journal of Economic History*, 34 (1974), pp. 8-35 は，有益である（第 4 章で挙げられた Reynolds, 'The Mediterranean frontier, 1000-1400' と比較するとよい）。D. A. Zakythinos, *The Making of Modern Greece* (Oxford: Basil Blackwell, 1976) は，オスマン帝国統治下の（そして，それにもかかわらず）ギリシャ経済が発展した事実についての考察を含んでいる。しかし，ほとんどの場合，断片的な記述に終始している。

第10章　インドとムガル帝国

ここでもまた，概説的な著作は少ない。インドの専門家ならば，細かいことをもっと知っているであろうが，中国の専門家がそうであるように，彼らは門外漢が知りたいと思うことをまったく教えてくれないのである。Angus Maddison, *Class Structure and Economic Growth: India and Pakistan since the Moghuls* (New York: Norton, 1971) は，概念的把握という点でちょうどよい水準にある研究である。マディソンの本は，歴史についての著作のなかでは，経済発展の問題が体系的に問題にされているという意味で稀有のものである。Hugh Tinker, *South Asia: A Short History* (London: Pall Mall Press, 1966) もまた有益であるが，Stanley Wolpert, *India* (Englewood Cliffs, N. J.: Printice-Hall, 1965) と同じく，伝統的なタイプの本である。古い著作であるが，W. H. Moreland, *From Akbar to Aurangzeb* (New Delhi: Oriental Books Reprint Co., 1972, first published 1923) は，説得力があり，新鮮である。中核地域（あるいは中心地域）の問題については，以下の著作を通して接近できる。O. H. K. Spate and A. T. A. Learmonth, *India and Pakistan* (London: Methuen, 3rd ed, 1967); W. M. Day, 'Relative performance of former boundaries in India', *Scottish Geographical Magazine*, 65 (1949), pp. 113-22. George Modelski, 'Kautilya: Foreign policy and international system in the ancient Hindu world', *American Political Science Review*, 58 (1964), pp. 549-60 は，超長期的に見た場合，インドの統治機構の不安定性の歴史的な淵源が何処にあるかを把握しようとしている。

第11章　中国と明清帝国

中国に関しては，研究はずっと進んでいる。1970 年代初頭における二つの著作の出版によって，その全体像は理解しやすくなった。Mark Elvin, *The Pattern of the Chinese Past* (London: Eyre Methuen, 1973); Leon E. Stover, *The Cultural Ecology of Chinese Civilization* (New York: Mentor Books, 1974)。

ストーヴァーは，本質を穿つような概念と言葉を駆使している。次も参照。Leon E. Stover and Takeko Kawai Stover, *China: An Anthropological Perspective* (Pacific Palisades,

Calif.: Goodyear Publishing Co. Inc., 1976); Dwight Perkins, *Agricultural Development in China 1368-1968* (Edinburgh: Edinburgh University Press, 1957)。これらの革新的な仕事が出る迄は，この分野はウィットフォーゲルの影響力が絶大であった。Karl Wittfogel, *Oriental Despotism* (New Haven, Conn.: Yale University Press, 1957) [C・A・ウィットフォーゲル（湯浅赳男訳）『オリエンタル・デスポティズム：専制官僚国家の生成と崩壊』新評論，1995年]。ウィットフォーゲルの見解は，次の文献にも素描されている。do., 'Chinese society: An historical survey', *Journal of Asian Studies*, 16 (1957), pp. 343-64.

通史としては，John A. Harrison, *The Chinese Empire* (New York: Harcourt-Brace Jovanovich Inc., 1972) と Raymond Dawson, *Imperial China* (Harmondsworth, Middlesex: Penguin Books, 1972) の両者がともによいが，後者は，社会科学者が行いがちな（わたくしも含めて)，システム全体を擬人化して説明する方法への物語的解毒剤として読むことができる。ピン・ティ・ホーの書いた数多くの出版物も見逃すべきではない。特に，Ping-ti Ho, 'Early ripening rice in Chinese history', *Economic History Review*, 2, Ser. 9 (1956-7), pp. 200-18; do., 'The Chinese civilization: A search for the roots of its longevity', *Journal of Asian Studies*, 35 (1976), pp. 547-54。次の文献も同様に見逃すべきではない。Robert Hartwell, 'Markets, technology, and the structure of enterprise in the development of the eleventh-century Chinese iron and steel industry', *Journal of Economic History*, 26 (1966), pp. 29-58. Norman Jacobs, *The Origin of Modern Capitalism and Eastern Asia* (Hong Kong: Hong Kong University Press, 1958) は，重要な，しかも稀有な比較論である。次もまた参照。Rhoads Murphey, 'The city as a center of change: western Europe', *Annals, Association of American Geographers*, 44 (1954), pp. 349-62. 比較論に対する鋭い懐疑として，A. C. Graham, 'China, Europe, and the origins of modern science: Needham's *The Grand Titration*', in Shigeru Nakayama and Nathan Sivin (eds), *Chinese Science: Explorations of an Ancient Tradition* (Cambridge, Mass.: The M. I. T. Press, 1973) がある。

風景と植民の問題は，Yi-fu Tuan, *The World's Landscapes: China* (London: Longman, 1970) の主題であり，中核地域問題（「基軸的経済地域」）は，Ch'ao-ting Chi, *Key Economic Areas in Chinese Economic History* (New York: Paragon Book Reprint Corp., 1963, 初版1936) で論じられている。この問題は，先に挙げたストーヴァーの著作で，地図を付けて論じられている。自伝である Han Suyin, *The Crippled Tree* (London: Jonathan Cape, 1965) の第一巻を読んだ後，中国に一年住むよりも，この本を読む方が多くを学ぶことができるというバートランド・ラッセルの批評をわたくしはほとんど信ずるに至った。「なぜ中国で起こらなかったのか」という，いわゆる「ニーダム問題」への答えを俯瞰し，鋭く批判した論考が，わたくしの研究休暇の最終の時期に現れた。Anthony M. Tang, 'China's agricultural legacy', *Economic Development and Cultural Changes*, 28 (1979), pp. 1-22。その直後の1980年1月の時点で，わたくしは本書における資料収集の作業を終えざるをえなかった。

第12章　要約と比較

ここでは，グローバル・ヒストリー，もしくは超長期の経済変化，あるいはこれらの主要な側面という本書全体の中心的課題に関わる文献を挙げておく。これらの文献は，個人では長い時間をかけても到底集められない情報を体系化したものである。

Perry Anderson, *Passages from Antiquity to Feudalism* [P・アンダーソン（青山吉信他訳）『古代から封建へ』刀水書房，1984年], and *Lineages of the Absolutist State* (London:

New Left Books, 1975);
Clarence Ayres, *The Theory of Economic Progress* (New York: Schocken Books, 1962, 初版は, 1944);
Fernand Braudel, *Capitalism and Material Life 1400-1800* (London: Collins/Fontana, 1974) [F・ブローデル (村上光彦訳)『日常性の構造』みすず書房, 1985 年 ; (山本淳一訳)『交換のはたらき』みすず書房, 1986 年 ; (村上光彦訳)『世界時間』みすず書房, 1996 年] ;
Robert Brenner, 'Agrarian class structure and economic development in pre-industrial Europe', *Past and Present*, 70 (1976), pp. 30-75;
C. M. Cipolla, *An Economic History of World Population* (Harmondsworth, Middlesex: Penguin Books, 1974, 第 6 版) [C・M・チポラ (川久保公夫・堀内一徳訳)『経済発展と世界人口』ミネルヴァ書房, 1972 年] ; *Before the Industrial Revolution: European Society and Economy, 1000-1700* (London: Methuen, 1976);
Ralph Davis, *The Rise of the Atlantic Economies* (London: Weidenfeld and Nicolson, 1973);
Jan de Vries, *The Economy of Europe in an Age of Crisis, 1600-1750* (Cambridge: C. U. P., 1976);
Maurice Dobb, *Studies in the Development of Capitalism* (London: Routledge, 1963, 初版は, 1946) [M・ドッブ (京大近代史研究会訳)『資本主義発展の研究』岩波書店, 1954-55 年, 二巻] ;
W. T. Easterbrook, 'Long-period comparative study: some historical cases', *Journal of Economic History*, 17 (1957), pp. 571-95;
Peter Farb, *Humankind: A History of the Development of Man* (London: Jonathan Cape, 1978);
J. D. Gould, *Economic Growth in History* (London: Methuen, 1972);
Marvin Harris, *Cannibals and Kings: The Origins of Cultures* (London: Collin/Fontana, 1978) [M・ハリス (鈴木洋一訳)『ヒトはなぜヒトを食べたか：生態人類学から見た文化の起源』早川書房, 1990 年];
Sir John Hicks, *A Theory of Economic History* (Oxford: O. U. P., 1969) [J・R・ヒックス (新保博・渡辺文夫訳)『経済史の理論』講談社学術文庫, 1995 年];
V. G. Kiernan, 'State and nation in western Europe', *Past and Present*, 31 (1965), pp. 20-38;
David Landes, *The Unbound Prometheus* (Cambridge: C. U. P., 1969) [D・S・ランデス (石坂昭雄・冨岡庄一訳)『西ヨーロッパ工業史：産業革命とその後』みすず書房, 1980-82 年, 二巻] ;
Colin McEvedy (第 1 章に挙げた四つの作品) ;
W. H. McNeill, *The Rise of the West* (New York: Mentor, 1965); *The Shape of European History* (New York: O. U. P., 1974);
George Modelski, 'The long cycle of global politics and the nation-state', *Comparative Studies in Society and History*, 20 (1978), pp. 214-35.;
W. Barrington Moore Jr, *Social Origins of Dictatorship and Democracy* (London: Allen Lane, the Penguin Press, 1967) [W・バリントン・ムーア・Jr (宮崎隆次 [他] 訳)『独裁と民主政治の社会的起源：近代世界形成過程における領主と農民』岩波書店, 1986-87 年, 二巻] ;

John U. Nef, *Cultural Foundations of Industrial Civilization* (New York: Harper Torchbooks, 1960); *The Conquest of the Material World* (Chicago: University of Chicago Press, 1964);

D. C. North and R. P. Thomas, *The Rise of the Western World: A New Economic History* (Cambridge: C. U. P., 1973) ［D・C・ノース・ R・P・トマス（速水融・穐本洋哉訳）『西欧世界の勃興：新しい経済史の試み』ミネルヴァ書房，1980 年］；

Goran Ohlin, 'Remarks on the relavance of western experience in economic growth to former colonial areas', *Journal of World History*, 9 (1965), pp. 30-8;

W. W. Rostow, *How It All Began: Origins of the Modern Economy* (New York: McGraw-Hill, 1975);

W. M. S. Russell, *Man, Nature and History* (London: Aldus Books, 1967);

L. S. Stavrianos, *The World Since 1500: A Grobal History* (Englewood Cliffs, N. J.: Prentice-Hall, 1966);

Charles Tilly (ed), *The Formation of the National State in Western Europe* (Princeton, N. J.: Princeton University Press, 1975, for chapters by Ardant, Finer, Rokkan and Tilly);

Immanuel Wallerstein, *The Modern World System* (New York: Academic Press, 1974) ［I・ウォーラーステイン（川北稔訳）『近代世界システム：農業資本主義とヨーロッパ世界経済の成立』岩波書店，1981 年，二巻］; Robert Wesson（第 6 章に挙げた二つの作品）；

Richard G. Wilkinson, *Poverty and Progress: An Ecological Model of Economic Development* (London: Methuen, 1973) ［R・G・ウイルキンソン（斉藤修・安元稔・西川俊作訳）『経済発展の生態学：貧困と進歩に関する新解釈』リブロポート，1985 年］

A. J. Youngson (ed), *Economic Development in the Long Run* (London: Allen and Unwin, 1972)。

これらの作品に優劣をつけることは，決して気分の良い作業ではないが，とりあえず何から始めるべきかを知るという点でいうなら，「なぜヨーロッパで最初に始まったのか」という問いに答える最良の文献は，デヴィッド・ランデスの *The Unbound Prometheus*, pp. 12-40 ということになると思う。これは，アジアや中東とヨーロッパを比較する試みである。これに異論を唱える経済学者はいると思うが，創造的なアイデアが単なる既成の方法よりも重視されなければならないということを，異論を唱える人々に対して言う必要があるだろう。この研究領域に貢献してきた真に優れた経済学者は，「垣根を越えた」立場というものに賛意を表明してくれるであろう。垣根の向こう側から見た最良の論考は，Goran Ohlin, 'Remarks on the Relevance of Western Experience'（既述）である。最後に，経済史の不変の理論などという考えに冷水を浴びせた注目すべき文献が，P. T. Bauer, '*Economic* history as theory', *Economica* N. S. 38 (1971), pp. 163-79 である。この論考は，超長期の変化を説明する要因として，単一要因還元型で，しかも決定論的なものを求めることを思い止まらせてくれる点で大いに役だった。理論と史実の両面において。

文　献

Allmand, C. T. 1973. *Society at War: The Experience of England and France during the Hundred Years' War*. Edinburgh: Oliver and Boyd.

Ambraseys, N. 1971. Value of historical records of earthquakes. *Nature* 232, 375–9.

Ambraseys, N. 1979. A test case of historical seismicity: Isfahan and Chahar Mahal, Iran. *Geographical Journal* 145, 56–71.

Anderson, Perry. 1975. *Lineages of the Absolutist State*. London: New Left Books.

Anon. 1645. *The Desires, and Resolutions of the Club-men of the Counties of Dorset and Wilts*. London. In Wiltshire Tracts, 40. Wiltshire Archaeological Society Library, Devizes.

Ardant, Gabriel. 1975. Financial policy and economic infrastructure of modern states and nations. In *The Formation of National States in Western Europe*, ed. Charles Tilly, 164–242. Princeton: Princeton University Press.

Arnold, T. W. 1961. *The Legacy of Islam*. Oxford: Oxford University Press.

Arrow, Kenneth J. 1969. Classificatory notes on the production and transmission of technological knowledge. *American Economic Review, Papers and Proceedings* 59, 29–35.

Ashley, W. J. 1913. Comparative economic history and the English landlord. *Economic Journal* 23, 165–81.

Ashton, T. S. 1948. *The Industrial Revolution, 1760–1830*. London: Oxford University Press.

B., S. ('S.B.'). 1979. The black rat in Britain. *Nature* 281, 101.

Baldwin, F.E. 1926. *Sumptuary Legislation and Personal Regulation in England*. Baltimore, Md.: The Johns Hopkins Press.

Baldwin, Robert E. 1964. Patterns of development in newly settled regions. In *Agriculture in Economic Development*, ed. Carl Eicher and Lawrence Witt, 238–51. New York: McGraw-Hill.

Barback, R. H. 1967. The political economy of fisheries: from nationalism to internationalism. *Yorkshire Bulletin of Economic and Social Research* 19, 71–84.

Barbour, Violet. 1963. *Capitalism in Amsterdam in the Seventeenth Century*. Ann Arbor: University of Michigan Press. (First published 1950.)

Barkhausen, Max. 1974. Government control and free enterprise in western Germany and the Low Countries in the eighteenth century.

In *Essays in European Economic History 1500–1800*, ed. Peter Earle, 212–73. Oxford: Clarendon Press.

Barnby, Henry. 1970. The Algerian attack on Baltimore 1631. *The Mariner's Mirror* 56, 27–31.

Barraclough, Geoffrey. 1976. *The Crucible of Europe: The Ninth and Tenth Centuries in European History*. London: Thames and Hudson.

Barton, Robert. 1974. *Atlas of the Sea*. London: Heinemann.

Båth, M. 1967. Earthquakes, large, destructive. In *Dictionary of Geophysics*, ed. S. K. Runcorn, vol. 1, 417–24. Oxford: Pergamon Press.

Bauer, P. T. 1971. Economic history as theory. *Economica* N.S. 38, 163–79.

Bean, Richard. 1973. War and the birth of the nation state. *Journal of Economic History* 33, 203–21.

Beaver, Patrick. 1971. *A History of Lighthouses*. London: Peter Davies.

Bell, Christopher. 1974. *Portugal and the Quest for the Indies*. London: Constable.

Beresford, John (ed.). 1978. *James Woodforde: The Diary of a Country Parson 1758–1802*. London: Oxford University Press.

Beresford, M. W. 1967. *New Towns of the Middle Ages*. London: Lutterworth Press.

Berg, Alan. 1973. *The Nutrition Factor: Its Role in National Development*. Washington, D.C.: The Brookings Institute.

Bernard, Jacques. 1972. Trade and finance in the Middle Ages 900–1500. In *The Fontana Economic History of Europe: The Middle Ages*, ed. C. M. Cipolla. London: Collins/Fontana.

Biraben, J. N. and Le Goff, J. 1969. La peste du haut moyen âge. *Annales E.S.C.* 24, 1484–1510.

Birmingham, Stephen. 1972. *The Grandees: America's Sephardic Elite*. New York: Dell Publishing Co.

Blair, P. H. 1959. *An Introduction to Anglo-Saxon England*. Cambridge: Cambridge University Press.

Bland, A. E., Brown, P. A., and Tawney, R. H. (eds.) 1914. *English Economic History: Select Documents*. London: Bell.

Blum, J. 1978. *The End of the Old Order in Rural Europe*. Princeton: Princeton University Press.

Borgstrom, Georg. 1972a. *The Hungry Planet*. 2nd rev. edn. New York: Collier Books.

Borgstrom, Georg. 1972b. Ecological aspects of protein feeding – the case of Peru. In *The Careless Technology: Ecology and International Development*, ed. M. T. Farrar and J. P. Milton. Garden City, New York: The Natural History Press.

Boserup, Ester. 1965. *The Conditions of Agricultural Growth*. London: Allen and Unwin.

Boxer, C. R. 1955. Pombal's dictatorship and the great Lisbon earthquake, 1755. *History Today* November, 729–36.
Braudel, Fernand. 1972. *The Mediterranean and the Mediterranean World in the Age of Philip II*. New York: Harper and Row.
Braudel, Fernand. 1974. *Capitalism and Material Life 1400–1800*. London: Collins/Fontana.
Brenner, Robert. 1976. Agrarian class structure and economic development in pre-industrial Europe. *Past and Present* 70, 30–75.
Bridbury, A. R. 1969. The dark ages. *Economic History Review* 2 ser. 22, 526–37.
Bridbury, A. R. 1973. The black death. *Economic History Review* 2 ser. 26, 577–92.
Brierley, John. 1970. *A Natural History of Man*. London: Heinemann.
Bronfenbrenner, M. 1964. The appeal of confiscation in economic development. In *Two Worlds of Change*, ed. Otto Feinstein. Garden City, New York: Anchor Books.
Buchanan, Keith. 1967. *The Southeast Asian World*. London: G. Bell and Sons.
Buck, J. L. 1937. *Land Utilization in China*. Chicago: University of Chicago Press.
Carefoot, G. L. and Sprott, E. R. 1969. *Famine on the Wind: Plant Diseases and Human History*. London: Angus and Robertson.
Cassen, Robert H. 1978. *India: Population, Society, Economy*. London: Macmillan.
Chadwick, H. Munro. 1945. *The Nationalities of Europe and the Growth of National Ideologies*. Cambridge: Cambridge University Press.
Chambers, James. 1979. *The Devil's Horsemen: The Mongol Invasion of Europe*. London: Weidenfeld and Nicolson.
Chapin, Henry and Walton Smith, F. G. 1953. *The Ocean River*. London: Victor Gollancz.
Chapman, S. D. 1977. The international houses: the continental contribution to British commerce, 1800–1860. *Journal of European Economic History* 6, 5–48.
Chaunu, Pierre. 1979. *European Expansion in the Later Middle Ages*. Amsterdam: North-Holland Publishing Co.
Chi, Ch'ao-ting. 1963. *Key Economic Areas in Chinese History*. New York: Paragon Book Reprint Corp.
Cipolla, C. M. 1967. *Clocks and Culture 1300–1700*. London: Collins.
Cipolla, C. M. 1976a. *Before the Industrial Revolution*. London: Methuen.
Cipolla, C. M. 1976b. *Public Health and the Medical Profession in the Renaissance*. Cambridge: Cambridge University Press.
Clark, Grahame and Piggott, Stuart. 1965. *Prehistoric Societies*. London: Hutchinson.

Cobban, Alfred. 1944. *The Nation State and National Self-Determination*. London: Oxford University Press.

Cohn, Norman. 1970. *The Pursuit of the Millennium*. London: Paladin.

Coles, Paul. 1968. *The Ottoman Impact on Europe*. London: Thames and Hudson.

Commeaux, Charles. 1977. *Histoire des Bourguignons: Des origines à la fin du règne des ducs*. Paris: Fernand Nathan.

Cornell, James. 1979. *The Great International Disaster Book*. New York: Pocket Books.

Crafts, N. F. R. and Ireland, N. J. 1976. A simulation of the impact of changes in age at marriage before and during the advent of industrialization in England. *Population Studies* 30, 495–510.

Crosby, Alfred. 1972. *The Columbian Exchange*. Westport, Conn.: Greenwood.

Cunningham, W. 1896. *Modern Civilisation in some of its Economic Aspects*. London: Methuen.

Darby, H. C. 1961. The face of Europe on the eve of the great discoveries. In *The New Cambridge Modern History*, ed. G. R. Potter, vol. 1, 20–49. Cambridge: Cambridge University Press.

Davidson, Basil *et al*. 1966. *A History of West Africa to the Nineteenth Century*. Garden City, New York: Anchor Books.

Davis, Kingsley. 1951. *The Population of India and Pakistan*. Princeton: Princeton University Press.

Davis, Ralph. 1965. The rise of protection in England, 1689–1786. *Economic History Review* 2 ser. 19, 306–17.

Davis, Ralph. 1973. *The Rise of the Atlantic Economies*. London: Weidenfeld and Nicolson.

Davison, C. 1936. *Great Earthquakes*. London: Thomas Murby and Co.

Dawson, Raymond. 1972. *Imperial China*. Harmondsworth, Middlesex: Penguin Books.

Day, Winifred M. 1949. Relative permanence of former boundaries in India. *Scottish Geographical Magazine* 65, 113–22.

Deane, Phyllis. 1960–1. Capital formation in Britain before the railway age. *Economic Development and Cultural Change* 9, 352–68.

Dehio, Ludwig. 1965. *The Precarious Balance: Four Centuries of the European Power Struggle*. New York: Vintage Books.

Derry, T. K. 1931. The repeal of the apprenticeship clauses of the statute of apprentices. *Economic History Review* 3, 67–87.

Dobby, E. H. G. 1966. *Monsoon Asia*. London: University of London Press.

Dodgshon, Robert A. 1977. The modern world-system: a spatial perspective. *Peasant Studies* 6, 8–19.

Dorwart, R. A. 1971. *The Prussian Welfare State before 1740*. Cambridge, Mass.: Harvard University Press.

Duby, George. 1974. *The Early Growth of the European Economy*. London: Weidenfeld and Nicolson.

Dunstan, Helen. 1975. The late Ming epidemics: a preliminary survey. *Ch'ing-Shih wen-t'i* 3, 1–59.

Duyvendak, J. J. L. 1938. The true dates of the Chinese maritime expeditions in the early fifteenth century. *T'Oung Pao* 34, 341–412.

Eberhard, Wolfram. 1960. *A History of China*. London: Routledge and Kegan Paul.

Editors of *Encyclopaedia Britannica*. 1978. *Disaster! When Nature Strikes Back*. New York: Bantam Books.

Eisenstein, Elizabeth L. 1970. The impact of printing on European education. In *Sociology, History and Education*, ed. P. W. Musgrave, 87–95. London: Methuen.

Elman, P. 1936–7. The economic consequences of the expulsion of the Jews in 1290. *Economic History Review* 7, 145–54.

Elvin, Mark. 1973. *The Pattern of the Chinese Past*. London: Eyre Methuen.

Fairbank, John K., Reischauer, Edwin O., and Craig, Albert M. 1973. *East Asia: Tradition and Transformation*. London: Allen and Unwin.

Farb, Peter. 1978. *Humankind: A History of the Development of Man*. London: Jonathan Cape.

Febvre, Lucien. 1932. *A Geographical Introduction to History*. London: Kegan Paul, Trench, Trubner and Co.

Febvre, Lucien. 1976. *The Coming of the Book: The Impact of Printing 1450–1600*. London: New Left Books.

Fermor, Patrick Leigh. 1977. *A Time of Gifts: On foot to Constantinople*. London: John Murray.

Fichtner, Paula S. 1976. Dynastic marriage in sixteenth century Habsburg diplomacy and statecraft: an interdisciplinary approach. *American Historical Review* 81, 243–65.

Filesi, T. 1972. *China and Africa in the Middle Ages*. London: Frank Cass.

Fitzgerald, C. P. 1972. *The Southern Expansion of the Chinese People*. London: Barrie and Jenkins.

Fitzgerald, C. P. 1973. *China and Southeast Asia since 1945*. London: Longman.

Flinn, M. W. 1979. Plague in Europe and the Mediterranean countries. *Journal of European Economic History* 8, 131–48.

Frank, Andre Gunder. 1978. *World Accumulation, 1492–1789*. London: Macmillan.

Fraser, George Macdonald. 1971. *The Steel Bonnets: The Story of the Anglo-Scottish Border Reivers*. London: Pan Books.

Fraser, J. T. 1975. *Of Time, Passion, and Knowledge*. New York: Braziller.

Freudenberger, Herman. 1960. Industrialization in Bohemia and Moravia in the eighteenth century. *Journal of Central European Affairs* 19, 347–56.
Friedman, David R. 1977. A theory of the size and shape of nations. *Journal of Political Economy* 85, 59–77.
Fusfeld, Daniel R. 1968. *The Age of the Economist*. New York: Morrow and Co.
Gatty, Harold. 1958. *Nature is your Guide*. London: Collins.
Genicot, Léopold. 1966. Crisis: from the Middle Ages to modern times. In *Cambridge Economic History of Europe*, ed. M. M. Postan, vol. 1, Cambridge: Cambridge University Press.
Gilfillan, S. C. 1920. The coldward course of progress. *Political Science Quarterly* 35, 393–410.
Gilfillan, S. C. 1935. *Inventing the Ship*. Chicago: Follett.
Gimpel, Jean. 1977. *The Medieval Machine*. London: Gollancz.
Glamann, Kristof. 1974. European trade 1500–1750. In *The Fontana Economic History of Europe: The Sixteenth and Seventeenth Centuries*, ed. C. M. Cipolla. London: Collins/Fontana.
Glick, Thomas F. 1974. Discussion of Watson: *The Arab agricultural revolution*. *Journal of Economic History* 34, 74–8.
Goitein, S. D. 1967. *Mediterranean Society: Volume I: Economic Foundations*. Berkeley: University of California Press.
Goitein, S. D. 1973. *Letters of Medieval Jewish Traders*. Princeton: Princeton University Press.
Goody, Jack. 1971. *Technology, Tradition, and the State in Africa*. London: Oxford University Press.
Goody, Jack. 1976. *Production and Reproduction*. Cambridge: Cambridge University Press.
Goubert, Pierre. 1974. *The Ancien Régime: French Society 1600–1750*. New York: Harper Torchbooks.
Gould, J. D. 1972. *Economic Growth in History*. London: Methuen.
Graham, A. C. 1973. China, Europe, and the origins of modern science: Needham's *The Grand Titration*. In *Chinese Science: Explorations of an Ancient Tradition*, ed. S. Nakayama and N. Sivin, 45–69. Cambridge, Mass.: The M.I.T. Press.
Graham, Michael. 1956. Harvests of the Seas. In *Man's Role in Changing the Face of the Earth*, ed. William L. Thomas, vol. 2, 487–503. Chicago: University of Chicago Press.
Grant, Bruce. 1967. *Indonesia*. Harmondsworth, Middlesex: Penguin Books.
Green, J. R. 1888. *A Short History of the English People*. London: Macmillan.
Grey, Ian. 1967. *Ivan III and the Unification of Russia*. New York: Collier Books.

Gribbin, John. 1979. Eighteenth century patterns may indicate future patterns. *New Scientist* 83, 891–3.

Grierson, Philip. 1975. *Numismatics*. London: Oxford University Press.

Grigg, David. 1974. *Agricultural Systems of the World*. Cambridge: Cambridge University Press.

Hajnal, J. 1965. European marriage patterns in perspective. In *Population in History*, ed. David Glass and D. E. C. Eversley, 101–43. London: Edward Arnold.

Hamilton, Henry. 1963. *An Economic History of Scotland in the Eighteenth Century*. Oxford: Clarendon Press.

Hamilton, Sir William. 1783. Of the earthquakes which happened in Italy, from February to May, 1783. *Philosophical Transactions* 73, 373–83.

Hanley, Susan B. and Yamamura, Kozo. 1972. Population trends and economic growth in pre-industrial Japan. In *Population and Social Change*, ed. David Glass and Roger Revelle, 451–99. London: Edward Arnold.

Harris, Marvin. 1978. *Cannibals and Kings: The Origins of Cultures*. London: Collins/Fontana.

Harrison, John A. 1972. *The Chinese Empire: A Short History of China from Neolithic times to the end of the Eighteenth Century*. New York: Harcourt Brace Jovanovich.

Harrison, Paul. 1979. The curse of the tropics. *New Scientist* 84, 602–4.

Harte, N. B. 1976. State control of dress and social change in pre-industrial England. In *Trade, Government and Economy in Pre-Industrial England*, ed. D. C. Coleman and A. H. John, 132–65. London: Weidenfeld and Nicolson.

Hartwell, Robert. 1966. Markets, technology, and the structure of enterprise in the development of the eleventh century Chinese iron and steel industry. *Journal of Economic History* 26, 29–58.

Hartwell, Ronald Max. 1969. Economic growth in England before the industrial revolution: some methodological issues. *Journal of Economic History* 29, 13–31.

Hawthorn, Geoffrey (ed.) 1978. *Population and Development: High and Low Fertility in Poor Countries*. London: Cass.

Heaton, Herbert, 1965. *The Yorkshire Woollen and Worsted Industries*. Oxford: Clarendon Press.

Heers, Jacques. 1974. The 'feudal' economy and capitalism: words, ideas and reality. *Journal of European Economic History* 3, 609–53.

Henderson, W. O. 1963. *Studies in the Economic Policy of Frederick the Great*. London: Cass.

Herlihy, David. 1957. Treasure hoards in the Italian economy, 960–1139. *Economic History Review* 2 ser. 10, 1–14.

Herlihy, David. 1971. The economy of traditional Europe. *Journal of Economic History* 31, 153–64.
Herlihy, David. 1974. Ecological conditions and demographic change. In *One Thousand Years: Western Europe in the Middle Ages*, ed. Richard L. De Molen, 3–43. Boston: Houghton Mifflin.
Herodotus. 1954. *The Histories*. Harmondsworth, Middlesex: Penguin Books.
Hess, Andrew C. 1970. The evolution of the Ottoman seaborne empire in the age of the oceanic discoveries, 1453–1525. *American Historical Review* 75, 1892–1919.
Hewitt, H. J. 1966. *The Organisation of War under Edward III 1338–62*. Manchester: Manchester University Press.
Hibbert, Christopher. 1970. *The Dragon Wakes: China and the West, 1793–1911*. London: Longman.
Hicks, Sir John. 1969. *A Theory of Economic History*. London: Oxford University Press.
Higonnet, Patrice. 1978. Reading, writing and revolution. *The Times Literary Supplement* 13 October, 1153–54.
Hillaby, John. 1972. *Journey through Europe*. London: Constable.
Hilton, R. H. and Sawyer, P. H. 1963. Technical determinism: the stirrup and the plough. *Past and Present* 24, 90–100.
Hirschman, Albert O. 1977. *The Passions and the Interests: Political Arguments for Capitalism before its Triumph*. Princeton: Princeton University Press.
Hirschman, Albert O. 1978. Exit, voice, and the state. *World Politics* 31, 90–107.
Hirshler, E. E. 1954. Medieval economic competition. *Journal of Economic History* 14, 52–8.
Ho, Peng-Yoke. 1964. Natural phenomena recorded in the Dai-Viet Su'-Ky Toan-Thu', an early Annamese historical source. *Journal of the American Oriental Society* 84, 127–49.
Ho, Ping-ti. 1956–7. Early ripening rice in Chinese history. *Economic History Review* 2 ser. 9, 200–18.
Ho, Ping-ti. 1962. *The Ladder of Success in Imperial China, Aspects of Social Mobility, 1368–1911*. New York: Columbia University Press.
Ho, Ping-ti. 1976. The Chinese civilization: a search for the roots of its longevity. *Journal of Asian Studies* 35, 547–54.
Holborn, Hajo. 1951. *The Political Collapse of Europe.* New York: Knopf.
Hollingsworth, Thomas H. n. d. Population Crises in the Past? University of Glasgow, typescript.
Homer, Sidney. 1963. *A History of Interest Rates*. New Brunswick, N.J.: Rutgers University Press.

Honey, P. J. 1968. *Genesis of a Tragedy: The Historical Background to the Vietnam War*. London: Benn.
Hooper, W. 1915. Tudor sumptuary laws. *English Historical Review* 30, 433–49.
Hopkins, A. G. 1973. *An Economic History of West Africa*. London: Longman.
Horne, Donald. 1964. *The Lucky Country*. Harmondsworth, Middlesex: Penguin Books.
Hoskins, W. G. 1950. *The Heritage of Leicestershire*. Leicester: City of Leicester.
Hudd, A. E. 1957. Richard Ameryk and the name America. In *Gloucestershire Studies*, ed. H. P. R. Finberg, 123–9. Leicester: The University Press.
Hutchinson, Sir Joseph. 1966. Land and human populations. *The Advancement of Science* 23, 507–28.
Inalcik, Halil. 1969. Capital formation in the Ottoman empire. *Journal of Economic History* 29, 97–140.
Inalcik, Halil. 1973. *The Ottoman Empire: The Classical Age 1300–1600*. London: Weidenfeld and Nicolson.
Innis, Harold A. (revised by Mary Q. Innis). 1972. *Empire and Communications*. Toronto: University of Toronto Press.
Iyer, Raghavan (ed.). 1965. *The Glass Curtain between Asia and Europe*. London: Oxford University Press.
Jackson, W. A. Douglas. 1968. *The Russo-Chinese Borderlands*. Princeton, N.J.: D. Van Nostrand Co.
Jacobs, Norman. 1958. *The Origin of Modern Capitalism and Eastern Asia*. Hong Kong: Hong Kong University Press.
Jankovitch, Miklos. 1971. *They Rode into Europe: The Fruitful Exchange in the Arts of Horsemanship between East and West*. New York: Scribner's.
Jeremy, David J. 1977. Damming the flood: British government efforts to check the outflow of technicians and machinery, 1780–1843. *Business History Review* 51, 1–34.
Johnson, H. T. 1967. Cathedral building and the medieval economy. *Explorations in Economic History* N.S. 4, 191–210.
Jones, E. L. 1968. The reduction of fire damage in southern England, 1650–1850. *Post-Medieval Archaeology* 2, 140–9.
Jones, E. L. 1970. English and European agricultural development 1650–1750. In *The Industrial Revolution*, ed. R. M. Hartwell. Oxford: Basil Blackwell.
Jones, E. L. 1973. The fashion manipulators: consumer tastes and British industries, 1660–1800. In *Business Enterprise and Economic Change*, ed. L. P. Cain and P. J. Uselding, 198–226. Kent, Ohio: Kent State University Press.

Jones, E. L. 1974a. *Agriculture and the Industrial Revolution*. Oxford: Basil Blackwell.

Jones, E. L. 1974b. Institutional determinism and the rise of the western world. *Economic Inquiry* 12, 114–24.

Jones, E. L. 1976. A new essay on western civilization in its economic aspects. *Australian Economic History Review* 16, 95–109.

Jones, E. L. 1977a. Environment, agriculture, and industrialization in Europe. *Agricultural History* 51, 491–502.

Jones, E. L. 1977b. Societal adaptations to disaster. *Biology and Human Affairs* 42, 145–9.

Jones, E. L. 1978. Disaster management and resource saving in Europe, 1400–1800. In *Natural Resources in European History*, ed. Antoni Maczak and William N. Parker. Washington, D.C.: Resources for the Future. Shorter, undocumented version in *Proceedings*, Seventh International Economic History Congress, ed. Michael Flinn, vol. 1, Edinburgh: Edinburgh University Press.

Jones, E. L. 1979. The environment and the economy. In *The New Cambridge Modern History* 13. *Companion Volume*, ed. Peter Burke, 15–42. Cambridge: Cambridge University Press.

Jones, E. L. 1982. *Agricoltura e Rivoluzione Industriale*, Roma: Editori Riuniti.

Jones, E. L. and Falkus, M. E. 1979. Urban improvement and the English economy in the seventeenth and eighteenth centuries. *Research in Economic History* 4, 193–233.

Kahan, Arcadius. 1967. Nineteenth-century European experience with policies of economic nationalism. In *Economic Nationalism in Old and New States*, ed. Harry G. Johnson. Chicago: University of Chicago Press.

Kahan, Arcadius. 1968. National calamities and their effect upon the food supply in Russia. *Jahrbücher für Geschichte Osteuropas* 16, 353–77.

Kahan, Arcadius. 1979. Social aspects of the plague epidemics in eighteenth-century Russia. *Economic Development and Cultural Change* 27, 255–66.

Kamen, Henry. 1976. *The Iron Century: Social Change in Europe 1500–1660*. London: Cardinal.

Kaplan, David. 1963. Man, monuments and political systems. *Southwestern Journal of Anthropology* 19, 397–410.

Kellenbenz, Hermann. 1974. Technology in the age of the scientific revolution, 1500–1700. In *The Fontana Economic History of Europe: The Sixteenth and Seventeenth Centuries*, ed. C. M. Cipolla. London: Fontana/Collins.

Kellett, J. R. 1958. The breakdown of gild and corporation control over

handicraft and retail trade in London. *Economic History Review* 2 ser. 10, 381–94.
Kepler, J. S. 1976. *The Exchange of Christendom: The International Entrepot at Dover 1622–1651*. Leicester: Leicester University Press.
Keys, A. *et al*. 1950. *The Biology of Human Starvation*. 2 vols. Minneapolis: University of Minnesota Press.
Kiernan, Thomas. 1978. *The Arabs: Their History, Aims and Challenge to the Industrialized World*. London: Abacus.
Kiernan, V. G. 1965. State and nation in western Europe. *Past and Present* 31, 20–38.
Kisch, Herbert. 1964. Growth deterrents of a medieval heritage: the Aachen-area woolen trades before 1790. *Journal of Economic History* 24, 517–37.
Knoop, D. and Jones, G. P. 1967. *The Medieval Mason*. Manchester: Manchester University Press.
Koenigsberger, H. G. 1971. *The Habsburgs and Europe 1516–1660*. Ithaca, New York: Cornell University Press.
Kortepeter, C. M. 1973. *Ottoman Imperialism During the Reformation: Europe and the Caucasus*. London: University of London Press.
Kramer, Stella. 1927. *The English Craft Gilds: Studies in their Progress and Decline*. New York: Columbia University Press.
Krause, John T. 1973. Some implications of recent work in historical demography. In *Applied Historical Studies*, ed. Michael Drake, 155–83. London: Methuen.
Kuznets, Simon. 1965. Capital formation in modern economic growth (and some implications for the past). *Contributions* to the Third International Conference of Economic History, Munich, vol. 3, 15–33. Paris: Mouton.
Lach, Donald. 1965, 1970. *Asia in the Making of Europe*. 2 vols. Chicago: University of Chicago Press.
Lach, D. F. and Flaumenhaft, Carol (eds.). 1965. *Asia on the Eve of Europe's Expansion*. Englewood Cliffs, N.J.: Prentice-Hall.
Lamb, H. H. 1977. *Climate Present, Past and Future*, vol. 2. London: Methuen.
Lambert, L. Don. 1971. The role of climate in the economic development of nations. *Land Economics* 47, 339–44.
Landes, David. 1966. *The Rise of Capitalism*. New York: Macmillan.
Landes, David. 1969. *The Unbound Prometheus*. Cambridge: Cambridge University Press.
Lane, Frank W. 1965. *The Elements Rage*. Philadelphia: Chilton Books.
Langer, W. L. 1972. Checks on population growth: 1750–1850. *Scientific American* 226, 92–9.
Large, E. C. 1940. *The Advance of the Fungi*. New York: Holt.
Latter, J. H. 1968–9. Natural disasters. *The Advancement of Science* 25, 362–80.

Lauwerys, J. A. 1969. *Man's Impact on Nature*. London: Aldus Books.

Le Roy Ladurie, E. 1979. *The Territory of the Historian*. Hassocks, Sussex: The Harvester Press.

Leary, Lewis (ed.). 1962. *The Autobiography of Benjamin Franklin*. New York: Collier Books.

Lee, Ronald. 1973. Population in preindustrial England: an econometric analysis. *Quarterly Journal of Economics* 87, 581–607.

Leibenstein, H. 1957. *Economic Backwardness and Economic Growth*. New York: Wiley.

Levins, Richard. 1968. *Evolution in Changing Environments*. Princeton: Princeton University Press.

Lewis, A. R. 1958. *The Northern Seas: Shipping andCommerce in Northern Europe, A.D. 300–1100*. Princeton: Princeton University Press.

Lewis, James. 1979. The vulnerable state: an alternative view. In *Disaster Assistance: Appraisal, Reform and New Approaches*, ed. Lynn H. Stephens and Steven J. Green, 104–29. New York: New York University Press.

Lewis, P. S. 1972. *The Recovery of France in the Fifteenth Century*. New York: Harper and Row.

Loomis, R. S. 1978. Ecological dimensions of medieval agrarian systems: an ecologist responds. *Agricultural History* 52, 478–83.

Lord, John. 1972. *The Maharajahs*. London: Hutchinson.

Loture, Robert de. 1949. *Histoire de la grande pêche de Terre-Neuve.* Paris: Edition Gallimard.

McCloy, Shelby T. 1938. Some eighteenth century housing projects in France. *Social Forces* May, 528–9.

McCloy, Shelby T. 1946. *Government Assistance in Eighteenth Century France*. Durham, North Carolina: Duke University Press.

McEvedy, Colin. 1972. *The Penguin Atlas of Modern History (to 1815)*. Harmondsworth, Middlesex: Penguin Books.

McEvedy, Colin and Jones, Richard. 1978. *Atlas of World Population History*. Harmondsworth, Middlesex: Penguin Books.

Macfarlane, Alan. 1978. Modes of reproduction. In *Population and Development: High and Low Fertility in Poor Countries*, ed. Geoffrey Hawthorn, 100–20. London: Frank Cass.

Macfarlane, K. B. 1972. *Wycliffe and English Non-Conformity*. Harmondsworth, Middlesex: Penguin Books.

McIntyre, K. G. 1977. *The Secret Discovery of Australia: Portuguese Ventures 200 years before Captain Cook*. Mendindie, South Australia: Souvenir Press.

Mackinder, Halford J. 1962. *Democratic Ideals and Reality: with Additional Papers*. New York: Norton and Co. (First published 1942.)

MacLeod, W. C. 1967. Celt and Indian: Britain's old world frontier in relation to the new. In *Beyond the Frontier*, ed. Paul Bohannan and Fred Plog. Garden City, New York: The Natural History Press.

McNeill, W. H. 1964. *Past and Future*. Chicago: University of Chicago Press.
McNeill, W. H. 1965. *The Rise of the West*. New York: Mentor.
McNeill, W. H. 1976. *Plagues and Peoples*. Garden City, New York: Anchor Press/Doubleday.
Maddison, Angus. 1971. *Class Structure and Economic Growth: India and Pakistan since the Moghuls*. New York: Norton.
Magill, Col. Sir James. 1926. *The Red Cross: The Idea and its Development*. London: Cassell.
Mallory, Walter H. 1926. *China: Land of Famine*. New York: American Geographical Society.
Markham, S. F. 1947. *Climate and the Energy of Nations*. London: Oxford University Press.
Martin, E. T. 1961. *Thomas Jefferson: Scientist*. New York: Collier.
Mason, Peter. 1978. *Genesis to Jupiter*. Sydney: Australian Broadcasting Commission.
May, Jacques M. 1961. *The Ecology of Malnutrition in the Far and Near East*. New York: Haffner Publishing Co.
Meinig, D. W. 1969. A macrogeography of western imperialism: some morphologies of moving frontiers of political control. In *Settlement and Encounter*, ed. Fay Gale and G. H. Lawton, 213–40. Melbourne: Oxford University Press.
Metcalf, D. M. 1967. The prosperity of north-western Europe in the eighth and ninth centuries. *Economic History Review* 2 ser. 20, 344–57.
Meuvret, J. 1965. Demographic crisis in France from the sixteenth to the eighteenth century. In *Population in History*, ed. David Glass and D. E. C. Eversley. London: Edward Arnold.
Mill, John Stuart. 1965. *Principles of Political Economy*. Toronto: University of Toronto Press.
Milne, J. 1911. *A Catalogue of Destructive Earthquakes A.D. 7–1899*. London: British Association for the Advancement of Science.
Mockler, Anthony. 1970. *Mercenaries*. London: Macdonald.
Modelski, G. 1964. Kautilya: foreign policy and international system in the ancient Hindu world. *American Political Science Review* 58, 549–60.
Modelski, G. 1978. The long cycle of global politics and the nation-state. *Comparative Studies in Society and History* 20, 214–35.
Mokyr, Joel. 1976. Government, finance, taxation, and economic policy in old regime Europe. *Journal of Economic History* 36, 28–9.
Montandon, Raoul. 1923. A propos du projet Ciraolo: une carte mondiale de distribution géographique des calamités. *Revue Internationale de la Croix-Rouge* 5, 271–344.
Moore, Barrington, Jr. 1967. *Social Origins of Dictatorship and Democracy*.

London: Allen Lane
Moreland, W. H. 1972. *From Akbar to Aurangzeb*. New Delhi: Oriental Books Reprint Co. (First published 1923.)
Morris, A. E. J. 1972. *History of Urban Form: Prehistory to the Renaissance*. London: George Godwin.
Morris, Christopher. 1966. *The Tudors*. London: Collins/Fontana.
Morris, M. D. 1967. Values as an obstacle to economic growth in south Asia: an historical survey. *Journal of Economic History* 27, 588–607.
Murphey, Rhoads. 1954. The city as a center of change: western Europe and China. *Annals of the Association of American Geographers* 44, 349–62.
Musgrave, P. W. (ed.). 1970. *Sociology, History and Education*. London: Methuen.
Narain, Brij. 1929. *Indian Economic Life*. Lahore: Uttar Chand Kapur and Sons.
Nath, Pran. 1929. *A Study in the Economic Condition of Ancient India*. No place or publisher stated.
Nef, J. U. 1960. *Cultural Foundations of Industrial Civilization*. New York: Harper Torchbooks.
Nef, J. U. 1968. *War and Human Progress*. New York: Norton.
North, Douglass C. 1968. Sources of productivity change in ocean shipping, 1600–1850. *Journal of Political Economy* 76, 953–70.
North, Douglass C. 1977. Markets and other allocative systems in history: the challenge of Karl Polanyi. *Journal of European Economic History* 6, 703–16.
North, Douglass C. and Thomas, Robert Paul. 1973. *The Rise of the Western World: A New Economic History*. Cambridge: Cambridge University Press.
Ogg, David. 1934. *England in the Reign of Charles II*, vol. 2, Oxford: Clarendon Press.
Pannell, J. P. M. 1964. *An Illustrated History of Civil Engineering*. London: Thames and Hudson.
Paré, Ambroise. n.d. Journeys in diverse places. In *The Harvard Classics*, vol. 38, *Scientific Papers*. New York: Collier.
Parkes, James. 1964. *A History of the Jewish People*. Harmondsworth, Middlesex: Penguin Books.
Parkinson, C. N. 1963. *East and West*. London: John Murray.
Parris, G. K. 1968. *A Chronicle of Plant Pathology*. Starkville, Missouri: Johnson and Sons.
Parry, J. H. 1964. *The Age of Reconnaissance*. New York: Mentor.
Pearn, B. R. 1963. *An Introduction to the History of South East Asia*. Kuala Lumpur: Longman of Malaysia.

Pearson, Harry W. 1977. *The Livelihood of Man: Karl Polanyi*. New York: Academic Press.

Perjés, G. 1970. Army provisioning: logistics and strategy in the second half of the seventeenth century. *Acta Historica Academiae Scientarium Hungaricae* 16, 1–51.

Perkins, Dwight. 1967. Government as an obstacle to industrialization: the case of nineteenth-century China. *Journal of Economic History* 27, 478–92.

Perkins, Dwight. 1969. *Agricultural Development in China 1368–1968*. Edinburgh: Edinburgh University Press.

Piggott, Stuart. 1976. *Ruins in a Landscape*. Edinburgh: Edinburgh University Press.

Pike, Ruth. 1962. The Genoese in Seville and the opening of the new world. *Journal of Economic History* 22, 348–78.

Pipes, Richard. 1974. *Russia under the Old Regime*. New York: Scribners.

Pipes, Richard and Fine, J. V. A. Jr (eds.). 1966. *Of the Russe Commonwealth by Giles Fletcher 1591*. Cambridge, Mass.: Harvard University Press.

Pirenne, Henri. 1913–14. The stages in the social history of capitalism. *American Historical Review* 19, 494–515.

Plucknett, T. F. 1936. Some proposed legislation of Henry VIII. *Transactions of the Royal Historical Society* 4 ser. 19, 119–44.

Polunin, Ivan. 1976. Disease, morbidity, and mortality in China, India, and the Arab world. In *Asian Medical Systems*, ed. Charles Leslie. Berkeley, Calif.: University of California Press.

Pounds, N. J. G. and Ball, S. S. 1964. Core-areas and the development of the European states system. *Annals of the Association of American Geographers* 54, 24–40.

Poynter, F. N. L. 1963. *The Journal of James Yonge, Plymouth Surgeon*. London: Longman, Green and Co.

Priestley, Joseph. 1965. *Priestley's Writings on Philosophy, Science and Politics*. New York: Collier Books.

Purcell, Victor. 1965. *The Chinese in Southeast Asia*. London: Oxford University Press.

Purves, D. Laing (ed.). 1880. *A Voyage round the World by Sir Francis Drake and William Dampier*. Edinburgh: William P. Nimmo and Co.

Rapp, R. T. 1975. The unmaking of the Mediterranean trade hegemony. *Journal of Economic History* 35, 499–525.

Reade, Winwood. 1925. *The Martyrdom of Man*. London: Watts.

Redlich, Fritz. 1953. European aristocracy and economic development. *Explorations in Entrepreneurial History* 6, 78–91.

Reynolds, R. L. 1965. The Mediterranean frontiers, 1000–1400. In *The*

Frontier in Perspective, ed. W. D. Wyman and C. B. Kroeber. Madison, Wis.: Wisconsin University Press.

Rich, E. E. and Wilson, C. H. (eds.). 1977. *The Cambridge Economic History of Europe 5 The Economic Organization of Early Modern Europe*. Cambridge: Cambridge University Press.

Richards, Paul W. 1973. Africa, the 'odd man out'. In *Tropical Forest Ecosystems in Africa and South America*, ed. Betty J. Meggars *et al*. Washington, D.C.: Smithsonian Institution Press.

Rodinson, Maxime. 1978. *Islam and Capitalism*. Austin, Tex.: University of Texas Press.

Rokkan, Stein. 1975. Dimensions of state formation and nation-building. In *The Formation of National States in Western Europe*, ed. Charles Tilly, 562–600. Princeton: Princeton University Press.

Rosen, George. 1953. Cameralism and the concept of medical police. *Bulletin of the History of Medicine* 25, 21–42.

Rosenberg, Hans. 1958. *Bureaucracy, Aristocracy, and Autocracy: The Prussian Experience, 1660–1815*. Cambridge, Mass.: Harvard University Press.

Rostow, W. W. 1975. *How it all Began: Origins of the Modern Economy*. New York: McGraw-Hill.

Rothenberg, G. E. 1973. The Austrian sanitary cordon and the control of the bubonic plague, 1710–1871. *Journal of the History of Medicine and Allied Sciences* 28, 15–23.

Rousell, Aage. 1957. *The National Museum of Denmark*. Copenhagen: The National Museum.

Russell, J. C. 1972. *Medieval Regions and their Cities*. Newton Abbot: David and Charles.

Russell, W. M. S. 1967. *Man, Nature and History*. London: Aldus Books.

Russell, W. M. S. 1979. The palaeodemographic view. Lecture to the Royal Society of Medicine and the Academy of Medicine, Toronto, International Meeting on Disease in Ancient Man, London, March. Typescript.

Rycaut, Paul. 1668. *The Present State of the Ottoman Empire*. Farnborough, Hants: Facsimile reproduction by Gregg International, 1972.

'S. B.' (*See* B., S.)

Samhaber, Ernst. 1963. *Merchants Make History*. London: Harrap.

Sauer, Carl O. 1973. *Northern Mists*. San Francisco: Turtle Island Foundation.

Schofield, R. S. 1976. The relationship between demographic structure and the environment in pre-industrial western Europe. In *Sozialgeschichte der Familie in der Neuzeit Europas: Neue Forschungen Herausgegeben von Werner Conze*, 147–60. Stuttgart: Klett.

Scoville, W. C. 1951. Minority migrations and the diffusion of technology. *Journal of Economic History* 11, 347–60.
Scoville, W. C. 1960. *The Persecution of Huguenots and French Economic Development 1680–1720*. Berkeley, Calif.: University of California Press.
Shepard, Francis P. 1977. *Geological Oceanography*. St Lucia, Queensland: University of Queensland Press.
Shepherd, James F. and Walton, Gary M. 1972. *Shipping, Maritime Trade, and the Economic Development of Colonial North America*. New York: Cambridge University Press.
Simkin, C. G. F. 1968. *The Traditional Trade of Asia*. London: Oxford University Press.
Sitwell, Sacheverell. 1948. *The Hunters and the Hunted*. New York: Macmillan.
Slicher van Bath, B. H. 1963. *The Agrarian History of Western Europe A.D. 500–1850*. London: Edward Arnold.
Smith, Adam. 1884 and 1937. *An Inquiry into the Nature and Causes of The Wealth of Nations*. London: T. Nelson and Sons; New York: Modern Library.
Smith, Vincent A. 1958. *The Oxford History of India*. Oxford: Clarendon Press.
Sølvi, Sognar. 1976. A demographic crisis averted? *Scandinavian Economic History Review* 24, 114–28.
Sorokin, P. A. *et al*. 1931. *A Systematic Source Book in Rural Sociology*, vol. 2. Minneapolis: University of Minnesota Press.
Spate, O. H. K. and A. T. A. Learmonth. 1967. *India and Pakistan*. London: Methuen.
Speaight, Robert. 1975. *Burgundy*. London: Collins.
Sprague de Camp, L. 1974. *The Ancient Engineers*. New York: Ballantine Books.
Stavrianos, L. S. 1966. *The Balkans Since 1453*. New York: Holt, Rinehart and Winston.
Stechow, Wolfgang. n.d. *Pieter Bruegel the Elder*. New York: Harry N. Abrams.
Steinberg, S. M. 1961. *Four Hundred Years of Printing*. Harmondsworth, Middlesex: Penguin Books.
Stevenson, D. A. 1959. *The World's Lighthouses before 1820*. London: Oxford University Press.
Stover, Leon E. 1974. *The Cultural Ecology of Chinese Civilization*. New York: Mentor.
Stover, Leon E. and Stover, Takeko Kawai. 1976. *China: an Anthropological Perspective*. Pacific Palisades, Calif.: Goodyear Publishing Co.
Strayer, Joseph R. 1966. The historical experience of nation building in

Europe. In *Nation Building*, ed. Karl W. Deutsch and W. J. Foltz, 17–26. New York: Atherton Press.

Strayer, Joseph R. 1970. *On the Medieval Origins of the Modern State*. Princeton: Princeton University Press.

Strayer, Joseph R. 1974. Notes on the origin of English and French export taxes. *Studia Gratiana* 15, 399–422.

Suyin, Han. 1965. *The Crippled Tree: China, Biography, History, Autobiography*. London: Jonathan Cape.

Taagepera, Rein. 1978. Size and duration of empires: systematics of size. *Social Science Research* 7, 108–27.

Tang, Anthony M. 1979. China's agricultural legacy. *Economic Development and Cultural Change* 28, 1–22.

Tannehill, I. R. 1956. *Hurricanes: Their Nature and History*. Princeton: Princeton University Press.

Tawney, R. H. 1932. *Land and Labour in China*. London: George Allen and Unwin.

Taylor, G. R. 1975. *How to Avoid the Future*. London: New English Library.

Tazieff, Haroun. 1962. *When the Earth Trembles*. New York: Harcourt, Brace and World.

Thapur, Romila. 1966. *A History of India*, vol. 1. Harmondsworth, Middlesex: Penguin Books.

Thesiger, Wilfrid. 1964. *Arabian Sands*. Harmondsworth, Middlesex: Penguin Books.

Tilly, Charles (ed.). 1975. *The Formation of the National State in Western Europe*. Princeton: Princeton University Press.

Timoshenko, S. P. 1953. *History of Strength of Materials*. New York: McGraw-Hill.

Tinker, Hugh. 1966. *South Asia: A Social History*. London: Pall Mall Press.

Tipton, Frank B. Jr. 1974. Farm labour and power politics: Germany, 1850–1914. *Journal of Economic History* 34, 951–79.

Toynbee, Arnold J. 1957. *A Study of History*, vols. 7–10, abridged. London: Oxford University Press.

Trevelyan, G. M. 1942. *History of England*. London: Longman, Green and Co.

Trevor-Roper, Hugh. 1965. *The Rise of Christian Europe*. London: Thames and Hudson.

Trevor-Roper, Hugh. 1967. *Religion, the Reformation and Social Change*. London: Macmillan.

Tuan, Yi-Fu. 1970. *China*. London: Longman.

Turnbull, Colin M. 1976. *Man in Africa*. Newton Abbot: David and Charles.

Udovitch, Abraham L. 1970. *Partnership and Profit in Medieval Islam*. Princeton: Princeton University Press.

Unwin, George. 1924. *Samuel Oldknow and the Arkwrights*. Manchester: Manchester University Press.

Unwin, George. 1963. *The Gilds and Companies of London*. London: Frank Cass.

Urness, Carol (ed.). 1967. *A Naturalist in Russia; letters from Peter Simon Pallas to Thomas Pennant*. Minneapolis: University of Minnesota Press.

Usher, A. P. 1930. The history of population and settlement in Eurasia. *Geographical Review* 20, 110–32.

Usher, A. P. 1973. *The History of the Grain Trade in France 1400–1710*. New York: Octagon Press.

Vagts, Alfred. 1959. *A History of Militarism*. New York: The Free Press.

van Beemelen, R. W. 1956. The influence of geologic events on human history. *Nederlands Geologisch Mynbouwkundig Genootschapp Verhandelingen* 16, 20–36.

van der Wee, Herman and van Cauwenberghe, Eddy (eds.). 1978. *Productivity of Land and Agricultural Innovation in the Low Countries (1250–1800)*. Louvain: Leuven University Press.

van Klaveren, Jacob. 1969. *General Economic History, 100–1760: From the Roman Empire to the Industrial Revolution*. Munich: Gerhard Kieckens.

Verlinden, Charles. 1953. Italian influence on Iberian colonization. *Hispanic American Historical Review* 33, 199–211.

Verlinden, Charles. 1972. From the Mediterranean to the Atlantic: aspects of an economic shift (12th–18th century). *Journal of European Economic History* 1, 625–46.

Vilar, Pierre. 1966. Problems of the formation of capitalism. In *The Rise of Capitalism*, ed. David Landes, 26–40. New York: Macmillan.

Wailes, Bernard. 1972. Plow and population in temperate Europe. In *Population Growth: Anthropological Implications*, ed. Brian Spooner, 154–79. Cambridge, Mass.: M.I.T. Press.

Walford, C. 1878 and 1879. The famines of the world: past and present. *Journal of the Statistical Society* 41, 433–535, and 42, 79–275.

Wallerstein, Immanuel. 1974. *The Modern World System: Capitalist Agriculture and the Origins of the European World-Economy in the Sixteenth Century*. New York: Academic Press.

Waterbolk, H. T. 1968. Food production in prehistoric Europe. *Science* 162, 1093–1102.

Watson, A. M. 1974. The Arab agricultural revolution and its diffusion, 700–1100. *Journal of Economic History* 34, 8–35.

Webb, Walter Prescott. 1952. *The Great Frontier*. Boston, Mass.: Houghton Mifflin.

Weber, Max. 1927. *General Economic History*. New York: Free Press.

Wesson, Robert. 1967. *The Imperial Order*. Berkeley, Calif.: University of California Press.

Wesson, Robert. 1978. *State Systems: International Pluralism, Politics, and Culture*. New York: The Free Press.

White, Lynn, Jr. 1962. *Medieval Technology and Social Change*. Oxford: Oxford University Press.

White, Lynn, Jr. 1972. The expansion of technology 500–1500. In *The Fontana Economic History of Europe: The Middle Ages*, ed. C. M. Cipolla. London: Collins/Fontana.

Whittlesey, Derwent S. 1944. *The Earth and State: A Study of Political Geography*. New York: Holt.

Wight, Martin. 1977. *Systems of States*. Leicester: Leicester University Press.

Wightman, W. P. D. 1972. *Science in a Renaissance Society*. London: Hutchinson University Library.

Wilkinson, Richard G. 1973. *Poverty and Progress: an Ecological Model of Economic Development*. London: Methuen.

Wittfogel, Karl A. 1957. *Oriental Despotism: A Comparative Study of Total Power*. New Haven, Conn.: Yale University Press.

Wolf, John B. 1962. *The Emergence of the Great Powers 1685–1715*. New York: Harper and Row.

Wolpert, Stanley. 1965. *India*. Englewood Cliffs, N.J.: Prentice-Hall.

Woolf, S. J. 1970. The aristocracy in transition: a continental comparison. *Economic History Review* 2 ser. 23, 520–31.

Wrigley, E. A. 1962. The supply of raw materials in the industrial revolution. *Economic History Review* 2 ser. 15, 1–16.

Wrigley, E. A. 1966. Family limitation in pre-industrial England. *Economic History Review* 2 ser. 19, 82–109.

Wyman, W. D. and Kroeber, C. B. (eds.). 1965. *The Frontier in Perspective*. Madison, Wis.: Wisconsin University Press.

Wyrobisz, Andrzei. 1978. Resources and construction materials in pre-industrial Europe. In *Natural Resources in European History*, ed. Antoni Maczak and William N. Parker, 65–84. Washington, D.C.: Resources for the Future.

Young, Desmond. 1959. *Fountain of the Elephants*. London: Collins.

Zakythinos, D. A. 1976. *The Making of Modern Greece: From Byzantium to Independence*. Oxford: Basil Blackwell.

Ziman, John. 1968. *Public Knowledge: The Social Dimension of Science*. Cambridge: Cambridge University Press.

Zinkin, Maurice. 1951. *Asia and the West*. London: Chatto and Windus.

追加参考文献

驚いたことに，『ヨーロッパの奇跡』の原稿が完成し，そろそろ出版の運びが整ったという時期になって，超長期の経済変動を論じた著作が非常に多く出版された。さらに，翌年および翌々年にも同種の著作が出版された。わたくしは独自に仕事を進めていたし，他の著者もそうであることは明らかであるのに，こうした現象が見られたのである。現在進められている研究を列挙することは，不完全で限定されたものにならざるをえないので，主題として実質的に世界の全域を網羅する経済史を扱っている作品であっても，あまりにも多様な専門分野，もしくは，準専門分野にまたがっているような現在進行中の研究を網羅することは不可能である。

1980年と1981年における主要な著作は，Ashok S. Guha, *An Evolutionary View of Economic Growth*（Oxford: Clarendon Press, 1981），W. H. McNeill, *The Human Condition: An Ecological and Historical View*（Princeton, N. J.: Princeton University Press, 1980），D. C. North, *Structure and Change in Economic History*（New York: W. W. Norton, 1981）［D・C・ノース（中島正人訳）『文明史の経済学：財産権・国家・イデオロギー』春秋社，1989年］，L. S. Stavrianos, *Global Rift: The Third World Comes of Age*（New York: William Morrow & Co., 1981）である。そして，Immanuel Wallerstein, *The Modern World System, Mercantilism and the Consolidation of the European World Economy, 1600-1750*（New York: Academic Press, 1980）［I・ウォーラーステイン（川北稔訳）『近代世界システム　1600〜1750　重商主義と「ヨーロッパ世界経済」の凝集』名古屋大学出版会，1993年］が出版された。また，ヨーロッパにおける初期の経済変動に関する興味深い章を収めたRaymond Crotty, *Cattle, Economics, and Development*（Slough, Bucks: Commonwealth Agricultural Bureau, 1980）がある。Paul Colinvaux, *The Fate of Nations: A Biological Theory of History* は，同様に1980年にニューヨークのSimon & Schuster社から出版された。しかし，わたくしが手にしたのは1983年版である（Harmondsworth, Middlesex: Penguin Books）。

1982年にMichael Chisholm, *Modern World Development: A Geographical Perspective*（London: Hutchinson, 1982），John H. Kautsky, *The Politics of Aristocratic Empires*（Chapel Hill: University of North Carolina Press, 1982），Angus Maddison, *The Phases of Capitalist Development*（Oxford: Clarendon Press, 1982）［A・マディソン（関西大学西洋経済史研究会訳）『経済発展の新しい見方：主要先進国の軌跡』嵯峨野書院，1988年］，Mancur Olson, *The Rise and Decline of Nations*（New Haven: Yale University Press, 1982），Eric R. Wolf, *Europe and the People without History*（Berkley: Universty of California Press, 1982）が出版された。Norbert Elias, *State Formation and Civilization*（Oxford: Bazil Blackwell, 1982）が同年，英語で出版された。本書の初版は，1939年という不運な年にスイスにおいてドイツ語で出版されたものである。

1980年から82年にかけて，この分野における新たな著作は通常の2，3倍のペースで出版された。それ以後しばらく休止期間があったが，世界史を教えることが復活するにともなって，また新たなラッシュが再開するであろうことは疑いない。しかし，現在までのところで

は，以下の書物が刊行されている。Philip D. Curtin, *Cross-Cultural Trade in World History* (Cambridge: Cambridge University Press, 1984)，Yves Lacoste, *Ibn Khaldun: The Birth of History and the Past of the Third World*（London: Verso Editions, 1984）の英語版（同書は 1966 年に初版がフランス語で出版されたものである），また，Peter Worsley, *The Three Worlds: Culture and World Development*（London: Weidenfeld and Nicolson, 1984）などである。また，世界史という領域の定義の厳密さの程度にもよるであろうが，ほかにも著作がない訳ではない。

1980 年から 82 年にかけて出版された著作のうち，この追加リストに挙げたわずかばかりの書物は，勿論，厳密な意味で同趣旨のものではない。近代の工業世界について多く述べたものもあれば，抽象的なものもあり，また歴史的なものもある。しかしながら，これらはすべて，大きな関連あるテーマに取組む総合的な書物であり，それらのほとんどが非西欧世界との比較を含んでいる。一つ一つを取挙げればそれぞれかなり独自なものであるが，全体的に調整されているとはいえないこうした超長期の極めて広範な経済変動に対する関心が，どのような分野，どのような方法論から復活して来たのかを考えてみるのも意味があるであろう。グハは，理論経済学者であり，マディソンとオルソンはむしろ，実証的な経済学者である。クロッティは農業および開発の経済学者であり，ノースおよびわたくし自身は経済史家である（われわれが必要とするその他の専門領域は何であろうか)。マクニールとスタブリアノスやウォーラーステインは，かつてそれぞれ世界史についての大著を出版している。前二者は歴史家で，ウォーラーステインはもともとアフリカの開発を研究して来た社会学者である。ウルフは以前，農民の社会について研究をしていた人類学者である。カウツキーは，マルクスの主要な解釈者であった祖父の跡を継ぐ政治学者である。チザムは地理学者であり，コリンボーは生物学者である。

これらの著者たちはみな，専門領域において多くの出版物のある地位の確立した学者たちであり，そのなかにはすでに非常に範囲の広い主題に取組み，定評のある者もいる。コリンボーは合衆国に住み，わたくしはオーストラリアに住んでいるが，チザム，コリンボー，そしてわたくしは英国系である。クロッティはアイルランド人である。マクニールは合衆国に長く住んでいるカナダ人である。ノース，スタブリアノス，ウォーラーステイン，ウルフの名前からは，多様な出自が窺えるが，わたくしの知るかぎりみなアメリカ人である。マディソンは，現在はオランダで仕事をしているアメリカ人だと思う。グハはハーバード大学を卒業しているが，インド人であり，インドで仕事をしている。出版社は 11 にわたり，それらすべてが有名な学術出版社である。これらの出版社が市場のトレンドを見抜いていたようには思われない。むしろ，世界史の分析的研究は供給が先行したのではないかと思われる。出版社にすれば，これらの著名な学者たちによる申し出を断る理由はなかったのである。

特に興味深いことは，経歴，哲学，専門分野，国籍がかくも異なる錚々たる研究者たちが，それぞれ関心や動機の点では独自でありながら，一斉に同じ方向に舵を切ったことである。彼らはまだ老いてはいないし，引退するには早すぎる（マクニールは *The Human Conditions* 以降二冊の大著を出した！)。こんなことをいうのは，学者が自らの終生の専門分野を抜け出して，より大きな舞台に上ろうとすると，引退間近かとしばしばささやかれるからである。1970 年代の終わりに，彼らはみなしばしば比較史的分析を経由して，経済発展の歴史やそれに関連した大きなテーマを検討，解釈することに収斂し始めた。分析の範囲はそれぞれ異なっているが，人間の経済的経験の基底には秩序がある筈だという仮説は共通している。これらの書物はまた，著者たちの次のような理解においても際立っている。われわれの書くシラバスを窒息させかねない専門化の傾向を脱する必要があるということ，そして，学生にはくず肉ばか

りではなく，彼らが生涯にわたって好みにしたがって選べるような，きちんとした食事を提供する必要があるということである。

しかしながら，教師の側からする世界史への関心と需要の拡大がはっきりと見て取れる。多くはフランス革命以降の国際政治に関するかなり狭い主題を取扱った研究であるが，英語圏の出版社にとって，世界史はベストセラーがよく出る分野の一つとなっている。いずれにせよ，世界史研究協会（World History Association）（カリフォルニア，サンディエゴ州立大学のロス・ダンを会長とする）の近年の設立および，1985年4月のミシガン州立大学における歴史学の概説講義に関する会議の開催は，健全な関心のありかを示すものである。後者の会議では，わたくしの見るところ，ジャック・ヘクスターの，強力でなかなか面白い延命工作にもかかわらず，幾多の困難や危険を承知で「世界史」を教えることを望む人たちが，旧式な「西洋文明」派を圧倒していた。

1980年1月に脱稿したのちに，わたくしは四冊ほど総合的研究を見過ごしてしまっていたことに気づいた。それらは，Jean Baechler, *The Origins of Capitalism* (Oxford: Basil Blackwell, 1975，1971年にフランス語で初版)，Sheperd B. Clogh, *The Rise and Fall of Civilization: An Inquiry into the Relation between Economic Development and Civilization* (New York: Columbia University Press, 1951, ペーパーバックは1961)，Edward L. Farmer *et al., Comparative History of Civilization in Asia* (Reading, Mass: Addison-Wesley, 1977)，そして，わたくしがかつて読んだなかで最も卓越した比較史の書であるMarshall Hodgeson, *The Venture of Islam* (Chicago: University of Chicago Press, 1974，全三巻，但し部分的にはこれ以前に出版されている）である。これらの書物をすべて読んでいたら，本書の執筆はもっと容易であったろう。しかし，その場合には情報を発見する喜びや独力でこれらの書物と同じような結論にたどり着く喜びをわたくしはもてなかったであろう。